JOHN KENNETH LESLIE

Chairman of the Department of Romance Languages
Northwestern University

ADVISORY EDITOR TO DODD, MEAD & COMPANY

A Conversational Introduction
to French
SECOND EDITION

A CONVERSATIONAL INTRODUCTION TO
FRENCH

SECOND EDITION

EDWARD T. HEISE
RENÉ F. MULLER

United States Naval Academy

DODD, MEAD & COMPANY

NEW YORK   TORONTO   1972

Photograph on front cover, Pan American Airways

Photographs on back cover, Trans World Airlines, Pan American
Airways, French Government Tourist Office, French Cultural
Services

Songs reprinted by permission of D. C. Heath and Company,
Boston, Massachusetts: *Au clair de la lune; Alouette, Cheva-
liers de la table ronde; Un flambeau, Jeannette, Isabelle; La
Marseillaise* from *Chansons de France* by Vigneras, and
Auprès de ma blonde from *Chants de France* by Jameson
and Heacox.

SIXTH PRINTING

PRINTED IN THE UNITED STATES OF AMERICA

PREFACE

A *Conversational Introduction to French* provides a carefully graded beginning course in French, designed to be compatible with the interests, abilities, and backgrounds of students of college or high school age. In this revised edition the authors have retained those materials and characteristics of the former edition whose value was proved in use under various approaches and techniques. We have added new materials and changed or deleted previous material where experience and experimentation indicated the probability of improvement. The greatest change has been the revision of all the exercises to ensure that they are suitable for rapid oral drill and for teaching rather than testing. We have not tried to conform to the criteria of any particular "key" or method, but have weighed each item for its contribution to the total learning effectiveness of the course. We envisage the treatment of each lesson in the following steps: (1) introduction of material, (2) understanding, (3) imitation, (4) repetition, (5) substitution, and (6) self-expression.

We believe that learning a foreign language in an academic course bears only slight resemblance to learning the mother tongue as a child. Whereas a child has about 5,000 hours a year exposure to the language, a college student is fortunate if he has 200 hours. After some 20,000 hours of exposure, a child may have mastered the most rudimentary syntax and vocabulary; the college student is expected to handle relatively sophisticated forms of expression at the end of two semesters. For the child, motivation is spontaneous and ever-active through the human need to communicate; for the college student, motivation must be induced and must live in unrelenting competition with the numerous other demands and distractions of school life. For the child, acquisition of the forms and patterns of expression proceeds unimpeded by any previously established system; for the college student, special efforts must be made to overcome the tendency to fit the new language into the structural scheme of the old. The young child has developed no psychological barriers to hinder his adaptation to the unfamiliar; many older learners must conquer strong inhibitions. In short, the "natural method" is natural only for an infant learning his mother tongue. We do not believe that a synthetic "natural" method offers an efficient means for mastering a foreign language in the time available and under the circumstances prevailing in most school courses. There must be a program that renders the process more efficient by taking advantage of the maturity, the intelligence, the previously acquired knowledge, and the intellectual curiosity of the student of college or high school age.

In language classes the teacher and the texts form a partnership to provide the needed program. Obviously, it is really the teacher who controls the method of instruction. A given textbook can be more or less adaptable to certain aims and techniques, but, principally, it serves as a source of materials. It must contain the desired items of grammar and vocabulary, clearly and accurately presented, and arranged in an effective progression, along with an adequate quantity of suitable practice exercises. But the time, manner, and order of coverage rests in the hands of the instructor.

We feel strongly that the first year of language study should not be viewed as a terminal course, but rather as the first step in a continuing academic sequence, in which the study of a foreign language is an important ingredient in the liberal curriculum. Without neglecting or disregarding the many specific utilitarian objectives of language study, we have planned our beginning text for use in courses which give due consideration to the study of French in all the aspects which make it desirable in the education of a modern man —whether or not he ever rents a room on the *Rive Gauche*, or quaffs a beer on the *Boul' Mich'*, or negotiates with the civil and military authorities in a French village, or sells a copying machine to a French *commerçant*.

An important criterion in the planning of our textbook has been a consideration of the age group for which it is intended. We believe that several approaches and activities which are successful with younger children are not necessarily productive with older students. For example, it has been our experience that mature students react unfavorably to a heavy diet of rote learning or to unending repetition of structural pattern drills which can be performed with the "brain in neutral." To be sure, a great deal of memorizing is necessary in the process of developing mastery of a foreign language, and, obviously, one of the keys to memorization is repetition. We have attempted to achieve that memorization through meaningful and varied repetition in structure drills and in question-answer exercises which are palatable and effective for older students. Beginning with the first lesson, and increasingly with succeeding lessons, through the graded questionnaires, the student has practice in expressing, in French, thoughts which are his own.

We believe that students whose intellectual development has reached the point where they can understand and apply generalizations in science, in mathematics, and in other disciplines can learn a foreign language faster and better if they can see, as they practice, how they are applying previously introduced grammatical generalizations. For this reason, in each lesson the new structures are first presented in easily understood context, then explained briefly with examples, and finally practiced in illustrative exercises.

This book is called "conversational" because the authors believe it offers effective materials for developing the student's ability to converse—that is, to exchange *ideas*—in French. New material is always introduced through a discussion (either in dialogue form or in a prose passage) which should be reasonably interesting to mature students. This is followed by two groups of questions. The first group, based directly upon the preceding discussion, is designed principally to elicit, in meaningful context, a repetition of the basic patterns and vocabulary of the lesson. The second group of questions serves as a substitution exercise, in which the same patterns are repeated, but the student supplies different "content" words. In this way, the student relates what he has just learned to his own world[1] and he thus learns from the first lessons that he can really *use* French. With very alert classes (aided by a few maps, pictures, or other props), this second questionnaire may become the point of departure for an impromptu extension of the dialogue, as students continue with spontaneous questions and answers suggested by those of the text.

We have tried to keep the vocabulary burden at a minimum consistent with the introduction and discussion of ideas of interest. We believe that, in a beginning course, the kind and quantity of vocabulary is of much less importance than the mastery of the basic forms and patterns of usage. Of course, a certain range of vocabulary is essential for effective drill and for the cultivation of student interest. Of itself, however, there is no reason why *Quel est le prix de ce pardessus?* should be considered either more "conversational" or more "practical" than *Quelle est la capitale de la France?* A person who has mastered the pattern can easily substitute other "content" words, as he needs them, to fit new circumstances or interests. The relative utility of a given phrase depends upon the situation in which the speaker finds himself. An expression which might be very handy in a haberdashery might prove practically useless at a reception or at dinner in the home of friends. It is likely that literate Frenchmen talk as much about kings as about cabbages.

We believe that a properly used vocabulary list is an aid to *accurate* comprehension and to the development of the ability to apply the patterns of usage of the lesson in new contexts. We have found the lists of cognates use-

---

[1] We do not consider his "world" to be just the concrete things around him—his house, his clothes, his furniture, etc. It is even more the world of his interests—the things he reads about and talks about, the things which enter into his conversations in his mother tongue.

ful for contrastive pronunciation drills. The list of new words and expressions in each lesson appears after they are introduced in the dialogue or prose passage. The words appear again in context in two sets of questions. Many of them reappear in the grammatical illustrations and in the practice exercises. With this amount of drill in context the most useful items should become part of the student's active vocabulary without a conscious effort at memorizing.

Although the principal emphasis at this stage is upon audio-lingual activity, we have also kept the reading objective in sight throughout the book, and we believe that we have provided an effective progression leading toward that goal. In our opinion, reading is still an *important* component of the listening-speaking-reading-writing sequence, and the four aspects are interdependent. Within the limitations of a first-year course, we have attempted to provide an introduction to reading through the following elements and characteristics of our text: emphasis on mastery of structural patterns, training in the association of spelling and sound, a balanced selection of high-frequency vocabulary, discussion of subjects beyond the "bed and board" area, training in understanding new material without the crutch of a parallel English version. In addition, the lessons are organized so that supplementary graded readings can be started when the first half of the text has been completed.

The authors are deeply convinced of the paramount importance of student interest as a factor in the success of any course—regardless of details of methodology. We feel that two elements which are essential for sustaining motivation are a feeling of accomplishment on the part of the student and a reasonable variety in the classroom procedures. The book has been planned with these considerations constantly in mind. The Dialogues placed after the first four review lessons do not form an integral part of the step-by-step presentation of the structural patterns and forms, but rather provide material for occasional changes of pace. The Supplementary Vocabularies may be used for impromptu dialogues. The songs are morale boosters and effective vehicles for improving pronunciation. We believe that the organization and the gradation of the lessons will contribute toward the student's realization of progress and that the varied materials and exercises will aid the instructor in avoiding stereotyped recitation procedures.

The English-to-French exercises are placed in a separate section following the thirty-three lessons as a reminder that they are not intended to be part of current lesson assignments, nor are they intended to be used as classroom exercises. We think that these exercises have value in a beginning course if they are assigned after the vocabulary and grammar involved have been thoroughly drilled in oral practice. When so used, they constitute an exercise in recall and application, rather than translation. They also are effective in pointing up details which may often pass unnoticed in exclusively oral work, but which are important for *accurate* comprehension and expression.

In summary, we have attempted to achieve the following:

1. Present the necessary material in carefully graded amounts.
2. Provide ample exercises for audio-lingual practice.
3. Provide materials for a variety of practice activities.
4. Make grammatical presentations clear enough so that a minimum of class time is needed for explanation.
5. Integrate all the parts of each lesson closely, so that they reinforce each other.
6. Provide frequent repetition throughout the book of the most important contrastive elements.
7. Reduce or eliminate details which are of negligible importance to beginning students.

Our approach has been governed by the desire to assist the teacher in arousing and maintaining student interest, in giving due emphasis to the development of reading ability within the listening-speaking-reading-writing sequence, and in contributing toward the full objectives of language study.

We wish to express our gratitude to Professor Madeleine Paule Morris of Queens College and to Mr. André Humbert for their searching examination of the manuscript and galley proof; to Capitaines de Corvette Pierre Clément and Claude Deguines, both of the French Navy, for their invaluable advice of many facets of current usage; and to Mrs. Genia Graves, of Dodd, Mead & Company, for her expert guidance and help in the composition of the book. Responsibility for the accuracy of the materials is, of course, ours.

EDWARD T. HEISE
RENÉ F. MULLER

CONTENTS

CONTENTS

MAPS

To the Student

The materials of this book are composed and organized to aid you, through practice and study, to achieve a basic ability to understand spoken and written French and to express complete thoughts of your own in that language. Since the mastery of a second language involves the cultivation of new habits or patterns of speech, a great deal of oral drill is essential. The understanding of grammatical structures is important, not as an end in itself, but rather as an aid to faster and sounder control of the forms of expression in the foreign language. The manipulation drills which you must practice are similar to exercises you may have met in learning to play the piano or some other musical instrument. They are designed to make certain actions and associations automatic. The questionnaires and other conversational practice sessions give you experience in expressing your own thoughts within a limited but ever-widening range. Your speed of mastery will be in direct proportion to the amount, the regularity, and the effectiveness of the effort you exert in class, outside of class, and in the language laboratory (if one is available to you). Learning a foreign language is not necessarily easy, but you will find it very rewarding in the satisfaction that comes from attainment. It can provide you not only with a skill which may be of practical value to you in future work, study, or travel, but also a new dimension in your cultural experience.

PRONUNCIATION

GENERAL REMARKS

Correct pronunciation is best learned by carefully guided imitation of good live or recorded models. The following general observations dealing with the pronunciation of French should be noted and remembered as you practice:

1. In general, sounds are made more toward the front of the mouth than in American English.

2. Sounds are produced more crisply, energetically, "cleanly." Contrast:

ENGLISH	FRENCH
animal	**animal**
madam	**madame**
mathematics	**mathématiques**
general	**général**
philosophy	**philosophie**
society	**société**
automobile	**automobile**

3. French is characterized by a rapid but distinct transition from syllable to syllable, the very opposite of a drawl. Compare the English and French pronunciations of the following sentences:

Mrs. Martin doesn't like mathematics.	**Madame Martin n'aime pas les mathématiques.**
The general has studied philosophy.	**Le général a étudié la philosophie.**

4. Generally, syllables are pronounced with about the same intensity throughout a word or word group. However, there is a stress accent in French, although it is appreciably weaker than in English. The stress accent falls on (a) the last pronounced syllable of an isolated word or (b) the last pronounced syllable of the last word of a word group. Notice the shift of stress in the following examples:

> **Mes cama*rades***
> **Mes camarades fran*çais***
> **Mes camarades français sont arri*vés.***
> **Mes camarades français / sont arrivés ce ma*tin.***

1

Cette *femme*
Cette femme intelli*gente*
Cette femme intelligente com*prend.*
Cette femme intelli*gente* / comprend ce prob*lème.*

5. Aside from the general differences mentioned in paragraphs 1 and 2 above, the consonants in French are pronounced about the same as in English, with the important exceptions of **r** and **h,** and in many cases **l.**

6. The vowels are pronounced *very differently.* In French, they are pure sounds; that is, there is no diphthongization or glide. *This is one of the key aspects of French pronunciation.* Contrast:

ENGLISH	FRENCH	ENGLISH	FRENCH
May [mɛi]	**mai** [mɛ]	fair [fɛər]	**faire** [fɛr]
feel [fiəl]	**file** [fil]	beau [bou]	**beau** [bo]
dear [diər]	**dire** [dir]	bell [bɛəl]	**belle** [bɛl]
isle [ail]	**île** [il]	tour [tuər]	**tour** [tur]
delay [dilɛi]	**il est** [ilɛ]		

Also, French vowels always have a distinct, individual sound. Because French words have no fixed stressed syllables, the vowels keep their identity, so to speak, and are never slurred or indistinct (except for **e** without an accent).[1] In French, for example, the word pronounced [animal] could be spelled only **animal;** whereas in English the same pronunciation could be used even if the final vowel were *e, i, o,* or *u.* Contrast the English and French pronunciations of these combinations of letters:

ENGLISH	FRENCH
animal	**animal** [animal]
animul	**animul** [animyl]
animol	**animol** [animɔl]
animil	**animil** [animil]
animel	**animel** [animɛl]

ORTHOGRAPHIC SIGNS AND SYMBOLS

1. The Accents

In French, accents never indicate stress or emphasis. They are part of the spelling of words and are placed over vowels. The accents are:

1. At the end of a word of more than one syllable, **e** without an accent is not pronounced. Under certain conditions, this is also true inside a word: **madame, philosophie, belle, acheter, soulever, mademoiselle.**

The acute accent (**accent aigu**): ´ used only with the letter **e.**

école [ekɔl]   situé [situe]
général [ʒeneral]   répétez [repete]
océan [ɔseā]

The grave accent (**accent grave**): ` used mostly with the letter **e.**

chère [ʃɛr]   voilà [vwala]
élève [elɛv]   où [u]
très [trɛ]

The circumflex accent (**accent circonflexe**): ^ used with all the vowels.

âge [ɑʒ]   Rhône [ron]
fenêtre [fənɛtr]   dû [dy]
île [il]

Usually, accents indicate how vowels are pronounced.

patte [pat]   pâte [pɑt]
notre [nɔtr]   nôtre [notr]
repas [rəpɑ]   récit [resi]
être [ɛtr]   été [ete]
des [de]   dès [dɛ]
élevé [elve]   élève [elɛv]

The accents (except **é**) sometimes serve only to distinguish one word from another and have no special significance for pronunciation.

a [a]   la [la]   ou [u]   du [dy]   fit [fi]
à [a]   là [la]   où [u]   dû [dy]   fît [fi]

The circumflex accent may sometimes have no function whatever, but is merely a useless survival from an earlier spelling.

île [il]   brûler [bryle]   parlâmes [parlam]

2. The Dieresis (**tréma**): ¨

This sign (used over **e, i,** and **u**) is placed over a vowel to indicate that the preceding vowel is pronounced separately. (This occurs in only a few words.)

naïf [naif]   héroïne [erɔin]   aiguë [egy]
Noël [nɔɛl]   Moïse [mɔiz]   Saül [sayl]

3. The Cedilla (**cédille**): ¸

This sign (used only with the letter **c**) is appended under the letter **c** (**ç**) before **a, o,** or **u** in cases where the **c** is pronounced [s] instead of [k].

garçon [garsɔ̄]   reçu [rəsy]   français [frāsɛ]

4. The Apostrophe (apostrophe): '

This sign is used to indicate elision, i.e., the omission of a vowel, and the joining of the two words in pronunciation.

l'homme [lɔm]   qu'elle [kɛl]
l'école [lekɔl]   s'il [sil]
d'Italie [ditali]

5. The Hyphen (trait d'union): -

This sign is used as in English, and to connect certain words, especially pronouns following verbs.

machine-outil   avez-vous   donnez-le-moi

THE SOUNDS OF THE FRENCH LANGUAGE

French, like English, is not a completely phonetic language (although French is much more so than English). In conventional spelling, letters can, and often do, have more than one sound. Because the spelling of a word is not a sure guide to its pronunciation, it is useful to employ a fixed, standard reference to identify the sounds of a language. Such a reference is the alphabet devised by the International Phonetic Association, in which each of the symbols represents one, and only one, sound. Following is a list of the sounds of the French language, identified by these symbols between the conventional brackets.

1. Simple Vowels

PHONETIC SYMBOL	FRENCH SPELLING	EXAMPLES
[a]	a, à	à, la, cave, patte, natte, salle, madame, capitale, animal, (évidemment, solennel, femme)
[ɑ]	a, â	ah, bas, cas, tas, âme, pâte, base, pas, nation
[e]	é, e, (et), -es, -ed, -er, -ez, -ai	été, élégant, et, les, des, pied, donné, allé, donner, donnez, donnai, donnerai
[ɛ]	è, ê, e, ai, ei, ay	lève, élève, près, très, dès, êtes, tête, est, elle, belle, aime, aimais, donnais, neige, veille, payer, avec, estime, esclave, espace, fer, faire
[i]	i, î, y	si, ci, ici, lit, dit, il, ville, île, dîtes, joli, pays, y, idylle, lyre, pire

PHONETIC SYMBOL	FRENCH SPELLING	EXAMPLES
[ɔ]	o, au	homme, pomme, colonie, notre, espagnol, école, Paul, auxiliaire, laurier, automobile, (album, aquarium, oignon)
[o]	o, ô, au, eau	oh, mot, pot, gros, chose, rose, tôt, côte, hôtel, nôtre, haut, aube, baume, eau, beau, beauté, veau
[u]	ou, où, où	ou, où, fou, tout, goût, goutte, vous, boule, roule, joue, août, roue, pour, sourd, lourd
[y]	u, û	fut, fût, tu, pu, vu, une, vulgaire, bulletin, justice, guttural, du, muse, musique, humour, voulu, goulu, rue, pur, sur, sûr, (eu, eut, eût, gageure)
[ø]	eu, œu	eux, deux, feu, jeu, peu, queue, veux, vieux, deuxième, jeûne, (œufs, bœufs, monsieur)
[œ]	eu, ue, œ, œu	heure, jeune, neuf, veulent, feuille, accueil, bonheur, œuf, bœuf, sœur, cœur, œil
[ə]	e	le, de, me, que, petit, devant, advenir, entretenir, (faisant, faisais, monsieur)

2. Nasal Vowels (formed by vowel plus n or m in same syllable)

[ɑ̃]	an, am, en, em	an, dans, champ, jambe, en, dent, pendant, quand, empire, temps, membre, ensemble, novembre
[ɛ̃]	in, im, ain, aim, en, ein, eim, yn, ym	fin, enfin, instant, simple, important, main, pain, faim, plain, rein, Reims, rien, bien, sien, syndicat, symbole, examen
[ɔ̃]	on, om	on, non, bon, front, fronton, nom, nombreux, content, comptant, contient, rompant, convient, (jungle, punch)
[œ̃]	un, um	un, lundi, humble, parfum, chacun, quelqu'un, aucun

3. Semivowels

[j]	i, -il, -ll, -ill, y	ciel, fier, bière, billard, brouillard, piano, nation, conscient, sien, payer, foyer, yeux, fille, veille, travail, travailler, voyage, œil, soleil
[w]	ou, u	oui, ouest, ouate, alouette, aquarium, équateur, quadruple, Louis, (tramway)
	oi, oy	NOTE: The vowel combinations oi and oy are pronounced [wa]: moi, toi, soi, voyage, noyer or [wɑ]: mois, trois, bois

PHONETIC	FRENCH	
SYMBOL	SPELLING	EXAMPLES

| | **oin** | NOTE: The vowel combination **oi**, when nasal, is pronounced [wɛ̃]: c*oin*, l*oin*, p*oin*t, m*oin*s |
| [ɥ] | **u** | n*u*age, m*u*et, sit*u*é, l*u*i, s*u*is, n*u*it, t*u*eur, l*u*eur, fl*u*orine |

4. Consonants

PHONETIC
SYMBOL   EXAMPLES

[b]	*b*at, *b*as, *b*ête, *b*ille, *b*otte, *b*out, *b*u, *b*utte
[d]	*d*ame, *d*anse, *d*ébut, *d*it, *d*os, *d*oux, *d*u, *d*uc
[f]	*f*ace, *f*ête, *f*ille, *f*olie, *f*ou, *f*ut, *f*uit, *ph*are, *ph*otographie
[g]	*g*amme, *gu*ette, *gu*i, *g*omme, *g*oût, *G*ustave, *G*uyane
[ʒ]	*j*atte, *ge*ai, man*ge*ais, *j*ette, *ge*mme, *g*ilet, *j*oli, *G*eorges, man*ge*ons, *j*oue, *j*us, *j*ustice
[k]	*c*ar, *qu*art, *qu*estion, *qu*i, *c*ol, *qu*otidien, *qu*oi, *c*oupe, *c*ube, sa*c*, or*ch*estre, *ch*œur, whis*k*y, *k*aki
[l]	*l*a, *l*es, *l*it, *l*ot, *l*oup, *l*u, sa*ll*e, anima*l*, e*ll*e, be*ll*e, que*l*, que*ll*e, i*l*, fi*l*, vi*ll*e, co*l*, vo*l*e, Pau*l*, éco*l*e, fou*l*e, nu*ll*e, roucou*l*e, bascu*l*e
[m]	*m*a, *m*es, *m*it, *m*ot, *m*ou, *m*u, â*m*e, ai*m*e, fe*mm*e, i*mm*ense
[n]	*n*atte, *n*ez, *n*i, *n*ote, *n*os, *n*ous, *n*u, â*n*e, pei*n*e, i*nn*ocent
[p]	*p*atte, *p*as, *p*eine, *p*ic, *p*ot, *p*ou, *p*u, ta*p*e, tra*pp*e, o*pp*ose
[r]	*r*at, *r*apide, *r*adis, *r*aide, *r*eine, *r*êve, *r*ide, *r*it, *r*ite, *r*obe, *R*ome, *r*ose, *r*ôde, *r*oue, *r*ue, *r*ougit, *r*ugit, *r*oute, *r*uche, ca*r*, pa*r*, ta*r*d, pè*r*e, mè*r*e, frè*r*e, di*r*e, ti*r*e, off*r*ir, *r*ire, heu*r*e, beu*rr*e, bonheu*r*, do*r*t, so*r*t, po*r*t, lou*r*d, lu*r*e, cou*r*, cu*r*e, pou*r*, pu*r*, pu*r*e
[s]	*s*a, *s*es, *s*i, *s*ot, *s*ourd, *s*ur, *ç*a, *c*es, i*c*i, le*ç*on, re*ç*u, *sc*ène, democra*t*ie, par*t*iel, quo*t*ient, fa*c*tieux, na*t*ion, *s*ix, di*x*
[t]	*t*a, *t*es, *t*ic, *t*oc, *t*out, *t*u, *th*é, ma*th*éma*t*iques, *th*éâtre, *t*ien, *t*ienne, pi*t*ié
[v]	*v*a, *v*eine, *v*ie, *v*otre, *v*os, *v*ous, *v*u, *w*agon
[z]	*z*éro, *z*ut, *z*igzag, bi*z*arre, ro*s*e, ra*s*e, ru*s*e, po*s*er, vi*s*ion, deu*x*ième, di*x*ième, di*x*-huit, di*x*-neuf
[ʃ]	*ch*at, *ch*ez, *ch*aise, *ch*aud, *ch*oux, *ch*ute, a*ch*eter, *ch*oisir, *ch*amp, *ch*erchons, mar*ch*e, *cl*o*ch*e, ru*ch*e
[ɲ]	campa*gn*e, monta*gn*e, Espa*gn*e, pei*gn*e, si*gn*e, beso*gn*e, Gascо*gn*e, oi*gn*on, compa*gn*on, sai*gn*ant

NOTE: The letter x in addition to the [s] sound of **six** and **dix**, has, as in English, the two compound sounds [ks] and [gz]: **luxe** [lyks], **examiner** [ɛgzamine].

The letter h

For all practical purposes, h could be completely disregarded (when not in combination with other consonants such as ch [ʃ], ph [f], gh [g], and sh [ʃ] were it not for the fact that when it is the first letter of a word it may prevent elision and liaison.

There are two h's: the mute h, which has no effect whatever on pronunciation, and the so-called aspirate h, which prevents elision and liaison.

MUTE h	ASPIRATE h
l'homme	le héros (elision prevented)
les hommes	les héros (liaison prevented)

Since there is no simple rule for determining whether an initial h is aspirate or not, one must consult a dictionary when in doubt. Most dictionaries indicate an aspirate h by placing a symbol, usually an asterisk, before the letter.

°héros   °hauteur

Pronunciation of final consonants

Generally, but with many exceptions, final consonants are not pronounced in French. However (and again there are exceptions) c, f, l, and r (the consonants of the English word *careful*) usually are pronounced (except the infinitive verb ending -er).

ave*c*   *car*   neu*f*   ba*l*

THE ALPHABET

The letters of the French alphabet, and their pronunciation, are as follows:

a [ɑ]	h [aʃ]	o [o]	v [ve]
b [be]	i [i]	p [pe]	w [dublǝve]
c [se]	j [ʒi]	q [ky]	x [iks]
d [de]	k [kɑ]	r [ɛr]	y [igrɛk]
e [ǝ]	l [ɛl]	s [ɛs]	z [zɛd]
f [ɛf]	m [ɛm]	t [te]	
g [ʒe]	n [ɛn]	u [y]	

SYLLABICATION

In French, a syllable begins with a consonant and ends with a vowel whenever that is possible. This is an important difference between French and English pronunciation. Another is that the shift from one syllable to the next is clean-cut and rapid, so that the vowel sound remains unchanged, "pure," and is not basically affected by a following consonant belonging to the next syllable, as it so often is in English. An additional contributing factor to this "undistorted" pronunciation is the fact that the stress is about the same on all the syllables except the last one. Contrast this division into syllables:

ENGLISH	FRENCH
an-i-mal	**a-ni-mal**
mad-am	**ma-da-me**
math-e-mat-ics	**ma-thé-ma-ti-ques**
gen-er-al	**gé-né-ral**
phi-los-o-phy	**phi-lo-so-phie**

The rules for dividing a French word into syllables are:

1. A single consonant begins a syllable.

a-ni-mal   **ca-pi-ta-le**

NOTE: Throughout this section, it should be borne in mind that oral division differs from written division as concerns a syllable of which mute **e** is the vowel. In ordinary speech, mute **e**, not being pronounced, does not form a syllable, and the consonant sound remains with the preceding syllable, thus:

Written syllables	**ca-pi-ta-le**	**ma-de-moi-sel-le**
Spoken syllables	**ca-pi-tale** [ka-pi-tal]	**made-moi-selle** [mad-mwa-zεl]

2. Consonant combinations representing single sounds, like **ch, ph, th,** and **gn,** are treated as single consonants.

a-che-ver   **té-lé-pho-ne**   **ma-thé-ma-ti-ques**   **si-gner**

3. Two consonants, the second of which is **l** or **r** (except **lr** and **rl**) begin a syllable.

ta-ble   **é-cla-ter**   **A-tlan-ti-que**   **é-cra-ser**   **em-bra-ser**   **em-prun-ter**

NOTE: The **m** or **n** of a nasal vowel sound, being really a part of that vowel, is no longer considered to be a consonant for purposes of syllable division.

en-le-ver   **en-re-gis-trer**

4. Double consonants are usually pronounced as a single consonant, but in writing are separated when dividing a word into syllables.

WRITTEN	SPOKEN
ad-di-tion	**a-ddi-tion** [a-di-sjɔ̃]
al-ler	**a-ller** [a-le]

WRITTEN	SPOKEN
tra-vail-ler	tra-va-iller [tra-va-je]
im-men-se	i-mmense [i-mãs]
an-née	a-nnée [a-ne]
ter-rain	te-rrain [tɛ-rɛ̃]
pit-to-res-que	pi-tto-resque [pi-tɔ-rɛsk]

5. In other combinations of consonants, the first goes with the preceding syllable, the other or others with the following syllable.

par-ler	Mal-raux	ab-di-quer	ac-ti-vi-té	spec-tral	mis-tral
		ex-plo-rer	Es-pa-gne		

LIAISON

Because the normal French syllable is consonant plus vowel, and because French is spoken not as a series of isolated words but in word groups, *liaison* takes place in certain instances inside word groups. *Liaison* is the pronunciation of a final consonant which normally is silent, when the following word begins with a vowel or a mute **h**. In effect, then, this formerly silent consonant becomes the first letter of the following word.

Separately pronounced	les [le]	amis [ami]
In a word group	les amis [lezami]	

The rules for *liaison* are by no means absolute, and the extent to which it is practiced varies widely according to the speaker, his milieu, and the style and rapidity of speech he is using. However, in normal, unaffected spoken French, *liaisons* are made in the following instances:

1. When a modifying word (adjective, adverb, article, etc.) precedes the word it modifies.

un homme	les enfants	des images
un autre homme	ces autres enfants	au premier étage
le grand ami	de bons amis	le petit hôtel
très heureux	bien aimable	pas encore

2. Between a preposition and the following word.

dans une ville	chez eux	sans avoir fini	en Europe

3. Between subject or object pronouns and verbs, whether preceding or following.

nous avons	il vous aime	fait-il	en ont-ils	donnez-en

4. Between auxiliary verb and past participle.

il est arrivé   ils ont eu   nous sommes entrés   vous avez été

5. In combinations which form commonly used phrases.

tout à fait   de temps en temps   tout à coup

NOTES:

(a) In liaison, **d** has the sound of [t]:

quand il parle [kãtilparl]   attend-il [atãtil]

s and x have the sound of [z]:

dans une heure [dãzynœr]   deux ans [døzã]

(b) The **t** of the word **et** (*and*) never forms *liaison*.

(c) The **f** of **neuf** (*nine*) is pronounced [v] before the words **ans** and **heures**:

neuf heures [nœvœr]   dix-neuf ans [diznœvã]

ELISION

Elision is the dropping of certain final vowels before a word beginning with a vowel or a mute **h**. In writing, this omission is indicated by an apostrophe.

que + ils = qu'ils   la + école = l'école   le + hôtel = l'hôtel

The following are the vowels which are normally elided:

1. Unaccented **-e** in monosyllables (**je, me, te, le, se, ce, de, ne, que**[2]).

j'ai   je m'appelle   il t'aime
l'enfant   je l'aime   elle s'est levée
c'est   beaucoup d'argent   il n'a qu'un an

2. The **-a** of **la** (article and pronoun).

l'Amérique   je l'ai vue

3. The **-i** of **si** before **il** and **ils**.

s'il   s'ils   BUT si elle, si imaginatif, etc.

NOTE: Elision does not occur between two words which are not in the same phrase or breath group.

Donnez-le à cet élève!   Embrasse-la, Emile!

2. The **-e** of **que** elides also in some compound words ending in **-que: quoiqu'il** . . . , **lorsqu'elle** . . . .

PUNCTUATION

The punctuation marks and their uses are practically the same as in English, except that the dash (**tiret**) is often used to denote a change of speaker in dialogue. The more common ones, with their French names are:

,	la virgule	. . .	les points de suspension
.	le point	( )	les parenthèses *f.*
;	le point-virgule	« »	les guillemets *m.*
:	les deux points	–	le trait d'union
?	le point d'interrogation	—	le tiret
!	le point d'exclamation	*	l'astérisque *m.*

LEÇON PRÉLIMINAIRE

PART I

Step 1. Pronounce the following very clearly several times (student chorus repetition).

Bonjour   Monsieur   Madame   Mademoiselle
Bonjour, monsieur.   Bonjour, madame.   Bonjour, mademoiselle.

Step 2. Pronounce them again, having individual students repeat after the instructor.

Step 3. Have students, in pairs, give the appropriate greetings and responses. (In nonmixed classes, assign roles.)
Follow the same three steps in teaching the following:

Comment allez-vous?   Très bien, merci.   Et vous?

Have students, in pairs, repeat the following dialogue:

A. Bonjour, monsieur (madame, mademoiselle).
B. Bonjour, monsieur (madame, mademoiselle).
A. Comment allez-vous?
B. Très bien, merci. Et vous?
A. Très bien, merci.

PART II

Step 1. The instructor holds up, touches, or points to the following objects in the room. As he does so, he pronounces the name of each object very distinctly, and the class repeats in chorus after him.

la table	la chaise	le livre	le crayon
la porte	la carte	le cahier	le tableau
la fenêtre	la craie	le stylo	le papier
la classe	l'élève	le bureau	le professeur

Step 2. The instructor writes on the blackboard "*the* table" and repeats (with class imitation) "**la table**"—emphasizing "**la**." He goes through the same procedure, writing "*a* table" and saying "**une table**." Then he has the students repeat the French articles several times as he points to "the" or "a" on the board. Following this, he repeats the procedure of Step 1 above, but, this time, gives each noun twice (omitting **la craie** and **le papier**).

la table	une table	le stylo	un stylo	
la porte	une porte	le crayon	un crayon	etc.

Step 3. Practice the pronunciation of **Qu'est-ce que c'est?** Then the instructor indicates again the objects above, asking each time: **Qu'est-ce que c'est?** The instructor gives the answers and the students repeat after him—first in chorus, then individually.

C'est la table.	C'est une chaise.	C'est un livre.	C'est un crayon.
C'est la porte.	C'est la carte.	C'est un cahier.	C'est le tableau.
C'est une fenêtre.	C'est la craie.	C'est un stylo.	C'est le professeur.
C'est une classe.	C'est un élève.	C'est un bureau.	C'est une élève.

Step 4. On the blackboard put stick figures representing a man, a woman, a boy, and a girl. Have the students repeat as the instructor points and says:

l'homme	C'est un homme.	le garçon	C'est un garçon.
la femme	C'est une femme.	la fille	C'est une fille.

Practice until all the students can answer correctly when the instructor points to a figure and asks: **Qu'est-ce que c'est?** Following this, have individual students point out the objects or stick figures and ask the question.

PART III

Begin with chorus repetition of Steps 2 and 3 of Part II. Then, using the same objects and a similar procedure, drill with the following questions and answers:

> Où est la table? — Voici la table.
> Où est le stylo? — Voici le stylo.
> Où est la porte? — Voilà la porte.   etc.

Use **voici** when holding or touching the object and **voilà** when pointing to it.

PART IV

Step 1. Have the numerals from 1 to 30 written on the blackboard in three lines:

1	2	3	4	5	6	7	8	9	10
11	12	13	14	15	16	17	18	19	20
21	22	23	24	25	26	27	28	29	30

The students pronounce in unison, after the instructor, the numbers in the first line. After this line has been pronounced in order several times, it is repeated several more times, indicating the numbers at random. After each line has been practiced this way, practice all thirty at random.

Step 2. Using a procedure like that of Part III, drill on these questions and answers:

> Combien de tables y a-t-il?   — Il y a une table.
> Combien de fenêtres y a-t-il? — Il y a deux fenêtres.
> Combien de livres y a-t-il?   — Il y a trois livres.   etc.

PART V

Drill on these essential expressions:

La salle (de classe).
Y a-t-il _____ dans la salle?
Oui, monsieur (madame, mademoiselle).
Non, monsieur (madame, mademoiselle).
Je ne sais pas.

Je ne comprends pas.
Répétez, s'il vous plaît.
Merci, monsieur (madame, mademoiselle).
Il n'y a pas de quoi.
De rien.

PREMIÈRE LEÇON

Mots apparentés

l'**Atlantique** *m*. [latlãtik]
Brest [brɛst]
la **capitale** [lakapital]
l'**Europe** *f*. [lœrɔp]
la **France** [la frãs]
l'**Italie** *f*. [litali]

Nice [nis]
l'**océan** *m*. [lɔseã]
Paris [pari]
le **Rhône** [ləron]
Rome [rɔm]
la **Seine** [lasɛn]

La France

La France est un pays. La France est dans l'ouest de l'Europe. Paris est
la capitale de la France. Paris est une ville. C'est une ville. Paris est sur la
Seine. La Seine est un fleuve. La Seine est un fleuve de France. Nice est une
ville de France. Nice est sur la Méditerranée. La Méditerranée est une mer.
Brest est une autre ville de France. Brest est situé sur l'Atlantique. L'Atlan-   5
tique est un océan. Lyon est une autre ville de France. Lyon est sur le Rhône.
Le Rhône est un autre fleuve de France.

VOCABULAIRE

autre [otr] other
dans [dã] in, into
de [də] of, from
est [ɛ] is
le **fleuve** [ləflœv] river
la **mer** [lamɛr] sea
où [u] where
l'**ouest** *m*. [lwɛst] west
le **pays** [ləpei] country

quel *m*. [kɛl] (*f*. **quelle** [kɛl]) *interr.adj.*
   which, what
qu'est-ce que c'est que (+ *n*.)?
   [kɛskəsɛkə] what is (are) (+ *n*.)?
situé [situe] located, situated
sur [syr] on
un *m*. [œ̃] (*f*. **une** [yn]) a, an
la **ville** [lavil] city

15

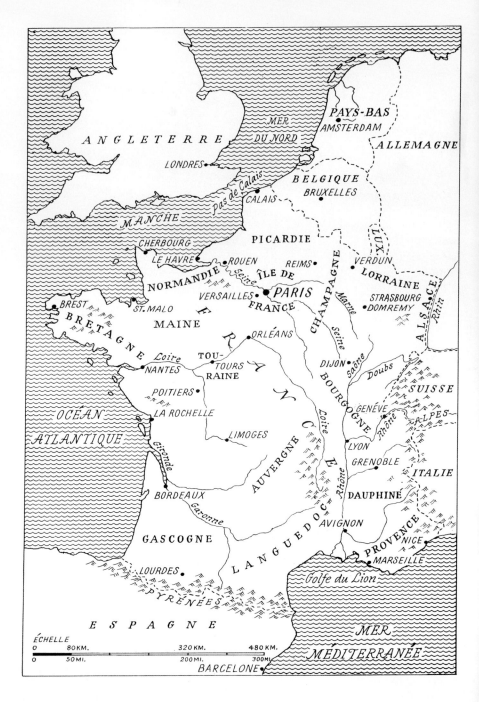

La France

NOM PROPRES (PROPER NOUNS)

NOTE: Names of states, cities, rivers, etc., of America which do not have a special French form are not listed.[1]

la **Californie** [lakaliforni] California
Lyon [ljɔ̃] Lyons

la **Méditerranée** [lamediterane] the Mediterranean
la **Virginie** [lavirʒini] Virginia

QUESTIONNAIRE

Répondez en français. (Answer in French.)

A. *Questions sur le texte.* (Questions on the text). 1. Qu'est-ce que c'est que la France? 2. Où est la France? 3. Quelle est la capitale de la France? 4. Qu'est-ce que c'est que Paris? 5. Où est situé Paris? 6. Qu'est-ce que c'est que la Seine? 7. Qu'est-ce que c'est que Nice? 8. Où est la ville de Nice? 9. Qu'est-ce que c'est que la Méditerranée? 10. Qu'est-ce que c'est que Brest? 11. Où est situé Brest? 12. Qu'est-ce que c'est que l'Atlantique? 13. Qu'est-ce que c'est que Lyon? 14. Quelle ville de France est sur le Rhône? 15. Qu'est-ce que c'est que le Rhône? 16. Sur quel fleuve est situé Paris? 17. Sur quel océan est situé Brest?

B. *Questions générales.* (General questions.) 1. Qu'est-ce que c'est que l'Italie? 2. Quelle est la capitale de l'Italie? 3. Qu'est-ce que c'est que Rome? 4. Qu'est-ce que c'est que Boston? 5. Où est situé Boston? 6. Sur quel océan est situé Boston? 7. Qu'est-ce que c'est que l'Hudson? 8. Sur quel fleuve est situé New York? 9. Quelle est la capitale de la Californie? 10. Qu'est-ce que c'est que Sacramento? 11. Qu'est-ce que c'est que Jacksonville? 12. Où est situé Jacksonville? 13. Qu'est-ce que c'est que Richmond? 14. Quelle est la capitale de la Virginie? 15. Sur quel fleuve est situé Saint-Louis? 16. Sur quel océan est situé Jacksonville?

GRAMMAIRE

1. Gender of Nouns

All French nouns are either masculine or feminine.[2] Knowing the gender

1. Also, occasionally, other nonlisted names are used in the exercises if they are easily recognizable and well known.
2. Names of cities present a special case. French usage is far from standardized in the matter of the gender of city names. Since there is no simple and accurate guide, and since the question is one of relatively minor importance (especially in the spoken lan-

is important because it governs the form of adjectives and pronouns which refer to the noun.

MASCULINE		FEMININE	
homme	man	femme	woman
garçon	boy	fille	girl
pays	country	ville	city
fleuve	river	capitale	capital
Atlantique	Atlantic	Italie	Italy

2. Definite Article

The definite article in the masculine singular is **le** and in the feminine singular **la**. Both of these drop the vowel (-**e** or -**a**) before a word beginning with a vowel or mute **h**.

le pays the country	**la ville** the city	**l'homme** the man
le Rhône the Rhone	**la Seine** the Seine	**l'autre ville** the other city

3. Definite Article with Names of Countries and Continents

The definite article is generally used in French before the names of countries and continents.

La France est dans l'ouest de l'Europe.	France is in the west of Europe.
Le Canada est un autre pays.	Canada is another country.

However, with feminine names of countries and continents, the article is sometimes omitted after **de**.[3]

C'est une ville de France.	It's a city of France (French city).

4. Indefinite Article

The indefinite article in French has two forms:

---

guage), the authors recommend, for purposes of simplification, that the beginning student treat all names of cities as masculine, unless the name includes the article **la** (**la Nouvelle-Orléans, la Haye,** etc.). Of course, the problem may also be avoided by using "**la ville de . . .**) in all cases where agreement is involved.

3. There are no simple, specific rules to distinguish the adjectival phrases which take the article with the name and those which do not. This is best learned by imitative practice until habit is established for the most commonly occurring cases. In the meanwhile, it is not an important consideration for beginning students, because the erroneous inclusion or omission of the article in such phrases will seldom, if ever, affect the meaning of the sentence. The article **la** is regularly omitted when the **de** phrase is adverbial (see p. 339).

un (before a masculine singular noun).

un pays   **un fleuve**   **un océan**

une (before a feminine singular noun).

une mer   **une ville**   **une capitale**

5. *Qu'est-ce que c'est que*

Qu'est-ce que c'est que . . . is an idiomatic expression which asks for a definition of the noun that follows. It corresponds to English *What is . . . ?* or *What are . . . ?* with this meaning.

Qu'est-ce que c'est que l'Atlantique?   What is the Atlantic? (*Answer expected:* The Atlantic is an ocean.)

6. *Quel est . . . ?*

In questions where the answer expected is the identification of one item from among the possibilities within a certain category, *What is . . . ?* is expressed by **Quel (Quelle) est . . . ?**

Quelle est la capitale de la France?   What is the capital of France?
Quel est le pays situé dans l'ouest de l'Europe?   What is the country located in the west of Europe?

The variations in spelling of **quel** are explained in Lesson 2. This variation involves no difference of sound.

7. *C'est* plus Predicate Nominative

C'est is used to express *It is . . .* when followed by a predicate noun or pronoun.

C'est un fleuve de France.   It is a river of France.

EXERCICES (EXERCISES)

A. *Répétez ces exemples.* (Repeat these examples.)

> Qu'est-ce que c'est que la France?
> Qu'est-ce que c'est que Paris?

Maintenant, posez la même question, en employant les noms suivants. (Now, ask the same question, using the following nouns.)

1. Lyon	4. le Rhône	7. la Méditerranée	10. Boston
2. Brest	5. le Canada	8. l'Atlantique	11. le Mississippi
3. la Seine	6. l'Italie	9. New York	12. l'Hudson

B. *Répétez ces exemples.*

> Qu'est-ce que c'est que la France? — La France est un pays.
> Qu'est-ce que c'est que Paris? — Paris est une ville.

Maintenant, continuez de la même manière, en employant les noms de l'exercice A. (Now, continue in the same way, using the nouns of exercise A.)

C. *Répétez ces exemples.*

> Qu'est-ce que c'est que la France? — C'est un pays d'Europe.
> Qu'est-ce que c'est que Paris? — C'est une ville de France.

Maintenant, continuez de la même manière, en employant les noms suivants. (Now, continue in the same way, using the following nouns.)

1. l'Italie	3. Lyon	5. la Seine	7. la Russie	9. Nice
2. le Portugal	4. Brest	6. le Rhône	8. la Tchécoslovaquie	10. Marseille

D. *Répétez ces exemples.*

> Où est situé Lyon?
> Où est situé Naples?

Maintenant, posez la même question, en employant les noms suivants. (Now, ask the same question, using the following nouns.)

1. Paris	3. Marseille	5. New York	7. Saint-Louis	9. Bâton Rouge
2. Brest	4. Boston	6. Jacksonville	8. Nice	10. Washington

E. *Répétez ces exemples.*

> Où est situé Lyon? — Lyon est situé sur le Rhône.
> Où est situé Naples? — Naples est situé sur la Méditerranée.
> Où est situé Miami? — Miami est situé sur l'Atlantique.

Continuez de la même manière, en employant les noms de l'exercice D. (Continue in the same way, using the nouns of exercise D.)

F. Répétez ces exemples.

> Sur quel fleuve est situé Lyon?
> Sur quelle mer est situé Naples?
> Sur quel océan est situé Miami?

Maintenant, posez la même question, en employant les noms de l'exercice D.

G. Répétez les noms suivants, en remplaçant l'article indéfini par l'article défini. (Repeat the following nouns, replacing the indefinite article by the definite article.)

EXEMPLES: un pays — le pays   une ville — la ville

1. un fleuve	5. une mer	9. un crayon	13. une fenêtre
2. un livre	6. une capitale	10. une fille	14. un garçon
3. un stylo	7. une table	11. un tableau	15. une chaise
4. un homme	8. une femme	12. une carte	16. un océan

L'Europe

DEUXIÈME LEÇON

Mots apparentés

Barcelone [barsələn]
le Canada [ləkanada]
Cherbourg [ʃɛrbur]
la Louisiane [lalwizjan]

Madrid [madrid]
Marseille [marsɛj]
le Pacifique [ləpasifik]

Des villes et des fleuves

La France et l'Espagne sont des pays d'Europe. Ce sont de grands pays.
La France et l'Espagne sont situées dans l'ouest de l'Europe. Cherbourg,
Brest, Lyon et Marseille sont des villes de France. Cherbourg et Brest sont
situés dans l'ouest de la France. Marseille est une grande ville située dans
le sud de la France.   5

Madrid et Barcelone sont des villes d'Espagne. Ce sont de grandes villes.
Barcelone est dans l'est de l'Espagne. Barcelone est sur la Méditerranée.
Cadix est une autre ville d'Espagne. Cadix est situé dans le sud. Cadix est
sur l'Atlantique.

L'Italie est un autre grand pays d'Europe. Rome est la capitale de l'Italie.   10
C'est une grande ville située sur le Tibre. Venise est une autre grande ville
d'Italie. Venise est dans le nord de l'Italie. Rome et Venise sont de grandes
villes.

New York, Miami, la Nouvelle-Orléans et San Francisco sont de grandes
villes. Ce sont des villes des Etats-Unis. New York est dans l'est. La Nouvelle-   15
Orléans est dans le sud, sur le Mississippi. Le Mississippi est un grand fleuve.
San Francisco est situé dans l'ouest des Etats-Unis, sur le Pacifique. Les villes
de New York et de Miami sont situées sur l'océan Atlantique.

La Virginie, la Louisiane et la Californie sont des états. Ce sont des états
des Etats-Unis. La Californie est un grand état.   20

La Seine, le Rhône, le Tibre, le Potomac et le Mississippi sont de grands
fleuves. La Seine et le Rhône sont des fleuves de France. Le Tibre est un
fleuve d'Italie. Le Mississippi et le Potomac sont des fleuves des Etats-Unis.

VOCABULAIRE

des [de] some, any; of the
l'est *m.* [lɛst] east
et [e] and
l'état *m.* [leta] state
grand [grɑ̃] big, large; great

les [le] *pl. of definite art.* the
le nord [lǝnɔr] north
sont [sɔ̃] are; **ce sont** (+ *pred.n. or*
pron.) they are
le sud [lǝsyd] south

NOMS PROPRES

Cadix [kadiks] Cadiz
l'Espagne *f.* [lɛspaɲ] Spain
les Etats-Unis *m.pl.* [lezetazyni] United
States

la Nouvelle-Orléans [lanuvɛlɔrleɑ̃] New
Orleans
le Tibre [lǝtibr] the Tiber
Venise [vǝniz] Venice

QUESTIONNAIRE

Répondez en français.

A. *Questions sur le texte.* 1. Qu'est-ce que c'est que la France? 2. Où est située la France? 3. Qu'est-ce que c'est que la France et l'Espagne? 4. Où sont situées la France et l'Espagne? 5. Qu'est-ce que c'est que Cherbourg? 6. Qu'est-ce que c'est que Cherbourg, Brest, Lyon et Marseille? 7. Où est situé Cherbourg? 8. Où sont situés Cherbourg et Brest? 9. Sur quelle mer est situé Marseille? 10. Où sont situés Marseille et Nice? 11. Qu'est-ce que c'est que Rome? 12. Qu'est-ce que c'est que Rome et Venise? 13. Où est situé Venise? 14. Qu'est-ce que c'est que Madrid? 15. Qu'est-ce que c'est que Madrid, Barcelone et Cadix? 16. Sur quel océan est situé Cadix? 17. Qu'est-ce que c'est que l'Atlantique? 18. Qu'est-ce que c'est que l'Atlantique et le Pacifique? 19. Où sont situées les villes de New York et de Miami? 20. Sur quel fleuve est située la Nouvelle-Orléans? 21. Qu'est-ce que c'est que le Mississippi? 22. Qu'est-ce que c'est que le Mississippi et le Potomac? 23. Qu'est-ce que c'est que la Louisiane? 24. Qu'est-ce que c'est que la Louisiane et la Californie? 25. Sur quel océan est situé San Francisco?

B. *Questions générales.* 1. Qu'est-ce que c'est que le Canada? 2. Qu'est-ce que c'est que le Canada et les Etats-Unis? 3. Quelle est la capitale des Etats-Unis? 4. Sur quel fleuve est situé Washington? 5. Quelle est la capitale de l'état de _____? 6. Sur quel fleuve est située la ville de _____? 7. Qu'est-ce que c'est que Chicago? 8. Qu'est-ce que c'est que Chicago et Boston? 9. Sur quel océan est situé Boston? 10. Sur quel océan sont situés Boston et Jacksonville? 11. Où sont situés Chicago et Saint-Paul? 12. Où sont situés Atlanta et Birmingham? 13. Quelle grande ville de l'état de Missouri est située sur le Mississippi? 14. Quelles autres villes sont situées sur le Mississippi?

GRAMMAIRE

1. Plural of the Definite Article

The definite article in French has only one form in the plural: **les.**

les océans *m.* the oceans	**les villes** *f.* the cities
les autres océans the other oceans	**les grandes villes** the large cities

2. Plural of Nouns

Most French nouns add -s to form the plural.[1]

le fleuve the river	**les fleuves** the rivers
la capitale the capital	**les capitales** the capitals
l'état the state	**les états** the states

Nouns which end in -s in the singular remain the same in the plural.

le pays   the country   **les pays**   the countries

3. Contraction *des*

The preposition **de** combines with the plural of the definite article **les** to form the contraction **des** (**de** + **les** = **des**).

les capitales des pays	the capitals *of the* countries
Ce sont des fleuves.	They are (*some*) rivers.
les villes des Etats-Unis	the cities *of the* United States

4. Partitive Article

The partitive article, which is used before a noun, expresses an indefinite quantity or a part of a whole. This idea is expressed in English by the word *some* or *any*. In French the partitive is formed generally by the preposition **de** plus the definite article. Until later in the book, the student will need only the plural form **des.**

Paris, Marseille et Lyon sont des villes de France.	Paris, Marseilles, and Lyons are (some) cities of France.
La France et l'Espagne sont des pays d'Europe.	France and Spain are (some) countries of Europe.

1. This -s (like most final consonants) is silent, except when pronounced [z] in liaison.

In English, nouns with a partitive meaning are frequently used without an article, that is, the *some* or *any* is not expressed; but in French, the partitive article is not omitted.

Le Mississippi et le Colorado sont des fleuves des Etats-Unis.	The Mississippi and the Colorado are rivers of the United States.
Il y a des villes dans le nord.	There are cities in the north.

Note that de alone (rather than de plus the definite article) is used to express the partitive when an adjective *precedes* a noun in the plural.

Ce sont de grands pays.	They are large countries.

5. Feminine and Plural of Adjectives

In French, an adjective (or a past participle used as an adjective) agrees in gender and number with the noun or pronoun it modifies. The feminine is generally formed by adding -e to the masculine singular. The plural is generally formed by adding -s to the masculine or feminine singular.

MASCULINE		FEMININE	
SINGULAR	PLURAL	SINGULAR	PLURAL
grand	grands	grande	grandes
situé	situés	située	situées

If the masculine singular ends in unaccented -e, there is no change for the feminine.

MASCULINE	FEMININE
un autre fleuve	une autre ville
d'autres fleuves	d'autres villes

Where the masculine singular ends in a vowel or a pronounced consonant, there is no change of pronunciation for the feminine.

situé [sitɥe]   située [sitɥe]   quel [kɛl]   quelle [kɛl]

But if the masculine singular ends in a silent consonant, the consonant is pronounced when the mute -e is added for the feminine.

important [ɛ̃pɔrtɑ̃]   importante [ɛ̃pɔrtɑ̃t]   grand [grɑ̃]   grande [grɑ̃d]

The addition of -s for the plural affects the pronunciation only when there is liaison to the following word (see p. 9).

6. Agreement of Adjectives with Two Nouns

An adjective which modifies a masculine noun and a feminine noun takes the masculine plural form.

La France et le Canada sont grands.	France and Canada are large.

7. The Interrogative Adjective *quel*

Quel is the interrogative adjective, used either directly before a noun or before the verb **être** to refer to a predicate noun (see p. 19). The -l is doubled in the feminine forms: **quel, quelle, quels, quelles.**

Sur quel océan est situé Miami?	On what ocean is Miami located?
Quelle est la capitale de l'Italie?	What is the capital of Italy?
Quels sont les états de l'ouest?	Which are the states of the west?
Quelles villes sont situées sur la Seine?	Which (what) cities are located on the Seine?

8. Gender of Continents and Countries

The names of the continents are feminine.

L'Amérique est grande.	America is large.
L'Europe est importante.	Europe is important.

In general, the names of countries ending in **-e** are feminine, and the others are masculine.[2]

FEMININE	**la France**	**l'Espagne**	**l'Italie**
MASCULINE	**le Canada**	**le Portugal**	**les Etats-Unis**

9. *Ce sont* plus Predicate Noun

Ce sont (plural form of **c'est**) is used to introduce a plural predicate noun.

Ce sont des pays d'Europe.	They are countries of Europe.
Ce sont les élèves.	They are the pupils.

EXERCICES

A. *Répétez ces exemples.*

Qu'est-ce que c'est que la France?   —   La France est un pays.

Qu'est-ce que c'est que la France et l'Espagne?   —   La France et l'Espagne sont des pays.

Maintenant, répondez de la même manière aux questions suivantes. (Now, answer the following questions in the same way.)

1. Qu'est-ce que c'est que l'Italie?
2. Qu'est-ce que c'est que l'Italie et le Canada?
3. Qu'est-ce que c'est que Nice?

2. Notable exceptions: **le Mexique, le Cambodge, la Nigeria.**

    4. Qu'est-ce que c'est que Nice et Lyon?
    5. Qu'est-ce que c'est que la Seine?
    6. Qu'est-ce que c'est que la Seine et le Colorado?
    7. Qu'est-ce que c'est que l'Atlantique?
    8. Qu'est-ce que c'est que l'Atlantique et le Pacifique?
    9. Qu'est-ce que c'est que la Méditerranée?
  10. Qu'est-ce que c'est que la Méditerranée et la Baltique?
  11. Qu'est-ce que c'est que la Californie?
  12. Qu'est-ce que c'est que la Californie et la Louisiane?

Répétez l'exercice, en employant **c'est** *ou* **ce sont** *dans les réponses.* (Repeat the exercise, using **c'est** or **ce sont** in the answers.)

EXEMPLE: C'est un pays. — Ce sont des pays.

B. *Répétez ces exemples.*

      La France est un pays. — C'est un pays d'Europe.
      Le Mississippi est un fleuve. — C'est un fleuve des Etats-Unis.
      Paris et Nice sont des villes. — Ce sont des villes de France.

Répétez les phrases, en employant **c'est** *ou* **ce sont** *au lieu des noms, et en ajoutant* **de France, d'Europe, des Etats-Unis** *ou* **d'Italie.** (Repeat the sentences, using **c'est** or **ce sont** instead of the nouns, and adding **de France, d'Europe, des Etats-Unis,** or **d'Italie.**)

    1. L'Espagne est un pays.
    2. L'Espagne et l'Italie sont des pays.
    3. L'Italie est un pays.
    4. L'Italie et la France sont des pays.
    5. La Seine est un fleuve.
    6. La Seine et le Rhône sont des fleuves.
    7. Marseille est une ville.
    8. Marseille et Lyon sont des villes.
    9. Chicago est une ville.
  10. Chicago et San Francisco sont des villes.
  11. Le Potomac est un fleuve.
  12. Le Potomac et le Colorado sont des fleuves.
  13. Venise est une ville.
  14. Venise et Rome sont des villes.
  15. La Louisiane est un état.
  16. La Louisiane et la Virginie sont des états.

Répétez, en employant l'adjectif **grand.** (Repeat, using the adjective **grand.**)

EXEMPLES: La France est un pays. — C'est un grand pays.
           Paris et Nice sont des villes. — Ce sont de grandes villes.

C. *Répétez ces exemples.*

> Baltimore est dans l'est. — Baltimore est dans l'est des Etats-Unis.
>
> Nice est dans le sud. — Nice est dans le sud de la France.
>
> La France est dans l'ouest. — La France est dans l'ouest de l'Europe.

Continuez de la même manière, en ajoutant des Etats-Unis, de la France, de l'Europe ou de l'Italie. (Continue in the same way, adding **des Etats-Unis, de la France, de l'Europe,** or **de l'Italie.**)

1. Boston est dans l'est.
2. Lyon est dans l'est.
3. La Russie est dans l'est.
4. L'Espagne est dans l'ouest.
5. Brest est dans l'ouest.
6. San Francisco est dans l'ouest.
7. La Nouvelle-Orléans est dans le sud.
8. L'Italie est dans le sud.
9. Marseille est dans le sud.
10. Paris est dans le nord.
11. Chicago est dans le nord.
12. Venise est dans le nord.

D. *Répétez ces exemples.*

> Rome est une ville. Et Venise? — Venise est une autre ville.
>
> Memphis est une ville sur le Mississippi. Et Bâton Rouge? — Bâton Rouge est une autre ville sur le Mississippi.

Continuez, en répondant de la même manière. (Continue, answering in the same way.)

1. Paris est une ville. Et Lyon?
2. La Seine est un fleuve. Et le Rhône?
3. La France est un pays. Et l'Espagne?
4. La Californie est un état. Et la Louisiane?
5. L'Atlantique est un océan. Et le Pacifique?
6. La Méditerranée est une mer. Et la Baltique?
7. New York est une ville sur l'Hudson. Et Albany?
8. Rouen est une ville sur la Seine. Et Paris?
9. La Nouvelle-Orléans est une ville sur le Mississippi. Et Saint-Louis?
10. Boston est une ville sur l'Atlantique. Et Jacksonville?
11. Marseille est une ville sur la Méditerranée. Et Barcelone?
12. San Francisco est une ville de l'ouest. Et Denver?
13. Baltimore est une ville de l'est. Et Boston?

E. *Répétez ces exemples.*

> Où est situé Boston? — Boston est situé dans l'est des Etats-Unis.
>
> Où sont situés Boston et New York? — Boston et New York sont situés dans l'est des Etats-Unis.

*Répondez aux questions suivantes, en employant **le nord, le sud, l'est, et l'ouest.*** (Answer the following questions, using **le nord, le sud, l'est,** and l'ouest.)

1. Où est situé Brest?
2. Où sont situés Brest et Cherbourg?
3. Où est situé Chicago?
4. Où sont situés Chicago et Détroit?
5. Où est situé Atlanta?
6. Où sont situés Atlanta et Birmingham?
7. Où est situé Nice?
8. Où sont situés Nice et Marseille?
9. Où est situé le Vermont?
10. Où sont situés le Vermont et le Maine?
11. Où est situé Paris?
12. Où sont situés Paris et Calais?
13. Où est située la Russie?
14. Où sont situées la Russie et la Roumanie?
15. Où est située la France?
16. Où sont situées la France et l'Espagne?

L'Europe

TROISIÈME LEÇON

Mots apparentés

Budapest [bydapɛst]
le Danube [lədanyb]
important [ɛ̃pɔrtã]
la Loire [lalwar]

long [lɔ̃] (f. longue[1] [lɔ̃g])
le Portugal [ləpɔrtygal]
la Volga [lavɔlga]

Des pays et des fleuves

Il y a beaucoup de pays en Europe. Il y a de petits pays et de grands pays.
La France est un grand pays. La France est grande. La Russie est plus
grande que la France. La France et la Russie sont de grands pays. La France
et la Russie sont grandes. Le Portugal est un petit pays à l'ouest de l'Espagne.
Le Portugal est petit. La Belgique est petite aussi. La Belgique est plus petite   5
que le Portugal. La Belgique et le Portugal sont petits. La France et la
Russie sont très importantes. L'Angleterre aussi est importante. Ce sont des
pays importants. L'Allemagne est un autre pays important, situé à l'est de
la France.

Les fleuves d'Europe sont très importants. Il y a des fleuves importants   10
en France, en Russie et en Italie. La Seine est plus importante que la Loire,
mais la Loire est plus longue que la Seine. Le Danube et la Volga sont plus
longs que la Seine et la Loire. En Europe, le Danube et la Volga sont très
importants. Il y a beaucoup de grandes villes situées sur les grands fleuves.
Vienne et Budapest sont sur le Danube. Ce sont de grandes villes. Ce sont   15
des villes importantes.

Aux Etats-Unis, le Mississippi, le Colorado, et l'Hudson sont très importants. Le Mississippi est plus important et plus long que les autres fleuves.

---

1. How would this be pronounced if the -u were not added?

VOCABULAIRE

à [a] to, at, in
aussi [osi] also, too
beaucoup (de²) [boku(də)] many, a great many, much, a great deal
citez [site] mention, name
est-ce que? [ɛskə] *literally* is it that? (*see p. 35*)
il y a [ilja] there is, there are; y a-t-il? [iatil, jatil] is there? are there?
mais [mɛ] but
petit [pəti] small, little
plus [ply] more
que [kə] than
quelques [kɛlkə] a few, some
très [trɛ] very

NOMS PROPRES

l'Allemagne *f.* [lalmaɲ] Germany
l'Angleterre *f.* [lãglətɛr] England
la Belgique [labɛlʒik] Belgium
la Russie [larysi] Russia
le Saint-Laurent [ləsɛlɔrã] the St. Lawrence
Vienne [vjɛn] Vienna

QUESTIONNAIRE

Répondez en français.

A. *Questions sur le texte.* 1. Y a-t-il beaucoup de pays en Europe? 2. Citez quelques grands pays d'Europe. 3. Citez quelques petits pays d'Europe. 4. Est-ce que la France est grande? 5. Est-ce que la France est plus grande que la Belgique? 6. Est-ce que le Portugal est plus petit que la Russie? 7. Est-ce que la Belgique est plus petite que la France? 8. Où est situé le Portugal? 9. Est-ce que la France et l'Espagne sont de grands pays? 10. Est-ce que la Russie et l'Allemagne sont grandes aussi? 11. Quel grand pays est situé à l'est de la France? 12. Quel petit pays est situé à l'ouest de l'Espagne? 13. Y a-t-il des fleuves importants en France? 14. Est-ce que la Seine est importante? 15. Est-ce que le Rhône est important? 16. Est-ce que la Seine est plus importante que la Loire? 17. Est-ce que la Loire est plus longue que la Seine? 18. Y a-t-il des villes sur la Seine? 19. Y a-t-il de grandes villes sur la Seine? 20. Y a-t-il des villes importantes sur le Danube? 21. Est-ce que le Danube est important? 22. Est-ce que la Volga est importante? 23. Est-ce que le Danube est plus long que la Seine? 24. Est-ce

2. Requires **de** before a noun: **beaucoup de villes,** *many cities.*

que la Volga est plus longue que les fleuves de France? 25. Quel fleuve des Etats-Unis est plus important que les autres fleuves?

B. *Questions générales.* 1. Y a-t-il des fleuves au Canada? 2. Y a-t-il des fleuves importants au Canada? 3. Y a-t-il des villes au Canada? 4. Y a-t-il de grandes villes au Canada? 5. Citez quelques villes du Canada. 6. Quelles grandes villes sont situées sur le Saint-Laurent? 7. Est-ce que Londres est la capitale de l'Angleterre? 8. Citez une autre ville d'Angleterre. 9. Y a-t-il des villes importantes sur le Mississippi? 10. Citez quelques villes situées sur le Mississippi. 11. Est-ce que Saint Louis est plus grand que Memphis? 12. Est-ce que le Mississippi est plus long que le Potomac? 13. Est-ce que la Nouvelle-Orléans est plus importante que Vicksburg? 14. Est-ce que Chicago et Los Angeles sont de grandes villes? 15. Est-ce que Boston et New York sont des villes importantes? 16. Sur quel fleuve est situé Washington? 17. Est-ce que l'état de Delaware est plus petit que la Californie? 18. Y a-t-il beaucoup d'états aux Etats-Unis?

GRAMMAIRE

1. Contractions *au, aux, du, des*

The prepositions **à** and **de** combine with the forms **le** and **les** of the definite article as follows:

$$à + le = au \qquad de + le = du$$
$$à + les = aux \qquad de + les = des$$

The prepositions **à** and **de** do not combine with **la** and **l'**.

$$à \ la \ ville \qquad de \ la \ ville$$
$$à \ l'élève \qquad de \ l'élève$$

2. Prepositions *en* and *à*

The preposition **en** is used before the names of continents and feminine names of countries to express the relationships rendered in English by both *to* and *in*. The definite article is here omitted.

en Europe   to (in) Europe   **en Allemagne**   to (in) Germany

The preposition **à** is used before masculine names of countries to express these relationships.[3] Here the definite article is used and contracts with **à**.

au Canada   to (in) Canada   **aux Etats-Unis**   to (in) the United States

3. However, **en** is used before masculine names which begin with a vowel: **en Irak, en Iran, en Equateur, en Uruquay.**

The preposition **à** (without the article) is used with names of cities.

> **à Paris**   to (in) Paris   **à New York**   to (in) New York

3. Position of Adjectives

Most descriptive adjectives in French *follow* the noun modified.

> **un pays important**   an important country
> **des villes importantes**   some important cities

A few short, common descriptive adjectives regularly precede the noun.

> **une grande ville**   a large city
> **de petits pays**   some small countries
> **un long fleuve**   a long river

See page 284 for a list of other adjectives which regularly precede the noun.

4. Comparative of Adjectives

The comparative of a French adjective is generally formed by placing the adverb **plus** (*more*) before it.

petit small	**plus petit** smaller
grand large	**plus grand** larger
important important	**plus important** more important

The connecting word used to introduce the second member of the comparison is **que.**

La Seine est plus importante que la Loire.	The Seine is more important than the Loire.
Un océan est plus grand qu'une mer.	An ocean is larger than a sea.

5. *Quelques* Instead of the Partitive Article

Quelques is used, rather than the partitive article **des** when emphasis is desired.

Quelques autres villes sont plus importantes que la capitale.	Some other cities are more important than the capital.
Dans quelques pays il y a beaucoup de grandes villes.	In some countries there are many large cities.

Notice that in the English versions of the examples above, the word *some* may not be omitted. Notice also that **quelques** corresponds to the English *a few.*

Citez quelques pays d'Europe.	Mention a few countries of Europe.

6. *Est-ce que* ... to Form Questions

Est-ce que prefixed to a declarative sentence transforms it into a question.

La France est un pays.	France is a country.
Est-ce que la France est un pays?	Is France a country?
Une des villes est située sur le Rhône.	One of the cities is located on the Rhone.
Est-ce qu'une des villes est située sur le Rhône?	Is one of the cities located on the Rhone?
Il y a de longs fleuves dans le nord.	There are long rivers in the north.
Est-ce qu'il y a de longs fleuves dans le nord?	Are there any long rivers in the north?

EXERCICES

A. *Répétez ces exemples.*

Marseille est en France. Et Barcelone?   —   Barcelone est en Espagne.
Montréal est au Canada. Et Québec?   —   Québec est au Canada.
Boston est aux Etats-Unis. Et Miami?   —   Miami est aux Etats-Unis.

Continuez à répondre, en employant **en** *ou* **au** (**aux**). (Continue answering, using **en** or **au** [**aux**].)

1. Lyon est en France. Et Paris?
2. Cherbourg est en France. Et Cadix?
3. Venise est en Italie. Et Rome?
4. Madrid est en Espagne. Et Moscou?
5. Oxford est en Angleterre. Et Ottawa?
6. Vancouver est au Canada. Et Toronto?
7. Québec est au Canada. Et Lisbonne?
8. Rome est en Italie. Et Montréal?
9. Nice est en France. Et Chicago?
10. Saint Louis est aux Etats-Unis. Et Saint Paul?

B. *Répétez ces exemples.*

Paris est la capitale de la France. Et Madrid?   —   Madrid est la capitale de l'Espagne.
Bâton Rouge est une ville du sud. Et Cleveland?   —   Cleveland est une ville du nord.

Continuez à répondre de la même manière, en employant **du, de la, de l'** *ou* **des.** (Continue answering in the same way, using **du, de la, de l'**, or **des.**)

1. Moscou est la capitale de la Russie. Et Rome? (Et Londres? Et Bruxelles? Et Ottawa? Et Lisbonne? Et Washington?)
2. Charleston est une ville du sud. Et Chicago? (Et Minneapolis? Et Atlanta? Et Boston? Et Baltimore? Et Denver? Et San Francisco?)

C. *Répétez ces exemples.*

> Où est situé Paris?   —   Paris est en France.
> Où est située la France?   —   La France est en Europe.
> Où est situé le Mississippi?   —   Le Mississippi est aux Etats-Unis.

Continuez à répondre de la même manière.

1. Où est situé Marseille?
2. Où est situé Brest?
3. Où est situé Rome?
4. Où est située l'Italie?
5. Où est situé le Portugal?
6. Où est située la Belgique?
7. Où est située la Seine?
8. Où est située l'Espagne?
9. Où est situé New York?
10. Où est située la Nouvelle-Orléans?
11. Où est situé le Potomac?
12. Où est situé Ottawa?
13. Où est situé le Saint-Laurent?
14. Où est situé Lisbonne?
15. Où est située la Californie?
16. Où est situé le Colorado?

D. *Répétez ces exemples.*

> C'est un pays.   —   C'est un grand pays.
> Ce sont des mers.   —   Ce sont de grandes mers.

Continuez de la même manière, en ajoutant la forme convenable de l'adjectif **grand.** (Continue in the same way, adding the appropriate form of the adjective **grand.**)

1. C'est un fleuve.
2. Ce sont des fleuves.
3. C'est un océan.
4. Ce sont des océans.
5. C'est un état.
6. Ce sont des états.
7. C'est une ville.
8. Ce sont des villes.
9. C'est une capitale.
10. Ce sont des capitales.
11. C'est une élève.
12. Ce sont des élèves.
13. C'est un livre.
14. Ce sont des livres.
15. C'est une table.
16. Ce sont des tables.
17. C'est une chaise.
18. Ce sont des chaises.
19. C'est une carte.
20. Ce sont des cartes.

Répétez, en employant l'adjectif **petit.** (Repeat, using the adjective **petit.**)

EXEMPLES: C'est un pays.   —   C'est un petit pays.
                    Ce sont des mers.   —   Ce sont de petites mers.

E. *Répétez ces exemples.*

> Est-ce que la Belgique est importante?   —   Oui, c'est un pays important.
> Est-ce que Paris est important?   —   Oui, c'est une ville importante.
> Est-ce que le Danube et la Volga sont importants?   —   Oui, ce sont des
> fleuves importants.

Continuez à répondre de la même manière aux questions suivantes. (Continue answering the following questions in the same way.)

1. Est-ce que la Seine est importante?
2. Est-ce que le Rhône est important?
3. Est-ce que Chicago est important?
4. Est-ce que la Nouvelle-Orléans est importante?
5. Est-ce que la France est importante?
6. Est-ce que le Canada est important?
7. Est-ce que la Méditerranée est importante?
8. Est-ce que la Baltique est importante?
9. Est-ce que l'Atlantique est important?
10. Est-ce que le Pacifique est important?
11. Est-ce que l'Atlantique et le Pacifique sont importants?
12. Est-ce que la Méditerranée et la Baltique sont importantes?
13. Est-ce que la France et le Canada sont importants?
14. Est-ce que Chicago et la Nouvelle-Orléans sont importants?
15. Est-ce que la Seine et le Rhône sont importants?

F. *Répétez ces exemples.*

> L'Espagne est grande. Et la France?   —   La France est plus grande que l'Espagne.
>
> Le Danube est long. Et la Volga?   —   La Volga est plus longue que le Danube.

Répondez de la même manière, en employant le comparatif de l'adjectif. (Answer in the same way, using the comparative of the adjective.)

1. La France est grande. Et la Russie?
2. Le Mexique est grand. Et le Canada?
3. Le Portugal est petit. Et la Belgique?
4. La Seine est longue. Et la Loire?
5. Le Colorado est long. Et le Mississippi?
6. La Baltique est importante. Et la Méditerranée?
7. Memphis est important. Et Saint-Louis?
8. Baltimore est grand. Et New York?
9. L'Atlantique est grand. Et le Pacifique?
10. L'état de Maryland est petit. Et l'état de Delaware?

G. *Répondez, en employant beaucoup de.* (Answer, using **beaucoup de**.)

EXEMPLES: Y a-t-il des villes dans l'état de New York?   —   Oui, il y a beaucoup de villes dans l'état de New York.

Y a-t-il des fleuves aux Etats-Unis?   —   Oui, il y a beaucoup de fleuves aux Etats-Unis.

1. Y a-t-il des fleuves en Europe?
2. Y a-t-il des pays en Europe?
3. Y a-t-il des villes en France?
4. Y a-t-il des états aux Etats-Unis?
5. Y a-t-il des villes aux Etats-Unis?
6. Y a-t-il des fleuves au Canada?

The trans-Europe express—Paris-Brussels-Amsterdam.

Suburban trains, Gare St. Lazare, Paris.

Train-auto-couchette (car-sleeper express). This type of train is half sleeper cars and half freight cars carrying the passengers' automobiles. In this way a traveler can arrive with his car at his destination after a night's sleep.

Dining cafeteria-style in a second-class coach.

Maison de la Radio in Paris which houses the government-owned television and radio broadcasting system.

Station for space telecommunication (Relay, Telstar, Early Bird) located at Pleumeur-Bodou in Brittany, where the climate is ideal for the purpose and there is no interference from industrial plants.

(*Right*) Autoroute de l'Ouest —west thruway leading to Paris. Note the Eiffel Tower in the distance. (*Below*) Orly Airport.

QUATRIÈME LEÇON

Mots apparentés

l'**Américain** *m.* [lamerikɛ̃]
l'**Amérique** *f.* [lamerik]
l'**auto** *f.* [ɔto]
l'**automobile** *f.* [ɔtɔmɔbil]

le **centre** [ləsɑ̃tr]
Milan [milɑ̃]
visiter [vizite]
le **voyage** [ləvwajaʒ]

Quelques voyages

Les habitants des Etats-Unis sont Américains. Les habitants des autres pays de l'Amérique sont Américains aussi. Les habitants des Etats-Unis voyagent beaucoup. Ils voyagent souvent en automobile.

Moi, je suis Américain. Je suis un habitant des Etats-Unis. Je suis de Baltimore dans l'état de Maryland. Je visite souvent les grandes villes de 5 l'est des Etats-Unis et du Canada. Georges aussi est Américain. Il est de la ville de Washington. Nous sommes Américains parce que nous habitons aux Etats-Unis. Nous voyageons souvent ensemble. Nous voyageons en automobile. Nous visitons des villes importantes et de petites villes aussi. Aux Etats-Unis, nous ne voyageons pas souvent en chemin de fer. 10

L'été prochain, Georges désire voyager en Europe. Il désire visiter la France, l'Espagne et l'Italie. Il ne désire pas voyager en auto; il désire voyager en chemin de fer. Il travaille dans un magasin pour gagner de l'argent[1] pour le voyage.

Marie n'est pas Américaine; elle est Française. Elle habite en France. Elle 15 est de la ville de Lyon. Elle ne voyage pas beaucoup, mais l'été prochain elle désire visiter le Canada et les Etats-Unis. Elle aussi travaille pour gagner de l'argent pour le voyage au Canada et aux Etats-Unis. Elle désire voyager en auto pour visiter le centre du pays.

Et vous—êtes-vous Américain? De quel état êtes-vous? De quelle ville 20 êtes-vous? Voyagez-vous beaucoup? Voyagez-vous souvent dans l'est du

---

1. **de l'argent,** *some money* (see p. 25; more about this in Lesson 13).

pays? dans l'ouest? dans le sud? dans le nord? Travaillez-vous pour gagner de l'argent pour un voyage en Europe? Travaillez-vous dans un magasin?

VOCABULAIRE

l'argent m. [larʒɑ̃] money
le chemin de fer [ləʃmɛ̃dfɛr] railroad, railway
comment [kɔmɑ̃] how
désirer [dezire] to want, desire, wish
en automobile [ɑ̃nɔtɔmɔbil] (en auto) by car (auto)
ensemble [ɑ̃sɑ̃bl] together
l'été m. [lete] summer
être [ɛtr] to be
français² [frɑ̃sɛ] French, Frenchman, French person
gagner [gaɲe] to earn, get, gain
l'habitant m. [labitɑ̃] inhabitant
habiter [abite] to live, dwell (in)³
le magasin [ləmagazɛ̃] store
moi [mwa] me, I (after prep. or used for emphasis)
parce que [parskə] because
pour [pur] for, to, in order to
prochain ⁴ [prɔʃɛ̃] next
souvent [suvɑ̃] often, frequently
travailler [travaje] to work
voyager [vwajaʒe] to travel

QUESTIONNAIRE

Répondez en français.

A. *Questions sur le texte.* 1. Est-ce que les habitants des Etats-Unis sont Américains? 2. Est-ce que les Américains voyagent beaucoup? 3. Est-ce qu'ils voyagent plus souvent en auto qu'en chemin de fer? 4. Où est située la ville de Baltimore? 5. Est-ce que l'état de Maryland est dans l'est du pays? 6. Est-ce que Georges est de Baltimore? 7. Est-ce que Georges habite dans l'est du pays? 8. Voyagez-vous souvent ensemble? 9. Voyagez-vous souvent en automobile? 10. Est-ce que Georges désire voyager en Europe? 11. Travaille-t-il pour gagner de l'argent? 12. Est-ce que Marie est Américaine? 13. Où habite-t-elle? 14. Est-ce qu'elle voyage beaucoup?

2. Capitalized when used as a noun indicating person (not language).
3. **Habiter** is used with or without a preposition: **Il habite en France. Il habite Lyon.**
4. Generally precedes noun, except with expressions of time: **l'été prochain,** *next summer;* **l'an prochain,** *next year,* etc.

15. Désire-t-elle visiter le Canada? 16. Désire-t-elle visiter aussi les Etats-Unis? 17. Est-ce qu'elle travaille pour gagner de l'argent? 18. Comment désire-t-elle voyager? 19. Est-ce que je suis Américain? 20. Est-ce que je voyage beaucoup? 21. Est-ce que je travaille pour gagner de l'argent? 22. Est-ce que je travaille dans un magasin?

B. *Questions générales.* 1. Est-ce que les habitants du Canada sont Américains? 2. Est-ce que les habitants des autres pays de l'Amérique sont Américains aussi? 3. Est-ce que les habitants de la Californie sont Américains? 4. Sont-ils Français? 5. Est-ce que les habitants de la Nouvelle-Orléans sont Français? 6. Désirez-vous visiter les états de l'ouest du pays? 7. Désirez-vous visiter les grandes villes du Canada? 8. Habitez-vous dans le sud du pays? 9. Habitons-nous dans le centre du pays? 10. Est-ce qu'un habitant de Boston est Français? 11. Est-il Américain? 12. Moi, est-ce que j'habite dans le nord? 13. Est-ce que je suis Français? 14. Y a-t-il dans la classe un élève du sud? 15. De quel état est-il? 16. Habite-t-il dans une grande ville? 17. Comment voyage-t-il? 18. Travaille-t-il beaucoup? 19. Gagne-t-il beaucoup d'argent? 20. Est-ce que les autres élèves sont du nord du pays? 21. Voyagent-ils souvent en chemin de fer?

GRAMMAIRE

1. Verbs

Verbs have many forms. The form by which each verb is designated is called the *infinitive*. The infinitive of a verb in English is the form that follows the preposition *to*. Thus we speak of the verb *to be* or the verbs *to write, to study*, etc. In French the infinitive has a distinctive ending and does not need a preposition to identify it. So, in French we have the infinitives **être** (*to be*), **avoir** (*to have*), **voyager** (*to travel*), etc. The infinitive cannot be used alone as the simple predicate of a sentence. The forms of the verb which may be used as simple predicates are the *finite* forms: I *am,* he *travels,* etc.

2. Present Indicative of *être,* to be

In the preceding lessons we have used only a few forms of two verbs: **être** and **avoir. Est** and **sont** are forms of **être.** The form **a,** from the verb **avoir,** has been learned in the idiomatic expression **il y a.**

The complete present indicative (**présent de l'indicatif**) of the verb **être** is as follows:

je suis	I am	nous sommes	we are
(tu es)	you are	vous êtes	you are
il est	he is, it is	ils sont	they (*m.*) are
elle est	she is, it is	elles sont	they (*f.*) are

NOTE: The form **tu es** is given in parentheses because it is of restricted use. **Tu** is a *familiar* pronoun for which no equivalent exists in modern English. Until the correct use of this form is explained later in the book, the student should always translate *you* by **vous** and use it with the corresponding verb form. **Vous**, like English *you,* can stand for one person or more than one.

The verb **être** is an irregular verb. This means that it does not follow a pattern of conjugation in common with a large group of other verbs.

3. Present Indicative of Regular Verbs of the First Conjugation

The other verbs used in Lesson 4 are *regular* verbs of the *first conjugation.* The verbs of this conjugation may be identified by the ending **-er** of the infinitive.

visiter   to visit   **désirer**   to desire, wish

A great many of the verbs that you will meet in your study of French will be verbs of the first conjugation. Most of them will follow exactly the pattern given below for **visiter:**

je visit*e*	I visit, I am visiting, I do visit
(tu visit*es*)	you visit, you are visiting, you do visit
il visit*e*	he visits, he is visiting, he does visit
elle visit*e*	she visits, she is visiting, she does visit
nous visit*ons*	we visit, we are visiting, we do visit
vous visit*ez*	you visit, you are visiting, you do visit
ils visit*ent*	they visit, they are visiting, they do visit
elles visit*ent*	they visit, they are visiting, they do visit

In the above conjugation of **visiter** some letters are italicized. This part of the finite verb is called the *personal ending.* The remaining part is called the *stem.* The *stem* of a verb of the first conjugation is found by dropping the **-er** of the infinitive. To this stem one adds the endings which correspond to the personal subjects. (NOTE: Four endings are silent: **-e, -es, -ent.**)

	SUBJECT	ENDING		SUBJECT	ENDING
I	je	–e	we	nous	–ons
you	(tu)	–es	you	vous	–ez
he	il	⎫	they *m.*	ils	⎫
she	elle	⎬ –e	they *f.*	elles	⎬ –ent
singular noun		⎭	*plural noun*		⎭

4. Negation

To make a verb negative the expression **ne . . . pas** is used. **Ne** precedes the verb and **pas** follows the verb.

Il ne travaille pas.	He does not (doesn't) work. (He isn't working.)
Je ne voyage pas souvent.	I do not (don't) travel often.
Nous ne sommes pas Français.	We are not (aren't) French.

Ne drops the **-e** before a word beginning with a vowel or mute **h.**

Marie n'est pas Américaine.	Mary is not an American.

5. Interrogative Sentences

When the subject of a verb in French is a personal pronoun, a question may be formed by inverting the order of the subject and verb. However, this inverted form is very rarely used with the first person singular (**je**). Here **est-ce que** is used instead. The following is the interrogative form of the present indicative of **voyager:**

est-ce que je voyage?	am I traveling? do I travel?
(voyages-tu?)	are you traveling? do you travel?
voyage-t-il?	is he traveling? does he travel?
voyageons-nous?[5]	are we traveling? do we travel?
voyagez-vous?	are you traveling? do you travel?
voyagent-ils?	are they traveling? do they travel?

Notice that in all inverted forms a hyphen is used between the verb and its pronoun subject. The letter **t** is inserted between the verb and the pronoun subjects **il** and **elle** when the verb form in the third person singular ends in a vowel.

6. Statements of Nationality

In simple statements of nationality (as well as religion and other such general categories) the noun has principally an adjectival value and, in French, does not take the indefinite article. In English we may say either "He is French" or "He is a Frenchman." In French both of these are expressed in the same way:

Il est Français.	He is a Frenchman. (He is French.)

5. How would this be pronounced if the letter **-e** were not inserted before the ending **-ons**? All verbs with the infinitive ending **-ger** add the **-e** in this form.

In sentences where the noun is used with a real substantive value, the indefinite article is used as with other nouns.

M. Martin est un Français de Paris.	Mr. Martin is a Frenchman from Paris.
C'est un Français important.	He is an important Frenchman.
Une Américaine travaille dans ce magasin.	An American girl works in that store.

Compare also the adjectival and substantive values in the following examples:

De quelle nationalité sont-ils — Ils sont Français.	(Of) what nationality are they? — They are French (Frenchmen).
Qui sont ces hommes? — Ce sont des Français.	Who are those men? — They are (some) Frenchmen.
Ce sont des Américains importants.	They are important Americans.
Ce sont de grands Américains.	They are great Americans.

7. Comparative of Adverbs

Most adverbs, like the adjectives, form the comparative by using **plus.**

Ils voyagent en Europe plus souvent que nous.	They travel in Europe more often than we (do).

EXERCICES

A. *Répétez, en faisant attention à la prononciation.* (Repeat, paying close attention to the pronunciation.)

1.
Je suis	Je suis Français.	Je suis Américain.
Tu es	Tu es Français.	Tu es Américain.
Il est	Il est Français.	Il est Américain.
Elle est	Elle est Française.	Elle est Américaine.
Nous sommes	Nous sommes Français.	Nous sommes Américains.
Vous êtes	Vous êtes Français.	Vous êtes Américains.
Ils sont	Ils sont Français.	Ils sont Américains.
Elles sont	Elles sont Françaises.	Elles sont Américaines.

2.
Je travaille	Je travaille dans un magasin.
Tu travailles	Tu travailles dans un magasin.
Il travaille	Il travaille dans un magasin.
Elle travaille	Elle travaille dans un magasin.
Nous travaillons	Nous travaillons dans un magasin.
Vous travaillez	Vous travaillez dans un magasin.
Ils travaillent	Ils travaillent dans un magasin.
Elles travaillent	Elles travaillent dans un magasin.

3. J'habite   J'habite aux Etats-Unis.
   Tu habites   Tu habites aux Etats-Unis.
   Il habite   Il habite aux Etats-Unis.
   Elle habite   Elle habite aux Etats-Unis.
   Nous habitons   Nous habitons aux Etats-Unis.
   Vous habitez   Vous habitez aux Etats-Unis.
   Ils habitent   Ils habitent aux Etats-Unis.
   Elles habitent   Elles habitent aux Etats-Unis.

4. Est-ce que je gagne ...? Est-ce que je gagne de l'argent?
   Gagnes-tu ...?   Gagnes-tu de l'argent?
   Gagne-t-il ...?   Gagne-t-il de l'argent?
   Gagne-t-elle ...?   Gagne-t-elle de l'argent?
   Gagnons-nous ...?   Gagnons-nous de l'argent?
   Gagnez-vous ...?   Gagnez-vous de l'argent?
   Gagnent-ils ...?   Gagnent-ils de l'argent?
   Gagnent-elles ...?   Gagnent-elles de l'argent?

5. Je ne désire pas   Je ne désire pas voyager.
   Tu ne désires pas   Tu ne désires pas voyager.
   Il ne désire pas   Il ne désire pas voyager.
   Elle ne désire pas   Elle ne désire pas voyager.
   Nous ne désirons pas   Nous ne désirons pas voyager.
   Vous ne désirez pas   Vous ne désirez pas voyager
   Ils ne désirent pas   Ils ne désirent pas voyager.
   Elles ne désirent pas   Elles ne désirent pas voyager.

B. *Répétez la phrase, en employant tous les sujets indiqués.* (Repeat the sentence, using all the subjects indicated.)

1. Je suis des Etats-Unis.   Tu   Il   Elle   Nous   Vous
                                      Les deux élèves   Marie et elle

2. Vous êtes grand.   Les deux élèves   Je   Il   Nous
                                      Tu   Marie   Marie et elle

3. Marie et elle sont en France.   Nous   Il   Je   Elle   Vous
                                      Les deux élèves   Tu

4. Je voyage au Canada.   Tu   Il   Elle   Nous   Vous
                                      Les deux élèves   Marie et elle

5. Elle habite en Espagne.   Marie et elle   Les deux élèves
                                      Vous   Tu   Je   Nous   Il

6. Nous visitons un autre pays.   Tu   Elle   Marie et elle   Il
                                      Je   Vous   Les deux élèves

C. *Mettez à la forme négative.* (Change to the negative.)

EXEMPLES: L'autre élève est Français. — L'autre élève n'est pas Français.
           Nous habitons à Chicago. — Nous n'habitons pas à Chicago.

1. Je suis du sud.
2. Georges et Marie sont Américains.
3. Les élèves voyagent en Europe.
4. Vous travaillez beaucoup.

5. Nous sommes à Paris.
6. Tu voyages souvent.
7. Il gagne beaucoup d'argent.
8. Vous êtes en Amérique.

D. *Mettez à la forme interrogative.* (Change to the interrogative.)

EXEMPLES: Nous voyageons en chemin de fer. — Voyageons-nous en chemin de fer?

Ils sont en Espagne. — Sont-ils en Espagne?

Je gagne beaucoup d'argent. — Est-ce que je gagne beaucoup d'argent?

1. Il visite des pays importants.
2. Vous travaillez pour moi.
3. Tu habites dans le sud.
4. Elle est du Canada.

5. Nous sommes à Marseille.
6. Elles désirent visiter l'Italie.
7. Je suis Américain.
8. Les élèves travaillent beaucoup.

E. *Employez les noms de villes, de pays et de continents dans la phrase.* (Use the names of cities, countries, and continents in the sentence.)

EXEMPLES: la France — Ils sont en France.

Chicago — Ils sont à Chicago.

Continuez de la même manière, en employant les noms suivants. (Continue in the same way, using the following names.)

1. l'Espagne   3. le Portugal   5. Lyon   7. l'Amérique   9. les Etats-Unis
2. l'Italie   4. le Canada   6. Rome   8. l'Europe   10. la Belgique

CINQUIÈME LEÇON

Mots apparentés

actif [aktif]
l'Amérique du Sud f. [lamerikdysyd]
l'aventure f. [lavãtyr]
le charme [ləʃarm]
le continent [ləkɔ̃tinã]

le Mexique [ləmɛksik]
le monument [ləmɔnymã]
national [nasjɔnal]
le parc [ləpark]
les parents [leparã]

Ma famille aime les voyages

Aimez-vous mieux les pays d'Europe ou les pays de l'Amérique du Sud? Chaque continent a ses charmes, n'est-ce pas? Ma famille va souvent en Europe ou en Amérique du Sud.

Je suis Richard Martin. Mes parents sont M. et Mme Jean Martin. J'ai une sœur et un frère. Ma sœur s'appelle Anne, et mon frère s'appelle Robert. Anne est plus jeune que Robert et moi. Nous habitons la ville de Baltimore. Toute la famille aime les longs voyages. Ma mère et ma sœur aiment mieux les voyages en Europe. Elles vont en Angleterre, en France et en Italie pour voir les magasins, les vieux monuments nationaux et les grands musées. Mais mon père et Robert aiment mieux les pays de l'Amérique du Sud. Ils aiment la vie active et les aventures. Pour moi, tous les voyages sont bons!

L'été prochain je vais voir avec mon frère les beaux parcs[1] nationaux de l'ouest des Etats-Unis. Nous avons une bonne auto, mais elle est vieille, et nous travaillons pour acheter une nouvelle auto pour notre voyage.

Votre famille aussi voyage souvent, n'est-ce pas? Avez-vous une voiture? Est-ce que vos parents vont au Mexique l'été prochain?

Mon ami Charles va aussi au Mexique. Il va visiter la capitale et toutes les villes importantes du pays. Ses sœurs vont au Canada avec leur mère. Elles vont voir quelques belles régions dans le nord-ouest du pays. Elles ont une nouvelle voiture française pour leur voyage.

---

1. The word **parc** is used here for want of a better word. To a Frenchman this word would scarcely convey the idea of an immense area of thousands of square miles of

VOCABULAIRE

acheter [aʃte] to buy
aimer [ɛme] to like, love; **aimer mieux**
  [ɛmemjø] to prefer, like better
aller [ale] to go
l'ami *m.* [lami] (*f.* l'amie [lami]) friend
avec [avɛk] with
avoir [avwar] to have
beau [bo] (*f.* belle [bel]) beautiful,
  handsome
bon [bɔ̃] (*f.* bonne [bɔn]) good
chaque [ʃak] each, every
la famille [lafamij] family
le frère [ləfrɛr] brother
jeune [ʒœn] young
la mère [lamɛr] mother
mieux [mjø] *adv.* better

le musée [ləmyze] museum
n'est-ce pas? [nɛspa] is it not? (*see p.*
  50)
nouveau [nuvo] (*f.* nouvelle [nuvɛl])
  new, recent, different
ou [u] or
le père [ləpɛr] father
s'appelle[2] [sapɛl] is named, called
la sœur [lasœr] sister
tout [tu] (*m.pl.* tous [tu]) all, every
la vie [lavi] life
vieux [vjø] (*f.* vieille [vjɛj]) old
voir [vwar] to see (*pres.ind. to be given*
  later)
la voiture [lavwatyr] car, automobile

QUESTIONNAIRE

Répondez en français.

A. *Questions sur le texte.* 1. Qu'est-ce que c'est que l'Europe? 2. Qu'est-ce que c'est que l'Amérique du Sud? 3. Est-ce que Richard Martin est Américain? 4. Où habite sa famille? 5. Quels pays ont beaucoup de bons musées? 6. Quels pays ont beaucoup de grands magasins? 7. Quels pays ont beaucoup de monuments nationaux? 8. Comment s'appelle le frère de Richard? 9. Comment s'appelle sa sœur? 10. Comment s'appelle son père? 11. Quel continent est-ce que sa mère aime mieux? 12. Quel continent est-ce que son père et son frère aiment mieux? 13. Où va Richard l'été prochain? 14. Où va son ami Charles? 15. Où vont les sœurs de Charles? 16. Comment vont-elles voyager? 17. Vont-elles avec leur mère? 18. Dans quelle région du pays vont-elles voyager? 19. Elles ont une voiture française, n'est-ce pas? 20. La voiture est belle, n'est-ce pas?

---

natural wonders, such as the Grand Canyon or Yellowstone. To him the word **parc** would mean, generally, an enclosed, wooded recreational area in a city, or the grounds of a **château.** It is important, in language study, for the student to learn that there are many words in one language which may have no exact equivalents in another language. It is for this reason that there can be no such thing as an *exact* translation of a work of literature or any other composition from one language to another.

2. **Comment s'appelle son frère?** *What is his brother's name?* **Il s'appelle Jean.** *His name is John.* More about verbs of this type in a later lesson.

B. *Questions générales.* 1. Qu'est-ce que c'est que l'Amérique du Nord?
2. Qu'est-ce que c'est que le Mexique? 3. Qu'est-ce que c'est que le Mexique
et le Canada? 4. Où habite votre famille? 5. Avez-vous un frère? 6. Comment s'appelle-t-il? 7. Est-il plus jeune que vous? 8. Avez-vous une sœur?
9. Comment s'appelle-t-elle? 10. Est-elle plus jeune que vous? 11. Quel
continent est situé au sud de l'Amérique du Nord? 12. Y a-t-il beaucoup
de pays en Amérique du Sud? 13. Désirez-vous visiter l'Amérique du Sud?
14. Allez-vous en Amérique du Sud l'été prochain? 15. Désirez-vous visiter
l'Europe? 16. Allez-vous en Europe l'été prochain? 17. Est-ce que vos
parents ont une voiture? 18. Est-elle américaine ou française? 19. Est-ce
que les voitures françaises sont plus grandes que les voitures américaines?
20. Comment s'appelle un habitant des Etats-Unis? 21. Est-ce que les habitants du Canada sont Américains aussi? 22. Aimez-vous les longs voyages?
la vie active? les petites voitures? les grandes villes?

GRAMMAIRE

1. Present Indicative of *avoir*, to have

j'ai	I have, do have, am having
tu as	you have, do have, are having
il a	he has, does have, is having
nous avons	we have, do have, are having
vous avez	you have, do have, are having
ils ont	they have, do have, are having

2. Present Indicative of *aller*, to go

je vais	I go, do go, am going	nous allons	we go, do go, are going
tu vas	you go, do go, are going	vous allez	you go, do go, are going
il va	he goes, does go, is going	ils vont	they go, do go, are going

3. Possessive Adjectives

	MASCULINE SINGULAR	FEMININE SINGULAR	PLURAL
my	mon	ma (mon)	mes
your (*fam.*)	ton	ta (ton)	tes
his her its	son	sa (son)	ses
our	notre	notre	nos
your	votre	votre	vos
their	leur	leur	leurs

The possessive adjectives, like other adjectives in French, agree with the nouns modified in gender and number.

mon père	my father	son père	his (her) father
ma mère	my mother	sa mère	his (her) mother
mes frères	my brothers	ses frères	his (her) brothers
mes sœurs	my sisters	ses sœurs	his (her) sisters

The possessive adjective in French does not distinguish between *his, her,* and *its.* The meaning will generally be apparent from the context.

Chaque pays a son charme.	Each country has its charm.
Richard va en France avec sa famille.	Richard is going to France with his family.
Anne voyage souvent avec son père.	Anne often travels with her father.

The alternate feminine singular forms **mon, ton,** and **son** are used when the next word begins with a vowel or mute **h.**

Il désire acheter mon automobile.	He wants to buy my automobile.

NOTE: The second person singular familiar forms **ton, ta,** and **tes** are subject to the same restrictions in use as apply to the familiar forms of verbs and personal pronouns. Do not use them until their use is explained in a later lesson.

4. Irregular Adjectives

Some adjectives in French have irregular forms in the feminine singular and the masculine plural. Some of the most common of these irregular adjectives are:

SINGULAR		PLURAL	
MASCULINE	FEMININE	MASCULINE	FEMININE
actif[3]	active	actifs	actives
beau (bel)	belle	beaux	belles
bon	bonne	bons	bonnes
long	longue	longs	longues
national[3]	nationale	nationaux	nationales
nouveau (nouvel)	nouvelle	nouveaux	nouvelles
tout	toute	tous	toutes
vieux (vieil)	vieille	vieux	vieilles

The alternate masculine singular forms **bel, nouvel,** and **vieil** are used before words that begin with a vowel or a mute **h.**

Voici mon nouvel ami Jean.	Here is my new friend John.

3. Other adjectives which (like **actif**) end in **-f** in the masculine singular change to **-ve** in the feminine. Most adjectives and nouns which end in **-al** in the masculine singular change to **-aux** in the masculine plural.

With the adjective **tout,** the definite article and the possessive adjective are placed between **tout** and the noun.

Ils vont en Europe tous les étés.	They go to Europe every summer.
Elle désire voir toutes ses amies.	She wants to see all her friends.

5. *N'est-ce pas?*

The expression **n'est-ce pas?** has no set translation in English. The basic meaning of the expression is "Is it not so?" but its translation in any given sentence must be adjusted to the statement which precedes it.

Il travaille dans un magasin, n'est-ce pas?	He works in a store, doesn't he?
La Russie est plus grande que la France, n'est-ce pas?	Russia is larger than France, isn't it?
Vous aimez les voyages, n'est-ce pas?	You like traveling, don't you?

6. Definite Article in General Sense

The definite article is used in French before nouns used in a general sense.

Ils aiment les aventures.	They like adventures.
Les Américains voyagent beaucoup.	Americans travel a lot.
L'argent est important.	Money is important.

7. Prepositions *en* and *à*

Remember the following special uses of **en** and **à** mentioned in Lesson 3: **en** with names of continents and feminine names of countries.

Je vais en Amérique (en Angleterre).	I am going to America (to England).

au (aux) with masculine names of countries.

Allez-vous au Mexique?	Are you going to Mexico?

à with names of cities.

Ils vont à Rome.	They are going to Rome.

EXERCICES

A. *Répétez chaque phrase, en remplaçant le sujet par chacun des sujets de la liste.* (Repeat each sentence, replacing the subject by each subject in the list.)

1. Richard a une bonne voiture.
2. Richard va en France.
3. Richard aime les aventures.

SUJETS

Il   Elle   Je   Les garçons
M. et Mme Martin   Nous   Vous

B. *Répondez par l'affirmative.* (Answer in the affirmative.)

EXEMPLES: Avez-vous un frère? — Oui, monsieur, j'ai un frère.
Est-ce que vous et Richard allez en Europe? — Oui, nous allons en Europe.
Est-ce que vos amis aiment les aventures? — Oui, ils aiment les aventures.

1. Avez-vous une voiture?
2. Est-ce que vos parents vont au Canada?
3. Est-ce que vous et Anne aimez les voyages?
4. Est-ce que Robert va en Amérique du Sud?
5. Avez-vous des amis en France?
6. Allez-vous au Mexique l'été prochain?
7. Est-ce que Robert et Anne voyagent beaucoup?
8. Est-ce que j'ai une voiture?
9. Est-ce que vos amis ont une automobile française?
10. Est-ce que vous et votre frère avez une bonne auto?

C. *Répétez ces exemples.*

J'ai une voiture. — C'est ma voiture.
Ils ont un magasin. — C'est leur magasin.
Vous avez deux amis. — Ce sont vos amis.
Nous avons deux sœurs. — Ce sont nos sœurs.

Continuez de la même manière, en employant des adjectifs possessifs. (Continue in the same way, using possessive adjectives.)

1. J'ai
2. Il a
3. Elle a
4. Nous avons
5. Vous avez
6. Ils ont
7. Elles ont

un frère.
une sœur.
un ami.
une automobile.

C'est ____ ____.

deux frères.
deux sœurs.
deux amis.
deux voitures.

Ce sont ____ ____.

D. *Répétez ces exemples.*

Le monument est beau. Et le parc? — Le parc est plus beau que le monument.
Sa mère est vieille. Et son père? — Son père est plus vieux que sa mère.

Continuez de la même manière, en employant des comparatifs. (Continue in the same way, using comparatives.)

1. La région est belle. Et la ville?
2. La vieille voiture est longue. Et la nouvelle voiture?
3. L'Angleterre est grande. Et la Russie?
4. La porte est petite. Et la fenêtre?
5. L'état est important. Et le pays?
6. Le livre est vieux. Et le cahier?
7. Le garçon est petit. Et la fille?
8. Sa sœur est active. Et son frère?
9. Mme Martin est vieille. Et M. Martin?
10. Le parc est beau. Et la région?
11. Le bureau est long. Et la table?
12. La carte est nouvelle. Et le stylo?

E. *Répétez ces exemples.*

> Je désire voir le magasin. — Je désire voir tout le magasin.
> Voici la classe. — Voici toute la classe.

Continuez de la même manière, en employant l'adjectif **tout.** (Continue in the same way, using the adjective **tout.**)

1. Nous visitons l'état.
2. J'ai l'argent.
3. Voici le papier.
4. Ils aiment la famille.
5. Voilà la région.
6. Nous allons voir la ville.
7. Vous allez voir le parc.
8. Elle désire voir la capitale.

F. *Répétez ces exemples.*

> Le voyage est bon. — Tous les voyages sont bons.
> La région est belle. — Toutes les régions sont belles.

Continuez de la même manière, en mettant les sujets au pluriel et en employant l'adjectif **tout.** (Continue in the same way, changing the subjects to the plural and using the adjective **tout.**)

1. Le fleuve est important.
2. L'élève est nouveau.
3. Le musée est petit.
4. La capitale est grande.
5. La fille est active.
6. La ville est vieille.
7. Le monument est vieux.
8. L'aventure est bonne.

EXEMPLES: Mon ami est actif. — Tous mes amis sont actifs.
Leur voiture est vieille. — Toutes leurs voitures sont vieilles.

9. Son frère est petit.
10. Sa sœur est petite.
11. Leur classe est nouvelle.
12. Notre parc est nouveau.
13. Votre ami est bon.
14. Votre sœur est active.
15. Ma voiture est belle.
16. Notre voyage est important.

PREMIÈRE RÉVISION

A. *Donnez les formes indiquées du présent de l'indicatif.* (Give the indicated forms of the present indicative.)

1. il (avoir)	11. je (être)
2. vous (habiter)	12. nous (voyager)
3. nous (aller)	13. je (avoir)
4. je (désirer)	14. elles (aimer)
5. elle (être)	15. vous (aller)
6. ils (gagner)	16. je (habiter)
7. nous (avoir)	17. vous (être)
8. elle (travailler)	18. elles (avoir)
9. je (aller)	19. nous (être)
10. vous (visiter)	20. ils (aller)

Répétez, en mettant les verbes à la forme négative et à la forme interrogative. (Repeat, changing the verbs to the negative and interrogative.)

B. *Répétez ces exemples.*

C'est un beau parc.	C'est un bel état.
C'est un nouveau parc.	C'est un état américain.
C'est un parc national.	C'est un grand état.

Continuez de la même manière, en employant trois adjectifs avec chaque nom. (Continue in the same way, using three adjectives with each noun.)

NOMS		ADJECTIFS	
1. fleuve	8. amie	actif	important
2. garçon	9. aventure	américain	jeune
3. homme	10. femme	autre	long
4. livre	11. fille	beau	national
5. magasin	12. région	bon	nouveau
6. pays	13. ville	français	petit
7. voyage	14. voiture	grand	vieux

Répétez, en mettant au pluriel. (Repeat in the plural.)

EXEMPLES: Ce sont de beaux parcs.
Ce sont de nouveaux parcs.
Ce sont des parcs nationaux.

C. *Répétez les phrases suivantes, en employant pour chaque pays la locution qui convient.* (Repeat the following sentences, using the appropriate expression with each name of a country.)

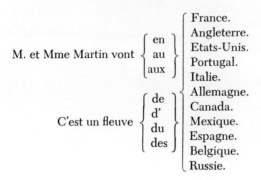

M. et Mme Martin vont $\left\{ \begin{array}{l} en \\ au \\ aux \end{array} \right\}$

C'est un fleuve $\left\{ \begin{array}{l} de \\ d' \\ du \\ des \end{array} \right\}$

France.
Angleterre.
Etats-Unis.
Portugal.
Italie.
Allemagne.
Canada.
Mexique.
Espagne.
Belgique.
Russie.

D. *Formulez une question à laquelle chacune des phrases suivantes pourrait être une réponse.* (Make up a question for which each of the following sentences could be an answer.)

EXEMPLES: Oui, j'aime les longs voyages. — Aimez-vous les longs voyages?
Non, mes parents n'habitent pas dans le sud. — Est-ce que vos parents habitent dans le sud?
Il va voyager en chemin de fer. — Comment va-t-il voyager?

1. L'Europe est un continent.
2. Venise est une ville.
3. Paris et Marseille sont des villes.
4. Oui, nous sommes Américains.
5. Ils habitent en Angleterre.
6. Londres est la capitale de l'Angleterre.
7. La France et l'Italie ont beaucoup de bons musées.
8. Mon frère s'appelle Robert.
9. Elle aime mieux les villes de Paris et de Rome.
10. Les deux sœurs vont au Canada.
11. Elles vont voyager en auto.
12. Oui, elles ont une nouvelle voiture.
13. Oui, les habitants de New York sont Américains.
14. La ville de Washington est située sur le Potomac.
15. Marseille est dans le sud de la France.
16. Oui, je désire visiter l'Europe.
17. Non, nous ne voyageons pas beaucoup.
18. Oui, la Loire est plus longue que la Seine.
19. Non, l'Espagne n'est pas plus grande que la France.
20. Oui, il y a beaucoup de villes sur le Danube.

E. *Répétez ces exemples.*

> Il a le livre. — Il a son livre.
> Nous avons la voiture. — Nous avons notre voiture.

Continuez de la même manière, en remplaçant l'article par la forme convenable de l'adjectif possessif. (Continue in the same way, replacing the article by the appropriate form of the possessive adjective.)

1. J'ai le cahier.
2. Elle a le stylo.
3. Vous avez l'argent.
4. Ils ont la table.
5. J'ai la voiture.
6. Nous avons les crayons.
7. Il a l'automobile.
8. Richard a la table.
9. Les femmes ont les cartes.
10. Vous avez les livres.
11. Nous avons le cahier.
12. Mes parents ont la voiture.
13. Ma sœur a les stylos.
14. J'ai les livres.
15. Vous avez la table.

F. *Dites en français.* (Say in French.)

15	28	11	29	8	4	25	13	27	16	26	19	22	2	3
24	12	20	5	1	6	7	10	30	21	17	18	14	23	9

Au clair de la lune

Modéré et gracieux

1. «Au clair de la lu - ne, Mon a - mi Pier - rot,
2. Au clair de la lu - ne, Pier - rot ré - pon - dit:

Prê - te - moi ta plu - me, Pour é - crire un mot;
«Je n'ai pas de plu - me, Je suis dans mon lit.

Ma chan-delle est mor - te, Je n'ai plus de feu;
Va chez la voi - si - ne, Je crois qu'elle y est;

poco rit.

Ou - vre - moi ta por - te, Pour l'a - mour de Dieu.»
Car dans sa cui - si - ne, On bat le bri - quet.»[1]

1. Someone is striking a light (flint).

PREMIER DIALOGUE[1]

Dans un hôtel

Un Américain cherche une chambre dans un hôtel français. Il parle avec le gérant.

LE GÉRANT. —Monsieur?

L'AMÉRICAIN. —Je désire une chambre avec salle de bain.

LE GÉRANT. —Pour une personne?

L'AMÉRICAIN. —Oui, je suis seul.

LE GÉRANT. —Nous avons une bonne chambre au deuxième[2] étage.

L'AMÉRICAIN. —A quel prix?

LE GÉRANT. —C'est vingt francs par jour.

L'AMÉRICAIN. —Le petit déjeuner est compris?

LE GÉRANT. —Bien sûr, monsieur.

L'AMÉRICAIN. —Voulez-vous me montrer la chambre?

LE GÉRANT. —Volontiers, monsieur. (*Au chasseur*) Montrez à monsieur le numéro vingt-sept. Voici la clef.

LE CHASSEUR. —Par ici, monsieur, s'il vous plaît.

L'Américain et le chasseur sortent de l'ascenseur, après avoir visité la chambre.

An American is looking for a room in a French hotel. He is talking with the manager.

THE MANAGER. May I help you?

THE AMERICAN. I would like a room with bath. 5

THE MANAGER. Single?

THE AMERICAN. Yes, I am alone.

THE MANAGER. We have a nice room on the third floor. 10

THE AMERICAN. How much is it?

THE MANAGER. It's twenty francs a day.

THE AMERICAN. Including breakfast? 15

THE MANAGER. Of course, sir.

THE AMERICAN. Will you show me the room?

THE MANAGER. Certainly, sir. (*To the bellhop*) Show this gentleman 20 room 27. Here's the key.

THE BELLHOP. This way, sir, please.

The American and the bellhop leave the elevator, after having inspected 25 *the room.*

1. It is recommended that the dialogues be treated as scenes to be acted out by the students.
2. In French buildings, the first floor (ground level) is called **le rez-de-chaussée** and the numbers begin with the next floor above: **le premier étage.**

LE GÉRANT. —La chambre vous a plu, monsieur?

L'AMÉRICAIN. —Oui, beaucoup. Je prends la chambre.

LE GÉRANT. —Bien, monsieur. Voulez-vous prendre cette fiche? Vous pouvez la remplir à votre loisir. (*Au chasseur*) Montez les bagages de monsieur.

L'Américain et le chasseur arrivent dans la chambre.

LE CHASSEUR. —Voilà, monsieur. C'est tout, monsieur?

L'AMÉRICAIN. —Oui, merci, c'est tout. Voici pour vous. (*Il donne un pourboire au chasseur.*)

LE CHASSEUR. —Merci beaucoup, monsieur.

THE MANAGER. You liked the room, sir?

THE AMERICAN. Yes, very much. I'll take the room.

THE MANAGER. Fine. Will you take this form? You can fill it out at your leisure. (*To the bellhop*) Take the gentleman's baggage up.

The American and the bellhop arrive in the room.

THE BELLHOP. There you are, sir. Is that all, sir?

THE AMERICAN. Yes, thank you, that's all. Here you are. (*He gives a tip to the bellhop.*)

THE BELLHOP. Thank you very much, sir.

Boulevard St. Michel in the Latin Quarter.

Favorite night spots of Montmartre.

LOUIS GOLDMAN, RAPHO GUILLUMETTE

(*Above*) Place du Tertre, Montmartre. In the background are the white domes of the Sacré-Cœur. (*Opposite*) One of the picturesque little streets which honeycomb the Montmartre area and which have inspired many artists.

The Chapel of the Sorbonne, the building of which was started by Cardinal Richelieu in 1635. The modern statues are of Victor Hugo at the left and Louis Pasteur at the right. The Sorbonne is a part of the vast University of Paris complex, although "Sorbonne" is often used as though it were the name for the whole University, which has more than 120,000 students and 3,500 professors.

University students at the café Champollion, a popular meeting place.

SIXIÈME LEÇON

Mots apparentés

l'Arc (*m.*) de Triomphe [larkdətriɔ̃f]
l'artiste *m. or f.* [lartist]
artistique [artistik]
l'aspect *m.* [laspɛ]
l'atmosphère *f.* [latmɔsfɛr]
l'avenue *f.* [lavńy]
le café [ləkafe]
la cathédrale [lakatedral]
la colonie [lakɔlɔni]

intellectuel [ɛ̃tɛlɛktɥɛl] (*f.* intellectuelle
[ɛ̃tɛlɛktɥɛl])
l'Opéra *m.* [lɔpera]
spécial [spesjal]
la Tour Eiffel [laturefɛl]
l'Université (*f.*) de Paris [lynivɛrsite
d(ə)pari]
le visiteur [ləvizitœr]

Paris

Paris, qui est la capitale et la plus grande ville de France, est aussi une
des plus belles villes du monde. Paris a des charmes spéciaux pour chaque
visiteur. Il y a quelques monuments de la ville qui sont connus dans tous les
pays du monde, et surtout aux Etats-Unis. Les habitants des Etats-Unis, de
New York à San Francisco, connaissent de nom la Seine, le Louvre, l'ave- 5
nue des Champs-Elysées, le Bois de Boulogne, la rue de la Paix, le Moulin
Rouge et les Folies-Bergère. Il n'y a presque pas d'Américains qui ne connaissent de vue la Tour Eiffel, l'Arc de Triomphe, l'Opéra, l'église (la basilique) du Sacré-Cœur et la cathédrale de Notre-Dame. Le musée du Louvre
est peut-être le musée le mieux connu du monde, et les autres monuments 10
sont des monuments que les visiteurs viennent voir de tous les pays de tous
les continents. Les Américains qui voyagent en Europe visitent surtout Paris.
   Des étudiants viennent de toutes les régions de la France et de tous les
continents pour étudier à l'Université de Paris ou à une des écoles spéciales
de la capitale. Il y a aussi d'autres gens qui habitent à Paris parce qu'ils 15
aiment son atmosphère intellectuelle et artistique. Il y a des colonies d'artistes
et d'écrivains, surtout dans le Quartier Latin, dans le quartier Montparnasse
et à Montmartre. Dans tous les quartiers, les cafés, avec leurs tables sur le
trottoir, sont un aspect de la ville que les visiteurs aiment beaucoup.

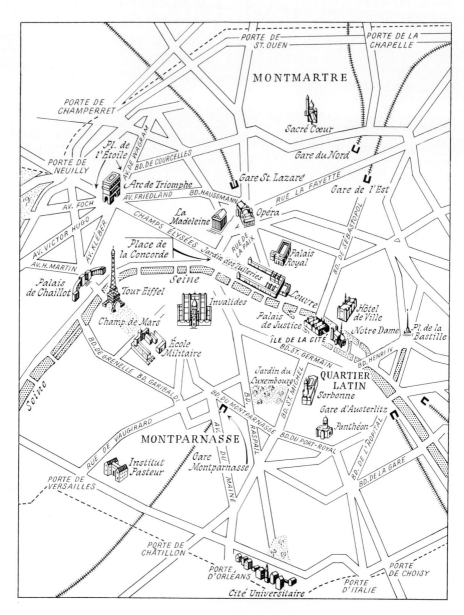

Quelques endroits bien connus de Paris

Mon amie, Louise Dupré, qui vient aussi de Baltimore et qui voyage avec   20
sa famille chaque été, visite plus souvent Paris que les autres villes du
continent. Elle connaît tous les quartiers de la ville.

VOCABULAIRE

le bois [ləbwɑ] wood, woods
connaître [kɔnɛtr] to know, be acquainted with; connaître de nom to
  know by name; connaître de vue to
  know by sight
connu [kɔny] known, well-known
l'école f. [lekɔl] school
l'écrivain m. [lekrivɛ̃] writer
l'église f. [legliz] church
l'étudiant m. [letydjɑ̃] (f. l'étudiante
  [letydjɑ̃t]) student

étudier [etydje] to study
les gens[1] [leʒɑ̃] people
mieux [mjø] adv. better, best
le monde [ləmɔ̃d] world
presque [prɛsk] almost
le quartier [ləkartje] quarter, district,
  neighborhood, section (of a city)
la rue [lary] street
surtout [syrtu] especially
le trottoir [lətrɔtwar] sidewalk
venir [vənir] to come

NOMS PROPRES

le Bois de Boulogne [ləbwɑdbulɔɲ] large
  public park
les Champs-Elysées [leʃɑ̃zelize] broad
  avenue leading from the Arc de
  Triomphe toward the Louvre
les Folies-Bergère [lefɔlibɛrʒɛr] well-
  known theater of Paris
le Louvre [ləluvr] former royal palace,
  now a museum
Montmartre [mɔ̃martr] picturesque old
  section built on the highest ground in
  Paris
Montparnasse [mɔ̃parnas] section of
  Paris adjoining the Latin Quarter

le Moulin Rouge [ləmulɛ̃ruʒ] famous
  dance hall and music hall
Notre-Dame de Paris [nɔtrədamdəpari]
  celebrated cathedral dating from the
  twelfth century
le Quartier Latin [ləkartjelatɛ̃] university section of Paris
la rue de la Paix [larydlapɛ] street often
  referred to as the women's style center of the world
la basilique du Sacré-Cœur [labazilikdy-
  sakrekœr] Basilica of the Sacred
  Heart, overlooking Paris from the
  heights of Montmartre

QUESTIONNAIRE

Répondez en français.

A. *Questions sur le texte.* 1. Quelle est la capitale de la France? 2. Quelle
est la plus grande ville du pays? 3. Est-ce que Paris est une belle ville?

1. The word gens is treated as masculine plural, except when an adjective precedes
it *immediately:* tous les gens, *all the people;* des gens importants, *some important
people; but de* bonnes gens, *good people.*

4. Dans quelles régions du monde est-ce que les monuments de Paris sont connus? 5. Quelle est la ville la plus connue du monde? 6. Citez quelques monuments que vous connaissez de vue. 7. Qu'est-ce que c'est que le Sacré-Cœur? 8. Qu'est-ce que c'est que Notre-Dame de Paris? 9. Comment s'appelle le plus grand musée de Paris? 10. Comment s'appelle l'avenue la plus connue de Paris? 11. Citez quelques monuments que les Américains connaissent de nom. 12. De quels pays viennent les étudiants du Quartier Latin? 13. Y a-t-il beaucoup d'artistes à Paris? 14. Y a-t-il beaucoup d'écrivains qui habitent à Paris? 15. Quel est l'aspect de la ville qu'ils aiment? 16. Dans quels quartiers habitent-ils surtout? 17. De quel pays vient Louise? 18. De quelle ville parle-t-elle le plus souvent? 19. Connaît-elle des gens qui habitent à Paris? 20. Connaît-elle Montmartre?

B. *Questions générales.* 1. Quelle est la capitale des Etats-Unis? 2. Quelle est la plus grande ville du pays? 3. Est-ce que notre ville est une des plus grandes villes? 4. Est-ce que c'est une des plus belles villes? 5. Citez les villes les plus connues des Etats-Unis. 6. Citez quelques monuments de Washington; de New York; de Boston. 7. Citez quelques pays que vous désirez visiter. 8. Quelle est la ville la plus connue de l'Italie? 9. Y a-t-il à Rome des monuments que les Américains connaissent de vue? 10. Est-ce que la capitale du Canada est aussi la plus grande ville du pays? 11. Quel est le centre intellectuel et artistique des Etats-Unis? 12. Connaissez-vous une colonie d'artistes dans une ville américaine? 13. Est-ce que tous les étudiants de notre classe viennent du nord (de l'est, etc.)? 14. Connaissez-vous quelques étudiants qui étudient? 15. Connaissez-vous des étudiants qui n'étudient pas? 16. Est-ce que je suis le professeur? 17. Est-ce que je viens de l'état de _____? 18. Quel est le musée le plus connu de New York? 19. Aimez-vous mieux les voyages en Europe ou en Amérique? 20. Allez-vous plus souvent à Paris qu'à Madrid? 21. Avez-vous des amis en Europe?

GRAMMAIRE

1. Present Indicative of *venir,* to come

je viens	I come, do come, am coming
tu viens	you come, do come, are coming
il vient	he comes, does come, is coming
nous venons	we come, do come, are coming
vous venez	you come, do come, are coming
ils viennent	they come, do come, are coming

2. Present Indicative of *connaître,* to know, be acquainted with

je connais	I know, do know, am acquainted with
tu connais	you know, do know, are acquainted with
il connaît	he knows, does know, is acquainted with
nous connaissons	we know, do know, are acquainted with
vous connaissez	you know, do know, are acquainted with
ils connaissent	they know, do know, are acquainted with

3. Negative-Interrogative

To form the negative-interrogative, one places **ne** before and **pas** after the inverted unit of verb and pronoun subject.

Ne connaissez-vous pas quelques régions du pays?	Don't you know a few sections of the country?
Ne vient-elle pas souvent à notre université?	Doesn't she often come to our university?

4. Superlative of Adjectives and Adverbs

The superlative form of an adjective or adverb in French is the same as that of the comparative.[2] Because of its meaning, the superlative, in French as in English, is always used with a definite article (or a similar limiting modifier). The adjectives which regularly precede the noun may either precede or follow it in the superlative.

Le Mississippi est plus long que le Potomac.	The Mississippi is longer than the Potomac.
Le Mississippi est le plus long fleuve du pays.	The Mississippi is the longest river in the country.
Le Mississippi est le fleuve le plus long du pays.	
Anne vient plus souvent que Pierre.	Anne comes more often than Peter.
De toute la famille, c'est Anne qui vient le plus souvent.	Of the whole family, Anne is the one who comes the most often.

Note that when the adjective follows the noun in the superlative, the definite article is used twice.

Voici le monument le plus connu de la ville.	Here is the best-known monument in the city.
Les villes les plus importantes sont situées sur des fleuves.	The most important cities are located on rivers.

2. See Lesson 25.

Notice that the preposition **de** is used in French after superlatives where English often uses *in*.

C'est la ville la plus connue de notre pays.	It's the best-known city in (of) our country.

5. Relative Pronouns

Relative pronouns are pronouns which introduce adjective clauses. The noun which the pronoun stands for is called its antecedent. The relative pronoun assumes the gender and number of its antecedent. In French, the two most common relative pronouns are **qui** and **que**.

Qui is used as the subject of a verb. It corresponds to English *who, which,* or *that.*

Il y a beaucoup d'Américains qui voyagent en Europe.	There are many Americans who travel in Europe.
C'est un pays qui a beaucoup de charme.	It is a country which (that) has a great deal of charm.

Que is used as the object of a verb. It corresponds to English *whom, which,* or *that.*

Voici un homme que vous connaissez.	Here is a man whom you know.
Ce sont des monuments qu'ils connaissent de nom.	They are monuments that (which) they know by name.

Unlike the corresponding words in English, **que** may *not* be omitted in French.

Paris est la ville qu'ils visitent le plus souvent.	Paris is the city they visit most often.
L'étudiant que nous connaissons vient du Canada.	The student we know is from Canada.

6. Negative Form of the Partitive

De alone is used as the partitive article before the object of a negative verb (including the complement of **il n'y a pas**).

Je n'achète pas de livres français.	I don't buy any French books.
Nous n'avons pas d'étudiants italiens.	We have no Italian students.
Il n'y a pas de livres sur la table.	There are no (aren't any) books on the table.

EXERCICES

A. *Répétez chaque phrase, en remplaçant le sujet par chacun des sujets de la liste.*

1. Robert vient de Paris.
2. Robert ne vient pas avec le professeur.
3. Robert connaît tous les visiteurs.

SUJETS

Il   Elle   Je   Les étudiants
Anne et Robert   Nous   Vous

B. *Mettez au superlatif.*

EXEMPLES: une grande ville   la plus grande ville
            un fleuve important   le fleuve le plus important

1. un beau voyage
2. un grand pays
3. un long fleuve
4. un vieux livre
5. une belle ville
6. une grande cathédrale
7. une longue voiture
8. une vieille église
9. un petit parc
10. une petite colonie
11. une jeune fille
12. un jeune étudiant
13. un pays important
14. une école importante
15. un homme actif
16. une femme active

C. *Répondez, en employant le superlatif.*

EXEMPLES: Est-ce que l'église est vieille?   —   C'est la plus vieille église du pays.
            Est-ce que le musée est connu?   —   C'est le musée le plus connu du pays.

1. Est-ce que le fleuve est long?
2. Est-ce que la ville est importante?
3. Est-ce que le café est petit?
4. Est-ce que le monument est beau?
5. Est-ce que la rue est longue?
6. Est-ce que la région est belle?
7. Est-ce que le magasin est grand?
8. Est-ce que le musée est nouveau?
9. Est-ce que l'école est grande?
10. Est-ce que l'église est nouvelle?

D. *Répondez à la forme négative.*

EXEMPLES: Connaissez-vous des Américains à Paris?   —   Non, je ne connais pas
            d'Américains à Paris.
            Y a-t-il des écrivains dans la classe?   —   Non, il n'y a pas d'écrivains
            dans la classe.

1. Y a-t-il des tables sur le trottoir?
2. Avez-vous des sœurs?
3. Vous deux, connaissez-vous des artistes?
4. Gagne-t-il de l'argent pour son voyage?
5. Ont-ils des parcs nationaux?
6. Visitez-vous des villes américaines?
7. Connaissent-ils des étudiants français?
8. Achètent-elles des stylos?

E. *Répétez ces exemples.*

> Nous allons acheter la voiture. — Voilà la voiture que nous allons
> acheter.
> Il va visiter la région. — Voilà la région qu'il va visiter.
> Vous aimez le café. — Voilà le café que vous aimez.

Continuez, en employant **voilà** *et le pronom relatif* **que.**

1. Vous désirez le stylo.
2. Nous connaissons le quartier.
3. Je désire voir l'artiste.
4. Elle connaît les gens.
5. Ils aiment le magasin.
6. Je gagne l'argent.
7. Richard aime le bois.
8. Richard et Anne visitent le pays.

F. *Répétez ces exemples.*

> Le garçon vient à l'université. — Voici le garçon qui vient à l'université.
> Les villes sont importantes. — Voici les villes qui sont importantes.
> Les gens habitent notre quartier. — Voici les gens qui habitent notre
> quartier.

Continuez, en employant **voici** *et le pronom relatif* **qui.**

1. Les étudiants visitent l'église.
2. La jeune fille va en Italie.
3. L'homme vient de Chicago.
4. Le garçon est Américain.
5. Le visiteur connaît votre famille.
6. Les professeurs vont en Russie.
7. La femme a une voiture française.
8. Les gens aiment son café.

Dinner in the home of a worker employed by a large glass factory in Boussoie in the north of France, with the typical French bread and wine on the table.

A farm home showing the traditional communal room which is at once kitchen and dining room, and often sleeping room as well. This home is on a large cattle farm in La Creuse.

Fishermen of Marseilles dip their bread into a pot of hot bouillabaisse, the famous fish stew of the region.

Above) Fish market on
he docks of Marseilles.
Right) Bread delivery
the Basque country.

The people of Brittany have retained many old customs, including the religious festivals known as *"pardons,"* in honor of different saints. The picture above was taken at the *Pardon des Oiseaux*, in honor of St. Martin.

SEPTIÈME LEÇON

Mots apparentés

le chauffeur [ləʃofœr]
commencer [kɔmãse]
confortable [kɔ̃fɔrtabl]
la conversation [lakɔ̃vɛrsasjɔ̃]
en route [ãrut]
la fonction [lafɔ̃ksjɔ̃]
l'impression f. [lɛ̃presjɔ̃]
intéressant [ɛ̃terɛsã]
l'itinéraire m. [litinerɛr]

la personne [lapɛrsɔn]
la photo [lafɔto]
pittoresque [pitɔrɛsk]
possible [pɔsibl]
la province [laprɔvɛ̃s]
la restriction [larɛstriksjɔ̃]
la scène [lasɛn]
le touriste [ləturist]
le village [ləvilaʒ]

Un voyage en France

Conversation entre Pierre Martin et Jean Dupont

PIERRE. —Tu vas en Europe l'été prochain?[1]

JEAN. —Oui, je vais en France avec mes parents. Nous allons faire le tour[2] de la France en automobile.

PIERRE. —Est-ce que vous prenez le bateau à New York, comme d'habi- 5
tude?

JEAN. —Oui, nous allons en bateau parce que ma mère aime beaucoup les voyages sur mer.

PIERRE. —Mais sur le continent, pourquoi allez-vous voyager en auto? C'est plus facile et plus confortable en chemin de fer, n'est-ce pas? 10

JEAN. —C'est possible, mais nous aimons mieux l'auto parce qu'on voit mieux le pays. Nous visitons tous les endroits intéressants—même les très petits villages. Nous choisissons notre itinéraire avec moins de restrictions.

PIERRE. —Oui, c'est vrai. Et ainsi, on a le temps de faire la connaissance des gens qu'on rencontre en route: les habitants des provinces—les paysans 15

1. In French, as in English, a sentence in declarative form may be converted into a question by the intonation with which it is spoken.
2. **faire le tour de la France,** *to make the circuit of France*

de Normandie, les pêcheurs de Bretagne, les vignerons de Champagne et
de Bourgogne. Nous n'aimons pas voyager sans faire de nouvelles connaissances.

JEAN. —Ah, oui. Mais il y a beaucoup d'Américains qui ne connaissent
que Paris. Ils ne voient pas les autres régions du pays. Par conséquent, toutes
leurs impressions de la France et des Français viennent d'une courte visite
dans la capitale, que les touristes remplissent en été. Voici la carte du pays,
et voici la Champagne d'où vient le célèbre vin. Comme tu vois, notre voyage
commence et finit à Paris.

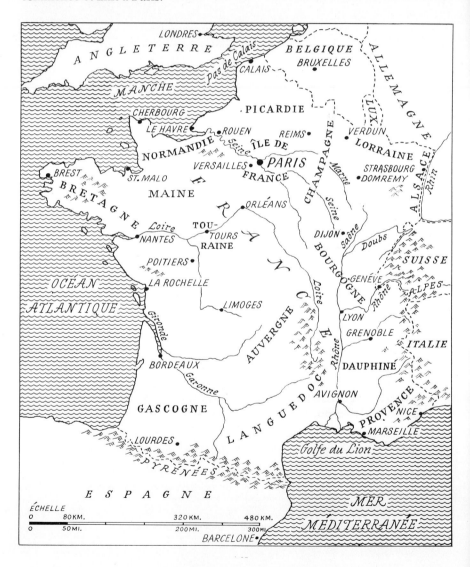

PIERRE. —Est-ce que tu vas conduire la voiture? 25

JEAN. —Naturellement. Dans ma famille, c'est toujours moi qui remplis les fonctions de chauffeur.

PIERRE. —Et tu vas prendre beaucoup de photos, comme d'habitude, n'est-ce pas?

JEAN. —Bien sûr. Pour moi, c'est un des grands plaisirs de mes voyages. 30

PIERRE. —Il est vrai que tu réussis des photos qui sont toujours très intéressantes.

JEAN. —C'est parce qu'il y a toujours des personnes au premier plan[3] quand je prends des photos de monuments, de fleuves, de montagnes ou de scènes pittoresques. Pour moi, les personnes sont plus intéressantes que les 35 choses.

PIERRE. —Pour moi aussi! Surtout les jeunes filles!

VOCABULAIRE

ainsi [ɛ̃si] thus, so, in that way
le bateau [ləbato] boat
bien [bjɛ̃] *adv.* well; bien sûr! of course!
la carte [lakart] map; card
célèbre [selɛbr] famous, celebrated
comme [kɔm] like, as; comme d'habitude[kɔmdabityd] as usual
conduire [kɔ̃dɥir] to drive; to conduct
la connaissance [lakɔnɛsɑ̃s] acquaintance; faire la connaissance to meet, make the acquaintance
court [kur] short, brief
l'endroit *m.* [lɑ̃drwa] place
entre [ɑ̃tr] between, among
facile [fasil] easy
finir [finir] to finish, end
même [mɛm] *adv.* even; *adj.* same
moins (de) [mwɛ̃] less, least
la montagne [lamɔ̃taɲ] mountain

naturellement [natyrɛlmɑ̃] naturally
par [par] by; par conséquent [parkɔ̃sekɑ̃] consequently
le paysan [ləpeizɑ̃] peasant, farmer, country person
le pêcheur [ləpɛʃœr] fisherman
le plaisir [ləplezir] pleasure
prendre [prɑ̃dr] to take
quand [kɑ̃] when
remplir [rɑ̃plir] to fill
rencontrer [rɑ̃kɔ̃tre] to meet, encounter
réussir [reysir] to succeed; réussir des photos to produce (good) pictures
sans [sɑ̃] without
le temps [lətɑ̃] time
toujours [tujur] always, still, yet
le vigneron [ləviɲrɔ̃] winegrower
le vin [ləvɛ̃] wine
vrai [vrɛ] true

NOMS PROPRES

la Bourgogne [laburgɔɲ] ⎫
la Bretagne [labrətaɲ] ⎪
la Champagne [laʃɑ̃paɲ] ⎬ *provinces of France (see map)*
la Normandie [lanɔrmɑ̃di] ⎭

3. au premier plan, *in the foreground*

QUESTIONNAIRE

Répondez en français.

A. *Questions sur le texte.* 1. Où va la famille l'été prochain? 2. Comment vont-ils des Etats-Unis en France? 3. Citez une région qu'ils vont visiter. 4. Vont-ils voyager sur le continent en auto ou en chemin de fer? 5. Où commence et finit le voyage? 6. Quelle personne remplit les fonctions de chauffeur dans la famille? 7. Quels gens voit-on dans la capitale, surtout en été? 8. Y a-t-il des gens qui ne visitent que Paris? 9. Connaissent-ils les provinces? 10. Qu'est-ce que c'est que la Normandie et la Bretagne? 11. Qu'est-ce que c'est que la Champagne? 12. Qu'est-ce que c'est que le champagne? 13. Quelle province est célèbre pour ses pêcheurs? 14. Pourquoi les photos de Jean sont-elles intéressantes? 15. Est-ce que les touristes américains prennent beaucoup de photos?

B. *Questions générales.* 1. Où allez-vous l'été prochain? 2. Comment allez-vous voyager? 3. Citez quelques régions que vous allez visiter. 4. Est-ce que votre mère aime mieux voyager en auto ou en chemin de fer? 5. Quelle personne remplit les fonctions de chauffeur dans votre famille? 6. Est-ce que je vais avec vous? 7. Citez quelques villes que vous allez visiter. 8. Où commence et finit le voyage? 9. Y a-t-il beaucoup de touristes dans la région que vous allez visiter? 10. De quel pays viennent les touristes? 11. Avez-vous des amis qui habitent la région? 12. Y a-t-il des gens qui ne visitent que les grandes villes? 13. Connaissent-ils tout le pays? 14. Est-ce que les pêcheurs et les vignerons habitent les grandes villes? 15. Quelle région des Etats-Unis est célèbre pour ses pêcheurs? pour ses parcs? pour ses vins? 16. Aimez-vous les montagnes? 17. Aimez-vous conduire? 18. Aimez-vous conduire dans les montagnes? 19. Prenez-vous beaucoup de photos? 20. Sont-elles toujours bonnes?

GRAMMAIRE

1. Irregular verbs *conduire, prendre, voir*

conduire, to drive	prendre, to take	voir, to see
je conduis	je prends	je vois
tu conduis	tu prends	tu vois
il conduit	il prend	il voit
nous conduisons	nous prenons	nous voyons
vous conduisez	vous prenez	vous voyez
ils conduisent	ils prennent	ils voient

NOTE: From here on, English meanings for the individual forms will not be given, since they may be easily derived from the meaning of the infinitive. You should also begin to note the similarities of pattern that exist among the various irregular verbs, especially in their spoken forms. Very often a verb is irregular only because of one small aspect of its conjugation.

2. The pronoun *tu*

Tu is the familiar singular subject pronoun of the second person. It is used in addressing a familiar acquaintance, a member of one's family, a small child, or a pet animal. As a rule of thumb, it may be said that it is used in addressing a person whom you would normally call by his first (given) name.

Marie, vas-tu avec ta sœur?   Mary, are you going with your sister?

Notice that the verb forms and possessive adjective forms must correspond to the subject **tu.** Remember that **tu** is not used in referring to more than one person.

Marie et Anne, allez-vous avec votre   Mary and Anne, are you going with
sœur?   your sister?

3. Present Indicative of Regular Verbs of the Second Conjugation

Finir is a verb of the second conjugation. Verbs of this conjugation are characterized by the infinitive ending **-ir.** Regular verbs of this conjugation are conjugated like **finir,** *to finish.* (Remember: **-ent** as verb ending is silent.)

je finis	nous finissons
tu finis	vous finissez
il finit	ils finissent

Since the third person singular form of **-ir** verbs already ends in a consonant, it is not necessary to insert a **t** when inverting for the interrogative (as is done with the **-er** verbs).

      finit-il?   does he finish?   **choisit-elle?**   is she choosing?

4. Ne ... que

The French equivalent of English *only* is often rendered by placing the negative particle **ne** before the verb and **que** before the word, phrase, or clause which is modified.

Ils ne connaissent que Paris.   They are acquainted only with Paris.

Il n'y a de grandes villes que dans le   There are large cities only in the north.
nord.

5. Indefinite Pronoun *on*

On is an indefinite pronoun meaning *one*. It is often used in French in sentences where we do not normally use the pronoun *one* in English; therefore it will frequently have to be translated by *we, you, they, people,* etc., or by the passive voice. Its form in French is always third person singular, regardless of the English translation.

Travaille-t-on pour gagner de l'argent?   Does one work (Do people work) to
                                              earn money?

Dans mon pays, on aime mieux les   In my country, we prefer the mountains.
montagnes.

On produit beaucoup de vin dans la   A great deal of wine is produced in the
région de Bordeaux.   Bordeaux region.

6. Infinitive after Prepositions

In French it is the infinitive that is used after a preposition, where in English we generally use a gerund. (The one exception, that of the preposition **en,** will be discussed in Lesson 18.)

Beaucoup de touristes voyagent *sans*   Many tourists travel *without making* the
***faire* la connaissance des habitants.**   acquaintance of the inhabitants.

On commence *par visiter* Paris.   One begins *by visiting* Paris.

On finit *par aimer* tout le pays.   One ends up *liking* the whole country.

EXERCICES

A. *Répondez par l'affirmative.* (Answer in the affirmative.)

EXEMPLES: Finissez-vous votre voyage? — Oui, je finis mon voyage.
           Choisissent-ils l'itinéraire? — Oui, ils choisissent l'itinéraire.

1. Finissons-nous par prendre la voiture?
2. Est-ce que je remplis le stylo?
3. Choisissez-vous cet endroit?
4. Finit-elle le voyage?
5. Choisit-il une province pittoresque?
6. Est-ce que les voitures remplissent
   les rues?
7. Choisissent-ils le bateau?
8. Remplissons-nous la voiture?

B. *Répétez chaque phrase, en remplaçant le sujet par chacun des sujets de la liste.*

1. Le touriste prend le train.
2. Le touriste voit toutes les régions.
3. Le touriste finit son voyage en auto.
4. Le touriste conduit très bien.

SUJETS

Il Elle Je Les paysans Tu
Anne et Marie Nous Vous

C. *Répondez à la question, en employant ne ... que.* (Answer the question using **ne ... que.**)

EXEMPLES: Connaît-il les pays du nord? — Il ne connaît que les pays du nord.
Aimez-vous les petites voitures? — Je n'aime que les petites voitures.
Est-ce que j'ai de jeunes amis? — Vous n'avez que de jeunes amis.

1. Visitons-nous les grandes villes?
2. Voit-elle les endroits pittoresques?
3. Est-ce que je connais des Américains?
4. Est-ce qu'ils aiment les vins français?
5. Aimez-vous les longs voyages?
6. Visite-t-il les parcs nationaux?
7. Finis-tu les leçons importantes?
8. Choisissent-ils les belles photos?

D. *Finissez la phrase à votre guise ou en employant une des expressions de la colonne de droite.* (Finish the sentence in your own way or by using one of the expressions in the right-hand column.)

1. On travaille pour
2. Nous finissons par
3. Ils voyagent sans
4. Je commence à
5. Vous travaillez sans
6. Nous voyageons pour
7. Je prends le temps de
8. Il commence par

voir les endroits typiques.
finir.
étudier la carte.
gagner de l'argent.
connaître les habitants.
aimer le pays.
visiter les petits villages.

E. *Reliez à l'aide de* **qui** *les phrases groupées par deux.* (Combine each pair of sentences, using **qui.**)

EXEMPLES: Il y a beaucoup de touristes. Ils ne visitent que Paris. — Il y a beaucoup de touristes qui ne visitent que Paris.
Nous connaissons les régions. Elles sont célèbres pour leurs vins. — Nous connaissons les régions qui sont célèbres pour leurs vins.

1. Voici un endroit. Il est très intéressant.
2. J'aime les visiteurs. Ils prennent leur temps.
3. Ce sont les étudiants. Ils habitent Bordeaux.
4. Il y a beaucoup de gens. Ils connaissent notre musée.
5. Voilà les jeunes filles. Elles vont à l'université.
6. C'est un garçon. Il aime voyager.

F. *Reliez à l'aide de* **que** *les phrases groupées par deux.* (Combine each pair of sentences, using **que.**)

EXEMPLES: Nous allons visiter les pays. Elle aime les pays. — Nous allons
visiter les pays qu'elle aime.
Voici la région. Vous voyez la région sur la carte. — Voici la
région que vous voyez sur la carte.

1. Je vais au café. Vous connaissez le café.
2. Il prend des photos des endroits. Il visite les endroits.
3. C'est la voiture. Nous achetons la voiture.
4. Nous finissons la leçon. Ils commencent la leçon.
5. Je connais les gens. Tu vois les gens.
6. Citez quelques monuments. Ils vont voir les monuments.

HUITIÈME LEÇON

Mots apparentés

l'âge *m.* [lɑʒ]
différent [diferɑ̃]
entrer [ɑ̃tre]
la géographie [laʒeɔgrafi]
le groupe [ləgrup]
l'histoire *f.* [listwar]

le latin [lɔlatɛ̃]
la littérature [laliteratyr]
les mathématiques *f.pl.* [lematematik]
la science [lasjɑ̃s]
second [səgɔ̃]
secondaire [səgɔ̃dɛr]

Les écoles françaises

Conversation entre un jeune Américain et un jeune Français

L'AMÉRICAIN. —Qu'est-ce que c'est qu'un lycée?

LE FRANÇAIS. —C'est l'école secondaire de France.

L'AMÉRICAIN. —A quel âge entre-t-on au lycée?

LE FRANÇAIS. —A l'âge de onze[1] ou douze ans. On passe six ou sept ans au   5
lycée.

L'AMÉRICAIN. —Alors, on a dix-sept ou dix-huit ans quand on finit ses études secondaires—comme dans nos *high schools.* Quelles matières étudie-t-on?

LE FRANÇAIS. —On étudie la langue et la littérature françaises, les langues   10
étrangères, l'histoire, la géographie, les mathématiques, les sciences et d'autres matières.

L'AMÉRICAIN. —Pendant combien d'années étudiez-vous les langues étrangères à cette école?

LE FRANÇAIS. —Nous commençons l'étude de la première langue étran-   15
gère la première année, et nous continuons pendant les six ans. Après deux ans, on peut commencer l'étude d'une seconde langue étrangère.

L'AMÉRICAIN. —Quelles sont les langues qu'on peut étudier?

1. Notice that **onze,** although it begins with a vowel, takes neither elision nor liaison; nor does **huit,** except in the combination **dix-huit** [dizɥit].

LE FRANÇAIS. —L'anglais et l'allemand sont très en faveur parmi les langues vivantes, et beaucoup d'élèves étudient aussi le latin. Dans quelques lycées on peut étudier d'autres langues vivantes, comme le russe, l'espagnol et l'italien.

L'AMÉRICAIN. —Et qu'est-ce que c'est que le «bachot»?

LE FRANÇAIS. —C'est le baccalauréat. On reçoit le titre de «bachelier» si on réussit aux[2] examens nationaux qu'on passe à la fin des études au lycée On peut alors entrer à l'université ou aux grandes écoles.

L'AMÉRICAIN. —Il est facile d'apprendre les langues étrangères à Paris, n'est-ce pas? Il y a des élèves de tous les pays et on peut parler avec ces étrangers.

LE FRANÇAIS. —Oui, il y a beaucoup d'étrangers à Paris, mais on n'apprend pas sans étudier. On voit souvent, aux tables des cafés du Quartier Latin ou de Montparnasse, des groupes d'étudiants qui viennent de quatre ou cinq pays différents—ou même de trois ou quatre continents différents. Mais même ici, on ne peut pas apprendre sans étudier.

VOCABULAIRE

l'allemand m. [lalmã] German

alors [alɔr] then, well then, so

l'an m. [lã] year (used after cardinal numbers and tous les . . .); l'année f. [lane] year (used in most other cases)

l'anglais m. [lãglɛ] English

apprendre [aprãdr] (conj. like prendre) to learn

après [aprɛ] after; afterward

le baccalauréat [ləbakalɔrea] «bachot» [baʃo] degree required for entrance to university

ce [sə] (cet, cette [sɛt]) this, that

ces [se] these, those

l'élève m. or f. [lelɛv] pupil, student

étranger [etrãʒe] (f. étrangère [etrãʒɛr]) foreign; foreigner

l'étude f. [letyd] study

l'examen m. [lɛgzamɛ̃] examination, test

la faveur [lafavœr] favor; en faveur popular, in favor

ici [isi] here

la langue [lalãg] language; langue vivante [lãgvivãt] modern language

le lycée [ləlise] French secondary school

la matière [lamatjɛr] subject, subject matter; matter

parler [parle] to speak, talk

parmi [parmi] among

passer [pɑse] to pass, spend (time); to take (an examination)

pendant [pãdã] during

pouvoir [puvwar] to be able

recevoir [rəsəvwar] to receive

le russe [lərys] Russian

si [si] if

le titre [lətitr] title

---

2. Note use of preposition à with réussit aux examens, succeeds in (passes) the examinations.

QUESTIONNAIRE

Répondez en français.

A. *Questions sur le texte.* 1. Comment s'appelle l'école secondaire? 2. A quel âge entre-t-on au lycée? 3. Quel âge a-t-on après deux ans de lycée? 4. Combien d'années passe-t-on au lycée? 5. Quel âge a-t-on quand on passe les examens du baccalauréat? 6. Où peut-on entrer si on réussit à ces examens? 7. Citez quatre matières que les élèves étudient. 8. Etudient-ils les langues étrangères? 9. Citez deux langues qu'on étudie au lycée. 10. Pendant combien d'années étudie-t-on une langue étrangère? 11. Est-ce que les Français étudient le français? 12. Y a-t-il beaucoup d'étrangers à Paris? 13. De quels pays viennent ces étrangers? 14. Est-il facile d'apprendre une langue étrangère à Paris? 15. Apprenez-vous le français sans étudier? 16. Dans quels quartiers voit-on beaucoup d'étudiants étrangers?

B. *Questions générales.* 1. Comment s'appelle l'école secondaire aux Etats-Unis? 2. A quel âge entre-t-on à la *high school?* 3. Combien d'années passe-t-on à cette école? 4. Quel âge a-t-on quand on finit la *high school?* 5. Etes-vous à l'université ou à la *high school?* 6. Citez cinq matières que les élèves étudient. 7. Quelles matières étudiez-vous? 8. Quelles langues vivantes peut-on étudier dans cette école-ci? 9. Quelle langue étudiez-vous? 10. Pendant combien d'années peut-on étudier une langue étrangère? 11. Quelle langue parlent les habitants de notre ville? 12. Est-ce que les Américains étudient l'anglais? 13. Pendant combien d'années étudient-ils l'anglais? 14. Y a-t-il beaucoup d'étrangers dans notre ville? 15. Est-il facile d'apprendre les langues étrangères ici? 16. Quelle langue parlent les habitants du Canada? du Mexique? etc. 17. Quel âge avez-vous? 18. Avez-vous un frère? une sœur? 19. Quel âge a-t-il? elle? 20. Quel âge a votre père? votre mère? 21. Et moi, quel âge est-ce que j'ai? 22. Passe-t-on ici des examens nationaux comme en France? 23. Est-ce qu'on reçoit le titre de «bachelier» après la *high school?* 24. Combien d'années allez-vous passer dans cette école-ci?

GRAMMAIRE

1. **Present Indicative of** *pouvoir,* **to be able**

je peux	nous pouvons
tu peux	vous pouvez
il peut	ils peuvent

NOTE: The corresponding verb in modern English is a defective verb which has only two forms: *can* and *could*. Consequently the verb *to be* + *able* often must be used to translate **pouvoir.**

2. Present Indicative of *recevoir,* to receive

je reçois	nous recevons
tu reçois	vous recevez
il reçoit	ils reçoivent

Notice the forms that require a cedilla. The other verbs ending in **-cevoir** are conjugated like **recevoir.**

3. Demonstrative Adjectives

The forms of the demonstrative adjectives in French are:

MASCULINE SINGULAR	ce, cet	this, that
FEMININE SINGULAR	cette	this, that
PLURAL	ces	these, those

The form **cet** is used before a masculine singular word that begins with a vowel or mute **h.**

ce pays   this country, that country
cet élève   this pupil, that pupil
cette montagne   this mountain, that mountain
ces gens   these people, those people

To distinguish (when necessary) between *this* and *that,* or between *these* and *those,* or to add greater emphasis to the noun modified, one adds the particle **-ci** (for *this, these*) or **-là** (for *that, those*).

Ces pays-ci sont plus grands que ces pays-là.	These countries are larger than those countries.
Je connais bien cet étudiant-là.	I know *that* student well.

4. More Cardinal Numbers

The cardinal numbers from 31 to 39 are:[3]

31	trente et un	34	trente-quatre	37	trente-sept
32	trente-deux	35	trente-cinq	38	trente-huit
33	trente-trois	36	trente-six	39	trente-neuf

3. The numbers from 1 to 30 were learned orally in the Preliminary Lesson. They are spelled as follows:

1 un (une)	4 quatre	7 sept	10 dix	13 treize	16 seize	19 dix-neuf
2 deux	5 cinq	8 huit	11 onze	14 quatorze	17 dix-sept	20 vingt
3 trois	6 six	9 neuf	12 douze	15 quinze	18 dix-huit	21 vingt et un

The numbers 22 to 29 are written in the same way as the combinations with **trente** (30) above.

One needs to learn only the words **quarante** (40), **cinquante** (50), and **soixante** (60) to continue the cardinal numbers through **soixante-neuf** (69), since they follow the same formation pattern as the twenties and thirties.

5. Expressions of Age

The verb **avoir** is used in expressions of age in French. The Frenchman does not say "I am twenty years old," but rather "I have twenty years."

J'ai quinze ans.	I am fifteen years old.
Vous avez dix-neuf ans, n'est-ce pas?	You are nineteen, aren't you?
Mon frère n'a que trois ans.	My brother is only three years old.

To ask someone's age in French, one says: "What age has . . . ?"

Quel âge a votre sœur?	How old is your sister?
Quel âge avez-vous?	How old are you?

6. Definite Article with Names of Languages

The names of languages normally require the definite article in French.

L'anglais est une langue vivante.	English is a modern language.
Nous étudions le français.	We are studying French.

By exception, the article is generally omitted after the verb **parler** and the prepositions **en** and **de.**

Beaucoup de Français parlent anglais.	Many Frenchmen speak English.
Elle parle à ma mère en français.	She is speaking to my mother in French.
Ils passent leur examen de russe.	They are taking their Russian exam.

Notice that all the names of languages are masculine and that they are not normally capitalized in French.

7. Interrogative Word Order

In the preceding lessons, in questions where the subject of the verb is a noun, we have generally used the expression **est-ce que** followed by a declarative form. Such questions can also be worded in an inverted form by repeating the subject as a pronoun.

Les Anglais parlent-ils allemand?	Do the English speak German?
Est-ce que les Anglais parlent allemand?	
Votre père voyage-t-il en Europe?	Is your father traveling in Europe?
Est-ce que votre père voyage en Europe?	

Questions with a noun subject, when introduced by an interrogative expression, can frequently be expressed in any of the following three ways:

Quelle langue parlent ces gens-là?
Quelle langue est-ce que ces gens-là parlent? ⎫
⎬ What language do those people speak?
Quelle langue ces gens-là parlent-ils? ⎭

EXERCICES

A. *Répétez chaque phrase, en remplaçant le sujet par chacun des sujets de la liste.*

1. Anne peut apprendre le français.   SUJETS
2. Anne ne reçoit pas l'argent.   Il   Elle   Je   Les garçons   Tu
3. Anne finit son livre.   M. et Mme Dupont   Nous   Vous

B. *Répétez la phrase, en remplaçant l'article par un adjectif démonstratif.* (Repeat the sentence, replacing the article by a demonstrative adjective.)

EXEMPLES: Il achète la voiture.   —   Il achète cette voiture.
           Nous connaissons les gens.   —   Nous connaissons ces gens.
           Je parle des livres.   —   Je parle de ces livres.

1. Vous voyez la carte.   8. Je connais l'élève.
2. Elle aime l'école.   9. Il visite l'état.
3. Ils étudient la leçon.   10. Nous étudions les leçons.
4. J'habite dans la ville.   11. Elle connaît les régions.
5. Nous travaillons dans le magasin.   12. Je passe les examens.
6. Elles finissent le voyage.   13. Vous parlez des lycées.
7. Nous connaissons le garçon.   14. Ils réussissent aux examens.

C. *Répondez par la négative, puis ajoutez deux ans.* (Answer in the negative, then add two years.)

EXEMPLES: Ce garçon a-t-il six ans?   —   Non, il a huit ans.
           Ces filles ont-elles dix ans?   —   Non, elles ont douze ans.

1. Cette petite fille a-t-elle cinq ans?   5. Cet élève a-t-il quinze ans?
2. Ces garçons ont-ils onze ans?   6. Cette jeune fille a-t-elle dix-sept ans?
3. Cette femme a-t-elle vingt-six ans?   7. Votre père a-t-il quarante-cinq ans?
4. Cet homme a-t-il vingt-trois ans?   8. Le professeur a-t-il soixante ans?

D. *Répondez par la négative, puis diminuez l'âge d'un an, en employant* **ne . . . que.** (Answer in the negative, then reduce the age by one year, using **ne . . . que.**)

EXEMPLES: A-t-elle seize ans?   —   Non, elle n'a que quinze ans.
           Avez-vous vingt ans?   —   Non, je n'ai que dix-neuf ans.

1. A-t-il cinquante ans?   5. Est-ce que j'ai soixante et un ans?
2. Ont-ils trente ans?   6. Avons-nous dix-huit ans?
3. Avez-vous quarante-sept ans?   7. A-t-il cinquante-quatre ans?
4. A-t-elle vingt-huit ans?   8. Avez-vous treize ans?

E. *Répétez ces noms de langues.* (Repeat these names of languages.)

| le français | l'allemand | l'espagnol | le latin |
| l'anglais | l'italien | le russe | le portugais |

Maintenant, employez chacun de ces noms dans les phrases suivantes. (Now, use each of these names in the following sentences.)

1. Le français est facile.   3. Ils parlent français.
2. J'aime le français.   4. Voici un livre de français.

F. *Répétez ces exemples.*

> Le français est la langue des Français.   —   Les Français parlent français.
> Le portugais est la langue des Portugais.   —   Les Portugais parlent portugais.

Continuez de la même manière.

1. Le russe est la langue des Russes.   5. L'espagnol est la langue des Espagnols.
2. L'anglais est la langue des Anglais.   6. L'anglais est la langue des Américains.
3. L'italien est la langue des Italiens.
4. L'allemand est la langue des Allemands.

G. *Reliez à l'aide de **qui** ou de **que** les phrases groupées par deux.*

EXEMPLES: Connaissez-vous les gens? Ils habitent ici.   —   Connaissez-vous les gens qui habitent ici?
           J'aime la voiture. Elle va acheter cette voiture.   —   J'aime la voiture qu'elle va acheter.

1. Citez une ville. La ville est située sur la Seine.
2. Il prend des photos. Ses photos sont très belles.
3. Voilà l'artiste. Vous n'aimez pas cet artiste.
4. Voici le stylo. Je vais acheter ce stylo.
5. Nous visitons les endroits. Ces endroits sont les plus beaux.
6. J'étudie la langue. Vous aimez cette langue.
7. Ils choisissent les matières. Ces matières sont intéressantes.
8. Elle va à l'école. Nous voyons cette école.

NEUVIÈME LEÇON

Mots apparentés

apprécier [apresje]
arriver [arive]
la composition [lakɔ̃pozisjɔ̃]
littéraire [literɛr]
la minute [laminyt]

oral [ɔral]
la qualité [lakalite]
répéter [repete]
la répétition [larepetisjɔ̃]

Les classes

Deux élèves parlent de leurs classes

—Combien de cours as-tu cette année-ci?

—Je n'ai que quatre cours, mais ils sont très difficiles—surtout les mathématiques. Ma classe de mathématiques commence à neuf heures, mais j'arrive toujours de bonne heure—d'ordinaire à huit heures et demie—pour 5
avoir le temps d'étudier[1] quelques minutes avant la classe. Si la leçon n'est pas difficile, je peux commencer la prochaine leçon.

—Moi, j'ai une classe à huit heures et j'arrive quelquefois en retard parce que j'attends mon frère. Quel sont tes autres cours?

—Le français à dix heures, l'histoire à onze heures, et l'anglais à une heure 10
et quart.

—Tu aimes beaucoup le français, n'est-ce pas?

—Oui. Il est intéressant d'apprendre une langue étrangère. Pendant toute l'heure, nous parlons français, nous faisons des exercices oraux, et nous lisons à haute voix. Le professeur pose beaucoup de questions sur la leçon, et nous 15
répondons en français. Quelquefois les élèves posent des questions. D'ordinaire, les questions ne sont pas difficiles; elles sont très faciles. Quand on répond, on répète[2] presque les mêmes mots que[3] dans la question. On répète

1. Notice that a connective preposition is used between a noun or an adjective and an infinitive. The most common preposition used in such cases is **de**.
2. See p. 383 for changes of accent marks for **-er** verbs.
3. **les mêmes mots que,** *the same words as*

82

aussi ce même vocabulaire dans les exercices. Par cette répétition, j'apprends
à[4] parler français. N'aimes-tu pas le français?   20
—Pas beaucoup. Je trouve que c'est difficile. Quelquefois je n'entends
pas bien dans la classe. Je trouve les mathématiques beaucoup plus faciles.
Mon cours commence à deux heures et quart de l'après-midi. Pendant
quelques minutes, nous posons au professeur des questions sur les parties
de la leçon que nous trouvons difficiles. Il répond à ces questions avant de   25
commencer la nouvelle leçon. Je fais très bien aux examens que nous passons
toutes les semaines.
   —Pour moi, c'est l'anglais qui prend beaucoup de temps. Nous lisons
plusieurs livres chaque mois, et nous écrivons une composition presque toutes
les semaines.   30
   —Oui, mais les livres des grands écrivains sont très intéressants. Je commence à[4] aimer beaucoup la littérature.
   —Moi aussi. Mais je n'aime pas lire ces livres à la hâte, parce qu'on n'ap-
précie pas toutes les qualités littéraires du livre.

VOCABULAIRE

l'après-midi *m. or f.* [laprɛmidi] afternoon; in the afternoon
attendre [atɑ̃dr] to wait, wait for, await
avant (de *before inf.*) [avɑ̃] before
le cours [ləkur] course, class
difficile [difisil] difficult
d'ordinaire [dɔrdinɛr] ordinarily, normally, usually
écrire [ekrir] to write
en retard [ɑ̃r(ə)tar] late
entendre [ɑ̃tɑ̃dr] to hear; to understand
la hâte [laɑt] haste; à la hâte in haste,
   hurriedly
l'heure *f.* [lœr] hour; time; de bonne
   heure early
lire [lir] to read
le matin [ləmatɛ̃] morning; in the morning

midi *m.* [midi] noon, twelve o'clock,
   midday
minuit *m.* [minɥi] midnight, twelve
   o'clock
le mois [ləmwɑ] month
le mot [ləmo] word
la partie [laparti] part, portion
poser [poze] to put; to ask (a question)
quelquefois [kɛlkəfwa] sometimes
répondre (à) [repɔ̃dr(a)] to answer,
   respond
la réponse [larepɔ̃s] answer, response
la semaine [lasəmɛn] week
trouver [truve] to find
la voix [lavwa] voice; à haute voix
   [aotvwa] aloud

4. Notice that the preposition à is used to introduce a dependent infinitive after the
verbs apprendre and commencer.

QUESTIONNAIRE

Répondez en français.

A. *Questions sur le texte.* 1. Combien de cours l'élève a-t-il cette année-ci? 2. A quelle heure commence la classe de mathématiques? 3. A quelle heure arrive-t-il toujours? 4. Comment passe-t-il le temps avant la classe? 5. A quelle heure l'autre élève a-t-il une classe? 6. Pourquoi arrive-t-il quelquefois en retard? 7. A quelle heure est sa classe d'anglais? 8. Dans quelle classe lit-on à haute voix? 9. Le professeur pose-t-il toujours les questions? 10. Qui (*who*) pose quelquefois des questions? 11. Comment apprend-on les mots du vocabulaire? 12. Qui trouve les mathématiques plus faciles? 13. Quelles questions pose-t-on au professeur? 14. Quand répond-il à ces questions? 15. Quand les élèves passent-ils des examens? 16. Quelle matière prend beaucoup de temps? 17. Que (*what*) lisent les élèves chaque mois? 18. Les élèves écrivent-ils souvent des compositions? 19. Quels livres lit-on dans la classe d'anglais?

B. *Questions générales.* 1. A quelle heure commence cette classe-ci? 2. Arrivez-vous toujours avant cette heure? 3. Y a-t-il des élèves qui arrivent en retard? 4. Ecrit-on beaucoup de compositions dans votre classe d'anglais? 5. Aimez-vous mieux écrire des compositions en anglais ou en français? 6. A quelle heure finit la classe de français? 7. Dans quelle classe avez-vous le plus souvent des examens? 8. Les examens d'anglais sont-ils plus difficiles que les examens de français? 9. Quel âge avez-vous? 10. Quel âge a votre père? 11. Quelle heure est-il? 12. A quelle heure finit cette classe? 13. Voulez-vous poser des questions? 14. Avons-nous le temps de finir l'exercice?

GRAMMAIRE

1. Irregular verbs *écrire, lire, faire*

écrire, to write	lire, to read	faire, to do, make
j'écris	je lis	je fais
tu écris	tu lis	tu fais
il écrit	il lit	il fait
nous écrivons	nous lisons	nous faisons
vous écrivez	vous lisez	vous faites
ils écrivent	ils lisent	ils font

2. Present Indicative of Third Conjugation Verbs

Verbs of the third conjugation have the infinitive ending **-re**. Regular verbs of this conjugation are conjugated like **attendre,** *to wait.*

j'attend**s**	nous attend**ons**
tu attend**s**	vous attend**ez**
il attend	ils attend**ent**

3. Expressions of Time

In French, time is expressed as follows:

une heure	one o'clock	**trois heures**	three o'clock
deux heures	two o'clock	**onze heures**	eleven o'clock

Instead of "twelve o'clock" (**douze heures**), the following expressions are more commonly used:

midi   noon   **minuit**   midnight

To express time before the hour, one says:

huit heures moins vingt   twenty minutes to eight
dix heures moins le quart   a quarter to ten

To express time after the hour, one says:

trois heures dix   ten minutes after three
une heure et quart   a quarter after one
sept heures et demie   seven thirty

"A.M." is **du matin** (*in the morning*); "P.M." is **de l'après-midi** (*in the afternoon*) or **du soir** (*in the evening*).

onze heures du matin   eleven A.M. (eleven o'clock in the morning)
deux heures vingt de l'après-midi   two twenty P.M.
dix heures et quart du soir   ten fifteen P.M.

In written schedules the French generally use the twenty-four hour system:

8 A.M.	**8 h 00**	5:30 P.M.	**17 h 30**
11 A.M.	**11 h 00**	10 P.M.	**22 h 00**

The question *What time is it?* is **Quelle heure est-il?** One answers:

Il est midi.	It is twelve o'clock (noon).
Il est neuf heures et demie.	It is nine thirty.

EXERCICES

A. *Mettez la phrase à la forme négative.*

EXEMPLES: J'attends mon ami. — Je n'attends pas mon ami.
Vous répondez bien. — Vous ne répondez pas bien.

1. Ils attendent leurs amis.
2. Je réponds bien.
3. Nous entendons la question.
4. Il attend le professeur.

5. Elles répondent à la question.
6. Vous entendez les réponses.
7. Nous attendons nos parents.
8. Tu réponds comme les autres.

B. *Répétez les phrases, en remplaçant le sujet par chacun des sujets de la liste.*

1. Marie fait tous les exercices.
2. Jean écrit une composition.
3. Marie lit très bien.
4. Jean apprend à parler anglais.

SUJETS
Il Elle Je Les élèves Tu
Anne et Pierre Nous Vous

C. *Lisez à haute voix.* (Read aloud.)

25	36	47	58	69	21	62	53	44	11	30	6	26	15
31	3	17	24	48	9	45	54	10	50	29	61	35	28

D. *Lisez à haute voix.*

1. Vous arrivez toujours au lycée à 8:15 du matin, n'est-ce pas?
2. Si Richard arrive à 8:25 il est en retard.
3. La prochaine classe commence à 9:05.
4. L'examen de mathématiques commence à 10:30.
5. Il n'y a pas de cours à 12:00.
6. Il est 1:30, n'est-ce pas?
7. Non, il est 1:55.
8. Je vais voir cet élève avant 3:00.
9. J'aime les classes qui commencent avant 10:45.
10. Elle commence à étudier à 5:00.

E. *Répondez par la négative, en ajoutant dix minutes à l'heure.* (Answer in the negative, adding ten minutes to the time.)

EXEMPLES: Il est huit heures dix, n'est-ce pas? — Non, il est huit heures vingt.
Il est trois heures et demie, n'est-ce pas? — Non, il est quatre heures moins vingt.

Il est
   (*First time*)

Ils arrivent à
   (*Second time*)

neuf heures dix,
cinq heures et demie,
une heure moins le quart,
trois heures vingt,
six heures et quart,
onze heures moins dix,
deux heures cinq,
quatre heures,
sept heures moins le quart,
huit heures vingt,
dix heures vingt-cinq,
midi,

n'est-ce pas?

DIXIÈME LEÇON

Mots apparentés

la beauté [labote]
historique [istɔrik]
indiquer [ɛ̃dike]

principal [prɛ̃sipal] (*m.pl.* principaux
  [prɛ̃sipo])
la sorte [lasɔrt]
la variété [lavarjete]

Un examen oral

A la fin du premier mois notre professeur de français donne à chaque élève à tour de rôle une sorte d'examen oral pendant que les autres travaillent à leur examen écrit. Voici quelques questions avec des réponses typiques:

—Que voit-on au mur devant la classe?

—On voit une carte de France.

—Quel usage fait-on de la carte?

—Le professeur indique les endroits principaux sur la carte quand il pose des questions sur la géographie de la France.

—A qui pose-t-il ces questions?

—Il pose des questions à chaque élève.

—De quoi parle-t-on pendant les leçons de français?

—On parle surtout de la France, des Français et de leur langue.

—Qu'est-ce que c'est que la France?

—La France est un des pays importants d'Europe.

—Comment s'appellent les habitants de la France?

—Les habitants de la France s'appellent les Français.

—Quelle est la capitale de la France?

—Paris est la capitale de la France.

—Qu'est-ce qui attire les touristes à Paris?

—Les touristes sont attirés à Paris par la beauté de la ville, par ses monuments historiques, par la variété des divertissements et par son atmosphère artistique et intellectuelle.

—Qu'est-ce qu'on apprend dans la classe de français?

—On apprend surtout à parler français dans cette classe.
—Comprenez-vous toutes les questions et toutes les réponses que vous   25
entendez dans la classe?
—Oui, monsieur, je comprends toutes les questions et les réponses.
—Avez-vous des cours tous les jours de la semaine?
—Non, monsieur, je n'ai pas de cours le dimanche.
—Quels jours avez-vous cette classe-ci?   30
—J'ai cette classe le lundi, le mardi, le jeudi et le samedi.
—Alors, vous n'avez pas de classe de français le mercredi et le vendredi?
—Non, monsieur, mais j'ai d'autres cours ces jours-là.
—Est-ce que tout le monde a des classes le samedi?
—Non, monsieur, beaucoup d'élèves n'ont pas de classe le samedi.   35
—Dit-on que le français est facile?
—On dit que le français n'est pas difficile si on étudie bien.
—Qui dit cela?
—Vous, monsieur; vous dites cela souvent.
—C'est bien, monsieur; merci.   40

VOCABULAIRE

à **tour de rôle** [aturdərol] by turns, one at a time
attirer [atire] to attract; **attiré** (*p.p.*) [atire] attracted
cela [s(ə)la] *pron.* that
c'est bien [sɛbjɛ̃] very well, fine
comprendre [kɔ̃prɑ̃dr] (*conj. like* **prendre**) to understand
devant [d(ə)vɑ̃] in front of, before
dire [dir] to say, tell
le divertissement [lədivɛrtismɑ̃] amusement

donner [dɔne] to give
écrit (*p.p. of* **écrire**) [ekri] written
en même temps [ɑ̃mɛmtɑ̃] at the same time
la fin [lafɛ̃] end
le mur [ləmyr] wall; **au mur** [omyr] on the wall; at the wall
pendant que [pɑ̃dɑ̃kə] while
(**le**) **premier** [ləprəmje] (*f.* (**la**) **première**) [laprəmjɛr] *adj. or n.* first
tout le monde [tul(ə)mɔ̃d] everybody
l'usage *m.* [lyzaʒ] use

QUESTIONNAIRE

Répondez en français.

A. *Questions sur le texte.* 1. De quelle sorte d'examen parle-t-on dans cette leçon? 2. Qui donne ces examens? 3. Quand le professeur donne-t-il ces examens? 4. Combien d'élèves passent l'examen oral en même temps?

5. Que font les autres élèves? 6. Qu'y a-t-il[1] au mur devant la classe? 7. Quel usage le professeur fait-il de la carte? 8. A qui pose-t-il des questions? 9. Sur quoi pose-t-il des questions? 10. Pose-t-il les mêmes questions à tout le monde? 11. Qu'est-ce qui attire les touristes à Paris? 12. Qu'est-ce qu'on dit de Paris? 13. Qu'est-ce qu'on dit du français? 14. Comment apprend-on à parler français? 15. Est-ce que le français est facile pour tout le monde? 16. Pour quels élèves le français est-il facile? 17. Est-ce que les mathématiques sont faciles pour tout le monde? 18. Pour qui les mathématiques sont-elles faciles? 19. De quoi parle-t-on dans la classe de français? 20. Quels jours de la semaine avez-vous cette classe? 21. Avez-vous des classes le dimanche? 22. Que dit le professeur à la fin de l'examen?

B. *Questions générales.* 1. Que faites-vous pour apprendre le vocabulaire? 2. Que faites-vous pour apprendre à parler français? 3. Qui pose les questions le plus souvent? 4. A qui pose-t-il les questions? 5. Qui répond aux questions? 6. Que dit le professeur quand vous répondez bien? 7. Qu'y a-t-il aux murs? 8. Quel usage fait-on de la carte de France? 9. Est-ce que moi, je pose quelquefois des questions? 10. Posez-vous quelquefois des questions? 11. Sur quoi posez-vous des questions? 12. Est-il facile d'apprendre une langue étrangère? 13. Qu'est-ce qui prend beaucoup de temps? 14. Peut-on faire cela sans étudier? 15. Quels sont les jours de la semaine? 16. Quel jour les élèves aiment-ils le mieux? 17. Pourquoi aiment-ils le dimanche? 18. De quoi parlez-vous dans la classe d'anglais? 19. Avec quoi écrivez-vous?

GRAMMAIRE

1. **Present Indicative of** *dire,* **to say, tell**

je dis	nous disons
tu dis	vous dites
il dit	ils disent

NOTE: **Dire, être,** and **faire** are the only French verbs in which the second person plural of the present indicative does not end in -ez: **vous dites, vous êtes, vous faites.**

2. **Dependent Infinitives**

In French, verbs which take dependent infinitives fall into three general categories: (a) those which take no preposition before the infinitive, (b)

1. Notice that in French the object forms **que** (**qu'**) and **qu'est-ce que** are used with **il y a: Qu'y a-t-il au mur? Qu'est-ce qu'il y a au mur?**

those which take **à,** (c) those which take **de.** There is no simple rule to indicate to which class a given verb belongs. As verbs of this type are introduced, the preposition, if any, will be indicated in the vocabulary. Of the verbs which have been used so far in this book, all generally take the infinitive without a preposition except **commencer, apprendre,** and **réussir,** which take **à.**

Je commence à apprendre à étudier mieux.	I am beginning to learn to study better.
Il réussit à finir avant cinq heures.	He succeeds in finishing before five o'clock.

3. Interrogative Pronouns

The following are common interrogative pronouns:[2]

	PERSONS (who? whom?)	THINGS (what?)
SUBJECT OF VERB	qui?	qu'est-ce qui?
OBJECT OF VERB	qui?	que? *or* qu'est-ce que?
OBJECT OF PREPOSITION	qui?	quoi?

Qui arrive de bonne heure à l'école?	Who arrives early at school?
Qui voyez-vous?	Whom do you see?
A qui parlez-vous?	To whom are you speaking?
Qu'est-ce qui prend beaucoup de temps?	What takes a great deal of time?
Que dit votre père? **Qu'est-ce que votre père dit?**	What does your father say?
De quoi parle-t-il?	What is he talking about?

NOTE: It may be useful to review the following interrogative forms from Lessons 1 and 2:

a. The interrogative adjective **quel.**

Quelle voiture allez-vous acheter?	What (which) car are you going to buy?

b. **Quel** used as an interrogative with the verb **être** and a predicate noun.

Quels sont les endroits les plus intéressants?	What (which) are the most interesting places?

c. The special form **qu'est-ce que c'est que,** which is used to ask for a definition.

Qu'est-ce que c'est qu'une cathédrale?	What is a cathedral?

2. See p. 344 for other forms.

4. Days of the Week

a. The names of the days of the week are generally not capitalized in French. They are masculine.

lundi	Monday	**vendredi**	Friday
mardi	Tuesday	**samedi**	Saturday
mercredi	Wednesday	**dimanche**	Sunday
jeudi	Thursday		

b. Ordinarily, no preposition is used in French before the days of the week.

Il va venir mercredi.	He is going to come (on) Wednesday.
Elles arrivent samedi.	They are arriving (on) Saturday.

c. To indicate a regular occurrence on a day of the week, the article **le** is used with the name *in the singular.*

Nous avons des classes le mardi et le jeudi.	We have classes on Tuesday(s) and Thursday(s).
Jean ne vient pas le vendredi.	John doesn't come on Friday(s).

EXERCICES

A. *Répétez chaque phrase, en remplaçant le sujet par chacun des sujets indiqués.*

1. Robert ne dit pas cela.
2. Que fait Robert?
3. Robert est devant le musée.

SUJETS

Il   Elle   Tu   Je   Ces personnes
Mes sœurs   Nous   Vous

B. *Choisissez une fin de phrase qui convienne.* (Choose a suitable sentence ending.)

1. Je commence
2. Ils apprennent
3. Elle réussit
4. Nous apprenons
5. Vous commencez
6. Tu apprends
7. Je réussis
8. Nous commençons
9. Vous réussissez
10. J'apprends
11. Tu commences

à

comprendre cela.
gagner l'argent.
parler français.
lire un livre intéressant.
écrire très bien.
attirer son attention.
bien faire les exercices.
arriver de bonne heure.

12. Je vais
13. Ils viennent
14. Vous pouvez
15. Nous désirons
16. Tu aimes

> voir tout le pays.
> apprendre une langue étrangère.
> visiter cet endroit.
> étudier le français.

17. Elles vont
18. Nous aimons mieux
19. Je peux
20. Elle vient
21. Tu désires

> répondre à vos questions.
> répéter les réponses.
> acheter des stylos.
> poser quelques questions.

C. *A quelles questions employant* **qui** *répondraient les phrases suivantes?*
(To what questions using **qui** would the following sentences reply?)

EXEMPLES: Le professeur donne les examens. — Qui donne les examens?
Je vois votre père. — Qui voyez-vous?

1. Le nouvel élève arrive en retard.
2. Mon frère va faire cela.
3. Jean ne comprend pas.
4. Le professeur pose les questions.
5. Nous voyons les élèves français.
6. Marie connaît cette ville.
7. J'attends les autres touristes.
8. Elle reçoit ses amies américaines.

EXEMPLES: Il répond à sa mère. — A qui répond-il?
Je vais avec mes parents. — Avec qui allez-vous?

9. Je parle du professeur.
10. Il prend une photo de Marie.
11. Nous achetons cela pour Richard.
12. Ils voyagent avec leurs parents.
13. Elle donne les livres à Robert.
14. Je fais cela pour mon père.
15. Il parle à toute la classe.
16. Nous répondons aux Anglais.

D. *A quelles questions employant* **que** *répondraient les phrases suivantes?*

EXEMPLES: Son ami lit ce livre. — Que lit son ami?
Il attend la voiture. — Qu'attend-il?
Je dis que Jean est ici. — Que dis-tu?

1. J'écris les mots.
2. Les élèves répètent le vocabulaire.
3. Nous attendons la fin de l'année.
4. Marie étudie sa leçon de français.
5. Nous apprenons à parler anglais.
6. Robert donne de l'argent à son frère.
7. Elle fait le nouvel exercice.
8. Je reçois des photos.

Répétez, en employant **qu'est-ce que.** (Repeat, using **qu'est-ce que.**)

EXEMPLES: Son ami lit ce livre. — Qu'est-ce que son ami lit?
Il attend la voiture. — Qu'est-ce qu'il attend?
Je dis que Jean est ici. — Qu'est-ce que tu dis?

E. *Choisissez* (*ou inventez*) *une fin de phrase appropriée.* (Choose [or invent] a suitable ending.)

les touristes?
cette impression?

Qu'est-ce qui
{ est
prend
charme
commence
attire
donne }
{ sur la table?
à deux heures?
situé dans cet endroit?
les gens qui visitent le pays?
presque tout son temps?
les étudiants? }

beaucoup de temps?
cette beauté à la mer?

F. *A quelles questions employant* **quoi** *répondraient les phrases suivantes?*

EXEMPLES: On écrit cela avec un stylo. — Avec quoi écrit-on cela?
Elle pose cela sur la table. — Sur quoi pose-t-elle cela?

1. J'écris les exercices avec un crayon.
2. Ils réussissent aux examens.
3. Vous parlez de toutes les villes.
4. Il indique les endroits sur la carte.

5. Nous remplissons cela avec une cuillère (*spoon*).
6. Je réponds à leur première question.

G. *Choisissez la formule interrogative appropriée.* (Choose the suitable interrogative form.)

Quel (quelle) est
Quels (quelles) sont
Qu'est-ce que c'est que
{ une langue vivante?
la langue que vous étudiez?
les plus grandes villes?
les endroits les plus intéressants?
la Tour Eiffel?
le plus long fleuve du pays?
les plus vieilles églises?
une université?
un lycée?
l'université la plus célèbre? }

H. *Complétez les phrases suivantes, en employant* **qui, que, qu'est-ce qui, qu'est-ce que, quoi ou quel.** (Complete the sentence using **qui, que, qu'est-ce qui, qu'est-ce que, quoi,** or **quel.**)

1. _____ va avec moi au magasin?
2. _____ est ce fleuve-là?
3. A _____ désirez-vous parler?
4. _____ attire tous ces touristes?
5. _____ est votre impression du pays?
6. Avec _____ peut-on écrire?
7. _____ vous étudiez?
8. _____ il attend?
9. _____ attendons-nous?
10. De _____ parles-tu?

11. _____ arrive le premier?
12. _____ voyez-vous?
13. _____ connaissent-ils ici?
14. _____ dit cela?
15. _____ indique cela?
16. _____ comprend la question?
17. De _____ remplissent-ils cela?
18. _____ ils font ici?
19. A _____ parle-t-elle?
20. _____ on apprend dans cette classe?

I. *Répondez «non», en indiquant le jour précédent.* (Answer in the negative, indicating the preceding day.)

EXEMPLES: Vient-il ici le mardi?   —   Non, il vient le lundi.
                     Arrivons-nous dimanche?   —   Non, nous arrivons samedi.

1. Vas-tu à Lyon jeudi?
2. Ont-ils une classe d'anglais le vendredi?
3. Pouvez-vous voir les élèves mercredi?
4. Entre-t-elle à l'université samedi?
5. Travaille-t-on le dimanche?
6. Remplissent-ils le parc le mardi?
7. Est-ce que nous commençons cela lundi?

DEUXIÈME RÉVISION

A. *Donnez les formes indiquées du présent de l'indicatif.* (Give the indicated forms of the present indicative.)

1. il (attendre)
2. nous (pouvoir)
3. vous (dire)
4. je (connaître)
5. elles (voir)
6. vous (faire)
7. ils (réussir)
8. nous (avoir)
9. je (aller)
10. elle (dire)
11. ils (prendre)
12. nous (commencer)
13. il (remplir)
14. je (être)
15. elle (recevoir)
16. les élèves (être)
17. vous (écrire)
18. je (venir)
19. on (entendre)
20. nous (apprendre)
21. il (acheter)
22. vous (répondre)
23. je (répéter)
24. vous (finir)
25. nous (voyager)
26. elle (lire)
27. ils (pouvoir)
28. je (comprendre)
29. ils (faire)
30. elles (aller)

Répétez l'exercice à la forme négative.
Répétez l'exercice à la forme interrogative.

B. *Mettez à la forme interrogative.*

EXEMPLES: Il vient cet après-midi. — Vient-il cet après-midi?
Vous connaissez cette région. — Connaissez-vous cette région?
Elles prennent leur temps. — Prennent-elles leur temps?
Je reçois cet argent. — Est-ce que je reçois cet argent?

1. Il écrit des lettres.
2. Vous lisez beaucoup de livres.
3. Elles connaissent ces gens-là.
4. Je peux répondre à la question.
5. Nous prenons la voiture.
6. Tu viens avec moi.
7. Elle voit tous les endroits.
8. Vous faites les exercices.
9. Nous recevons la photo.
10. Ils attendent leurs amis.
11. Tu finis le premier.
12. Vous dites la même chose.

Répétez, en passant du singulier au pluriel ou du pluriel au singulier. (Repeat, changing from the singular to the plural or from the plural to the singular.)

EXAMPLES: Il vient cet après-midi.   —   Ils viennent cet après-midi.

Vous connaissez cette région.   —   Tu connais cette région.

Elles prennent leur temps.   —   Elle prend son temps.

Je reçois cet argent.   —   Nous recevons cet argent.

Répétez, en mettant à la forme négative-interrogative.

EXAMPLES: Il vient cet après-midi.   —   Ne vient-il pas cet après-midi?

Vous connaissez cette région.   —   Ne connaissez-vous pas cette région?

Elles prennent leur temps.   —   Ne prennent-elles pas leur temps?

Je reçois cet argent.   —   Est-ce que je ne reçois pas cet argent?

C. *Reliez la proposition principale à chacune des subordonnées, en utilisant le pronom relatif convenable.* (Combine the principal clause with each subordinate, using the proper relative pronoun.)

Voici l'homme $\begin{Bmatrix} \text{qui} \\ \text{que} \\ \text{qu'} \end{Bmatrix}$ $\begin{cases} \text{écrit ces articles.} \\ \text{dit cela.} \\ \text{j'attends.} \\ \text{nous voyons très souvent.} \\ \text{ils vont voir.} \\ \text{répond aux questions.} \\ \text{reçoit toutes les lettres.} \\ \text{elle connaît.} \\ \text{vous aimez mieux.} \\ \text{vient avec nous.} \end{cases}$

Répétez l'exercice, en commençant par **Où sont les hommes** *et en faisant les autres changements nécessaires.* (Repeat the exercise, starting with **Où sont les hommes** and making the other necessary changes.)

EXAMPLE: Où sont les hommes qui écrivent ces articles?

D. *Répétez ces exemples.*

Ce garçon est grand, n'est-ce pas?   —   Oui, c'est le plus grand des deux.

Cette église est belle, n'est-ce pas?   —   Oui, c'est la plus belle des deux.

Maintenant, répondez de la même manière aux questions suivantes. (Now, answer the following questions in the same fashion.)

1. Ce livre est long, n'est-ce pas?
2. Ce parc est beau, n'est-ce pas?
3. Ce pays est important, n'est-ce pas?
4. Ce lycée est célèbre, n'est-ce pas?
5. Cet homme est riche, n'est-ce pas?
6. Cet exercice est difficile, n'est-ce pas?   Oui, c'est ... des deux.
7. Cette femme est petite, n'est-ce pas?
8. Cette ville est intéressante, n'est-ce pas?
9. Cette leçon est facile, n'est-ce pas?
10. Cette lettre est longue, n'est-ce pas?

E. *Répondez par la négative.*

EXEMPLES: Ton frère connaît-il des Français? — Non, il ne connaît pas de
Français.
Y a-t-il des photos sur la table? — Non, il n'y a pas de photos sur
la table.
Prenez-vous du vin? — Non, je ne prends pas de vin.

1. Ecrivent-ils des exercices?
2. Achetez-vous du café?
3. Donne-t-il des examens le samedi?
4. Y a-t-il des Anglais dans la classe?
5. As-tu du temps pour cela?
6. Étudient-ils des langues étrangères?

7. Désire-t-elle du vin?
8. Faites-vous de la littérature?
9. Voit-on des paysans?
10. Connaissez-vous des garçons de cet
âge?

F. *Répétez ces exemples.*

Jean a-t-il douze ans? — Non, il n'a que onze ans.
Avez-vous vingt ans? — Non, je n'ai que dix-neuf ans.
Ont-ils six ans? — Non, ils n'ont que cinq ans.

Répondez par la négative, en diminuant l'âge d'un an. (Answer in the negative, reducing the age by one year.)

1. Marie a-t-elle dix-huit ans?
2. Votre père a-t-il quarante-trois ans?
3. As-tu huit ans?
4. Est-ce que j'ai trente-neuf ans?
5. Est-ce que ces élèves ont quatorze
ans?

6. Vous et votre ami avez-vous vingt et
un ans?
7. Cet élève a-t-il dix-sept ans?
8. Avez-vous trente ans?

G. *Composez les questions qui correspondent aux réponses ci-dessous.*
(Compose questions which correspond to the answers below.)

EXEMPLES: Mon père va à Paris. (Qui ...?) — Qui va à Paris?
Elle voit ce beau monument. (Que ...?) — Que voit-elle?
Je parle des examens. (De quoi ...?) — De quoi parlez-vous?

1. Marie répond à la question. (Qui ...?)
2. Robert dit que le français est facile. (Que ...?)
3. Je vais écrire sur les divertissements. (Sur quoi ...?)
4. Ils font la connaissance des élèves. (De qui ...?)
5. Mes parents parlent de l'université. (De quoi ...?)
6. Nous étudions l'histoire de France. (Qu'est-ce que ...?)
7. Il va acheter cette petite voiture. (Quelle ...?)
8. Elle voyage avec ses amis. (Avec qui ...?)
9. Ils reçoivent les touristes. (Qui ...?)
10. Je vais écrire à Marie. (A qui ...?)

11. Richard comprend la question. (Qui ...?)
12. Sa réponse indique cela. (Qu'est-ce qui ...?)
13. Les photos donnent cette impression. (Qu'est-ce qui ...?)
14. Les élèves apprennent deux langues. (Qu'est-ce que ...?)
15. Nous faisons les exercices. (Que ...?)
16. J'attends ma mère. (Qui ...?)
17. Il écrit cela avec ce crayon. (Avec quoi ...?)

L'alouette[1]

1. lark   2. will pluck

DEUXIÈME DIALOGUE

Une rencontre

MARIE. —Bonjour, Pierre.

PIERRE. —Bonjour, Marie.

MARIE. —Ah, qu'est-ce que c'est que ça? Un livre de français?

PIERRE. —Oui, je commence à étudier le français.

MARIE. —Quel est ton professeur?

PIERRE. —C'est le professeur Dupont. Est-ce que tu le connais?

MARIE. —Ah oui. Il est très sympathique. C'est un excellent professeur.

PIERRE. —J'ai l'impression qu'il demande beaucoup de travail.

MARIE. —C'est vrai. Il est assez exigeant. Mais, par contre, ses classes sont intéressantes. On apprend très bien le français.

PIERRE. —Oui. En classe nous parlons français presque tout le temps.

MARIE. —Comprends-tu tout ce qu'on dit?

PIERRE. —Oui, presque tout. Les magnétophones aident beaucoup. Deux fois par semaine je vais au laboratoire pour écouter les bandes et répéter les exercices.

MARIE. —Moi aussi. Comme ça on a beaucoup de pratique orale. Mais ne trouves-tu pas qu'il est

MARY. Hello, Peter.

PETER. Hello, Mary.

MARY. Ah, what's that? A French book?

PETER. Yes, I'm beginning to study French.

MARY. Who is your instructor?

PETER. He is Professor Dupont. Do you know him?

MARY. Oh yes. He's very nice. He's an excellent teacher. 10

PETER. I have the impression that he demands a lot of work.

MARY. It's true. He is rather demanding. But, on the other hand, his classes are interesting. One learns French very well. 15

PETER. Yes. In class we speak French almost all the time. 20

MARY. Do you understand everything that is said?

PETER. Yes, almost everything. The tape recorders help a lot. Twice a week I go to the laboratory to listen to tapes and repeat the exercices. 25

MARY. So do I. In that way you have a great deal of oral practice. But don't you find it boring to 30

100

ennuyeux de passer tant de temps, les écouteurs serrés aux oreilles, à répéter des exercices peu amusants?

PIERRE. —Oui, mais ça en vaut la peine. C'est comme pour le piano ou le violon. Il faut beaucoup d'exercices ennuyeux pour arriver à bien jouer.

MARIE. —Pardon, Pierre. Je vois que c'est l'heure de ma classe. Ç'a été épatant de te revoir. A bientôt!

PIERRE. —Au revoir, Marie! Bien des choses chez toi!

spend so much time, with earphones pressing your ears, repeating exercises which are far from entertaining?

PETER. Yes, but it's worth it. It's like 35 with the piano or violin. It takes a lot of boring exercises to become capable of playing well.

MARY. Excuse me, Peter. I see that 40 it's time for my class. It's been swell to see you again. So long!

PETER. Good-bye, Mary! Give my regards to your family!

Familiar figures in the Paris scene: the *agent de police*, the *vendeur de journaux*, and the *concierge*.

(*Above*) Flower vendor on
the Champs Élysées. (*Right*)
Bargaining in the Paris Flea
Market.

Les Halles, Paris

The rue Mouffetard, in the left-bank area, in back of the Sorbonne, a picturesque and colorful old market street, better known to students than to
tourists. It is in the old Gallo-Roman center of Paris and is laid over the same
road, leading to the Petit Pont, that the Romans built 2000 years ago.

ONZIÈME LEÇON

Mots apparentés

accepter [aksɛpte]
la difficulté [ladifikylte]
l'hôtel m. [lotɛl]
l'invitation f. [lɛ̃vitɑsjɔ̃]

inviter [ɛ̃vite]
le taxi [lətaksi]
la visite [lavizit]

Un voyage du professeur

Quelquefois notre professeur de français, M. Durand, fait à la classe des récits en français pour voir si nous comprenons sans difficulté. Hier, il a parlé de son voyage en France l'été dernier.

Il est allé d'ici à New York en avion. A New York il a pris le bateau pour le Havre. Il a fait le voyage du Havre à Paris en chemin de fer et à Paris il a pris un taxi pour aller de la gare à son hôtel.

Il n'est resté à Paris que dix jours, mais il a eu le temps de faire plusieurs visites à des amis et de faire quelques promenades dans les quartiers les plus beaux et les plus pittoresques de la ville. M. Durand a dit qu'il n'a jamais fait de promenades à Paris sans voir quelque chose d'intéressant ou sans apprendre quelque chose de nouveau.

Le professeur a passé le reste des vacances chez des amis dans un joli petit village sur l'Atlantique. Pendant cette visite il a fait la connaissance de deux jeunes Français qui désirent étudier l'anglais aux Etats-Unis. M. Durand a invité ces jeunes gens à venir à notre université. Ils ont beaucoup parlé de cela avec leurs parents et ont fini par accepter. Les deux Français sont arrivés mercredi à New York et vont venir ici aujourd'hui ou samedi.

Nous avons compris tout cela sans difficulté. Après, nous avons posé à M. Durand des questions en français sur son voyage et il a répondu en français. Nous avons maintenant l'impression que nous commençons à bien parler français.

VOCABULAIRE

aujourd'hui [ojurdɥi] today

l'avion *m.* [lavjɔ̃] plane, airplane; **en avion** [ɑ̃navjɔ̃] by plane

chez [ʃe] at (in, to) the home (abode, place of business) of

la chose [laʃoz] thing; **quelque chose** [kɛlkəʃoz] something (*takes* **de** *before adj., which is always m.sing.*)

dernier [dɛrnje] (*f.* **dernière** [dɛrnjɛr]) last

faire une promenade [fɛrynprɔmnad] to take a walk; **faire un récit** [fɛrœ̃resi] to give an account, narrate; **faire une visite** [fɛrynvizit] to pay a visit, call (on); **faire un voyage** [fɛrœ̃vwaja ̃ʒ] to take a trip, travel

la gare [lagar] railroad station

hier [jɛr, iɛr] yesterday

ici [isi] here

jamais [ʒamɛ] ever; never (*takes* **ne** *before verb when neg.*)

le jour [ləʒur] day

maintenant [mɛ̃tnɑ̃] now

plusieurs [plyzjœr] several

la promenade [lapromnad] walk; ride (*if vehicle is mentioned*)

le récit [ləresi] account, story, narration

le reste [lərɛst] rest, remainder

rester [rɛste] (*aux.* **être**) to stay, remain

les vacances *f.pl.* [levakɑ̃s] vacation

QUESTIONNAIRE

Répondez en français.

A. *Questions sur le texte.* 1. De quoi M. Durand a-t-il parlé dans son petit récit? 2. Quand a-t-il fait ce voyage-là? 3. Comment est-il allé à New York? 4. Comment a-t-il fait le voyage de New York au Havre? 5. Quelle partie du voyage a-t-il faite en chemin de fer? 6. Où est-il allé en taxi? 7. Combien de jours est-il resté à Paris? 8. Qu'est-ce qu'il a eu le temps de faire? 9. Que dit-il des promenades à Paris? 10. Où a-t-il passé le reste des vacances? 11. De qui a-t-il fait la connaissance dans ce village? 12. De quoi ont-ils parlé? 13. Pourquoi désirent-ils visiter les Etats-Unis? 14. Avec qui ont-ils parlé de l'invitation du professeur? 15. Ont-ils accepté? 16. Sont-ils arrivés? 17. Où sont-ils arrivés? 18. Que vont-ils étudier? 19. Quand vont-ils arriver à l'université? 20. Qu'est-ce que les élèves ont fait à la fin de l'heure?

B. *Questions générales.* 1. De quoi avons-nous parlé hier? 2. Où êtes-vous allé l'été dernier? 3. Combien de jours avez-vous passés dans cet endroit? 4. Qui est allé avec vous? 5. Comment avez-vous fait le voyage? 6. Avez-vous des amis qui ont fait un voyage? 7. Où sont-ils allés? 8. Combien de jours ont-ils passés dans cet endroit? 9. Ont-ils fait de nouvelles connaissances? 10. Quel voyage votre sœur a-t-elle fait l'année dernière? 11. A-t-elle voyagé en auto ou en chemin de fer? 12. Avec qui a-t-elle fait le voyage?   13. Y a-t-il de bons taxis dans votre ville?   14. Prenez-vous souvent un taxi?   15. Avez-vous jamais fait un voyage en avion?   16. Avez-vous appris quelque chose aujourd'hui?   17. Qu'est-ce que vous avez appris? 18. Avez-vous bien compris la leçon?   19. Est-ce que toute la classe a bien compris la leçon?   20. Y a-t-il des élèves qui n'ont pas compris?

GRAMMAIRE

1. Past Participle

The past participles of regular verbs are formed from the infinitives as follows:

FIRST CONJUGATION: the infinitive ending -er is dropped and replaced by -é.

parler	to speak	**parlé**	spoken
donner	to give	**donné**	given

SECOND CONJUGATION: the final -r of the infinitive is dropped.

finir	to finish	**fini**	finished
remplir	to fill	**rempli**	filled

THIRD CONJUGATION: the infinitive ending -re is dropped and replaced by -u.

répondre	to answer	**répondu**	answered
attendre	to wait	**attendu**	waited

2. Irregular Past Participles

The past participles of all -er verbs are regular, but a number of verbs of the other conjugations are irregular in this form. In the mastery of irregular verbs, the past participle is one of the key forms, since it is used in all the compound tenses.

The following are the irregular past participles used in this lesson:

avoir	to have	**eu**	had	**faire**	to do	**fait**	done
dire	to say	**dit**	said	**prendre**	to take	**pris**	taken

Compounds of **prendre** are formed like **prendre: compris, appris,** etc.

3. Past Indefinite

The past indefinite tense (also called the **passé composé**) is a compound tense, that is, a tense formed of an auxiliary verb and a past participle. In the past indefinite the present indicative of the auxiliary verb is used. The corresponding English tense is the present perfect: "I have spoken," "you have gone," etc. But in spoken French the use of the **passé composé** also corresponds to the English simple past ("I spoke") and emphatic past ("I did speak").

With most verbs the auxiliary **avoir** is used. With some intransitive verbs (like **aller,** *to go*) the auxiliary is **être.** When **être** is used as the auxiliary, the past participle agrees with the subject in gender and number.

parler	aller
I spoke, I have spoken, I did speak	I went, I have gone, I did go
j'ai parlé	je suis allé (allée)
tu as parlé	tu es allé (allée)
il a parlé	il est allé
elle a parlé	elle est allée
nous avons parlé	nous sommes allés (allées)
vous avez parlé	vous êtes allé (allée, allés, allées)
ils ont parlé	ils sont allés
elles ont parlé	elles sont allées

Il a parlé de son voyage.	He spoke about his trip.
J'ai invité Marie à venir à Paris.	I have invited Mary to come to Paris.
Nous sommes allés à Lyon en avion.	We went to Lyons by plane.
Ils sont restés ici trois jours.	They stayed here three days.

4. Interrogative and Negative of the Past Indefinite

In the inverted form of the interrogative of the past indefinite, the subject pronoun follows the auxiliary.

Robert a-t-il parlé français?	Did Robert speak French?
Quand êtes-vous allé chez Anne?	When did you go to Anne's (house)?

In the negative, **ne** precedes the auxiliary and **pas** follows the auxiliary.

Nous n'avons pas fini cela.	We haven't finished that.
Elle n'est pas restée à l'hôtel.	She didn't remain at the hotel.

In the negative-interrogative, **ne** precedes and **pas** follows the inverted subject-auxiliary unit.

Ton père n'a-t-il pas répondu?	Didn't your father answer?
Ne sont-ils pas allés à Nice?	Didn't they go to Nice?

5. Position of Adverbs

A few short, common adverbs (such as **bien, jamais, toujours**) are regularly placed between the auxiliary and the past participle.

J'ai bien compris.	I understood well.
N'avez-vous jamais fait cela?	Didn't you ever do that?
Ils ont toujours répondu immédiatement.	They have always answered immediately.

Notice that adverbs of time (**hier, aujourd'hui,** etc.) follow the past participle (and may follow the complement of the verb.)

J'ai pris un taxi quelquefois.	I sometimes took a cab.
Elle est arrivée hier.	She arrived yesterday.
Il a acheté la voiture aujourd'hui.	He bought the car today.

EXERCICES

A. *Lisez à haute voix, en insérant la forme convenable de l'auxiliaire.* (Read aloud, inserting the proper form of the auxiliary verb.)

1. elle _____ fini	10. elles _____ dit
2. vous _____ pris	11. nous _____ entendu
3. nous _____ répondu	12. vous _____ réussi
4. il _____ eu	13. je _____ allé
5. vous _____ invité	14. ils _____ restés
6. je _____ compris	15. vous _____ allé
7. elles _____ fait	16. nous _____ restés
8. tu _____ accepté	17. elle _____ allée
9. ils _____ attendu	18. tu _____ resté

B. *Lisez à haute voix en employant le participe passé du verbe entre parenthèses.* (Read aloud, using the past participle of the verb in parentheses.)

1. nous avons (faire)	9. j'ai (finir)
2. vous avez (inviter)	10. ils ont (avoir)
3. j'ai (accepter)	11. nous avons (réussir)
4. il a (répondre)	12. il a (répéter)
5. ils ont (dire)	13. elles sont (rester)
6. elle a (prendre)	14. nous sommes (aller)
7. elles ont (attendre)	15. tu es (rester)
8. tu as (comprendre)	16. je suis (aller)

C. *Mettez les phrases suivantes à la forme négative, interrogative et négative-interrogative.*

EXEMPLES: il a voyagé   —   il n'a pas voyagé
                                              a-t-il voyagé?
                                              n'a-t-il pas voyagé?
                 vous êtes arrivé   —   vous n'êtes pas arrivé
                                              êtes-vous arrivé?
                                              n'êtes-vous pas arrivé?

1. il a dit   6. j'ai invité
2. tu as répondu   7. elle a eu
3. nous avons pris   8. nous avons fait
4. elles ont fini   9. ils sont allés
5. vous avez compris   10. elle est restée

D. Mettez les phrases suivantes au passé composé.

EXEMPLES: J'attends mon ami.   —   J'ai attendu mon ami.
                 Les élèves répètent les phrases.   —   Les élèves ont répété les phrases.

1. Marie parle de son voyage.   6. Tu réponds après la classe.
2. Nous passons trois semaines en   7. Nous attendons le taxi.
     France.   8. Je comprends la question.
3. J'accepte leur invitation.   9. Ils disent la même chose.
4. Pierre et Richard réussissent aux   10. Mes parents font un long voyage.
     examens.   11. Elle va à Marseille.
5. Vous finissez les exercices.   12. Nous restons à l'hôtel.

E. Dites en français.

1. you have succeeded   8. they have gone
2. did he answer?   9. we have heard
3. we understood   10. she said
4. they are finishing   11. did you go?
5. I didn't accept   12. they are taking
6. she has remained   13. I made
7. haven't you studied?   14. we didn't finish

F. Mettez au passé composé.

EXEMPLES: Il travaille bien.   —   Il a bien travaillé.
                 Elles n'attendent pas toujours.   —   Elles n'ont pas toujours attendu.
                 Entendez-vous jamais cela?   —   Avez-vous jamais entendu cela?

1. Je fais toujours la même chose.   5. Est-ce qu'elle réussit jamais?
2. Vous écrivez bien.   6. Parlent-elles toujours comme ça?
3. Il ne dit jamais cela.   7. Je ne conduis pas bien.
4. Tu réponds bien.   8. Nous allons toujours à Paris.

DOUZIÈME LEÇON

Mots apparentés

annoncer [anɔ̃se]

continuer [kɔ̃tinɥe]

la lettre [laletr]

mentionner [mɑ̃sjɔne]

le restaurant [lərɛstɔrɑ̃]

le théâtre [ləteatr]

Lettre d'un ami

Hier, le professeur a apporté en classe une lettre d'Albert Duval, qui est en Europe avec ses parents. Il a demandé à Marie Martin de lire la lettre à la classe:

«Nous sommes arrivés au Havre après un voyage de six jours en bateau. Nous sommes allés du Havre à Paris en chemin de fer. Là, nous avons loué une voiture—une de ces petites voitures françaises—que j'ai eu le plaisir de conduire pendant le reste de notre séjour en France.

«Nous sommes restés à Paris trois semaines avant de continuer le voyage. Chaque jour nous avons trouvé quelque chose d'intéressant dans la capitale ou aux environs de Paris. Avec la voiture, nous avons pu aller partout sans difficulté. Nous avons visité le Louvre et la basilique du Sacré-Cœur et nous sommes montés à la Tour Eiffel. Nous sommes allés voir l'Arc de Triomphe et Notre-Dame de Paris—enfin, tous les monuments célèbres de la ville. Nous sommes sortis tous les soirs pour aller à l'Opéra, au théâtre, au cinéma, ou pour faire des visites à quelques amis de mon père. Nous avons fait la connaissance d'une femme qui a un frère à Scarsdale, près de New York.

«Après notre séjour à Paris, nous sommes partis pour Rouen, où nous sommes restés deux jours avant de continuer notre itinéraire. Je ne peux pas mentionner tous les endroits que nous avons visités, mais nous avons vu beaucoup de villages, plusieurs grandes villes, des montagnes, des fleuves et des lacs—et partout nous avons cherché à parler avec les Francais. Dans les restaurants des petits villages surtout, j'ai eu plusieurs occasions de

108

parler français avec les gens que nous avons rencontrés, et j'ai le grand plaisir d'annoncer qu'ils ont compris mon français sans difficulté.

«Pendant le voyage, nous avons fait la connaissance de toutes sortes de 25 gens de différentes régions du pays, et nous sommes revenus à Paris avec une très bonne impression de la France et des Français.

«Dites à la classe,¹ s'il vous plaît, que les Français ont posé souvent des questions sur notre pays. Ils s'intéressent beaucoup aux Etats-Unis.»

VOCABULAIRE

apporter [aporte] to bring
chercher [ʃɛrʃe] to seek, look for; **chercher à** (+ *inf.*) to try to
le cinéma [ləsinema] movies
demander [dəmɑ̃de] to ask; to ask for, request; **demander à quelqu'un de faire quelque chose** to ask someone to do something
enfin [ɑ̃fɛ̃] finally; in short; at last
ensuite [ɑ̃sɥit] then, after that
les environs *m.pl.* [lezɑ̃virɔ̃] vicinity, outskirts
là [la] there
le lac [ləlak] lake
louer [lwe] to rent, hire

l'occasion *f.* [lɔkazjɔ̃] chance, occasion, opportunity
partir [partir] (*aux.* **être**) to leave, go away
partout [partu] everywhere
près de [prɛdə] near
revenir [rəvnir] (*aux.* **être**) to return, come back
le séjour [ləseʒur] stay, sojourn
s'il vous plaît [silvuplɛ] (if you) please
s'intéresser (à) [sɛ̃terɛse(a)] to be interested (in), to interest oneself (in) (*Verbs of this type will be explained in a later lesson.*)
sortir [sɔrtir] (*aux.* **être**) to go (come) out

QUESTIONNAIRE

A. *Questions sur le texte.* 1. Qu'est-ce que le professeur a apporté en classe hier? 2. Qui a écrit cette lettre? 3. Qui a lu la lettre à la classe? 4. De quoi parle Albert dans sa lettre? 5. A quelle ville française sont-ils arrivés en bateau? 6. Où sont-ils allés ensuite? 7. Qu'est-ce qu'ils ont loué à Paris? 8. Qui a conduit la voiture pendant le voyage? 9. Combien de temps sont-ils restés à Paris? 10. Qu'est-ce qu'ils ont visité dans la ville? 11. A qui ont-ils fait des visites pendant leur séjour à Paris? 12. Qu'ont-ils cherché surtout à faire pendant ce voyage? 13. Où est-ce qu'Albert a parlé français avec des

---

1. **Dites à la classe,** *Tell the class.* Notice that the command form is the second person form of the present indicative used without the subject **vous.** This is similar to English usage.

Français? 14. Qu'est-ce qu'il a le plaisir d'annoncer? 15. Sur quoi les Français ont-ils posé beaucoup de questions? 16. A quoi s'intéressent-ils beaucoup? 17. De quelles sortes de gens les Duval ont-ils fait la connaissance? 18. Quelle impression de la France et des Français ont-ils reçue?

B. *Questions générales.* 1. Recevez-vous beaucoup de lettres? 2. Avez-vous reçu une lettre aujourd'hui? 3. Avez-vous jamais reçu une lettre de France? 4. Qui a écrit la dernière lettre que vous avez reçue de votre famille? 5. Votre mère écrit-elle plus souvent que votre père? 6. Avez-vous déjà répondu à la dernière lettre de votre mère? 7. Avez-vous lu quelques récits de voyage écrits par des voyageurs célèbres? 8. Connaissez-vous Ulysse [*Ulysses*] et saint Paul? 9. Sont-ils des voyageurs célèbres? 10. Dans quelle région du monde ont-ils voyagé? 11. Nommez deux ou trois autres voyageurs célèbres. 12. Quelles régions des Etats-Unis avez-vous visitées? 13. Avez-vous fait un voyage l'année dernière? 14. Où êtes-vous allé? 15. Qui a fait ce voyage avec vous? 16. Votre père est-il jamais allé en France? 17. Votre mère a-t-elle jamais voyagé en avion? 18. De quelle ville est-elle partie? 19. Comment est-elle revenue? 20. Votre père a-t-il acheté une nouvelle voiture l'année dernière? 21. Qui conduit le plus souvent l'auto de votre famille?

GRAMMAIRE

1. Present Indicative of *partir*, to leave, go away, and *sortir*, to go out

je pars	nous partons	je sors	nous sortons
tu pars	vous partez	tu sors	vous sortez
il part	ils partent	il sort	ils sortent

Notice that **partir** and **sortir** are conjugated alike. Both **partir** and **sortir** have regular past participles (**parti, sorti**), both take the auxiliary **être,**[1] and both require the preposition **de** before a following noun.

Ils sont partis hier de Paris.   They left Paris yesterday.
Ensuite, il est sorti du restaurant. After that, he went out of the restaurant.

2. Verbs with Auxiliary *être*

The following intransitive verbs take the auxiliary **être**[1] in the compound tenses. Notice that most of these are verbs of motion. Verbs with approxi-

1. **Sortir, rentrer, monter,** and **descendre** are occasionally used transitively. When so used, the auxiliary is **avoir,** as stated in paragraph 3.

mately opposite meanings are paired in the list below as an aid in remembering them.

aller to go	**venir** to come
	devenir to become
	revenir to come back
arriver to arrive	**partir** to leave, go away
entrer to enter, go in	**sortir** to go (come) out
rentrer to return (home)	
monter to go (come) up	**descendre** to go (come) down
rester to stay, remain	**retourner** to return, go back
naître to be born	**mourir** to die
tomber to fall	

3. Verbs with Auxiliary *avoir*

All transitive verbs (except reflexives, which will be discussed in a later lesson) take the auxiliary **avoir** in the compound tenses. Intransitive verbs not listed above also take **avoir**.

The past participle of a verb used with the auxiliary **avoir** agrees in gender and number with its *direct object,* when the object *precedes* the verb.

Voici *la cathédrale que* j'ai *vue.*	Here is the cathedral that I saw.
Quelles *villes* ont-ils *visitées?*	Which cities did they visit?

4. Irregular Past Participles

The following verbs which have been used in this lesson or in preceding lessons have irregular past participles:

INFINITIVE	PAST PARTICIPLE	PAST INDEFINITE
avoir	**eu** had	**j'ai eu**
connaître	**connu** known	**j'ai connu**
lire	**lu** read	**j'ai lu**
pouvoir	**pu** been able	**j'ai pu**
recevoir	**reçu** received	**j'ai reçu**
venir	**venu** come	**je suis venu**
revenir	**revenu** come back	**je suis revenu**
voir	**vu** seen	**j'ai vu**
conduire	**conduit** driven	**j'ai conduit**
dire	**dit** said	**j'ai dit**
écrire	**écrit** written	**j'ai écrit**
être	**été** been	**j'ai été**
faire	**fait** done	**j'ai fait**
prendre	**pris** taken	**j'ai pris**
apprendre	**appris** learned	**j'ai appris**
comprendre	**compris** understood	**j'ai compris**

EXERCICES

A. *Lisez à haute voix, en employant le participe passé du verbe entre parenthèses.*

1. il a (connaître)
2. vous avez (prendre)
3. elles sont (revenir)
4. j'ai (être)
5. elle a (finir)
6. nous sommes (sortir)
7. ils ont (recevoir)
8. vous avez (pouvoir)
9. nous avons (faire)
10. je suis (venir)
11. elle a (répondre)
12. ils sont (rester)
13. elles ont (avoir)
14. vous avez (écrire)
15. nous avons (attendre)
16. vous êtes (partir)
17. j'ai (dire)
18. tu as (conduire)
19. elles ont (réussir)
20. vous avez (lire)

Which of the past participles used above have feminine or plural endings?

B. *Lisez à haute voix, en employant la forme convenable de l'auxiliaire **avoir** ou de l'auxiliaire **être**.*

1. nous _____ eu
2. ils _____ restés
3. vous _____ compris
4. je _____ sorti
5. elle _____ pu
6. vous _avez_ reçu
7. nous _sommes_ allés
8. elles _sont_ venues
9. je _ai_ écrit
10. il _a_ vu
11. vous _avez_ été
12. ils _sont_ connu
13. tu _as_ fait
14. vous _êtes_ arrivés
15. il _a_ conduit
16. nous _sommes_ partis
17. je _ai_ lu
18. ils _ont_ réussi
19. nous _____ dit
20. vous _____ attendu

C. *Donnez les formes indiquées du passé composé.*

1. je (arriver)
2. vous (finir)
3. ils (apprendre)
4. nous (dire)
5. tu (continuer)
6. elle (revenir)
7. les élèves (sortir)
8. son père (lire)
9. elle (conduire)
10. je (pouvoir)
11. vous (être)
12. il (aller)
13. ma sœur (rester)
14. le professeur (voir)
15. ils (entendre)
16. nous (partir)
17. vous (avoir)
18. je (connaître)
19. les touristes(faire)
20. nous (recevoir)

D. *Dites en français.*

1. did he understand?
2. you came back
3. I didn't answer
4. they (*m.*) have arrived

5. she drove
6. we have read
7. who wrote?
8. they (f.) went
9. I have been
10. he made
11. did you stay?

12. we said
13. didn't she receive?
14. you have had
15. they (m.) went out
16. you went away
17. they (f.) saw
18. I came

E. *Mettez les phrases suivantes à la forme négative, interrogative et négative-interrogative.*

EXEMPLES: elles ont répondu — elles n'ont pas répondu
ont-elles répondu?
n'ont-elles pas répondu?

je suis parti — je ne suis pas parti
est-ce que je suis parti?
est-ce que je ne suis pas parti?

1. il est revenu
2. nous avons réussi
3. vous avez cherché
4. j'ai conduit

5. ils sont allés
6. tu as compris
7. elle est sortie
8. nous sommes restés

9. il a écrit
10. je suis revenu
11. tu es parti
12. vous êtes venus

F. *Répétez la phrase, en mettant le verbe au passé composé et en employant* **hier** *au lieu d'* **aujourd'hui.**

EXEMPLES: Ma sœur conduit aujourd'hui. — Ma sœur a conduit hier.
Je cherche cela aujourd'hui. — J'ai cherché cela hier.
Ils arrivent aujourd'hui. — Ils sont arrivés hier.

1. Je commence cela aujourd'hui.
2. Il fait cela aujourd'hui.
3. Vous dites cela aujourd'hui.
4. Nous comprenons cela aujourd'hui.
5. Votre frère parle bien aujourd'hui.
6. Albert travaille bien aujourd'hui.

7. Tu entends bien aujourd'hui.
8. Ils écrivent cela aujourd'hui.
9. Je reste ici aujourd'hui.
10. Les élèves partent aujourd'hui.
11. Vous sortez aujourd'hui.
12. Elle va à New York aujourd'hui.

G. *Répondez comme dans les exemples, en indiquant une heure quelconque* (any time).

EXEMPLES: A quelle heure est-il sorti de l'hôtel? — Il est sorti de l'hôtel à trois heures.
A quelle heure as-tu trouvé cela? — J'ai trouvé cela à neuf heures.

1. A quelle heure ont-ils fait cela?
2. A quelle heure a-t-elle reçu la lettre?
3. A quelle heure avez-vous appris cela?
4. A quelle heure a-t-il fini son travail?

5. A quelle heure sont-elles parties?
6. A quelle heure es-tu venu?
7. A quelle heure sommes-nous sortis?
8. A quelle heure êtes-vous revenus?

TREIZIÈME LEÇON

Mots apparentés

admirer [admire]
l'adresse *f.* [ladrɛs]
charmer [ʃarme]
le costume [ləkɔstym]
le cousin [ləkuzɛ̃]

la cousine [lakuzin]
examiner [ɛgzamine]
la porcelaine [lapɔrsəlɛn]
le souvenir [ləsuvnir]
traditionnel(le) [tradisjɔnɛl]

Albert et sa famille font des emplettes

Conversation entre Albert et Pierre

PIERRE. —Comment Hélène et ta mère ont-elles passé leur temps à Paris?

ALBERT. —Elles ont visité tous les monuments célèbres, mais elles ont passé beaucoup de temps aussi dans les boutiques et les grands magasins. Elles ont acheté des souvenirs et des cadeaux pour tous les parents et amis. 5

PIERRE. —Qui a trouvé cette estampe du Louvre que tu m'as donnée?

ALBERT. —C'est moi qui l'ai achetée. Moi aussi, j'ai passé quelques heures à chercher des cadeaux. Et papa aussi. Quand nous avons visité la célèbre manufacture de porcelaines à Sèvres, maman a beaucoup admiré une belle pendule. Papa a décidé de la lui acheter—mais à son insu. Il a attendu 10 l'occasion d'être seul avec le vendeur et lui a dit de l'envoyer à son adresse à Chicago.

PIERRE. —Alors, si ta mère et ta sœur ont passé plus de temps[1] que vous deux à faire des emplettes, ça vous a laissé du temps libre, à ton père et à toi, n'est-ce pas? 15

ALBERT. —Oui, c'est vrai. Très souvent maman nous a dit d'aller les attendre au café ou au cinéma. Les femmes s'intéressent plus que les hommes aux magasins. Presque tous les jours maman a passé une heure ou deux à chercher quelque chose d'approprié pour tous les parents et amis.

PIERRE. —Ma mère aime beaucoup le beau sac à main que ta mère lui a 20 donné.

---

1. Notice that **plus,** like **beaucoup,** requires **de** before a noun.

114

ALBERT.   —Oui, même papa l'a admiré. Elle l'a trouvé dans une très jolie boutique de la rue de Rivoli. Tu as vu aussi les gants qu'Hélène a donnés à Anne, n'est-ce pas? Hélène les a achetés dans cette même boutique.

PIERRE.   —Et toi, qu'est-ce que tu as rapporté pour Lucille?   25

ALBERT.   —Je te l'ai déjà montré, n'est-ce pas? C'est du parfum. J'ai eu de la difficulté à trouver un cadeau approprié, et j'ai fini par lui acheter du parfum. On dit que les femmes sont toujours charmées de recevoir des parfums français.

PIERRE.   —Les poupées qu'Hélène a rapportées sont très belles aussi.   30

ALBERT.   —En effet. Elle les a choisies pour nos petites cousines, Yvonne et Denise. Elles portent les costumes traditionnels de Bretagne, de Normandie et d'autres provinces de France. Hélène va les leur donner à Noël.

PIERRE.   —Et où sont les livres que tu as achetés dans les boîtes des bouquinistes le long de la Seine?   35

ALBERT.   —Les voici. Comment les trouves-tu?

PIERRE.   —Très bien. J'aime beaucoup les vieux bouquins.

ALBERT.   —Alors, tu peux les examiner ce soir. Mais maintenant, voilà Hélène qui nous attend.

VOCABULAIRE

à l'insu de [alɛ̃sydə] without the knowledge of, unknown to
approprié [aprɔprie] appropriate
la boîte [labwat] box (here, a bookseller's display box)
le bouquin [ləbukɛ̃] book (familiar)
le bouquiniste [ləbukinist] secondhand bookseller
la boutique [labutik] shop, store
le cadeau [ləkado] (pl. cadeaux) gift, present
charmant [ʃarmɑ̃] charming
l'emplette f. [lɑ̃plɛt] purchase; faire des emplettes to make purchases, go shopping
en effet [ɑ̃nefɛ] in effect; that's true, to be sure, indeed
envoyer² [ɑ̃vwaje] to send
l'estampe f. [lɛstɑ̃p] print, engraving

le gant [ləgɑ̃] glove
libre [libr] free
le long de [ləlɔ̃də] along, beside
la manufacture [lamanyfaktyr] factory
montrer [mɔ̃tre] to show
le parent [ləparɑ̃] relative (in pl. also means parents)
le parfum [ləparfɛ̃] perfume
la pendule [lapɑ̃dyl] clock
porter [pɔrte] to wear (clothes); to carry
la poupée [lapupe] doll
rapporter [rapɔrte] to bring back
le sac à main [ləsakamɛ̃] handbag
seul [sœl] alone
toi [twa] you (emphatic form of 2nd person sing. pron.)
le vendeur [ləvɑ̃dœr] (la vendeuse [lavɑ̃døz]) clerk, salesperson

2. Verbs with infinitives ending in -yer change y to i before mute e: j'envoie, tu envoies, il envoie, ils envoient. See p. 354.

Noël *m.* [nɔɛl] Christmas

la rue de Rivoli [laryd(ə)rivɔli] well-
known street of Paris

Sèvres [sɛvr] town on the outskirts of
Paris, famous for its china and porcelain

QUESTIONNAIRE

*Répondez en français. Employez autant que possible les pronoms complé-
ments dans les réponses.* (Use pronoun objects as much as possible in the
answers.)

A. *Questions sur le texte.*   1. Comment Hélène et sa mère ont-elles passé
leur temps à Paris?   2. Ont-elles visité les monuments célèbres?   3. Où ont-
elles trouvé leurs cadeaux?   4. Qu'est-ce qu'Albert a rapporté à Pierre?
5. L'a-t-il achetée en France?   6. Qui a admiré une belle pendule dans la
manufacture?   7. Qui l'a achetée?   8. Qu'est-ce qu'il a dit au vendeur?
9. Où les hommes ont-ils passé beaucoup de temps?   10. A qui la mère
d'Albert a-t-elle donné le sac à main?   11. Qui a donné les gants à Anne?
12. Où les a-t-elle achetés?   13. A qui Albert va-t-il donner le parfum?
14. Qui a rapporté les poupées françaises?   15. Va-t-elle les donner à ses
cousines?   16. Comment s'appellent les deux cousines?   17. Quand va-t-elle
les leur donner?   18. Où Albert a-t-il acheté les vieux bouquins?   19. Est-ce
que Pierre s'intéresse aux vieux bouquins?   20. Qui les attend?

B. *Questions générales.*   1. Avez-vous visité les monuments célèbres de
notre ville?   2. Quand les avez-vous visités?   3. Avez-vous écrit à vos
parents cette semaine-ci?   4. Quand avez-vous écrit la dernière lettre?
5. Est-ce que vos parents vous ont écrit cette semaine?   6. Quand vous ont-
ils écrit?   7. Quand avez-vous reçu la lettre?   8. Qui vous donne un cadeau
de Noël chaque année?   9. Aimez-vous recevoir des cadeaux de Noël?
10. Aimez-vous faire des emplettes dans les grands magasins?   11. Quand
votre mère commence-t-elle à acheter ses cadeaux de Noël?   12. Combien
de temps passe-t-elle à les acheter?   13. Allez-vous donner un cadeau à votre
mère?   14. L'avez-vous acheté?   15. Où l'avez-vous acheté?   16. Qu'est-ce
que vous avez acheté pour votre sœur?   17. Comment s'appelle-t-elle?
18. Est-ce que votre père me connaît?   19. Est-ce que je connais votre père?
20. Est-ce qu'il va me donner un cadeau?   21. Est-ce moi qui vous ai donné
le livre que vous avez?   22. Est-ce vous qui m'avez donné ce stylo?

GRAMMAIRE

1. Direct and Indirect Object Pronouns

The direct and indirect object pronouns in French are as follows:

DIRECT OBJECT		INDIRECT OBJECT	
me	me	me	me, to me
te	you	te	you, to you
le	him, it	lui	him, to him
la	her, it	lui	her, to her
nous	us	nous	us, to us
vous	you	vous	you, to you
les	them	leur	them, to them

Notice that the direct and indirect object pronouns differ only in the third person. This means that the distinction between direct and indirect objects is important only when translating *him, her,* and *them.*

2. Position of Object Pronouns

Object pronouns *precede* the verb in French (except in an affirmative command). In the negative, the particle **ne** precedes the pronoun objects.

Qui l'a acheté?	Who bought it?
Elle nous a écrit deux lettres.	She wrote us two letters.
Elle les a écrites hier.	She wrote them yesterday.
Je ne leur écris jamais.	I never write to them.
Vous ne m'avez pas attendu.	You didn't wait for me.
L'a-t-il vue?	Has he seen her?

Remember that the past participle (in compound tenses) agrees with a preceding direct object. Generally, this has no effect in the spoken language; but when the feminine ending -e (-es) is added to a previously silent consonant, the pronunciation changes accordingly, as in the third example above.

3. Two Object Pronouns

When two object pronouns are used together before a verb, their relative order is as follows:

me te nous vous	before	le la les	before	lui leur

Il me l'a donné hier.	He gave it to me yesterday.
Vous les a-t-elle envoyés?	Did she send them to you?
Je ne vais pas le lui dire.	I am not going to tell it to him.

4. Singular Forms of the Partitive Article

Since the partitive article was introduced in Lesson 2, only the plural form **des** has been stressed. Notice now the following singular forms, which are also generally formed by the combination of the preposition **de** and the appropriate definite article.

Je lui ai donné du parfum.	I gave her (some) perfume.
Nous avons eu de la difficulté à les trouver.	We had (some) difficulty in finding them.
Leur envoyez-vous de l'argent?	Do you send them (any) money?

Remember that **de** alone is used when the complement of the verb is negative, or when an adjective precedes a plural noun.

Elle n'a pas d'argent.	She hasn't any (has no) money.
Il y a de belles estampes dans cette boutique.	There are (some) beautiful prints in that shop.

Remember, also, that the partitive article may not be omitted in French.

5. Prepositions before Infinitives

Notice that **dire,** *to tell,* takes the preposition **de** before a dependent infinitive.

J'ai dit à Marie d'acheter les gants.	I told Mary to buy the gloves.
Je lui ai dit de les acheter.	I told her to buy them.

Notice also that in expressing the manner of spending time, the preposition **à** precedes the infinitive.

Il passe des heures à faire cela.	He spends hours doing that.

EXERCICES

A. *Mettez le verbe au passé composé.*

EXEMPLES: Je l'achète. — Je l'ai acheté.
                    Il me voit. — Il m'a vu.
                    Vous les vendez. — Vous les avez vendus.
                    Elle nous dit cela. — Elle nous a dit cela.

1. Je le répète.
2. Elle me cherche.
3. Nous la trouvons.
4. Vous l'admirez.

5. Il te donne de l'argent.
6. Je lui parle.
7. Nous le choisissons.
8. Elle la vend.

9. Ils lui répondent.
10. Je te vois.
11. Je les répète.
12. Elle nous cherche.
13. Nous les trouvons.
14. Vous les admirez.

15. Il vous donne l'argent.
16. Je leur parle.
17. Nous les choisissons.
18. Elle les vend.
19. Ils leur répondent.
20. Je vous vois.

B. *Répétez la phrase, en remplaçant le complément direct par le pronom correspondant.*

EXEMPLES: Il lit le journal. — Il le lit.
           Nous avons écrit les lettres. — Nous les avons écrites.

1. Il cherche le livre.
2. Nous voyons le fleuve.
3. Je connais le garçon.
4. Ils ont reçu le cadeau.
5. Elle choisit la pendule.
6. Je comprends la leçon.
7. Nous avons vendu la voiture.
8. Vous avez visité la ville.

9. Il cherche les livres.
10. Nous voyons les fleuves.
11. Je connais les garçons.
12. Ils ont reçu les cadeaux.
13. Elle choisit les pendules.
14. Je comprends les leçons.
15. Nous avons vendu les voitures.
16. Vous avez visité les villes.

Mettez les phrases précédentes à la forme négative.

EXEMPLES: Il ne lit pas le journal. — Il ne le lit pas.
           Nous n'avons pas écrit les lettres. — Nous ne les avons pas écrites.

C. *Répondez aux questions suivantes par l'affirmative et remplacez le complément direct par le pronom correspondant.*

EXEMPLES: Lit-il le journal? — Oui, il le lit.
           Avez-vous écrit les lettres? — Oui, nous les avons écrites.
           Est-ce que j'ai vu cette ville? — Oui, tu l'as vue.

1. Aimez-vous ce costume?
2. Ont-ils invité le professeur?
3. A-t-elle acheté le cadeau?
4. Est-ce qu'il cherche ton cousin?
5. Choisit-elle cette pendule-ci?
6. Est-ce que j'ai envoyé la poupée?
7. Vendent-ils la maison?
8. Avons-nous reçu sa réponse?
9. A-t-elle acheté les gants?

10. Connais-tu ces élèves?
11. Ont-ils vu les avions?
12. Est-ce que nous avons invité ces garçons?
13. Visitent-elles les boutiques?
14. A-t-il mentionné ces femmes?
15. Attendez-vous les vacances?
16. Est-ce qu'ils ont étudié ces leçons?

D. *Répétez la phrase, en remplaçant le complément indirect par le pronom correspondant.*

EXEMPLES: Elle parle au professeur. — Elle lui parle.
J'ai annoncé cela aux élèves. — Je leur ai annoncé cela.

1. Nous répondons à la femme.
2. Ils apportent cela au garçon.
3. Vous avez parlé à M. Dupont.

4. Je répète cela à mon frère.
5. Tu as dit cela à Marie.
6. Elle a envoyé cela à sa cousine.
7. Nous donnons cela à l'étudiant.
8. J'ai répondu à mon ami.

9. Nous répondons aux femmes.
10. Ils apportent cela aux élèves.
11. Vous avez parlé à M. et Mme Dupont.
12. Je répète cela à mes frères.
13. Tu as dit cela à Marie et à Anne.
14. Elle a envoyé cela à ses cousines.
15. Nous donnons cela aux étudiants.
16. J'ai répondu à mes amis.

Répétez l'exercice, en mettant les verbes à la forme négative.

EXEMPLES: Elle ne parle pas au professeur. — Elle ne lui parle pas.
Je n'ai pas annoncé cela aux élèves. — Je ne leur ai pas annoncé cela.

E. *Répondez par l'affirmative aux questions suivantes, en remplaçant le complément indirect par le pronom correspondant.*

EXEMPLES: Parle-t-elle au professeur? — Oui, elle lui parle.
Avez-vous annoncé cela aux élèves? — Oui, je leur ai annoncé cela.

1. Avez-vous répondu à M. Dupont?
2. Est-ce qu'elle a envoyé cela à Pierre?
3. Est-ce que je donne cela à ce garçon?
4. A-t-il dit cela à la jeune fille?

5. As-tu écrit à tes parents?
6. Ont-ils donné cela aux étudiants?
7. Envoyons-nous cela à ces hommes?
8. Dites-vous cela à ces jeunes filles?

F. *Répondez par l'affirmative. (Dans cet exercice, le pronom* **vous** *indique toujours le pluriel.)*

EXEMPLES: Te connaît-elle? — Oui, elle me connaît.
Vous donne-t-il cela? — Oui, il nous donne cela.
Est-ce qu'il t'a invité? — Oui, il m'a invité.
Est-ce qu'ils t'ont dit cela? — Oui, ils m'ont dit cela.
Vous a-t-il invités? — Oui, il nous a invités.
Vous ont-ils dit cela? — Oui, ils nous ont dit cela.

1. Est-ce qu'il te voit?
2. Est-ce qu'elle t'a vu?
3. Est-ce qu'elle t'a parlé?
4. Est-ce qu'ils t'ont cherché?
5. Te connaissent-ils?
6. T'écrit-elle souvent?
7. Est-ce qu'elle t'a répondu?
8. Est-ce qu'ils t'ont donné cela?

9. Vous voit-il?
10. Vous a-t-elle vus?
11. Vous a-t-elle parlé?
12. Vous ont-ils cherchés?
13. Vous connaissent-ils?
14. Est-ce qu'elle vous écrit souvent?
15. Est-ce qu'elle vous a répondu?
16. Vous ont-ils donné cela?

EXEMPLES: Est-çe qu'il te l'a envoyé? — Oui, il me l'a envoyé.
          Vous l'ont-ils montré? — Oui, ils nous l'ont montré.
          Est-ce qu'elle te les donne? — Oui, elle me les donne.
          Vous les a-t-elle mentionnés? — Oui, elle nous les a mentionnés.

17. Est-ce qu'il te l'a dit?
18. Est-ce qu'elle te l'a donné?
19. Te le montre-t-il?
20. Te les indiquent-ils?
21. Est-ce qu'ils te les envoient?
22. Est-ce qu'elle te les a apportés?
23. Est-ce qu'ils te les ont vendus?
24. Est-ce qu'il te l'a posée?

25. Vous l'a-t-il dit?
26. Vous l'a-t-elle donné?
27. Est-ce qu'il vous la montre?
28. Est-ce qu'ils vous les indiquent?
29. Vous les envoient-ils?
30. Vous les a-t-elle apportés?
31. Vous les ont-ils vendus?
32. Vous l'a-t-il écrite?

G. *Répétez ces exemples.*

Je donne le livre au garçon. — Je le donne au garçon.
                      Je lui donne le livre.
                      Je le lui donne.
Vous envoyez les cadeaux à la femme. — Vous les envoyez à la femme.
                      Vous lui envoyez les cadeaux.
                      Vous les lui envoyez.
Nous avons montré la chambre aux élèves. — Nous l'avons montrée aux élèves.
                      Nous leur avons montré la chambre.
                      Nous la leur avons montrée.

Formez une série semblable basée sur chacune des phrases suivantes. (Form a similar series based upon each of the following sentences.)

1. J'indique le chemin au touriste.
2. Il montre l'estampe à son frère.
3. Nous posons la question à la femme.
4. Ils apportent le cadeau à leur mère.
5. Tu montres les maisons au professeur.

6. J'envoie les exercices à la jeune fille.
7. Elle donne les poupées à ses cousines.
8. Ils écrivent les lettres à leurs amis.

Répétez le même exercice, en mettant le verbe au passé composé.

EXEMPLE: Je donne le livre au garçon. — J'ai donné le livre au garçon.

Répétez le même exercice à la forme négative, en mettant le verbe au passé composé.

EXEMPLE: Je donne le livre au garçon. — Je n'ai pas donné le livre au garçon.

H. *Répétez la phrase, en remplaçant le complément direct par le pronom correspondant.*

EXEMPLES: Il m'envoie l'argent. — Il me l'envoie.
           Elle nous montre les cadeaux. — Elle nous les montre.
           Je te vends ma voiture. — Je te la vends.
           Nous vous avons lu les lettres. — Nous vous les avons lues.

1. Elle me donne cette photo.
2. Il me répète ses impressions.
3. Vous m'avez apporté ce livre.
4. Ils nous ont annoncé la nouvelle.
5. Tu nous as mentionné ce séjour.
6. Elle nous montre les récits.
7. Je t'ai écrit cette lettre.
8. Nous t'avons envoyé le cadeau.
9. Ils te vendent ces gants-là.
10. On vous pose la question.
11. Elle vous montre les photos.
12. Ils vous ont mentionné ce voyage.

I. *Répondez par l'affirmative aux questions suivantes, en employant seulement des pronoms compléments.*

EXEMPLES: Vous a-t-il envoyé l'argent? — Oui, il me l'a envoyé.
           Lui ont-ils expliqué la question? — Oui, ils la lui ont expliquée.
           Nous a-t-elle vendu ces photos? — Oui, elle nous les a vendues.

1. Est-ce qu'elle t'a donné le vin?
2. Lui avez-vous mentionné les examens?
3. Leur a-t-il écrit cette lettre?
4. Nous ont-ils donné les cartes?
5. Est-ce qu'il m'a apporté le cadeau?
6. Vous a-t-elle vendu sa voiture?
7. Lui ont-ils répété les histoires?
8. Est-ce qu'il t'a expliqué l'itinéraire?

J. *Répétez les phrases, en mettant le verbe au passé composé.*

EXEMPLES: Mon père me dit de les acheter. — Mon père m'a dit de les acheter.
           On passe des jours à visiter lès musées. — On a passé des jours à visiter les musées.

1. Le professeur nous dit d'étudier.
2. Qui leur dit de faire cela?
3. Ses parents lui disent de travailler.
4. Marie me dit de lui écrire.
5. Est-ce que je vous dis de conduire la voiture?
6. Nous passons des heures à étudier.
7. Combien de temps passe-t-il à faire cela?
8. Il ne passe pas beaucoup de temps à travailler.
9. Je passe une heure à écrire.
10. Vous passez tout votre temps à lire.

K. *Mettez à la forme partitive.*

EXEMPLES: le charme   —   du charme

           la craie   —   de la craie

           l'enthousiasme   —   de l'enthousiasme

1. le parfum
2. le papier
3. la porcelaine
4. la difficulté
5. l'histoire
6. le latin
7. la variété
8. le vin
9. le temps
10. l'argent
11. le bois
12. le plaisir
13. l'eau (*water*)
14. le pain (*bread*)
15. la viande (*meat*)
16. l'air (*air*)

Pig market in Ploneour, Finistère, Brittany. Finistère is one of the most picturesque sections of France and the people preserve many of the old customs.

Monpazier in Périgord in southwest France still has English bastions of the thirteenth century and arcades around the town's main square, remnants of English rule of this part of France which was once the duchy of Aquitaine.

Town drummer in the ancient town of Belves in Dordogne. This town has an old wooden marketplace and houses dating from the fourteenth and fifteenth centuries.

Many of the peasants on farms and in small villages lead much the same simple and uncomplicated lives that their forebears lived.

QUATORZIÈME LEÇON

Mots apparentés

le château [ləʃɑto]
imaginer [imaʒine]
la quantité [lakɑ̃tite]

le sujet [ləsyʒɛ]
la vallée [lavale]

On parle des vacances

Nous sommes quatre dans la chambre 68 de Lambert Hall à l'université:
Charles Morel, le plus grand; Georges Bédé, le plus petit; François Durand,
le plus gros; et moi, Richard Martin, le plus âgé.

L'été dernier, nous avons fait, tous les quatre, des voyages à l'étranger
pendant les vacances. Charles est allé au Mexique. Il y est allé avec son   5
oncle, mais il en est revenu seul. Son oncle n'a pu y rester que dix jours, mais
Charles y a passé six semaines. Il a eu le temps de visiter les endroits les
plus intéressants et les plus pittoresques. Il nous a montré les photos qu'il
a prises, et il en a envoyé aussi au professeur. Ce premier voyage à l'étranger
lui a tellement plu qu'il désire maintenant en faire un tous les étés.   10

Georges et François sont allés ensemble en Europe. Ils y sont allés en
avion. A Paris, ils ont tous les deux loué des bicyclettes et ont fait le reste
du voyage à bicyclette. Avant d'aller en Bretagne et en Normandie, ils ont
visité la vallée de la Loire et la Touraine, où ils ont admiré les célèbres
châteaux de cette partie de la France. Ils en sont revenus si enthousiasmés   15
que maintenant ils passent tout leur temps à penser aux prochaines vacances.

Quant à moi, je suis allé aussi en Europe. J'y suis allé en bateau avec mes
parents et ma sœur. La chose la plus impressionnante, peut-être, de notre
voyage, c'est la quantité de souvenirs rapportés par ma mère et par ma
sœur. Mon père leur a dit plusieurs fois de ne plus en acheter; mais malgré   20
ses remontrances, elles en ont acheté plus de[1] quarante. Mon père et moi,

1. *More than,* usually expressed by **plus que,** is **plus de** before numbers.

nous[2] n'en avons acheté que cinq. Pour moi, les meilleurs souvenirs sont les photos.

Comme on peut l'imaginer, le sujet de conversation dans la chambre 68 pendant ces premiers jours du nouveau semestre, c'est[3] les vacances!   25

VOCABULAIRE

âgé [aʒe] old

à l'étranger [aletrɑ̃ʒe] abroad, in foreign lands

la bicyclette [labisiklɛt] bicycle; à bicyclette by bicycle

la chambre [laʃɑ̃br] room

davantage [davɑ̃taʒ] more

en [ɑ̃] of it, of them; (from) there; some, any

enthousiasmé [ɑ̃tuzjasme] enthusiastic

gros [gro] (f. grosse [gros]) big (in size, volume), stout

impressionnant [ɛ̃presjɔnɑ̃] impressive

la journée [laʒurne] day

malgré [malgre] in spite of

l'oncle m. [lɔ̃kl] uncle

penser (à) [pɑ̃se(a)] to think (of, about)

plaire [plɛr] to please, be pleasing

plus [ply] (with ne before verb) no longer, no more

quant à [kɑ̃ta] as for

rapporter [rapɔrte] to bring back

la remontrance [larəmɔ̃trɑ̃s] remonstrance

le semestre [ləsəmɛstr] semester

tellement [tɛlmɑ̃] so, so much, to such an extent

y [i] to it, on it, in it, there, etc.

QUESTIONNAIRE

Répondez en français. Employez **y, en,** *et les pronoms compléments autant que possible dans les réponses.*

A. *Questions sur le texte.* 1. Combien d'étudiants y a-t-il dans la chambre 68? 2. Comment s'appelle le plus grand? 3. Lequel est le plus petit? 4. Quand ont-ils fait des voyages à l'étranger? 5. Lequel en a fait un au Mexique? 6. Quand l'a-t-il fait? 7. Avec qui y est-il allé? 8. En est-il revenu avec son oncle? 9. Combien de semaines y a-t-il passées? 10. Comment les a-t-il passées? 11. Lesquels des étudiants sont allés en Europe? 12. Y sont-ils allés ensemble? 13. Comment ont-ils fait le voyage des Etats-Unis en Europe? 14. Comment ont-ils voyagé sur le continent? 15. Où ont-ils loué leurs bicyclettes? 16. Qu'est-ce qu'ils ont visité dans la

2. A compound subject in the first person plural is often repeated by **nous.**

3. Note that **ce** is often used in French to repeat a subject which is separated from the verb **être.** This use has no English equivalent.

vallée de la Loire?   17. Est-ce que le voyage leur a plu?   18. Quel voyage Richard a-t-il fait?   19. Avec qui l'a-t-il fait?   20. Est-ce que Richard a acheté beaucoup de souvenirs?   21. Qui en a acheté beaucoup?   22. A quoi pensent les jeunes gens maintenant?   23. Y pensent-ils souvent?   24. En parlent-ils aussi?

B. *Questions générales.*   1. Combien d'étudiants y a-t-il dans cette salle? 2. Combien de ces étudiants aiment faire des voyages?   3. Aimez-vous les voyages à l'étranger?   4. En faites-vous souvent?   5. Où êtes-vous allé aux Etats-Unis?   6. Avec qui y êtes-vous allé?   7. Comment y êtes-vous allé? 8. Comment préférez-vous voyager?   9. Qui vous donne l'argent pour voyager?   10. Vous en donnent-ils beaucoup?   11. Quel voyage vous a plu davantage?   12. L'avez-vous fait seul ou avec votre famille?   13. En avez-vous jamais fait à bicyclette?   14. Fait-on beaucoup de voyages à bicyclette aux Etats-Unis?   15. Où est situé le Mexique?   16. Y êtes-vous jamais allé? 17. Pensez-vous souvent aux vacances?   18. Quels autres étudiants y pensent aussi?   19. En parlez-vous beaucoup?   20. Connaissez-vous plusieurs états des Etats-Unis?   21. Les avez-vous visités?   22. Lequel aimez-vous le mieux?   23. Y allez-vous souvent?   24. Prenez-vous beaucoup de photos? 25. En avez-vous pris pendant les dernières vacances?

GRAMMAIRE

1. Irregular Verb *plaire*, to please (p.p. *plu*)

PRESENT INDICATIVE

je plais	nous plaisons
tu plais	vous plaisez
il plaît	ils plaisent

Because of its meaning, **plaire** is seldom used in the first or second person. It is often used, as follows, in the third person to translate the English verb *to like*.

Cela me plaît.	I like that. (That pleases me.)
Ce voyage leur a plu.	They liked that trip.
Est-ce que la photo a plu à votre mère?	Did your mother like the picture?

2. Interrogative Pronoun *lequel*

Lequel is the interrogative pronoun corresponding to the interrogative adjective **quel.** It has four forms, which correspond to those of **quel.**

	SINGULAR		PLURAL	
MASCULINE	lequel	which one	lesquels	which ones
FEMININE	laquelle	which one	lesquelles	which ones

In English the words *one* and *ones* are sometimes omitted. **Lequel** may be used as subject or object of a verb, or as object of a preposition.

Lequel de ces messieurs est M. Durand?	Which (one) of those men is Mr. Durand?
Voici les deux voitures. Laquelle avez-vous choisie?	Here are the two cars. Which (one) did you choose?
Avec lesquels de ces élèves êtes-vous allé au Canada?	With which (ones) of these pupils did you go to Canada?

3. Pronoun-Adverb *y*

Y is an adverb or pronoun equivalent in meaning to a preposition of place (**à, dans, en, sur**) plus the object *it*. It may often be translated simply *there*.

Le livre est *sur cette table.*	The book is on that table.
Le livre *y* est.	The book is there (on it).
Quand vont-ils *en Europe?*	When are they going to Europe?
Quand *y* vont-ils?	When are they going there?
Les lettres sont *dans la boîte.*	The letters are in the box.
Les lettres *y* sont.	The letters are in it (there).
Elle pense *à la question.*	She is thinking about the question.
Elle *y* pense	She is thinking about it.

NOTE: **Y** is not used in referring to persons. *He is thinking about her* is translated **Il pense à elle.**

4. Pronoun-Adverb *en*

En is used as an adverb and as a pronoun which substitutes for the preposition **de** plus a noun object. It means *of it, of them, from there,* etc.

Nous avons parlé *de son voyage.*	We talked of (about) his trip.
Nous *en* avons parlé.	We talked about it.
La salle est remplie *de chaises.*	The room is filled with chairs.
La salle *en* est remplie.	The room is filled with them.
J'ai une belle photo *de cet endroit.*	I have a beautiful photo of that place.
J'*en* ai une belle photo.	I have a beautiful photo of it.

5. Partitive Pronoun *en*

As the partitive pronoun, **en** stands for the partitive article and the noun modified.

J'ai acheté *des cadeaux.*	I bought some gifts.
J'*en* ai acheté.	I bought some.
Avez-vous *de l'argent?*	Have you any money?
En avez-vous?	Do you have any?
Voici *de belles poupées.*	Here are some beautiful dolls.
En voici.	Here are some.
Il n'a pas *de voiture.*	He hasn't any (has no) car.
Il n'*en* a pas.	He hasn't any.

Notice that the past participle in a compound tense remains in the masculine singular form when the preceding direct object is **en.**

En is required before the verb when the object is a number or some other expression of quantity used without a noun.

Elle *en* a rapporté quarante.	She brought back forty.
Il n'*en* a pas beaucoup.	He doesn't have much (many, a great deal).

6. Position of *y* and *en*

As you have observed in the examples above, **y** and **en** precede the verb (except in an affirmative command). They follow all personal pronoun objects. **Y** precedes **en** when they occur together.

Je lui en ai envoyé ce matin.	I sent him some this morning.
Nous les y avons vus hier.	We saw them there yesterday.
Oui, il y en a maintenant.	Yes, there is (are) some now.

7. Idiomatic Expressions of Number

Observe the difference between the French and English ways of expressing the following ideas:

Nous sommes quatre.	There are four of us.
Vous êtes six.	There are six of you.
Ils sont trois.	There are three of them.
Nous y allons, tous les quatre.	All four of us are going there.
Ils y vont, tous les trois.	All three of them are going there.
Mon père et moi, tous les deux, nous aimons les voyages.	My father and I both like traveling.

EXERCICES

A. *Répétez la phrase, en employant y.*

EXEMPLES: Elle va à l'école tous les jours. — Elle y va tous les jours.
Mon stylo n'est pas dans la boîte. — Mon stylo n'y est pas.

1. Nos parents sont restés à l'hôtel.
2. Beaucoup d'artistes travaillent dans ce musée.
3. Je ne suis pas allé au Portugal avec mon père.
4. Toutes les tables ne sont pas sur le trottoir.
5. Ces gens ne viennent pas en France pour cela.
6. Elle est arrivée à Paris six jours plus tard.
7. Votre oncle les a vus dans cette boutique.
8. Lequel des élèves va en Europe?
9. Nous avons mis les livres sur le bureau.

B. *Répétez la phrase, en employant* **en.**

EXEMPLES: Ma sœur revient ce soir de New York. — Ma sœur en revient ce
soir.
Ils ont beaucoup de souvenirs. — Ils en ont beaucoup.

1. Ils sont revenus de Paris hier.
2. Nous arrivons de Chicago.
3. J'ai pris beaucoup de photos.
4. Il remplit ses livres de photos.
5. Elle est charmée de cette vie.
6. Il est parti du Canada ce matin.
7. J'ai rapporté d'Europe ces belles estampes.
8. Nous avons acheté plusieurs de ces livres.

C. *Remplacez le complément par* **en.**

EXEMPLES: Ils achètent des voitures. — Ils en achètent.
Avez-vous eu de la difficulté? — En avez-vous eu?
Je n'ai pas reçu d'argent. — Je n'en ai pas reçu.

1. Ils prennent du café.
2. Cela lui donne du charme.
3. J'ai passé du temps à chercher cela.
4. Il y a de la variété dans ces cours.
5. Nous avons trouvé de la beauté dans toutes les régions.
6. Les élèves répètent des mots.
7. Mon oncle a rapporté des photos.
8. A-t-il fait des voyages?
9. Avez-vous écrit des lettres?
10. Je n'ai pas d'examen aujourd'hui.
11. On ne trouve pas de vin dans cette région.

D. *Répondez par l'affirmative, en employant* **y** *ou* **en.**

EXEMPLES: A-t-il trouvé du vin? — Oui, il en a trouvé.
Est-ce que vos parents vont au Canada? — Oui, ils y vont.

1. Vend-il des voitures?
2. Prenez-vous beaucoup de photos?
3. Est-elle revenue de son voyage?
4. Vont-ils en Italie?
5. Est-ce que tu es resté à la maison?
6. Les avez-vous trouvés sur le bateau?
7. Trouve-t-il de la beauté dans ces photos?

8. Etes-vous charmés de leur invita-   9. Est-ce que les gens sont dans la
    tion?   chambre?
                                             10. Habite-t-elle à Marseille?

Répétez les questions, en répondant par la négative.

EXEMPLE: A-t-il trouvé du vin?   —   Non, il n'en a pas trouvé.

E. *Répétez les phrases, en les mettant à la forme négative.*

EXEMPLES: Il m'en donne.   —   Il ne m'en donne pas.
            Nous les y envoyons.   —   Nous ne les y envoyons pas.

On les y achète.   Nous leur en achetons.
Ils nous y rencontrent.   Il lui en parle.
Marie vous y conduit.   On vous en indique.
Je l'y invite.   Je t'en donne.
Elle m'y envoie.   Elle m'en apporte.
Cela les y attire.   Ils nous en choisissent.

Répétez en mettant le verbe au passé composé.

EXEMPLES: Il m'en donne.   —   Il m'en a donné.
            Nous les y envoyons.   —   Nous les y avons envoyés.

QUINZIÈME LEÇON

Mots apparentés

la **différence** [ladiferɑ̃s]
le **dîner** [lədine]
l'**expérience** f. [leksperjɑ̃s]
la **liberté** [laliberte]

la **monotonie** [lamɔnɔtɔni]
à **présent** [aprezɑ̃]
recommencer [rəkɔmɑ̃se]

La vie de tous les jours

RICHARD. —Charles, est-ce que tu te rends compte de la monotonie de notre vie?

CHARLES. —Pourquoi me demandes-tu cela, Richard?

RICHARD. —Parce qu'il n'y a presque pas de différence entre une journée et une autre. On se lève, on se lave, on s'habille, on prend[1] le[2] petit déjeuner, 5
le déjeuner et le dîner, on sort, on rentre, on se couche, on dort, et ensuite on se réveille pour recommencer.

CHARLES. —Ah, oui! Naturellement! Mais que veux-tu? Dis-moi, est-ce que tu en souffres?

RICHARD. —Quand j'y pense, oui. 10

CHARLES. —Alors, n'y pense pas, mon vieux!

RICHARD. —Mais cela n'est pas si facile. J'ai quelquefois envie de ne pas me lever pour aller à l'université; de dormir jusqu'à midi; puis, de me lever pour aller passer toute la journée et toute la nuit au bord de quelque beau lac où il n'y a ni pendules, ni classes, ni repas à des heures réglées. 15

CHARLES. —Mon vieux, vas-y, alors. Fais-en l'expérience. Allons-y ensemble, si tu le veux. A présent, tu n'es pas heureux. Tu t'ennuies—avec ton petit déjeuner toujours à sept heures et demie, tes classes aux mêmes heures tous les jours, ton déjeuner toujours avec les mêmes amis, ton dîner en

1. **Prendre** may be translated *to eat* or *have* when its object is the name of a meal or food.
2. The definite article is regularly used with the names of meals.

131

famille à sept heures du soir, tes études sans fin, ta petite chambre, etc.
Alors, quittons tout cela pour quelques jours. Ensuite, tu vas te rendre
compte de la véritable liberté qu'il y a dans cet esclavage des habitudes.

VOCABULAIRE

au bord de [obɔrdə] beside, on the edge of

avoir envie (de) [avwarɑ̃vi(də)] to feel like

se coucher [səkuʃe] to go to bed

le déjeuner [lədeʒøne] lunch; **le petit déjeuner** [ləp(ə)tideʒøne] breakfast

dormir [dɔrmir] (*conj. like* **partir;** *aux.* **avoir**) to sleep

s'ennuyer [sɑ̃nɥije] to be bored, get bored

l'esclavage *m.* [lɛsklavaʒ] slavery

s'habiller [sabije] to dress, get dressed

l'habitude *f.* [labityd] habit

heureux [ørø] (*f.* **heureuse** [ørøz]) happy

jusqu'à [ʒyska] until; up to, as far as

se laver [səlave] to wash (oneself)

se lever [səlave] to rise, get up

quitter [kite] (*always transitive*) to leave

réglé [regle] fixed, set

se rendre compte (de) [sərɑ̃dr(ə)kɔ̃t(də)] to realize

rentrer [rɑ̃tre] (*aux.* **être**) to return (home), go (come) back in

le repas [lərəpɑ] meal

se réveiller [səreveje] to awaken, wake up

si [si] so

souffrir [sufrir] to suffer

mon vieux [mɔ̃vjø] *familiar term of address roughly equivalent to* "old man," "my friend"

vouloir [vulwar] to want, wish; **que veux-tu!** (**que voulez-vous!**) what do you expect!

QUESTIONNAIRE

Répondez en français.

A. *Questions sur le texte.* 1. A quoi pense Richard? 2. Avec qui en parle-t-il? 3. Quelle est la première chose qu'on fait au commencement de la journée? 4. Quelles sont les autres choses qu'on fait avant le petit déjeuner? 5. D'ordinaire, est-ce qu'on fait plus ou moins les mêmes choses tous les jours? 6. Quel est le premier repas de la journée? 7. Lequel des deux jeunes gens souffre le plus de la monotonie de la vie? 8. Qu'est-ce que Charles lui dit de faire? 9. Pourquoi Richard s'ennuie-t-il? 10. Où va-t-il presque tous les jours? 11. Où veut-il passer la journée au lieu d'y aller? 12. Que veut-il faire au lieu de se lever pour aller à l'université? 13. Aime-t-il les pendules? 14. Y en a-t-il au lac? 15. Est-ce que Charles veut y aller aussi? 16. A quelle heure Richard prend-il son dîner? 17. Est-ce que Richard se rend compte de la véritable liberté de sa vie? 18. Lequel des deux amis est le plus heureux à présent?

B. *Questions générales.* 1. Au commencement de la journée, quelles sont les trois premières choses que vous faites? Et votre père? Et les autres étudiants? Et moi? 2. A quelle heure vous réveillez-vous le matin? 3. Prenez-vous votre petit déjeuner seul, en famille, ou avec des amis? 4. A quelle heure allez-vous à votre première classe? 5. Y allez-vous seul ou avec des amis? 6. Combien de classes avez-vous le matin? 7. En avez-vous aussi l'après-midi? 8. Où prenez-vous votre déjeuner? 9. Y allez-vous toujours à la même heure? 10. A quelle heure en revenez-vous? 11. Avez-vous quelquefois envie de dormir en classe? 12. Peut-on dormir sans se coucher? 13. Vous couchez-vous quelquefois après minuit? 14. Vous couchez-vous toujours à la même heure? 15. Combien de repas prenez-vous par jour? 16. Combien d'heures dormez-vous d'ordinaire? 17. Combien de temps prenez-vous pour vous habiller? 18. Y a-t-il des gens qui ne se lèvent jamais avant midi? 19. Est-ce que vous et les autres élèves vous ennuyez ici? 20. Connaissez-vous des gens qui sortent tous les soirs? 21. En connaissez-vous beaucoup? 22. Combien de frères avez-vous? 23. Comment s'appelle le plus jeune de vos frères? 24. Se lave-t-il toujours avant de prendre ses repas?

GRAMMAIRE

1. Irregular Verb *vouloir,* to want, wish (p.p. *voulu*)

PRESENT INDICATIVE

je veux	nous voulons
tu veux	vous voulez
il veut	ils veulent

2. Irregular Verb *souffrir,* to suffer (p.p. *souffert*)

PRESENT INDICATIVE

je souffre	nous souffrons
tu souffres	vous souffrez
il souffre	ils souffrent

NOTE: There are several other -ir verbs (**offrir,** *to offer,* **ouvrir,** *to open,* etc.) which, like **souffrir,** have the same endings in the present as -er verbs and have an irregular past participle ending in -ert.

3. Reflexive Pronouns

Reflexive pronouns (*myself, himself,* etc.) are object pronouns which stand for the same person as the subject. Reflexive pronouns in French differ from the other object pronouns *only in the third person.* Notice that the plural forms have also the reciprocal meaning *each other.*

me	myself	nous	ourselves, each other
te	yourself	vous	yourself, yourselves, each other
se	himself, herself, oneself, itself	se	themselves, each other

4. Reflexive Verbs

A reflexive verb is one used with a reflexive object pronoun. The reflexive pronoun precedes the verb (except in an affirmative command.)

PRESENT INDICATIVE OF **se laver,** to wash (oneself)

je me lave	I wash (myself)
tu te laves	you wash (yourself)
il se lave	he washes (himself)
nous nous lavons	we wash (ourselves)
vous vous lavez	you wash (yourself, yourselves)
ils se lavent	they wash (themselves)

There are many reflexive verbs in French which are not normally reflexive in the English translation.

Nous nous levons.	We get up.
Elle se réveille.	She awakens.
Ils s'ennuient.	They are bored.
Je m'appelle Jean.	My name is John.

Many French verbs, when used reflexively, have a reciprocal meaning.

Ils se rencontrent.	They meet each other.
Nous nous voyons souvent.	We often see each other.

In compound tenses, the auxiliary used with *all reflexive verbs* is **être.** In these tenses, the past participle agrees in gender and number with the reflexive pronoun, if it is a direct object.

Je me suis couché.	I went to bed.
Tu t'es habillé.	You got dressed.
Elle ne s'est pas réveillée.	She didn't wake up.
Nous nous sommes levés.	We got up.
Vous vous êtes ennuyés.	You got bored.
Se sont-ils lavés?	Did they wash?

But there is no agreement if the reflexive pronoun is an indirect object.

Se sont-ils lavé les mains?	Did they wash their hands?
Elles se sont parlé pendant une heure.	They talked to each other for an hour.
Nous nous sommes acheté des cadeaux.	We bought ourselves (*or* each other) presents.

Reflexive pronouns follow the same rules of position as the other object pronouns (Lesson 13). When used with other object pronouns, or **y** or **en,** the reflexive pronoun precedes the others.

Je me le dis souvent.	I often tell myself so.
Vous vous les êtes achetés à Paris, n'est-ce pas?	You bought them for yourself in Paris, didn't you?
On ne s'y ennuie pas.	One doesn't get bored there.
Vous en rendez-vous compte?	Do you realize it?

5. Imperative Mood

There are three imperative, or command, forms for most French verbs, like the following for **écrire.**

écris	write (*familiar*)
écrivons	let's write
écrivez	write (*polite or plural*)

For all except three verbs, the imperative forms are the same as the present indicative forms used with the subjects **tu, nous,** and **vous,** except that first conjugation (**-er**) verbs drop the **-s** of the second person singular.[3] In French, as in English, subject pronouns are not used with the imperative.

PRESENT INDICATIVE	IMPERATIVE	MEANING
tu parles	**parle!**	speak!
tu réponds	**réponds!**	answer!
nous donnons	**donnons!**	let's give!
nous allons	**allons!**	let's go!
vous finissez	**finissez!**	finish!
vous sortez	**sortez!**	go out!

The irregular imperative forms of **avoir, être,** and **savoir** may be learned, when the need arises, from the reference section of irregular verbs in the Appendix. Some verbs, because of their meaning, have no imperative.

Personal pronoun objects, including the reflexives and **y** and **en,** *follow* the *affirmative imperative.* After the affirmative imperative the relative order of pronoun objects is always: (1) direct object, (2) indirect object, (3) **y,** and (4) **en. Me** and **te** change to **moi** and **toi** when they are last in the verb-object unit.

3. However, this **-s** is retained before **y** and **en: Entres-y tout de suite.** *Go in there immediately.* **Vas-y demain.** *Go there tomorrow.* **Parles-en à ton père.** *Talk to your father about it.* **Demandes-en si tu en veux.** *Ask for some if you want some.*

Finissons-les ce soir.	Let's finish them this evening.
Explique-le-moi.	Explain it to me.
Donnez-nous-en, s'il vous plaît.	Give us some, please.
Levez-vous.	Get up.
BUT: Ne nous en donnez pas.	Don't give us any.

6. Negative Infinitive

Ne and **pas** are placed together before an infinitive.

J'ai grande envie de ne pas me lever.	I have a great desire not to get up.
Il nous a dit de ne pas venir.	He told us not to come.

EXERCICES

A. *Répétez chaque phrase, en remplaçant le sujet par chacun des sujets ci-dessous.*

1. Je me réveille de bonne heure.
2. Je me lève sans attendre.
3. Je me lave avant de manger.
4. Je m'habille avant le petit déjeuner.
5. Je m'ennuie ici. ·
6. Je me couche à dix heures.

SUJETS
Nous   Vous   Mon ami
Charles et Richard   Tu

Mettez à la forme négative.

EXEMPLE: Je me réveille de bonne heure. — Je ne me réveille pas de bonne heure.

Mettez à la forme interrogative.

EXEMPLES: Je me réveille de bonne heure. — Est-ce que je me réveille de bonne heure?
Nous nous réveillons de bonne heure. — Nous réveillons-nous de bonne heure?

Mettez au passé composé.

EXEMPLE: Je me réveille de bonne heure. — Je me suis réveillé de bonne heure.

B. *Répondez par l'affirmative:*

EXEMPLES: Est-ce que je me lave avant de manger? — Oui, tu te laves avant de manger.
Se sont-ils couchés de bonne heure? — Oui, ils se sont couchés de bonne heure.

1. Est-ce que tu te réveilles à six heures?
2. Est-ce que vous et Robert vous ennuyez ici?
3. Est-ce que Marie et Jean se voient souvent?
4. Vous levez-vous toujours à la même heure?
5. Nous habillons-nous ici?
6. Est-ce qu'il s'appelle Robert?
7. Se sont-ils rencontrés au café?
8. Vous êtes-vous parlé longtemps?

C. *Suivez les indications.* (Follow the directions.)

EXEMPLES: Dites à M. Dupont de bien dormir.   —   Dormez bien!
Dites à la petite Marie de se coucher.   —   Couche-toi!
Proposez à vos amis d'aller au café.   —   Allons au café!

1. Dites à Mme Martin d'écrire la lettre.
2. Dites à l'homme de répondre à la question.
3. Dites au petit garçon d'attendre.
4. Dites à la petite Yvonne de se laver.
5. Dites aux élèves de sortir.
6. Dites à Jean et à Robert de se réveiller.
7. Proposez à la jeune fille d'aller au cinéma.
8. Proposez aux autres hommes de recommencer.
9. Proposez à votre sœur de choisir des cadeaux.

D. *Mettez l'infinitif à la forme négative.*

EXEMPLES: J'ai envie d'y aller.   —   J'ai envie de ne pas y aller.
Elle m'a dit de venir.   —   Elle m'a dit de ne pas venir.

1. On nous a écrit de faire cela.
2. Vous lui avez dit de partir.
3. Il décide de l'accepter.
4. Elle a envie de se lever.
5. Nous quittons la maison pour les voir.
6. Vous avez l'impression de les comprendre.

E. *Répondez par l'affirmative, en remplaçant les compléments par des pronoms.*

EXEMPLES: Nous ont-ils donné l'argent?   —   Oui, ils nous l'ont donné.
Lui avez-vous répété la question?   —   Oui, je la lui ai répétée.

1. Leur avez-vous expliqué la leçon?
2. Est-ce qu'il t'a envoyé le livre?
3. Vous ont-ils annoncé les examens?
4. Est-ce qu'elle m'a écrit la lettre?
5. Nous as-tu apporté les photos?
6. Lui a-t-il indiqué le cinéma?
7. Est-ce que nous leur avons donné ce cadeau?
8. Est-ce qu'elle vous a donné les gants?

F. *Remplacez le complément par* **y** *ou* **en.**

EXEMPLES: Nos amis vont en Amérique du Sud. — Nos amis y vont.
Elle est descendue de la voiture. — Elle en est descendue.
J'ai acheté de beaux gants. — J'en ai acheté.

1. La carte est dans ma voiture.
2. Nous pensons aux examens.
3. Sa photo est sur cette table.
4. Il est revenu de son voyage.
5. Les élèves sont sortis de l'école.
6. Qu'est-ce qu'on dit de Paris?
7. Elle a acheté du parfum.
8. Je n'ai pas d'argent.
9. Ils ont trouvé de bons magasins.
10. Nous allons à Chicago.
11. Ils vont en Europe.
12. Parlez-vous de leur dernier voyage?

TROISIÈME RÉVISION

A. *Mettez le verbe successivement à la forme négative et à la forme interrogative.*

EXAMPLES: ils ont conduit — ils n'ont pas conduit, ont-ils conduit?

nous sommes restés — nous ne sommes pas restés, sommes-nous restés?

Marie a vendu — Marie n'a pas vendu, est-ce que Marie a vendu?

1. vous avez fait
2. tu as fini
3. elle est sortie
4. Jean a répondu
5. nous avons parlé
6. je suis allé

7. mes parents ont envoyé
8. ils sont partis
9. vous êtes venus
10. nous avons appris
11. j'ai écrit
12. Louise a dit

B. *Répétez la phrase, en mettant le verbe au passé composé.*

EXAMPLES: J'étudie la leçon. — J'ai étudié la leçon.

Elle va au Canada. — Elle est allée au Canada.

1. Il prend des photos.
2. Nous achetons des cadeaux.
3. Tu sors de bonne heure.
4. Je comprends tout cela.
5. Vous finissez la lettre.
6. Ils répondent immédiatement.

7. Elle choisit l'école.
8. Vous faites le voyage.
9. J'attends mon ami.
10. Nous répétons les phrases.
11. Tu commences l'examen.
12. Elles reçoivent la réponse.

Répétez l'exercice, en mettant les phrases à la forme interrogative.

EXAMPLE:: Est-ce que j'étudie la leçon? — Est-ce que j'ai étudié la leçon?

Va-t-elle au Canada? — Est-elle allée au Canada?

C. *Répétez la phrase, en mettant le verbe au passé composé.*

EXAMPLES: Elle nous voit. — Elle nous a vus.

J'y vais. — J'y suis allé.

1. Ils le comprennent.
2. Nous en achetons.

3. Elle y revient.
4. Vous les rencontrez.

5. Il vous conduit.
6. Tu lui parles.
7. Elles en écrivent.
8. Je les cherche.
9. Vous y arrivez.
10. Ils la répètent.

11. Tu en reçois.
12. Nous leur répondons.
13. Je le remplis.
14. Elle m'attend.
15. Elles y habitent.
16. Vous les visitez.

Répétez l'exercice, en mettant les phrases à la forme négative.

EXEMPLES: Elle ne nous voit pas. — Elle ne nous a pas vus.
Je n'y vais pas. — Je n'y suis pas allé.

D. *Répondez par l'affirmative, en remplaçant les compléments par des pronoms.*

EXEMPLES: Ont-ils acheté la maison? — Oui, ils l'ont achetée.
Connaissez-vous ces gens? — Oui, je les connais.
Ecrit-elle à sa mère? — Oui, elle lui écrit.

1. Avez-vous la carte?
2. A-t-il trouvé la valise?
3. Est-ce que j'ai annoncé l'examen?
4. Attend-on les vacances?
5. Ont-elles invité leurs amis?
6. Est-ce que tu as répondu à ta sœur?

7. Connaît-elle M. Dupont?
8. Avons-nous étudié cette leçon?
9. A-t-elle écrit aux autres élèves?
10. Comprennent-ils les questions?
11. Parlez-vous à Robert en français?
12. Est-ce que j'ai invité le professeur?

E. *Répétez les phrases, en remplaçant les compléments par des pronoms.*

EXEMPLES: Elle a donné les poupées à ses cousines. — Elle les leur a données.
Ils nous ont répété cette histoire. — Ils nous l'ont répétée.

1. Vous m'avez posé la question.
2. Ils ont annoncé le voyage aux touristes.
3. Je t'ai donné mon livre.
4. Nous avons vendu la maison à M. Martin.
5. Elle nous a mentionné cette lettre.

6. Je vous ai apporté les photos.
7. Tu leur as indiqué les occasions.
8. Vous avez expliqué l'article aux étudiants.
9. Ils m'ont posé les mêmes questions.
10. J'ai répété la réponse à mon père.

F. *Employez y ou en dans chacune des phrases suivantes.*

EXEMPLES: Nous allons à l'église le dimanche. — Nous y allons le dimanche.
La montre n'est pas sur la table. — La montre n'y est pas.
Ils sont revenus hier de France. — Ils en sont revenus hier.
Elle a beaucoup d'argent. — Elle en a beaucoup.

1. Mes cousins sont restés à l'hôtel.
2. Les autres élèves sont en France.

3. Nous sommes partis de Paris samedi.
4. Tu as pris des photos, n'est-ce pas?

5. J'ai vu le stylo sur le bureau.
6. Ils ont écrit des articles.
7. A quelle heure arrivez-vous à Marseille?
8. Elle est charmée de cette invitation.
9. Je m'intéresse toujours à ces histoires.
10. Il les a vus dans le magasin.
11. Voulez-vous du café?
12. Nous n'avons pas d'examen aujourd'hui.

G. *Répondez par l'affirmative.*

EXEMPLES: Vous couchez-vous toujours à la même heure? — Oui, je me couche toujours à la même heure.
Se sont-ils parlé longtemps? — Oui, ils se sont parlé longtemps.

1. Se sont-elles vues au café?
2. Nous réveillons-nous à cinq heures?
3. Est-ce que tu te lèves de bonne heure?
4. S'est-il lavé?
5. Vous ennuyez-vous à l'école?
6. Est-ce que je me couche à neuf heures?
7. S'intéressent-ils aux langues étrangères?
8. S'appelle-t-elle Marie?

H. *Mettez le verbe à la première personne du pluriel.*

EXEMPLES: Allez à l'école! — Allons à l'école!
Vendez-les aux touristes! — Vendons-les aux touristes!
Choisissez les cadeaux! — Choisissons les cadeaux!

1. Etudiez avant de sortir!
2. Donnez cela à ces élèves!
3. Parlez-en au professeur!
4. Arrivez-y à six heures!
5. Attendez-les devant l'hôtel!
6. Répondez-lui immédiatement!
7. Remplissez-le de café!
8. Finissez-la après le déjeuner!

Répétez l'exercice, en mettant le verbe à la deuxième personne du singulier.

EXEMPLES: Allez à l'école! — Va à l'école!
Vendez-les aux touristes! — Vends-les aux touristes!
Choisissez les cadeaux! — Choisis les cadeaux!

Répétez l'exercice, en employant **y, en** *ou un pronom complément dans tous les cas possibles.* (Repeat using **y, en,** or a pronoun object in all possible cases.)

EXEMPLES: Allez à l'école! — Allez-y!
Vendez-les aux touristes! — Vendez-les-leur!
Choisissez les cadeaux! — Choisissez-les!

«Chevaliers de la table ronde»

Vif et avec entrain

1. Che-va-liers de la ta-ble ron - de,[1] Goû-tons voir si le vin est
2. Si je meurs, je veux qu'on m'en-ter - re Dans la cave[2] où y a[3] du bon

bon. Che-va-bon. Goû-tons voir, oui, oui, oui, Goû-tons voir, non, non,
vin. Si je vin. Dans la cav', oui, oui, oui, Dans la cav', non, non,

non, Goû-tons voir si le vin est bon. Goû-tons voir, oui, oui,
non, Dans la cave où y a du bon vin. Dans la cav', oui, oui,

oui, Goû-tons voir, non, non, non, Goû-tons voir si le vin est bon. 2. Si je
oui, Dans la cav', non, non, non, Dans la cave où y a du bon vin. 3. Les deux

TROISIÈME DIALOGUE

Dans un grand magasin

Un jeune Américain s'adresse à un chef de rayon dans un grand magasin.

A young American goes up to a department manager in a department store.

L'AMÉRICAIN. —Pardon, monsieur. Où se trouve le rayon des chemises, s'il vous plaît?

THE AMERICAN. Pardon me, sir. Where is the shirt counter, please? 5

LE CHEF DE RAYON. —Là-bas, à gauche, près de l'ascenseur.

THE MANAGER. Over there, on the left, near the elevator.

L'AMÉRICAIN. —Merci bien, monsieur.

THE AMERICAN. Thank you.

10

LE CHEF DE RAYON. —A votre service, monsieur.

THE MANAGER. Don't mention it.

L'AMÉRICAIN. (*à la vendeuse*). —Mademoiselle, je voudrais des chemises blanches.[1]

THE AMERICAN (*to the salesgirl*). Miss, I would like some white shirts. 15

LA VENDEUSE. —Quelle est votre encolure, monsieur?

THE SALESGIRL. What is your collar size, sir?

L'AMÉRICAIN. —C'est 38,[2] mademoiselle.

THE AMERICAN. It's 38, miss.

LA VENDEUSE. —Et manches longues, je suppose?

THE SALESGIRL. Long sleeves, I presume? 20

L'AMÉRICAIN. —Oui, mademoiselle.

THE AMERICAN. Yes.

LA VENDEUSE. —Bien, monsieur. En voici plusieurs de très bonne qualité qui sont en solde.

THE SALESGIRL. Good. Here you have several of very good quality which are on sale. 25

1. If the customer is a young lady, the articles to be purchased might be: **une blouse,** *a blouse;* **des bas de nylon,** *nylon stockings;* **des gants,** *gloves;* etc.
2. French collar sizes are given in centimeters; English, in inches.

L'AMÉRICAIN. —En effet elles me conviennent très bien. Je prends ces trois-ci.

THE AMERICAN. Yes, I like them very much. I'll take these three.

LA VENDEUSE. —Entendu, monsieur. Désirez-vous autre chose?

THE SALESGIRL. Very well, sir. Is there something else?

L'AMÉRICAIN. —J'ai besoin aussi de chaussettes et de caleçons.

THE AMERICAN. I also need socks and shorts.

LA VENDEUSE. —Vous trouverez les chaussettes au rayon 18, là-bas, à droite, et les caleçons un peu plus loin, au rayon 20. Voici votre paquet. Payez à la caisse, s'il vous plaît.

THE SALESGIRL. You will find the socks at counter 18, over there on the right, and the shorts a little farther down at counter 20. Here is your package. Please pay the cashier.

L'AMÉRICAIN. — Merci, mademoiselle.

THE AMERICAN. Thank you.

SEIZIÈME LEÇON

Mots apparentés

l'administrateur *m*. [ladministratœr]
l'armée *f*. [larme]
l'art *m*. [lar]
Charlemagne [ʃarləmaɲ]
chrétien [kretjɛ̃] (*f*. chrétienne [kre-tjɛn])
considérer [kɔ̃sidere]
le directeur [lədirɛktœr]
l'empereur *m*. [lãprœr]
l'empire *m*. [lãpir]

fonder [fɔ̃de]
former [fɔrme]
le gouvernement [ləguvɛrnəmã]
l'importance *f*. [lɛ̃pɔrtãs]
le noble [lənɔbl]
le palais [ləpalɛ]
religieux [rəliʒjø] (*f*. religieuse [rəliʒjøz])
la réputation [larepytɑsjɔ̃]
le Romain [lərɔmɛ̃]
le talent [lətalã]

Charlemagne

Charles Dupont est venu en France passer les vacances chez son oncle, M. Robert Dupont, à Paris. Pendant des visites à quelques musées et à quelques autres endroits, Charles a été impressionné par l'importance de Charlemagne dans l'art et la littérature du Moyen Age. Un jour il demande à son oncle de lui expliquer comment Charlemagne s'est fait cette renommée. 5

—Eh bien, dit l'oncle[1] Robert, Charlemagne était fils de Pépin et petit-fils de Charles Martel, tous les deux célèbres. Il a reçu de son père le royaume de France; mais ensuite il a étendu les limites du royaume jusqu'en Allemagne et en Italie. En 800 (huit cents), à Rome, le pape Léon III l'a couronné «Empereur des Romains». 10

—Alors, il a fait sa réputation par ses conquêtes?

—Pas seulement par ses conquêtes. On l'estimait aussi beaucoup pour son talent comme administrateur. Dans le gouvernement de son empire, il cherchait toujours le conseil des chefs du peuple et des chefs de l'Eglise. Il parlait souvent avec eux des différents aspects de l'administration du royaume. Il était aussi très religieux. Lui et ses chevaliers formaient une armée chrétienne, et le pape le considérait comme le défenseur de l'Eglise. 15

---

1. Observe the use of the definite article before a title followed ' 'er name.

145

Avant lui, il n'y avait presque pas d'écoles en France. Beaucoup de nobles et de chevaliers même ne savaient ni lire ni écrire. Mais, parce qu'il estimait tellement l'instruction, Charlemagne a fondé beaucoup d'écoles. Il en a fondé une dans son palais. Le directeur de cette école du palais, et de plusieurs autres aussi, était un des grands savants du Moyen Age, Alcuin, un Anglais qui connaissait presque toutes les sciences de cette époque. L'empereur lui-même cherchait tellement à apprendre ces sciences qu'il a fini par être considéré comme un savant.

—Alors, je comprends pourquoi il a fait si grande impression sur les gens du Moyen Age.

(A suivre.) (To be continued.)

VOCABULAIRE

cent [sã] (one) hundred
le chef [ləʃɛf] chief, leader
le chevalier [ləʃəvalje] knight
la conquête [lakɔ̃kɛt] conquest
le conseil [ləkɔ̃sɛj] advice
couronner [kurɔne] to crown
le défenseur [ldefɑ̃sœr] defender
eh bien [ebjɛ̃] *interj.* well
l'époque *f.* [lepɔk] period, epoch, time
estimer [ɛstime] to esteem, value
étendre [etɑ̃dr] to extend
le fils [ləfis] son; le petit-fils [ləp(ə)tifis] grandson
impressionner [ɛ̃presjɔne] to impress

jusque [ʒysk] even, to; jusqu'en [ʒyskɑ̃] as far as
la limite [lalimit] boundary, limit
le Moyen Age [ləmwajɛnaʒ] Middle Ages
ni ... ni [ni ... ni] neither ... nor (*requires* ne *before the verb*)
le pape [ləpap] pope
le peuple [ləpœpl] people, nation
la renommée [larənɔme] fame, renown
le royaume [lərwajom] kingdom, realm
le savant [ləsavɑ̃] scholar, scientist
savoir [savwar] to know; savoir (+ *inf.*) to know how to
seulement [sœlmɑ̃] only

NOMS PROPRES

Alcuin [alkɥɛ̃] Anglo-Saxon scholar, companion of Charlemagne and director of several of his schools
Charles Martel [ʃarlmartɛl] powerful Frankish prince who occupied the position of mayor of the palace under the last of the Merovingian kings of France; famous for his victory over the Arabs at Poitiers in 732
Pépin [pepɛ̃] called Pépin le Bref (Pepin the Short); was the first of his family to hold the title of king; hence considered the founder of the Carolingian dynasty

QUESTIONNAIRE

A. *Questions sur le texte.* 1. Chez qui Charles passe-t-il ses vacances? 2. Qu'est-ce qui l'a impressionné pendant ses visites aux musées? 3. Qu'est-ce

qu'il a demandé à son oncle un jour?   4. De qui Charlemagne était-il le fils?
5. Jusque dans quels pays surtout a-t-il étendu les limites de son royaume?
6. Quand a-t-il été couronné Empereur des Romains?   7. Qui l'a couronné?
8. Dans quelle ville a-t-il été couronné?   9. Pour quoi les gens du Moyen
Age l'estimaient-ils beaucoup?   10. Avec qui parlait-il souvent de l'administration du royaume?   11. Qu'est-ce que lui et ses chevaliers formaient?
12. Pourquoi Charlemagne a-t-il fondé beaucoup d'écoles en France?
13. Où a-t-il fondé la plus célèbre de ces écoles?   14. Qui en était le directeur?   15. Quelle réputation Charlemagne s'est-il faite par ses études?

B. *Questions générales.*   1. Qui était Charlemagne?   2. Comment s'appelait le pape qui l'a couronné?   3. Est-ce que tous les Français savaient
lire et écrire à cette époque?   4. Pourquoi ne savaient-ils pas lire?   5. Qui
habitait en Amérique à cette époque?   6. Y avait-il des écoles en Amérique
en l'an 800?   7. Qui a fondé les premières écoles de notre pays?   8. Dans
quelle région du pays étaient les premières colonies anglaises?   9. Y avait-il
des colonies françaises en Amérique?   10. Qu'est-ce qui indique que les
habitants des colonies étaient religieux?   11. Quand avez-vous appris à lire?
12. Quand avez-vous appris à écrire?   13. Avez-vous vite appris à lire et à
écrire?   14. Quel âge aviez-vous quand vous avez commencé à aller à l'école?
15. Est-ce que cette école était grande ou petite?   16. Préférez-vous les
grandes écoles aux petites écoles?

GRAMMAIRE

1. Irregular Verb *savoir*, to know (p.p. *su*)

PRESENT INDICATIVE

je sais	nous savons
tu sais	vous savez
il sait	ils savent

2. Imperfect Indicative (Imparfait de l'indicatif)

The imperfect indicative is formed on the stem of the first person plural
present indicative (**donnons, choisissons, écrivons,** etc.) The ending **-ons** is
dropped and to the stem are added the endings:

-ais	-ions
-ais	-iez
-ait	-aient

IMPERFECT INDICATIVE OF **donner,** to give

je donn*ais*	I gave, was giving, used to give, did give	**nous donn***ions*	we gave, were giving, used to give, did give
tu donn*ais*		**vous donn***iez*	
il donn*ait*		**ils donn***aient*	

NOTE: The verb **être** is an exception; its imperfect is as follows:

j'étais	**nous étions**
tu étais	**vous étiez**
il était	**ils étaient**

3. Imperfect and Past Indefinite (Passé Composé)

Observe the overlapping in the following examples of English verb forms which correspond to the French **imparfait** or **passé composé.**

il a donné ⎧ he has given / he gave / he did give ⎫
il donnait ⎧ he was giving / he used to give ⎭

The **passé composé** is essentially NARRATIVE in its meaning. It tells *what happened* at a given time. The duration of the time is not a factor—it may be a split second or a century. What is important is that the speaker is viewing the action as a completed unit. The time of completion is either expressed or implied by the context.

J'ai vu son frère hier.	I saw her brother yesterday.
Le train est arrivé à six heures.	The train arrived at six o'clock.
Charlemagne a étendu les limites de son royaume jusqu'en Italie.	Charlemagne extended the boundaries of his kingdom into Italy.
Il a fondé beaucoup d'écoles.	He founded many schools.

In the last two examples above, the actions expressed are really complex and extensive, but the speaker's reference to them in these sentences views them as completed single units in a narrative.

The imperfect, on the other hand, is basically a DESCRIPTIVE tense. It may express a past state or condition in which no action is involved. When it expresses action, the speaker is not concerned with the completion of the action; he is viewing it *in progress.* It may express habitual actions and actions which are referred to as background for some event, that is, actions which tell what was going on when something else happened.

Charlemagne était grand.	Charlemagne was tall.
Il n'y avait pas d'écoles.	There were no schools.
Nous étions à Paris.	We were in Paris.
Elle arrivait de bonne heure tous les jours.	She used to arrive early every day.
Beaucoup de nobles ne savaient pas lire.	Many noblemen didn't know how to read.
J'écrivais la lettre quand vous êtes arrivé.	I was writing the letter when you arrived.
Il était minuit quand ils sont sortis.	It was midnight when they went out.

4. Emphatic Pronouns

Some emphatic (disjunctive) pronouns have been introduced individually in preceding lessons. The emphatic personal pronoun forms are as follows:

moi	me (I)	nous	us (we)
toi	you	vous	you
lui	him (he)	eux	them (they) *m.*
elle	her (she)	elles	them (they) *f.*

These are the personal pronouns used in positions of emphasis such as the following:

a. As the object of a preposition.

Elle l'a fait pour eux.	She did it for them.
Nous allions partir sans toi.	We were going to leave without you.

b. When the personal pronoun stands alone.

Qui les a vus? Moi.	Who saw them. I (did).
Qui désirez-vous voir? Lui.	Whom do you wish to see? Him.

c. As a predicate pronoun after **c'est** and **ce sont**.[2]

C'est nous qu'ils ont vus.	It is we whom they saw. (We're the ones they saw.)
Ce sont elles qui les achètent.	It is they who buy them. (They're the ones who buy them.)

d. After **que**, *than*, in comparisons.

Vous êtes plus intelligent que lui.	You are more intelligent than he.
Il est plus connu que moi.	He is better known than I.

e. When the personal pronoun is separated from its verb, or when it is emphasized.

2. Note: **Ce sont** is used only with the third person plural.

Lui seul a fait cette conquête.	He alone made that conquest.
Eux aussi ont fondé des écoles.	They too founded schools.
Moi, je préfère les petites villes.	*I* prefer small towns.

f. As part of a compound subject or object.[3]

Charles et lui sont allés en Italie.	Charles and he went to Italy.
Mon oncle et moi, nous restons ici.	My uncle and I are staying here.
Les avez-vous vues, Marie et elle?	Did you see Mary and her?

g. Combined with **-même** (similar to the -*self* forms in English).

moi-même	myself	**nous-mêmes**	ourselves
toi-même	yourself	**vous-même(s)**	yourself, yourselves
lui-même	himself	**eux-mêmes**	themselves
elle-même	herself	**elles-mêmes**	themselves

EXERCICES

A. *Mettez les verbes suivants à la première personne du singulier de l'imparfait.*

EXEMPLES: nous parlons — je parlais
nous choisissons — je choisissais
nous conduisons — je conduisais

1. nous donnons
2. nous vendons
3. nous commençons
4. nous répondons
5. nous finissons
6. nous remplissons
7. nous réussissons
8. nous avons
9. nous écrivons
10. nous recevons
11. nous voyons
12. nous connaissons
13. nous prenons
14. nous venons
15. nous disons
16. nous faisons

Répétez l'exercice, en mettant les verbes à la deuxième personne du pluriel de l'imparfait.

EXEMPLES: nous parlons — vous parliez
nous choisissons — vous choisissiez

B. *Mettez le verbe des phrases suivantes à l'imparfait.*

EXEMPLES: Ils ne savent pas lire. — Ils ne savaient pas lire.
J'arrive toujours de bonne heure. — J'arrivais toujours de bonne heure.

3. Note that with compound subjects and objects a summarizing conjunctive pronoun is often used in addition.

1. Il est quatre heures de l'après-midi.
2. Vous êtes célèbre.
3. Nous aimons les longs voyages.
4. Ils le font chaque jour.
5. Elles y vont tous les jours.
6. Leurs amis habitent en Allemagne.
7. J'estime beaucoup l'art français.
8. C'est lui qui demande cela.
9. Elle s'appelle Marie.
10. Il y a deux écoles.
11. Tu parles très bien.
12. Ils sont religieux.
13. Je me lève de bonne heure.
14. Il s'ennuie ici.
15. Vous écrivez beaucoup de lettres.
16. Nous sommes à Cherbourg.

C. *Répétez ces exemples.*

Moi, je lisais le journal quand Jean est arrivé. Et elle? — Elle lisait le journal quand Jean est arrivé.

Vous parliez avec elle quand Jean est arrivé. Et lui? — Il parlait avec elle quand Jean est arrivé.

Il étudiait sa leçon quand Jean est arrivé. Et moi? — Tu étudiais ta leçon quand Jean est arrivé.

Continuez à répondre de la même manière.

1. Elle prenait le déjeuner quand Jean est arrivé. Et toi?
2. Vous finissiez l'exercice quand Jean est arrivé. Et lui?
3. Nous répétions les phrases quand Jean est arrivé. Et eux?
4. Eux, ils écrivaient des lettres quand Jean est arrivé. Et vous?
5. Moi, j'attendais le train quand Jean est arrivé. Et elle?
6. Tu cherchais des cadeaux quand Jean est arrivé. Et moi?
7. Nous nous habillions quand Jean est arrivé. Et lui?
8. Il dormait quand Jean est arrivé. Et nous?

D. *Répétez la phrase, en employant l'imparfait ou le passé composé du verbe indiqué.*

EXEMPLES: (faire) Il _____ ce voyage l'été dernier. — Il a fait ce voyage l'été dernier.

(dormir) Je _____ toujours très bien. — Je dormais toujours très bien.

1. (acheter) Je _____ la pendule.
2. (finir) Nous _____ les examens hier.
3. (inviter) Ils nous _____ à la célébration.
4. (prendre) Vous _____ toujours les repas à la maison.
5. (être) Son père _____ le chef de cette armée.
6. (habiter) Nous _____ une vieille maison.
7. (s'intéresser) Il ne _____ pas à ses études.
8. (fonder) Ils _____ la première école des colonies.
9. (se réveiller) Je _____ à onze heures hier soir.
10. (écrire) Nous _____ souvent à nos parents.
11. (savoir) Elle ne _____ pas lire.
12. (sortir) Tu _____ après le petit déjeuner.

E. *Répondez par la négative, en employant seulement des pronoms.*

EXEMPLES: Cette lettre est-elle pour moi? — Non, elle n'est pas pour vous.
A-t-il fait le voyage avec Jean? — Non, il ne l'a pas fait avec lui.

1. Avez-vous fait comme votre frère?
2. Sont-ils arrivés avant toi?
3. Est-ce Robert qui l'a conduit au lieu de Marie?
4. Les ont-ils achetés pour nous?
5. Allons-nous passer les vacances chez les Dupont?
6. Pouvons-nous le faire sans Marie et Louise?
7. Est-ce que tu te levais toujours après Robert?
8. Voulez-vous venir avec moi?
9. Marie est-elle plus grande que Richard?
10. Votre père est-il plus âgé que ses frères?
11. Est-ce que les autres sont plus religieux que vous et Jean?
12. Les garçons sont-ils plus petits que les filles?

DIX-SEPTIÈME LEÇON

Mots apparentés

le champion [ləʃɑ̃pjɔ̃]
commander [kɔmɑ̃de]
la croisade [lakrwazad]
énorme [enɔrm]
exister [egziste]
l'exploit *m.* [lɛksplwa]

le héros [ləero]
légendaire [leʒɑ̃dɛr]
littéraire [literɛr]
le patriotisme [ləpatriɔtism]
le poème (ləpɔɛm]

La Chanson de Roland

(Suite.) (Continued.)

—Qu'est-ce qui explique l'aspect légendaire de la renommée de Charlemagne?

—Après la mort de Charlemagne, on a commencé à chanter ses exploits. Les
jongleurs, qui allaient de ville en ville et de château en château, racontaient   5
dans des chansons les aventures de l'Empereur et des autres héros. De ces
«chansons de geste», dont très peu existent encore aujourd'hui, la meilleure
est la *Chanson de Roland.*

Ce long poème raconte la bataille de Roncevaux, dans laquelle Roland,
neveu de Charlemagne, commandait l'arrière-garde de l'armée de son oncle.   10
La mort de Roland et des autres chevaliers prend un aspect très impressionnant dans ce poème, écrit à l'époque des croisades. Charlemagne, Roland
et les autres chevaliers français sont devenus les champions de l'église
chrétienne contre une énorme armée de Sarrasins qui cherchaient à faire la
conquête de l'Europe. C'était le monde chrétien qui se battait contre le   15
monde musulman.

Quand on lit la *Chanson de Roland* on peut voir facilement que ce n'est
pas une histoire complètement vraie parce qu'on a changé les faits et les personnages. Mais on peut dire que c'est une œuvre véritable parce qu'elle
représente bien et artistiquement le monde littéraire de l'écrivain (ou   20
«jongleur»).

153

C'est un des premiers monuments de la littérature française—l'œuvre d'une époque pendant laquelle les écrivains commençaient à employer le français au lieu du latin pour des œuvres littéraires. On y voit aussi la naissance du patriotisme dans la littérature française; les chevaliers parlent souvent de «la douce France» qu'ils aiment et pour laquelle ils acceptent la mort.

Enfin, ce sont les chansons et les histoires comme la *Chanson de Roland,* dont la plupart n'ont jamais été trouvées, qui expliquent cette réputation légendaire de Charlemagne.

VOCABULAIRE

l'arrière-garde *f.* [larjɛrgard] rear guard

la bataille [labataj] battle

battre[1] [batr] to beat; **se battre** to fight

changer (en) [ʃɑ̃ʒe(ɑ̃)] to change (into)

la chanson [laʃɑ̃sɔ̃] song; **les chansons de geste** [leʃɑ̃sɔ̃dəʒɛst] medieval poems or songs about heroic exploits

chanter [ʃɑ̃te] to sing

contre [kɔ̃tr] against

devenir [dəvnir] (*conj. like* **venir**) to become

doux [du] (*f.* **douce** [dus]) sweet, gentle; mild

employer [ɑ̃plwaje] to use

encore [ɑ̃kɔr] still, yet; again

le fait [ləfɛ] fact

le jongleur [ləʒɔ̃glœr] (*formerly*) minstrel; (*modern meaning*) juggler

la mort [lamɔr] death

musulman [myzylmɑ̃] *adj. and n.m.* Moslem, Mohammedan

la naissance [lanɛsɑ̃s] birth

le neveu [lənəvø] nephew

l'œuvre *f.* [lœvr] work (*esp. literary or artistic*)

peu (de) [pø(də)] few, little

le personnage [ləpɛrsɔnaʒ] character (*in story, play, etc.*), personage

raconter [rakɔ̃te] to tell, relate

sarrasin [sarazɛ̃] *adj. and n.m.* Saracen

véritable [veritabl] true, veritable

NOMS PROPRES

Roland [rɔlɑ̃] one of Charlemagne's peers who became a legendary figure, the subject of numerous stories and songs, of which the most famous, after the *Chanson de Roland,* is the Italian epic poem *Orlando Furioso* (1532), by Ariosto

Roncevaux [rɔ̃svo] village in the Spanish Pyrenees where the rear guard of Charlemagne's army, returning from Spain, was ambushed and destroyed by a band of Basque mountaineers in 778. Time, the religious fervor of the Crusades, the naïveté of the medieval audiences, and the literary genius of the *trouvères* transformed this skirmish into an epic conflict.

---

1. Irregular only in the singular forms of the present indicative, where one **t** is dropped: **bats, bats, bat, battons, battez, battent.**

QUESTIONNAIRE

Répondez en français.

A. *Questions sur le texte.* 1. Qui étaient les jongleurs? 2. Qu'est-ce que c'est qu'une *chanson de geste?* 3. Est-ce que les aventures des chansons étaient historiquement vraies? 4. Quelle est la chanson de geste la plus célèbre? 5. Que raconte-t-on dans la *Chanson de Roland?* 6. Qui était Roland selon [*according to*] ce poème? 7. Qui était le chef de l'armée dont Roland commandait l'arrière-garde? 8. Quelle était l'époque pendant laquelle on a écrit le poème? 9. Comment appelle-t-on la bataille dont on parle dans ce poème? 10. Contre qui les chrétiens se battaient-ils? 11. De quoi Roland et Charlemagne sont-ils les champions dans cette chanson? 12. Y voit-on le monde de Charlemagne ou le monde du jongleur lui-même? 13. Quelle est l'importance de la *Chanson de Roland* dans la littérature française? 14. Quelle était la langue littéraire en France avant l'époque des chansons de geste? 15. L'aspect religieux est-il important dans la *Chanson de Roland?* 16. Quel autre aspect représente quelque chose de nouveau dans la littérature française?

B. *Questions générales.* 1. Connaissez-vous un long poème en anglais? 2. Qui en est l'auteur? 3. De quoi parle-t-on dans ce poème? 4. Est-ce que vous l'avez lu à l'école ou chez vous? 5. Nommez deux personnages littéraires dont les exploits sont légendaires. 6. Quel est peut-être le personnage légendaire le plus célèbre de l'Angleterre? 7. Connaissez-vous des chansons américaines dans lesquelles on raconte des exploits légendaires? 8. Quelle est la mer sur laquelle sont situés plusieurs pays musulmans? 9. Citez trois grandes villes situées sur la Méditerranée. 10. Laquelle des trois est la plus grande? 11. Quelle est la ville dont les habitants s'appellent les «Romains»? 12. Quel est le pays dont les habitants s'appellent les «Anglais»?

GRAMMAIRE

1. Relative Pronouns with Prepositions

The following relative pronouns are used as objects of prepositions:

a. **Qui,** *whom,* refers to persons. It is invariable.

Je ne connais pas tous les élèves avec qui nous y allons.	I don't know all the pupils with whom we are going there.
Voici l'écrivain pour qui elle travaille.	Here is the writer for whom she works.

b. Lequel, *which,* generally refers to things. Like the interrogative pronoun **lequel** (Lesson 14), it has four forms and must agree in gender and number with its antecedent.

C'est une histoire dans laquelle on trouve des exploits légendaires.	It's a story in which one finds legendary exploits.
Voici deux livres sans lesquels on ne peut pas comprendre cela.	Here are two books without which one cannot understand that.

The appropriate form of **lequel** is used instead of the invariable **qui** where the indication of gender and number avoids ambiguity of reference.

Où est la sœur de cet homme avec laquelle je parlais avant la classe?	Where is that man's sister, with whom I was talking before class?
Où est la sœur de cet homme avec lequel je parlais hier?	Where is the sister of that man with whom I was speaking yesterday?

When used with the prepositions **à** and **de,** the forms of **lequel** (except **laquelle**) contract as follows:

	SINGULAR	PLURAL
MASCULINE	**auquel**	**auxquels**
FEMININE	**à laquelle**	**auxquelles**
MASCULINE	**duquel**	**desquels**
FEMININE	**de laquelle**	**desquelles**

Voilà les chansons auxquelles je pensais.	There are the songs of which I was thinking.
Voici le village près duquel ma mère habitait.	Here is the village near which my mother lived.

2. *Dont*

The relative pronoun **dont,** *of which, of whom, whose,* is generally used when the preposition involved is **de** (instead of **de qui, duquel,** etc.).

La lettre dont je parlais est arrivée hier.	The letter of which I was speaking arrived yesterday.
Voici les quatre personnes dont vous m'avez donné les noms.	Here are the four people whose names you gave me.

Notice that **dont** does not directly precede the modified noun as does the English *whose.*

Il cherchait les gens dont la voiture était devant le café.	He was looking for the people whose car was in front of the cafe.
Quels sont les écrivains dont vous avez lu les œuvres principales?	Which are the authors whose principal works you have read?

3. Formation of Adverbs

Many adverbs of manner in French are formed by adding **-ment** to the feminine form of the corresponding adjective. This generally corresponds to the similar formation in English with **-ly.**

MASCULINE	FEMININE	MEANING	ADVERB	MEANING
actif	active	active	activement	actively
religieux	religieuse	religious	religieusement	religiously
facile	facile	easy	facilement	easily
seul	seule	only	seulement	only
historique	historique	historic	historiquement	historically
artistique	artistique	artistic	artistiquement	artistically
nouveau	nouvelle	new	nouvellement	newly
naturel	naturelle	natural	naturellement	naturally

EXERCICES

A. *Reliez à l'aide de* **dont** *les phrases groupées par deux.*

EXEMPLES: Voici la lettre. Je parlais de la lettre. — Voici la lettre dont je parlais.

Ce sont les mêmes villes. J'ai pris des photos de ces villes. — Ce sont les mêmes villes dont j'ai pris des photos.

1. Voici la voiture. Nous parlions de la voiture.
2. Voilà les artistes. Elle parle de ces artistes.
3. C'est la même monotonie. Tout le monde souffre de la monotonie.
4. Voici le cadeau. Elle est si contente de ce cadeau!
5. Nous allons parler du patriotisme.   On se rendait compte du patriotisme.
6. Ce sont les mêmes gens. Tu parles de ces gens.
7. C'est le même vin. Il a rempli nos verres de ce vin.
8. Voici les monuments. Elles admiraient la beauté de ces monuments.

B. *Complétez chaque phrase, en choisissant dans la liste de droite une termi-naison convenable.* (Complete each sentence, choosing a suitable ending from the list to the right.)

1. Voilà les artistes ....
2. Comment s'appellent les personnes ...?
3. Est-ce que tu connais les personnes ...?
4. Nous attendons la famille ....
5. Est-ce que ce sont des Français ...?
6. Je m'intéresse aux touristes ....
7. On ne voit jamais les gens ....
8. Ils admirent beaucoup cet homme ....
9. Où habitent les élèves ...?
10. Nous avons invité les élèves ....

chez qui j'habite
à qui nous parlions
pour qui elle travaille
avec qui vous voyagez
contre qui ils se battent

11. Où est situé ce village ...?	dans lequel on le racontait
12. Nous étudions l'époque	devant laquelle cela est arrivé
13. Voici le fleuve	avec lequel vous écriviez
14. Où est la porte ...?	au bord duquel les hommes travaillent
15. Voilà le stylo	pendant laquelle ils ont fait cela
16. J'ai trouvé la maison	par laquelle elle est sortie
17. C'étaient des leçons	auquel vous pensez
18. C'est le poème	après lesquelles on était fatigué

C. *Répondez aux questions suivantes, en faisant commencer votre réponse par **Je ne connais pas la personne** . . . .*

EXEMPLES: Pour qui travaille-t-il? — Je ne connais pas la personne pour qui il travaille.

A qui s'intéresse-t-elle? — Je ne connais pas la personne à qui elle s'intéresse.

1. Avec qui parle-t-il?
2. Chez qui habite-t-elle?
3. Pour qui apporte-t-il cela?
4. Chez qui allons-nous?
5. Avec qui vont-ils faire ce voyage?

6. A qui pense-t-elle?
7. Pour qui a-t-il choisi le cadeau?
8. A qui l'a-t-il envoyé?
9. De qui parlait-elle?
10. De qui ont-elles fait la connaissance?

D. *Mettez les verbes à l'imparfait.*

EXEMPLES: Elle arrive de bonne heure tous les jours. — Elle arrivait de bonne heure tous les jours.

Ils choisissent les plus beaux. — Ils choisissaient les plus beaux.

1. Ils ne savent pas lire.
2. Je le fais chaque jour.
3. Il est cinq heures du matin.
4. Vous êtes célèbre.
5. Nous aimons les longs voyages.
6. Leurs amis habitent en Allemagne.

7. J'estime beaucoup l'art français.
8. Vous ne finissez pas toujours les examens.
9. Ils vendent des automobiles.
10. Les touristes remplissent les villes.

E. *Répondez par l'affirmative.*

EXEMPLES: Travaillez-vous pour eux? — Oui, je travaille pour eux.

Est-ce qu'ils habitent chez vous? — Oui, ils habitent chez nous.

1. Venez-vous avec nous?
2. Est-il parti sans toi?
3. Sont-elles arrivées avant lui?
4. Les a-t-il envoyés pour elle?
5. Sont-ils entrés après vous?

6. Est-ce que vous et Jean allez chez eux?
7. Sont-elles venues avec vous et Jean?
8. Les ont-ils posés entre Paul et moi?
9. Est-ce que tu t'ennuies comme moi?
10. Vous êtes-vous levés après elles?

F. *Donnez l'adverbe qui correspond à l'adjectif.*

EXEMPLES: historique   —   historiquement
           nouveau   —   nouvellement

1. doux   4. complet   7. principal   10. artistique   13. seul
2. facile   5. patriotique   8. religieux   11. actif   14. agréable
3. typique   6. prochain   9. spécial   12. difficile   15. traditionnel

Two picturesque provincial cities: (*Above*) The Moselle river passing through Metz in Lorraine. In the background is a Protestant church. (*Below*) The Ill river in Strasbourg, Alsace, winding past an old section of the city known as the "Petite-France."

(*Above*) The beach at nes on the French Ri- a. (*Right*) Skiing at Les iches near Chamonix in French Alps, with Mont nc in the background.

Harvesting grapes in Burgundy.

An expert vintner drawing wine from a barrel for testing.

French shepherd tending his flock in the Bas-Alpes village of Fouillouze.

A farm in Sologne in the Loire Valley.

FRENCH GOVERNMENT TOURIST OFFICE
FRENCH EMBASSY PRESS & INFORMATION DIVISION

DIX-HUITIÈME LEÇON

Mots apparentés

attribuer [atribɥe]
l'automne *m.* [lotɔn]
la caractéristique [lakarakteristik]
certain [sɛrtɛ̃]
contraire [kɔ̃trɛr]

la couleur [lakulœr]
la mélancolie [lamelãkɔli]
populaire [pɔpylɛr]
la préférence [lapreferãs]
la saison [lasɛzɔ̃]

Les saisons de l'année

En Europe, comme en Amérique, il y a quatre saisons dans l'année, et on attribue à chaque saison certaines caractéristiques. Nous disons, par exemple, qu'en hiver il fait froid et qu'en été, au contraire, il fait chaud. Mais, en disant cela nous savons qu'il ne fait pas toujours et partout froid en hiver ni toujours chaud en été. Ce ne sont que les impressions populaires des saisons.

Il y a des gens pour qui la saison préférée est l'hiver parce qu'ils aiment la beauté de la neige et les longues nuits, et parce qu'ils aiment aussi la saison des grandes fêtes de Noël (le 25 décembre) et du Jour de l'An (le 1er janvier). Les enfants, surtout, sont très heureux quand il neige pendant les vacances de Noël.

L'été est la saison préférée de beaucoup de jeunes gens à cause des grandes vacances[1] qui leur donnent l'occasion de faire des voyages à l'étranger, de voir des endroits nouveaux ou de passer quelque temps à la montagne ou au bord de la mer, surtout au mois d'août.

On célèbre le printemps dans les chansons et les poèmes parce que dans cette saison il fait si souvent très beau et très doux, et parce qu'on est si heureux de voir la fin de l'hiver. Il y a des jours chauds où il fait du soleil et des jours frais où il pleut, et bientôt on voit renaître les fleurs et les arbres. Quelques personnes disent aussi que le printemps est la saison de l'amour; mais d'autres répondent que l'amour n'a pas de saison. Qu'est-ce que nous en savons?

1. **grandes vacances,** *summer vacation*

160

L'automne, avec sa variété de couleurs, est peut-être aussi beau que le printemps. Mais les enfants ne l'aiment pas parce que c'est la saison où ils rentrent à l'école pour recommencer leurs études. Et, quand il fait très frais en automne, on a quelquefois un sentiment de mélancolie parce que cela 25 annonce le froid de l'hiver et la fin des beaux jours.

Enfin, malgré toutes les préférences, on peut dire qu'il y a dans tous les mois des jours où il fait beau et d'autres jours où il fait mauvais. Chaque saison a ses charmes, et c'est, semble-t-il, la variété que nous aimons le mieux.

VOCABULAIRE

à cause de [akozdə] because of
l'amour m. [lamur] love
l'arbre m. [larbr] tree
bientôt [bjēto] soon
célébrer [selebre] to celebrate, praise
chaud [ʃo] hot, warm
l'enfant m. or f. [lāfā] child
la fête [lafɛt] holiday, festival
la fleur [laflœr] flower
frais [frɛ] (f. fraîche [frɛʃ]) cool, fresh
(le) froid [(lə)frwa] n. and adj. cold
l'hiver m. [livɛr] winter
le Jour de l'An [ləʒurdəlā] New Year's Day

malgré [malgre] in spite of
mauvais [mɔvɛ] bad
la neige [lanɛʒ] snow
neiger [neʒe] to snow
pleuvoir [plœvwar] to rain
préféré [prefere] favorite, preferred
le printemps [ləprɛ̃tā] spring
renaître [rənɛtr] to be reborn; to come to life again
sembler [sāble] to seem
le sentiment [ləsātimā] feeling
le soleil [ləsɔlɛj] sun, sunshine

QUESTIONNAIRE

Répondez en français.

A. *Questions sur le texte.* 1. Combien de saisons y a-t-il dans l'année? 2. Quelles sont les quatre saisons? 3. En France, quel temps fait-il d'ordinaire en hiver? en été? 4. Pourquoi est-ce que certaines gens préfèrent l'hiver? 5. Qui est très heureux quand il neige pendant les vacances de Noël? 6. Pourquoi l'été est-il la saison préférée de beaucoup de jeunes gens? 7. Quelle saison célèbre-t-on surtout dans les chansons et les poèmes? 8. Quel temps fait-il souvent au printemps? 9. Quelle saison est la saison spéciale de l'amour? 10. Dans quelle saison y a-t-il la plus grande variété de couleurs? 11. Qu'est-ce que les jours très frais de l'automne annoncent?

B. *Questions générales.* 1. Est-ce que l'Amérique du Sud a les mêmes saisons que l'Amérique du Nord? 2. Est-ce que toutes les régions du monde ont quatre saisons différentes?   3. En quelle saison fait-il souvent doux? 4. En quelle saison pleut-il beaucoup?   5. Laquelle des quatre saisons préférez-vous?   6. Est-il plus difficile d'étudier au printemps qu'en hiver? 7. Selon [*according to*] les poèmes et les chansons, à quoi pensent les jeunes gens au printemps?   8. Quel temps fait-il aujourd'hui?   9. Quel temps a-t-il fait hier?   10. De quel état êtes-vous?   11. Quel temps fait-il chez vous maintenant?   12. Fait-il plus chaud chez vous qu'ici?   13. Neige-t-il souvent chez vous?   14. Est-il plus facile de conduire une automobile quand il neige ou quand il fait du soleil?   15. Préférez-vous voyager en auto ou à bicyclette quand il pleut?   16. Quels sont les mois de l'année?

GRAMMAIRE

1. Irregular Verb *pleuvoir*, to rain

Pleuvoir has only one form in each of the tenses.

il pleut	it rains, does rain, is raining
il pleuvait	it rained, did rain, used to rain, was raining
il a plu	it rained, did rain, has rained

2. The Present Participle

The present participle of most French verbs may be formed by substituting **-ant** for the **-ons** of the first person plural of the present indicative.

PRESENT INDICATIVE	PRESENT PARTICIPLE	MEANING
nous donnons	**donnant**	giving
nous finissons	**finissant**	finishing
nous attendons	**attendant**	waiting
nous écrivons	**écrivant**	writing
nous faisons	**faisant**	making, doing

NOTE: **Avoir, être,** and **savoir** have irregular present participles: **ayant,** *having;* **étant,** *being;* and **sachant,** *knowing.*

The French present participle is *not* used like the English gerund as the subject of a verb or as the object of a verb or preposition (except the preposition **en**). Its principal use in French is in adverbial phrases with or without the introductory preposition **en.**

Voyant l'heure qu'il était, Jean s'est vite levé.	Seeing what time it was, John got up quickly.
En arrivant à l'école, j'ai rencontré le professeur.	Upon arriving at school, I met the teacher.

When followed by the present participle, **en** may correspond to various English connecting words, such as *by, in, on, upon, when, while, as.*

En parlant on apprend à parler.	By speaking one learns to speak.
Je les ai rencontrés en quittant l'hôtel.	I met them while leaving the hotel. (*Or* on leaving, when I was leaving, while I was leaving, as I was leaving . . .)

3. Months of the Year

The names of the months are generally not capitalized in French. They are masculine.

janvier	January	**mai**	May	**septembre**	September
février	February	**juin**	June	**octobre**	October
mars	March	**juillet**	July	**novembre**	November
avril	April	**août**	August	**décembre**	December

Ils y vont en décembre.	They go there in December.
En avril les fleurs renaissent.	In April the flowers come to life again.

The word **mois**, *month,* is used in French with the names much more frequently than in English.

Cela est arrivé au mois de mars.	That happened in (the month of) March.
Ils prennent leurs vacances au mois d'août.	They take their vacation in (the month of) August.

The cardinal numbers are used in French for all dates except "the first." No preposition is used between the day and the month.

C'est aujourd'hui le premier mai.	Today is the first of May.
On le célèbre le deux septembre.	It is celebrated on the second of September.
Le vingt-cinq décembre est la fête de Noël.	The twenty-fifth of December is Christmas Day.

4. Expressions of Weather

The following common expressions referring to the weather use the verb **faire** with the impersonal **il** as subject:

Quel temps fait-il aujourd'hui?	How is the weather today?
Il fait beau (temps).	The weather is good.
Il fait mauvais (temps).	The weather is bad.
Il fait frais, mais il ne fait pas froid.	It is cool, but it's not cold.
Il a fait chaud hier, mais aujourd'hui il fait doux.	Yesterday was warm (hot), but today it's mild (pleasant).
Il faisait du soleil quand nous nous sommes levés.	It was sunny when we got up.
Fait-il du vent?	Is it windy?

NOTE: Never use **le temps** (*the weather*) as the *subject* of **faire** in weather expressions: **Il fait froid.** *The weather is cold.*

5. Relative *où*

Où is used as a relative pronoun to introduce a clause modifying a noun of time or place. When so used, it may correspond to the English words *when, that, on which, in which,* etc., as well as *where.*

Je l'ai vu le jour où il est arrivé.	I saw him the day that (when) he arrived.
Voici l'endroit où la bataille a commencé.	Here is the place where (in which, on which) the battle began.

EXERCICES

A. *Répétez ces expressions arrangées par groupes de deux.* (Repeat these expressions arranged in pairs.)

chaud	—	froid	doux	—	frais
beau	—	mauvais	du soleil	—	du vent

Répondez à chaque question par la négative, en employant l'autre terme du groupe. (Answer each question in the negative, using the other expression of the pair.)

EXEMPLES: Fait-il beau aujourd'hui? — Non, il fait mauvais aujourd'hui.
                  A-t-il fait du soleil hier? — Non, il a fait du vent hier.

1. Fait-il chaud aujourd'hui?
2. A-t-il fait beau hier?
3. Faisait-il doux alors?
4. Fait-il du soleil aujourd'hui?

5. A-t-il fait froid hier?
6. Faisait-il du vent alors?
7. Fait-il frais aujourd'hui?
8. Faisait-il mauvais alors?

B. *Répondez en indiquant une saison convenable.* (Answer, indicating an appropriate season.)

EXEMPLES: En quelle saison fait-il chaud? — Il fait chaud en été.
En quelle saison fait-il du vent? — Il fait du vent en hiver.

En quelle saison fait-il froid (doux, frais, du soleil, du vent, chaud, beau, mauvais)?

C. *Complétez la phrase, en employant une expression convenable.*

Ici il fait_____
  - en été.
  - en automne.
  - en hiver.
  - au printemps.
  - au mois de mai.
  - au mois de mars.
  - au mois de janvier.
  - au mois de juillet.
  - au mois d'octobre.

Répétez, employant des expressions comme **à Québec, en Argentine, en Californie,** *etc.*

EXEMPLES: A Québec il fait beau au printemps.
En Argentine il fait chaud au mois de janvier.

Posez des questions:

EXEMPLES: Fait-il chaud à Chicago au mois d'août?
Fait-il froid à Miami au mois de février?

D. *Répétez la phrase, en employant le participe présent avec* **en.** (Repeat the sentence using the present participle with **en.**).

EXEMPLES: Quand on parle, on apprend à parler. — En parlant on apprend à parler.
Pendant qu'il voyageait, il a vu ces endroits. — En voyageant il a vu ces endroits.

1. Quand on voyage sans hâte, on voit bien le pays.
2. Quand je suis arrivé, j'ai vu le professeur.
3. Quand nous sommes rentrés, nous avons rencontré sa sœur.
4. Quand ils arrivent de bonne heure, ils ont beaucoup de temps.
5. Pendant qu'elle cherchait la lettre, elle a trouvé cette photo.
6. Pendant que j'étudiais le français, j'ai appris cela.
7. Pendant que vous parliez, vous avez mentionné ce fait.
8. Pendant que nous cherchions des cadeaux, nous avons trouvé ceci.

E. *Répondez par la négative, en indiquant le mois suivant.* (Answer in the negative, indicating the month following.)

EXEMPLES: Est-ce que cela est arrivé le dix mars? — Non, cela est arrivé le dix avril.

Y allez-vous le premier novembre? — Non, j'y vais le premier décembre.

1. Rentrent-ils le quatre juillet?
2. Sont-elles parties le deux janvier?
3. Le printemps commence-t-il le vingt et un février?
4. Est-ce que la bataille a commencé le sept novembre?
5. Y allons-nous le quinze mai?
6. Est-ce qu'on la célèbre le seize juin?
7. Est-ce que tu les as achetés le trois décembre?
8. Les élèves rentrent-ils le premier septembre?
9. Lui avez-vous écrit le neuf août?
10. Est-ce qu'il a été couronné le trente octobre?

F. *Répétez la phrase, en employant seulement des pronoms compléments.*

EXEMPLES: Je lui ai donné l'argent. — Je le lui ai donné.

Elle t'écrivait la lettre. — Elle te l'écrivait.

1. Je leur demande la réponse.
2. Il nous envoie les photos.
3. Nous lui avons annoncé l'itinéraire.
4. Tu m'as acheté ce cadeau.
5. Elle va vous dire ses impressions.
6. Vous allez nous envoyer la pendule.
7. Ils t'ont posé cette question.
8. Nous lui avons rapporté ces cartes.

DOISNEAU-RAPHO, RAPHO GUILLUMETTE

The Place de l'Opéra at noontime, with a cafeteria at right.

A fairly new addition to the Paris scene—the American-type "drugstore."

TRANS WORLD AIRLINES

GAUFRES & CRÊPES

A *stand de crêpes* on a Par[is] street corner.

A quick-service grill shop o[n] the Champs Élysées.

(*Opposite*) A chef skilled i[n] the *haute cuisine,* in th[e] kitchen of a restaurant whe[re] one may dine in splendor.

(*Left*) Glass-enclosed, air conditioned section of a sidewalk cafe. (*Below*) Fouquet's Restaurant on the Champs Élysées.

DIX-NEUVIÈME LEÇON

Mots apparentés

le boulevard [ləbulvar]
favorable [favɔrabl]
le fruit [ləfrɥi]

la liqueur [lalikœr]
le sandwich [ləsãdwitʃ]
la tranquillité [latrãkilite]

Au café

Un après-midi, en revenant d'une visite au Louvre, Charles et moi avons
rencontré Georges et François devant notre café préféré du Boulevard Saint-
Michel—celui qui est près de notre hôtel. Tous les quatre nous avions chaud
et soif et grande envie de prendre quelque boisson rafraîchissante. Nous nous
sommes assis à une des tables à la terrasse. Quand le garçon est venu,   5
Charles, Georges et moi avons commandé un bock de bière blonde, mais
François, qui a toujours faim, a commandé un sandwich et un verre de vin
blanc.

—Ah, ai-je dit,[1] cette bière-ci est meilleure que celle que nous avons bue
hier dans l'autre café!   10

—Savez-vous, nous a dit Georges, ce que je préfère en France? Eh bien,
ce sont les cafés. Il est si agréable d'être assis à la terrasse à regarder passer le
monde, à boire quelque chose de rafraîchissant et à causer avec des amis.
Ça donne un sentiment de loisir et de tranquillité qui est très favorable à
la bonne conversation.   15

—Oui, tu as raison, mon vieux, a répondu François. L'après-midi, après
une promenade, ou le soir, après le dîner ou après le théâtre, on passe très
agréablement une heure ou deux au café, tout en buvant[2] de la bière, du jus
de fruit, du thé, du café, ou un petit verre de liqueur. Hier soir,[3] par exemple,
j'avais grand sommeil, mais malgré cela je ne voulais pas rentrer à l'hôtel   20

1. Notice that in French the subject and the verb are always inverted in the explana-
tory indications given with direct quotations: **ai-je dit, a répondu François,** etc.
2. **tout en buvant,** *while drinking*
3. **Hier soir,** *last night*

parce que je m'amusais beaucoup ici au café. C'est un véritable plaisir de rester ici à voir s'amuser les autres.

—Vous avez raison tous les deux, a dit Charles. J'aime beaucoup les cafés. Celui-ci est un des plus agréables. J'ai peur de ne pas vouloir le quitter pour rentrer aux Etats-Unis à la fin des vacances—surtout quand je pense aux classes et aux examens qui vont recommencer. Quelle différence entre les journées de loisir ici et les journées d'études à l'université!

VOCABULAIRE

agréable [agreabl] pleasant, pleasing, agreeable

s'amuser [samyze] to have a good time, amuse oneself

s'asseoir [saswar] to sit (down)

la bière [labjɛr] beer

blanc [blɑ̃] (f. blanche [blɑ̃ʃ]) white; colorless (wine)

blond [blɔ̃] blond; light (beer)

le bock [ləbɔk] (small) glass of beer

boire [bwar] to drink

la boisson [labwasɔ̃] drink, beverage

le café [ləkafe] coffee; café

causer [koze] to chat, talk

commander [kɔmɑ̃de] to order; to command

la coutume [lakutym] custom

la faim [lafɛ̃] hunger

le garçon [ləgarsɔ̃] waiter; boy

le jus [ləʒy] juice

le loisir [ləlwazir] leisure

le monde [ləmɔ̃d] people (often synonymous with les gens); world

la peur [lapœr] fear

se rafraîchir [sərafrɛʃir] to cool (off), refresh oneself

rafraîchissant [rafrɛʃisɑ̃] refreshing

la raison [larɛzɔ̃] reason; avoir raison to be right

regarder [rəgarde] to look (at), watch

la soif [laswaf] thirst

le sommeil [ləsɔmɛj] sleep; avoir sommeil to be sleepy

la terrasse [latɛras] terrace (that part of a café or restaurant which is on the sidewalk)

le thé [ləte] tea

le verre [ləvɛr] glass

NOM PROPRE

le Boulevard Saint-Michel [ləbulvarsɛ̃miʃɛl] broad thoroughfare which runs from the Seine through the center of the Latin Quarter

QUESTIONNAIRE

Répondez en français.

A. *Questions sur le texte.* 1. D'où revenaient Charles et Richard quand ils ont rencontré leurs amis? 2. Sur quel boulevard est situé ce café? 3. Pourquoi avaient-ils grande envie de prendre une boisson rafraîchissante? 4. Qu'est-ce qu'ils ont commandé? 5. Lequel des quatre amis a toujours

faim?   6. Quelle coutume française Georges trouve-t-il très agréable?
7. Comment passe-t-on le temps au café?   8. Quel sentiment les jeunes gens
ont-ils quand ils sont à la terrasse d'un café?   9. A quoi ce loisir et cette
tranquillité sont-ils favorables?   10. A quelles heures de la journée les jeunes
gens allaient-ils d'ordinaire au café?   11. Combien de temps passaient-ils
d'ordinaire au café?   12. Citez quelques boissons qu'on peut commander au
café?   13. Pourquoi François ne voulait-il pas aller se coucher un soir
malgré son envie de dormir?   14. De quoi Charles avait-il peur?   15. Quand
allaient-ils quitter Paris?

B. *Questions générales.*   1. Avez-vous toujours faim avant les repas?
2. Avez-vous quelquefois faim même après les repas?   3. D'ordinaire a-t-on
plus soif quand il fait chaud ou quand il fait froid?   4. Avez-vous jamais eu
froid en été?   5. Où étiez-vous à ce moment-là?   6. Avez-vous peur des
examens?   7. Les examens de français sont-ils plus difficiles que ceux de
mathématiques?   8. A quelle heure vous couchez-vous le soir?   9. Avez-vous
toujours sommeil à cette heure?   10. Avez-vous quelquefois sommeil en vous
levant le matin?   11. Combien d'heures dormez-vous?   12. Que buvez-
vous de préférence quand vous avez soif?   13. Est-il plus agréable de
travailler ou de regarder travailler les autres?   14. En êtes-vous certain?
15. A quelle heure vous levez-vous le matin?   16. En vous levant, avez-vous
faim?   17. Que buvez-vous de préférence au petit déjeuner?   18. Préférez-
vous la même boisson en toute saison?

GRAMMAIRE

1. Irregular verb *boire*, to drink (p.p. *bu*)

PRESENT INDICATIVE

je bois	nous buvons
tu bois	vous buvez
il boit	ils boivent

2. Irregular Verb *s'asseoir*, to sit down (p.p. *assis*)

PRESENT INDICATIVE

je m'assieds	nous nous asseyons
tu t'assieds	vous vous asseyez
il s'assied	ils s'asseyent

NOTE: For some tenses of **s'asseoir** there are alternate spellings, which may
be found in the Appendix.

3. Demonstrative Pronouns

The French demonstrative pronouns are:

		SINGULAR		PLURAL
MASCULINE	celui	this (one), that (one), the one	ceux	these, those, the ones
FEMININE	celle	this (one), that (one), the one	celles	these, those, the ones
NEUTER	ceci	this		
	cela (ça)	that		

Celui, celle, ceux, and **celles** are used to stand for a specific noun. **Ceci, cela,** and **ça** are used to indicate an idea or an action, or an object which is referred to without being named. **Ça** is simply the shortened form of **cela;** it is used in colloquial language.

Il y a beaucoup de bons cafés, mais voici celui que je préfère.	There are many good cafés, but here's the one (that) I prefer.
La lettre est sur cette table-ci ou sur celle de votre chambre.	The letter is on this table or the one in your room.
Il dit que les meilleurs vins du monde sont ceux de France.	He says that the best wines in the world are those of France.
Les voitures américaines sont plus grandes que celles qu'on voit en Europe.	American cars are larger than those one sees in Europe.
Faites ceci avant de faire cela.	Do this before you do that.
Qu'est-ce que c'est que ça?	What's that?

Because there is no possessive form of the noun in French, the demonstrative pronouns are used in sentences like the following:

Voici mon livre de français et celui d'Albert.	Here is my French book and Albert's.
Votre photo et celle de votre sœur sont sur la table.	Your picture and your sister's are on the table.

The masculine and feminine forms of the demonstrative pronoun *must* be followed by **-ci** or **-là** whenever there is no modifying phrase or clause.

celui-ci	this (one)	**celui-là**	that (one)
celle-ci	this (one)	**celle-là**	that (one)
ceux-ci	these	**ceux-là**	those
celles-ci	these	**celles-là**	those

Voici les nouvelles valises. Celle-ci est plus grande que celle-là.	Here are the new bags. This one is larger than that one.
Elle a examiné tous les costumes et a choisi celui-ci.	She examined all the costumes and chose this one.
De tous les pays, ceux-là sont les plus importants.	Of all the countries, those are the most important.

4. Idioms with *avoir*

The verb **avoir** is used in many expressions of personal feeling. Some common expressions are:

avoir chaud	to be warm (hot)	**avoir raison**	to be right
avoir froid	to be cold	**avoir tort**	to be wrong
avoir faim	to be hungry	**avoir peur**	to be afraid
avoir soif	to be thirsty	**avoir honte**	to be ashamed
avoir sommeil	to be sleepy	**avoir envie (de)**	to feel like

J'ai très chaud.	I am very warm. (I feel hot.)
Ils se couchaient quand ils avaient sommeil.	They used to go to bed when they were sleepy.
Elle n'a jamais soif, mais elle a toujours faim.	She is never thirsty, but she's always hungry.

5. Infinitive after Verbs of Perception

The infinitive (without a preposition) is generally used in French after verbs of perception (**voir**, *to see;* **entendre**, *to hear;* etc.) where a present participle is used in English. If the subject of the infinitive is a noun, it generally follows.

Je vois venir votre mère.	I see your mother coming.
Ecoutez-les chanter.	Listen to them singing.
Nous les regardons passer.	We watch them going by.

6. *Quel* in Exclamations

Quel (**quelle, quels, quelles**) used before a noun in exclamations corresponds to English *What a . . . !* or *What . . . !*

Quel charme! Quelle beauté!	What charm! What beauty!
Quel plaisir de vous revoir!	What a pleasure to see you again!
Quels jours heureux!	What happy days!

EXERCICES

A. *Répétez ces exemples.*

le livre	—	Préférez-vous ce livre-ci ou celui-là?
la carte	—	Préférez-vous cette carte-ci ou celle-là?

Continuez, en posant la même question avec chaque nom. (Continue, asking the same question with each noun.)

1. le café	5. l'arbre (*m.*)	9. l'article (*m.*)
2. le restaurant	6. l'automobile (*f.*)	10. la couleur
3. la voiture	7. le boulevard	11. le verre
4. la liqueur	8. la boisson	12. l'œuvre (*f.*)

Répétez l'exercice, en mettant les noms au pluriel.

EXEMPLES: le livre — Préférez-vous ces livres-ci ou ceux-là?
la carte — Préférez-vous ces cartes-ci ou celles-là?

B. *Répétez ces exemples.*

Georges a soif. Et vous? — Moi, j'ai soif aussi.
Marie a froid. Et ses amies? — Elles ont froid aussi.
Eux, ils ont sommeil. Et nous? — Nous avons sommeil aussi.

Continuez, en répondant de la même manière.

1. Moi, j'ai chaud. Et toi?
2. François a faim. Et les autres?
3. Vous avez raison. Et elle?
4. Les autres ont peur. Et nous?
5. Tu as froid. Et moi?
6. Mme Dupont a soif. Et M. Dupont?
7. Nous avons envie de nous rafraîchir. Et vous?
8. Moi, j'ai sommeil. Et lui?

C. *Répondez par la négative.*

EXEMPLES: Vous couchez-vous à neuf heures? — Non, je ne me couche pas à neuf heures.
S'est-elle amusée à la fête? — Non, elle ne s'est pas amusée à la fête.

1. Se sont-ils levés de bonne heure?
2. Nous habillons-nous avant le dîner?
3. Est-ce que je me suis réveillé immédiatement?
4. S'est-elle vite lavée?
5. Vous êtes-vous rafraîchi au café?
6. Nous asseyons-nous à la terrasse?
7. S'intéresse-t-elle aux coutumes françaises?
8. Est-ce que ce garçon s'appelle Robert?
9. Te rends-tu compte de son importance?
10. Vous ennuyez-vous à l'école?

D. *Répétez ces exemples.*

Fait-il chaud aujourd'hui? — Non, il ne fait pas chaud aujourd'hui mais il a fait chaud hier.
Pleut-il aujourd'hui? — Non, il ne pleut pas aujourd'hui, mais il a plu hier.

*Continuez de la même manière, en répondant par la négative pour **aujour-d'hui** et par l'affirmative pour **hier**.*

1. Fait-il beau aujourd'hui?
2. Fait-il du vent aujourd'hui?
3. Fait-il doux aujourd'hui?
4. Fait-il froid aujourd'hui?
5. Fait-il du soleil aujourd'hui?
6. Fait-il mauvais aujourd'hui?
7. Fait-il frais aujourd'hui?
8. Neige-t-il aujourd'hui?

E. *Répondez par l'affirmative.*

EXEMPLES: Faisait-il chaud quand vous y étiez? — Oui, il faisait chaud quand j'y étais.
Pleuvait-il quand vous y étiez? — Oui, il pleuvait quand j'y étais.

1. Faisait-il beau quand vous y étiez?
2. Faisait-il du vent quand vous y étiez?
3. Faisait-il doux quand vous y étiez?
4. Faisait-il froid quand vous y étiez?
5. Faisait-il du soleil quand vous y étiez?
6. Est-ce qu'il faisait mauvais quand vous y étiez?
7. Est-ce qu'il faisait frais quand vous y étiez?
8. Est-ce qu'il neigeait quand vous y étiez?

VINGTIÈME LEÇON

Mots apparentés

l'arrivée *f.* [larive]
dominer [dɔmine]
la grand-mère [lagrɑ̃mɛr]
le grand-père [ləgrɑ̃pɛr]
les grands-parents [legrɑ̃parɑ̃]

la joie [laʒwa]
le kilomètre [ləkilɔmɛtr]
préparer [prepare]
ressembler (à) [rəsɑ̃ble(a)]

Une visite chez les grands-parents

Peu après notre arrivée à Paris, j'ai quitté mes amis pour aller passer quelques jours auprès de mes grands-parents à Chartres. Ils n'habitent pas dans la ville même, mais à la campagne à trois kilomètres de la ville. De leur maison on voit la belle cathédrale de Chartres qui domine le paysage.

Aussitôt que je suis descendu du taxi, grand-mère et grand-père m'ont embrassé—tous les deux en même temps—tant[1] ils étaient heureux de me voir. 5

—Quelle joie de te revoir, Richard, après tant d'années! a dit grand-mère. Mais si tu continues à grandir je ne pourrai pas t'embrasser sans monter sur une chaise! 10

—Ah! grand-mère et grand-père, comme c'est bon d'être ici! Mes parents m'ont chargé de vous embrasser de leur part.

—Comme tu ressembles à ton père! a dit grand-père. Mais, maintenant, tu es même plus grand que lui et beaucoup plus grand que moi. A présent c'est le grand-père qui est petit, et le petit-fils qui est grand. 15

—Allons! a dit grand-mère; je sais que tu as faim. Lave-toi vite les mains pendant que je mets le couvert, et nous causerons en mangeant. Je me rappelle que tu aimais le pot-au-feu, et j'en ai préparé un spécialement pour toi. Grand-père, toi et moi, nous serons seuls pour le déjeuner et l'après-midi. Tu nous donneras toutes les nouvelles de ta famille. Plus tard, aussitôt que 20

---

1. **Tant ils étaient heureux,** *they were so happy.* Notice the position of **tant**.

174

ton oncle rentrera du bureau, lui et tante Hélène avec tes quatre cousins viendront chez nous pour un grand dîner de famille.

—Tu seras très heureux, a dit grand-père, de revoir ta cousine Jeanne. Tu la trouveras très jolie maintenant qu'elle a dix-sept ans!

VOCABULAIRE

allons! [alɔ̃] come now!
auprès de [oprɛdə] with, near, close to
aussitôt que [ositokə] as soon as
le bureau [ləbyro] office
la campagne [lakɑ̃paɲ] country, rural area
la chaise [laʃɛz] chair
charger (**de**) [ʃarʒe(də)] to instruct, charge
le couvert [ləkuvɛr] a place setting (*at the table*)
descendre (**de**) [desɑ̃dr(də)] (*aux. être*) to go (come) down, descend; to get off, get out of (*a vehicle*)
embrasser [ɑ̃brase] to kiss, embrace
grandir [grɑ̃dir] to grow, grow up
la main [lamɛ̃] hand
la maison [lamɛzɔ̃] house
manger [mɑ̃ʒe] to eat

même [mɛm] self (*after pron.*); itself, very (*after n.*); same; even; **dans la ville même** in the city itself, right in the city
mettre [mɛtr] to put, place; **mettre le couvert** to set the table
monter [mɔ̃te] (*aux. être*) to go (come) up
la nouvelle [lanuvɛl] news, piece of news
la part [lapar] share, part; **de la part de** on behalf of
le paysage [ləpeizaʒ] landscape
le pot-au-feu [ləpɔtofø] boiled beef with vegetables
se rappeler [səraple] to remember, recall
revoir [rəvwar] (*conj. like* **voir**) to see again
tant (**de**) [tɑ̃(də)] so, so much, so many
tard [tar] late

QUESTIONNAIRE

Répondez en français.

A. *Questions sur le texte.* 1. Quand Richard a-t-il quitté ses amis? 2. Pour combien de temps les a-t-il quittés? 3. Pourquoi les a-t-il quittés? 4. Où habitent ses grands-parents? 5. Habitent-ils dans la ville même? 6. Qu'est-ce qui domine le paysage autour de [*around*] Chartres? 7. Comment Richard est-il allé de la gare à la maison de ses grands-parents? 8. Qu'est-ce que la grand-mère a dit en l'embrassant? 9. A qui ressemble Richard? 10. Qu'est-ce que sa grand-mère lui a dit de faire? 11. Que fera-t-elle pendant qu'il se lavera les mains? 12. Qu'est-ce qu'elle a préparé pour le déjeuner? 13. De quoi parleront-ils en mangeant? 14. Qui viendra pour le dîner?   15. Quand viendront-ils?   16. Combien de cousins Richard a-t-il à Chartres?   17. Laquelle de ses cousines trouvera-t-il très jolie?   18. Quel âge Jeanne a-t-elle?

B. *Questions générales.*   1. Où habitent vos grands-parents?   2. Les verrez-vous pendant les vacances de Noël?   3. Si vous allez les voir, leur ferez-vous un cadeau?   4. Ressemblez-vous à votre père?   5. Etes-vous plus grand que lui?   6. Quel âge a-t-il?   7. Combien de cousins avez-vous?   8. Avez-vous un cousin ou une cousine du même âge que vous?   9. Lequel de vos cousins est le plus âgé?   10. Lequel de vos cousins voyez-vous le plus souvent?   11. Est-ce que vous irez chez lui à Noël?   12. Y allez-vous chaque année?   13. Combien de temps passerez-vous chez vous?   14. Est-ce que beaucoup de vos amis y seront aussi?   15. Quel temps pensez-vous qu'il fera chez vous pendant les vacances?

GRAMMAIRE

1. Irregular Verb *mettre*, to put, place (p.p. *mis*)

PRESENT INDICATIVE

je mets	nous mettons
tu mets	vous mettez
il met	ils mettent

Notice that this verb is irregular only in the past participle and in the omission of one **t** in the singular of the present indicative.

2. Future Indicative

The future indicative of all regular verbs and many irregular verbs is formed by adding the following endings to the infinitive. In the case of verbs in **-re,** the final **-e** is dropped.

-ai	-ons
-as	-ez
-a	-ont

These endings will be recognized as those of **avoir** in the present indicative. They are used for *all verbs.*

FUTURE INDICATIVE OF **donner,** to give

je donnerai	I shall (will) give	nous donnerons	we shall (will) give
tu donneras	you will give	vous donnerez	you will give
il donnera	he will give	ils donneront	they will give

The letter **t** is inserted between the third person singular of the verb and the personal pronoun subjects **il, elle,** and **on** in the inverted forms of the interrogative.

Le trouvera-t-il?	Will he find it?
Les fin'. a-t-elle demain?	Will she finish them tomorrow?
Vendra-t-on la maison?	Will the house be sold?

3. Irregular Futures[2]

The following verbs already studied have irregular future stems:

avoir	**j'aurai**	s'asseoir	**je m'assiérai**
savoir	**je saurai**	aller	**j'irai**
pouvoir	**je pourrai**	envoyer	**j'enverrai**
vouloir	**je voudrai**	être	**je serai**
pleuvoir	**il pleuvra**	faire	**je ferai**
recevoir	**je recevrai**	venir	**je viendrai**
voir	**je verrai**		

4. Uses of the Future

The future is generally used in French where it is used in English.

Je vous attendrai à la gare.	I shall wait for you at the station.
S'il travaille bien, il finira vite cela.	If he works well, he will finish that quickly.
Si elle se rappelle cela, elle reviendra.	If she remembers that, she will come back.

The following exceptional cases should be remembered:

a. In an adverbial clause after the conjunctions **quand** (*when*), **lorsque** (*when*), **aussitôt que** (*as soon as*), and **dès que** (*as soon as*), if the reference is to future time, the future tense is used in French, whereas the present is generally used in English.

Quand (lorsque) vous verrez Albert, dites-lui de venir me voir.	When you see Albert, tell him to come see me.
Aussitôt que (dès que) j'aurai le temps, je vous écrirai.	As soon as I have the time, I'll write to you.

b. The French future does not render the concept expressed in English by the verb *will* referring to volition, rather than simple futurity. Here **vouloir** or **vouloir bien** (*to be willing*) is used with a dependent infinitive.

2.. For regular spelling changes of **-er** verbs in the future see pp. 352–354.

Voulez-vous venir avec nous?	Will you come with us?
Je te le montrerai, si tu veux bien descendre.	I'll show it to you, if you will come down.
S'il veut bien étudier, il l'apprendra.	If he will study (is willing to study), he will learn it.

5. Definite Article Used Instead of Possessive Adjective

The possessive adjective is not generally used in French where the designation of ownership has no importance because such ownership is obvious. This is commonly true when parts of the body are objects of a verb. In such cases, the personal relationship is often expressed by an indirect object.

Lave-toi les mains.	Wash your hands.
Il se brosse les dents.	He is brushing his teeth.
Sa mère lui a coupé les cheveux.	His mother cut his hair.
Elle a ouvert les yeux.	She opened her eyes.

6. *Comme* in Exclamations

Comme is used in exclamations similarly to *how* in English.

Comme tu ressembles à ton père!	How you resemble your father!
Regardez comme il travaille!	Look how he is working!
Comme il fait beau aujourd'hui!	How beautiful it is today!

EXERCICES

A. *Donnez les formes indiquées du futur de ces verbes.*

1. il (habiter)
2. vous (grandir)
3. je (se rappeler)
4. elles (célébrer)
5. nous (attendre)
6. tu (sortir)
7. elle (voir)
8. je (être)
9. vous (aller)
10. ils (répondre)
11. nous (se réveiller)
12. je (connaître)
13. ils (venir)
14. tu (changer)
15. elle (savoir)
16. vous (faire)
17. elles (se coucher)
18. je (finir)
19. vous (se lever)
20. il (pleuvoir)

B. *Répétez, en mettant au pluriel.*

EXEMPLES: Je mettrai le couvert. — Nous mettrons le couvert.
            Tu mangeras avec nous. — Vous mangerez avec nous.
            Il choisira ceux-ci. — Ils choisiront ceux-ci.
            Elle se lèvera de bonne heure. — Elles se lèveront de bonne heure.

1. Je descendrai immédiatement.
2. Je le finirai vite.
3. Je m'amuserai pendant les vacances.
4. Tu partiras à une heure.
5. Tu seras très heureux.

6. Tu te laveras les mains.
7. Il enverra le cadeau.
8. Il racontera les nouvelles.
9. Elle aura bientôt dix-sept ans.
10. Elle se couchera à huit heures.

C. *Répétez, en mettant au singulier.*

EXEMPLES: Nous viendrons avec eux. — Je viendrai avec eux.
Vous attendrez à la gare. — Tu attendras à la gare.
Ils choisiront les verres. — Il choisira les verres.

1. Nous y mettrons les sandwichs.
2. Nous nous amuserons.
3. Nous irons au Canada.
4. Vous étudierez cela.
5. Vous aurez froid.

6. Vous le ferez demain.
7. Ils regarderont la carte.
8. Ils apprendront toutes les nouvelles.
9. Elles vous recevront à la porte.
10. Elles seront très heureuses.

D. *Répondez par la négative.*

EXEMPLES: Le ferez-vous s'il vous le demande? — Non, monsieur, je ne le
ferai pas.
Grandira-t-il beaucoup s'il mange bien? — Non, monsieur, il ne
grandira pas beaucoup.
Est-ce que je les verrai si j'y vais? — Non, monsieur, vous ne les
verrez pas.

1. Les attendrez-vous s'ils sont en retard?
2. Viendront-ils si nous les invitons?
3. Sera-t-elle heureuse si elle reçoit le cadeau?
4. Ira-t-il en France s'il apprend bien le français?
5. Aurons-nous chaud si nous restons au soleil?
6. Auras-tu sommeil si tu travailles jusqu'à huit heures?
7. Feront-elles la promenade s'il ne fait pas beau?
8. Est-ce que je le recevrai si je le demande?
9. Les finirez-vous ce soir si vous travaillez toute la journée?
10. Comprendrons-nous s'il nous l'explique?

E. *Répétez ces exemples.*

Je ne travaille pas aujourd'hui. — Je travaillerai demain.
Ils ne le finissent pas aujourd'hui. — Ils le finiront demain.
Vous ne faites pas cela aujourd'hui. — Vous ferez cela demain.

1. Je ne pars pas aujourd'hui.
2. Les élèves n'étudient pas aujourd'hui.
3. Il ne fait pas beau aujourd'hui.
4. Vous n'y allez pas aujourd'hui.
5. Nous n'avons pas faim aujourd'hui.
6. Tu n'es pas heureux aujourd'hui.

7. Elle ne vient pas aujourd'hui.
8. Ils ne les prennent pas aujourd'hui.
9. Je ne lui écris pas aujourd'hui.
10. Nous n'y répondons pas aujourd'hui.
11. Vous ne les choissisez pas aujour-
d'hui.

F. *Répétez la phrase, en employant si avec le présent du verbe au lieu de en avec le participe présent.* (Repeat the sentence using **si** with the present of the verb instead of **en** with the present participle.)

EXEMPLES: En voyageant en auto, je verrai tout cela. — Si je voyage en auto, je verrai tout cela.

Il En lisant la lettre, nous saurons la raison. — Si nous lisons la lettre, nous saurons la raison.

1. En étudiant, vous apprendrez cela.
2. En travaillant, ils gagneront de l'argent.
3. En nous levant de bonne heure, nous aurons le temps.
4. En conduisant la voiture, il nous aidera beaucoup.
5. En lisant ces livres, vous vous amuserez bien.
6. En restant jusqu'au soir, elle verra sa tante.
7. En arrivant avant neuf heures, tu auras le temps d'étudier.
8. En buvant du café, je n'aurai pas sommeil.

G. *Répétez, en mettant au futur.*

EXEMPLES: Je l'ai vu quand il est arrivé. — Je le verrai quand il arrivera.

Il répond aussitôt que la lettre arrive. — Il répondra aussitôt que la lettre arrivera.

1. Elle les achète aussitôt qu'elle les voit.
2. Nous le comprenons aussitôt qu'il l'explique.
3. Vous l'annoncez aussitôt qu'on vous le dit.
4. Je les accepte aussitôt que je les reçois.
5. Tu l'as écrite quand tu étais en voyage.
6. Ils viennent quand on les invite.
7. Vous en avez vu quand vous avez visité Paris.
8. Nous l'avons fini quand nous étions à l'école.

NOTE: This can be repeated using **dès que** and **lorsque**.

H. *Répétez chaque phrase, en remplaçant le sujet par chacun des sujets de la liste.*

1. Je me lave les mains.   SUJETS
2. Je me brosse les dents.   Il   Nous   Jean et Marie
3. Je lui lave les mains.   Tu   Vous   Elle
4. Je leur coupe les cheveux.
5. Je lève la main et pose ma question.
6. J'ouvre les yeux et vois ma mère.
7. Je prends mon déjeuner avec ma famille.

QUATRIÈME RÉVISION

A. *Répétez, en mettant successivement à l'imparfait, au futur et au passé composé.*

EXEMPLES: je parle — je parlais, je parlerai, j'ai parlé
              ils répondent — ils répondaient, ils répondront, ils ont répondu
              vous êtes — vous étiez, vous serez, vous avez été
              tu sors — tu sortais, tu sortiras, tu es sorti
              nous nous amusons — nous nous amusions, nous nous amuserons,
                  nous nous sommes amusés

1. je visite	8. Jean commence	15. tu écris
2. elle finit	9. nous attendons	16. elle réussit
3. vous venez	10. tu veux	17. ils entrent
4. nous descendons	11. les enfants se couchent	18. vous voulez
5. ils vont	12. je souffre	19. nous avons
6. tu te lèves	13. vous recevez	20. j'entends
7. elles mettent	14. nous buvons	21. Marie sait

B. *Répétez la phrase, en employant l'imparfait ou le passé composé du verbe indiqué.*

EXEMPLES: (voir) Je les _____ souvent. — Je les voyais souvent.
              (arriver) Ils _____ hier soir. — Ils sont arrivés hier soir.

1. (savoir) Les gens ne _____ pas lire.
2. (faire) Nous _____ cela chaque jour.
3. (boire) Jean _____ tout le café ce matin.
4. (recevoir) Vous _____ la lettre la semaine dernière.
5. (entendre) Mes parents _____ la bonne nouvelle.
6. (vouloir) Je _____ faire le même voyage.
7. (aller) Les élèves n'_____ pas à l'école le jeudi.
8. (entrer) Marie _____ avec son ami Robert.
9. (parler) Quelle langue _____ les habitants de ce pays?
10. (penser) Nous y _____ tous les jours.

C. *Répondez par la négative, en employant seulement des pronoms compléments.*

EXAMPLES: Les avez-vous achetés pour moi? — Non, je ne les ai pas achetés
        pour vous.
        L'a-t-il écrit contre ces gens-là? — Non, il ne l'a pas écrit contre
        eux.
        Vous êtes-vous amusées avec Hélène et Yvonne? — Non, nous ne
        nous sommes pas amusés avec elles.

1. Se sont-ils réveillés avant toi?
2. Ont-elles passé la journée avec Robert?
3. Est-ce qu'il travaille comme Marie?
4. Allez-vous passer les vacances chez nous?
5. Pouvons-nous partir sans les autres?
6. Est-ce qu'elle s'est assise entre Marie et Louise?
7. Est-ce que tu t'es levé après moi?
8. Les ont-ils préparés pour Jean et moi?
9. Etes-vous revenu avant votre père?
10. Est-ce que je peux passer quelques jours chez les Dupont?

D. *Répétez ces exemples.*

De quoi parlez-vous? — Voici la chose dont je parle.
De quoi admirez-vous la couleur? — Voici la chose dont j'admire la
couleur.
De quoi ont-ils envie? — Voici la chose dont ils ont envie.

Continuez à répondre de la même manière, en employant **dont** *dans la*
réponse.

1. De quoi est-il chargé?
2. De quoi souffrez-vous?
3. De quoi sont-elles charmées?
4. De quoi as-tu peur?

5. De quoi prennent-ils des photos?
6. De quoi a-t-il parlé?
7. De quoi sont-ils si heureux?
8. De quoi a-t-elle envie?

Répétez l'exercice, en employant un nom convenable pour remplacer **la**
chose.

EXAMPLES: De quoi parlez-vous? — Voici la fleur dont je parle.
        De quoi admirez-vous la couleur? — Voici le verre dont j'admire la
        couleur.

E. *Répétez ces exemples.*

A quelle question pensez-vous? — Voilà la question à laquelle je pense.
Avec quels élèves voyage-t-il? — Voilà les élèves avec qui il voyage.
De quel monument a-t-elle pris une photo? — Voilà le monument dont
elle a pris une photo.

Continuez à répondre de la même manière, en employant **Voilà.**

1. Sur quelle chaise s'est-il assis?
2. Pour quel étudiant l'a-t-il fait?
3. Contre quel pays se battaient-ils?
4. A quels artistes a-t-elle dit cela?
5. De quel lycée parliez-vous?
6. Devant quelle église les as-tu vus?
7. Avec quels amis prend-il son déjeuner?
8. Après quelle personne êtes-vous entré?
9. Chez quel ami habitera-t-il?
10. A quel poème pense-t-elle?

F. *Répétez ces exemples.*

> Fait-il du soleil aujourd'hui? — Non, mais il a fait du soleil hier.
> Avez-vous chaud aujourd'hui? — Non, mais nous avons eu chaud hier.

Continuez à répondre de la même manière, en employant le passé composé avec **hier.**

1. Fait-il froid aujourd'hui?
2. Ont-ils peur aujourd'hui?
3. As-tu sommeil aujourd'hui?
4. Est-ce qu'elle a faim aujourd'hui?
5. Fait-il mauvais aujourd'hui?
6. Fait-il du vent aujourd'hui?
7. Avez-vous froid aujourd'hui?
8. Fait-il beau aujourd'hui?

G. *Répétez ces exemples.*

> Georges viendra le sept novembre. Et Marie? — Elle viendra le huit novembre.
> Je me réveille à six heures. Et toi? — Je me réveille à sept heures.
> Nous y sommes allés le trente septembre. Et les autres? — Ils y sont allés le premier octobre.

Continuez à répondre de la même manière, en indiquant dans la réponse le jour suivant ou l'heure suivante.

1. Je les ai vus à dix heures. Et vous?
2. Lui, il leur a écrit le premier décembre. Et elle?
3. Nous nous levons à huit heures. Et toi?
4. Elle prend le déjeuner à midi. Et les élèves?
5. Vous arriverez le quinze mai. Et vos parents?
6. Moi, j'ai reçu la nouvelle le vingt janvier. Et Robert?
7. Les élèves se couchent à onze heures. Et les professeurs?
8. Nous visiterons le musée le trente et un juillet. Et vous?

H. *Répétez la phrase, en employant* **si** *avec le présent du verbe au lieu de* **en** *avec le participe présent.*

EXEMPLES: En arrivant de bonne heure, vous aurez assez de temps. — Si vous arrivez de bonne heure, vous aurez assez de temps.
En travaillant jusqu'à sept heures, nous finirons tout. — Si nous travaillons jusqu'à sept heures, nous finirons tout.

1. En achetant deux valises, il en aura assez.
2. En passant par Marseille, elle les verra.
3. En attendant les autres, nous arriverons en retard.
4. En faisant le voyage avec nous, vous ferez la connaissance des Dupont.
5. En me levant immédiatement, je pourrai prendre l'avion de huit heures.
6. En te couchant immédiatement, tu pourras dormir six heures.
7. En restant ici, ils ne verront pas la beauté des arbres.
8. En regardant bien la photo, vous verrez toutes les couleurs.

Auprès de ma blonde

QUATRIÈME DIALOGUE

On se revoit

Mlle Smith et M. Jones ont fait connaissance dans l'avion New York–Paris. Quelques jours après leur arrivée, ils se rencontrent dans la rue.

Miss Smith and Mr. Jones met on the New York–Paris plane. A few days after their arrival, they meet on the street.

MLLE SMITH. —Bonjour, monsieur.

M. JONES. —Bonjour, mademoiselle.

MLLE SMITH. —Je suis enchantée de vous revoir.

M. JONES. —Je me rendais justement à l'American Express pour demander votre adresse.

MLLE SMITH. —Oh, nous sommes descendus à l'hôtel Rivoli. Et vous?

M. JONES. —Je suis à l'hôtel Dumont.

MLLE SMITH. —Alors, vous n'êtes pas loin de chez nous.

M. JONES. —J'allais chercher votre adresse afin de vous téléphoner. Je voulais vous demander si vous voudriez bien m'accompagner au théâtre ce soir.

MLLE SMITH. —Je serais très heureuse de vous accompagner; mais avant de vous donner une réponse définitive, il faut d'abord que je demande à mes parents s'ils ont prévu quelque chose pour ce soir. Pourriez-vous me donner un coup de téléphone dans une demi-heure?

MISS SMITH. Hello, Mr. Jones. 5

MR. JONES. Hello, Miss Smith.

MISS SMITH. I am delighted to see you again.

MR. JONES. I was just on my way to the American Express to get your 10 address.

MISS SMITH. Oh, we are stopping at the Rivoli Hotel. And you?

MR. JONES. I am at the Dumont Hotel. 15

MISS SMITH. Well, you aren't far from us.

MR. JONES. I was going to find your address in order to call you. I wanted to ask you if you would go 20 to the theater with me tonight.

MISS SMITH. I would be very glad to go with you; but before giving you a definite answer, I must ask 25 my parents if they have made any plans for this evening. Could you give me a call in half an hour?

30

M. JONES. —Volontiers. Quel est le numéro de votre chambre?

MR. JONES. Of course. What is the number of your room?

MLLE SMITH. —318 (trois cent dix-huit).

MISS SMITH. 318.

M. JONES. —Très bien. Je vous appellerai dans une demi-heure.

MR. JONES. O.K. I'll call you in half an hour.

MLLE SMITH. —Entendu. A tout à l'heure, monsieur.

MISS SMITH. All right. So long.

M. JONES. —A bientôt, mademoiselle.

MR. JONES. See you later.

VINGT ET UNIÈME LEÇON

Mots apparentés

condamner [kɔ̃dane]
courageux [kuraʒø] (f. courageuse
  [kuraʒøz])
l'ennemi m. [lɛnmi]
exactement [ɛgzaktəmɑ̃]
l'ignorance f. [liɲɔrɑ̃s]

l'influence f. [lɛ̃flyɑ̃s]
juste [ʒyst]
le moment [ləmɔmɑ̃]
persuader [pɛrsɥade]
le succès [ləsyksɛ]

Jeanne d'Arc

Première leçon d'histoire de l'oncle Jean

Pendant un séjour chez des parents en France, Albert Sorel leur a dit qu'il voudrait bien connaître un peu l'histoire de France, parce qu'il avait honte de son ignorance. Il voulait savoir si[1] son oncle Jean voudrait bien lui donner chaque jour une courte leçon d'histoire. Il a été facile de le persuader, parce que l'oncle Jean s'intéresse beaucoup à l'histoire. Pour la première leçon, on a choisi l'histoire de la célèbre «Pucelle d'Orléans».

—Jeanne d'Arc est apparue juste au moment où la France semblait prête à tomber complètement sous le pouvoir des Anglais et des Bourguignons pendant la Guerre de Cent Ans. Jeanne habitait avec sa famille dans le village de Domrémy en Lorraine. A l'âge de douze ans elle a entendu des voix qui lui disaient qu'elle sauverait sa patrie. D'abord elle ne les a pas crues, mais les voix ayant continué pendant plusieurs années, disant toujours la même chose, elle a fini par être persuadée. Jeanne ne comprenait pas comment elle pourrait le faire, mais elle se disait que si Dieu le voulait, elle ferait sa volonté et qu'il l'aiderait en cela.

Après beaucoup de difficultés elle a réussi à voir le Dauphin. On ne sait pas exactement comment cette jeune fille, qui ne savait ni lire ni écrire, a pu le persuader de la mettre à la tête d'une armée, mais elle l'a fait. L'armée

---

1. Note that **si** in this use means *whether* and does not introduce the dependent clause of a conditional sentence.

187

qu'elle commandait a sauvé de l'ennemi l'importante ville d'Orléans en 1429. 2
Ensuite ses armées ont gagné plusieurs autres batailles. Jeanne est vite
devenue célèbre. Les soldats français semblaient croire qu'ils gagneraient
toutes les batailles si la «Pucelle» était leur chef. Les soldats anglais avaient
peur d'elle.

Ses succès ont continué jusqu'au couronnement de Charles VII à Reims 2
quelques mois après la bataille d'Orléans. Alors, croyant que sa tâche était
accomplie, Jeanne a voulu retourner auprès de sa famille. Mais le roi lui a
demandé de rester avec lui.

Quelque temps plus tard, Jeanne est tombée entre les mains de l'ennemi.
Croyant qu'ils pourraient détruire son influence s'ils détruisaient sa réputa- 3
tion, ses ennemis l'ont condamnée à être brûlée comme sorcière. Jusqu'à la
fin elle est restée courageuse, répétant toujours qu'elle ne faisait que la
volonté de Dieu. Sa mort en 1431 n'a pas pu détruire son influence et les
Français ont continué leurs conquêtes. Grâce à l'œuvre de Jeanne d'Arc,
Charles VII a fini par reprendre aux Anglais tout son royaume. 3

VOCABULAIRE

accomplir [akɔ̃plir] to accomplish
apparaître [aparɛtr] (*conj. like* connaître; *aux.* être) to appear
brûler [bryle] to burn
le couronnement [ləkurɔnmɑ̃] coronation
croire [krwar] to believe
d'abord [dabɔr] (at) first
détruire [detrɥir] (*conj. like* conduire)
  to destroy
Dieu [djø] God
la fille [lafij] girl; daughter
gagner [gaɲe] to win; to earn, gain, get
grâce à [grɑsa] thanks to
la guerre [lagɛr] war
la honte [laɔ̃t] shame; avoir honte to be
  ashamed

laisser [lɛse] to let, allow
le malheur [ləmalœr] misfortune
la patrie [lapatri] country (fatherland)
le pouvoir [ləpuvwar] power
prêt (à) [prɛ(a)] ready (to)
reprendre (à) [rəprɑ̃dr(a)] (*conj. like*
  prendre) to take back (from)
retourner [rəturne] (*aux.* être) to return, go back
le roi [lərwa] king
sauver [sove] to save
le soldat [ləsɔlda] soldier
la sorcière [lasɔrsjɛr] witch, sorceress
sous [su] under
la tâche [latɑʃ] task
tomber [tɔ̃be] (*aux.* être) to fall
la volonté [lavɔlɔ̃te] will, desire

NOMS PROPRES

les Bourguignons [le burgiɲɔ̃] the Burgundians (The Duke of Burgundy was an
  ally of the English.)
Charles VII [ʃarləsɛt] King of France (1422–1461); because most of France was
  held by the English and the Burgundians, he remained uncrowned until after
  Joan's victories in 1429.
Domrémy [dɔ̃remi] native village of Joan of Arc in the province of Lorraine

le **Dauphin** [lədofɛ̃] title given to the heir apparent to the French throne—in this case, Charles VII

la **Guerre de Cent Ans** [lagɛrdəsɑ̃tɑ̃] struggle between England and France for the control of France which continued intermittently from the middle of the fourteenth century until the middle of the fifteenth century

Jeanne d'Arc [ʒandark] Joan of Arc, also called "la **Pucelle**," "the Maid"

Lorraine [lɔrɛn] one of the prerevolutionary provinces of France, located in the northeast

Orléans [ɔrleɑ̃] city to the south of Paris, located on the Loire; suffered a long siege by the English before being delivered in 1429 by the army under Joan of Arc

QUESTIONNAIRE

Répondez en français.

A. *Questions sur le texte.* 1. Que ferait l'oncle Jean si Albert le voulait? 2. A quoi l'oncle Jean s'intéresse-t-il beaucoup? 3. A quel moment dans l'histoire de France Jeanne d'Arc est-elle apparue? 4. Quels étaient les ennemis de la France en ce temps-là? 5. De quelle région de la France venait Jeanne d'Arc? 6. Par quel autre nom est-elle connue? 7. A quel âge a-t-elle entendu les voix pour la première fois? 8. Que ferait-elle, selon les voix? 9. Est-ce que Jeanne savait lire et écrire? 10. Qui a-t-elle réussi à voir après beaucoup de difficultés? 11. Qu'est-ce qu'elle lui a demandé de faire? 12. Comment se battraient les soldats français si Jeanne était leur chef? 13. Dans quelle ville le Dauphin a-t-il été couronné? 14. Comment s'appelait le roi? 15. Où est-ce que Jeanne retournerait si le roi lui donnait la permission? 16. Par qui a-t-elle été condamnée à mort? 17. Qu'est-ce qui indique que son influence a continué après sa mort?

B. *Questions générales.* 1. Vous intéressez-vous à l'histoire? 2. Est-ce que je m'intéresse, moi, à l'histoire de France? 3. Nous intéresserions-nous à l'histoire d'Espagne si nous étudiions l'espagnol? 4. Quelle langue parlerions-nous si nous habitions en Espagne? en Italie? 5. De quelle région des Etats-Unis venez-vous? 6. Si vous pouviez choisir, resteriez-vous dans cette région? 7. Comment s'appelle la ville où habitent vos parents? 8. Aimeriez-vous y aller maintenant, si vous aviez le temps? 9. Si on y allait, dans quelle direction irait-on? 10. Est-ce que nous aimerions cette ville, si nous la visitions? 11. Y habitiez-vous déjà quand vous aviez douze ans? 12. Saviez-vous à cet âge que vous viendriez ici? 13. A l'époque de Jeanne d'Arc, quelles étaient les plus grandes armées? 14. Y avait-il une armée des Etats-Unis à cette époque? 15. Aujourd'hui, pourrait-on commander une armée si on ne savait pas lire?

GRAMMAIRE

1. Irregular Verb *croire*, to believe (p.p *cru*)

PRESENT INDICATIVE

je crois	nous croyons
tu crois	vous croyez
il croit	ils croient

2. The Conditional

The conditional (**le conditionnel**) of *all verbs* is formed by adding the endings of the imperfect indicative to the stem of the future.

CONDITIONAL OF **donner,** to give

je donner*ais*	I would (should) give
tu donner*ais*	you would give
il donner*ait*	he would give
nous donner*ions*	we would (should) give
vous donner*iez*	you would give
ils donner*aient*	they would give

je finirais   I would (should) finish
je répondrais   I would (should) answer
j'aurais   I would (should) have
je serais   I would (should) be
j'irais   I would (should) go

je verrais   I would (should) see
j'achèterais   I would (should) buy
je me rappellerais   I would (should) remember

3. Use of the Conditional

In general the conditional is used in French where it is used in English.

Jeanne croyait qu'ils quitteraient son pays.	Joan believed that they would leave her country.
Si j'avais la voiture, je pourrais y aller plus vite.	If I had the car, I would be able to go there faster.
Vous avez dit que vous viendriez.	You said (that) you would come.

However, since not every *would* construction in English is conditional, the student should observe the following cautions:

a. The *would* of customary action corresponds to the French imperfect, not the conditional.

Il arrivait toujours de bonne heure.	He would always (always used to) arrive early.
Je les voyais chaque soir.	I would (used to) see them each evening.
Le professeur nous expliquait toujours la nouvelle leçon.	The teacher would always (always used to) explain the new lesson to us.

b. The conditional is not used in the *if* clause of a conditional sentence. Instead the imperfect is normally used in conditional sentences of this type.

S'il étudiait bien il l'apprendrait.	If he would study (studied, should study), he would learn it.
Si vous le lui demandiez, il vous aiderait.	If you would ask him, he would help you.
Si vous vouliez bien nous aider, nous finirions plus tôt.	If you would (were willing to) help us, we would finish sooner.

Notice that **vouloir** or **vouloir bien** is used where the idea of volition is included. Compare page 177.

4. Cardinal Numbers from 70

To form the numbers from 70 to 999,999,999, one needs only four words in addition to those already learned.

quatre-vingts	80	mille	1000
cent	100	million	1.000.000

The rest is simply a matter of learning how to form the combinations.[2]

a. The seventies are formed by adding to **soixante.**

70	soixante-dix	73	soixante-treize
71	soixante et onze	78	soixante-dix-huit
72	soixante-douze	79	soixante-dix-neuf

b. The eighties and nineties are formed by adding to **quatre-vingts.**

80	quatre-vingts	90	quatre-vingt-dix
81	quatre-vingt-un	91	quatre-vingt-onze
89	quatre-vingt-neuf	99	quatre-vingt-dix-neuf

c. The hundreds, thousands, and millions are multiplied and added to as in English. (Never use **un** before **cent** or **mille.**)

100	cent	1001	mille un
101	cent un	1100	onze cents
102	cent deux	1200	douze cents
199	cent quatre-vingt-dix-neuf	2000	deux mille
200	deux cents	2110	deux mille cent dix
201	deux cent un	5000	cinq mille
525	cinq cent vingt-cinq	100.000	cent mille
1000	mille	1.000.000	un million

2. The following details of spelling are useful only in the rare cases where large numbers are written out in words: (1) the **-s** of **quatre-vingts** drops before another numeral; (2) the **-s** of **cents** (*plural*) drops before another numeral; (3) **mille** does not add **-s** for the plural.

Notice that the French use a period where we use a comma in large numbers, and use a comma as a decimal point:

3,1416 (French)   3.1416 (English)

5. Dates

Dates are read like other numbers. For the years after 1099, the first two figures may be read as hundreds or as a thousand-hundred combination. The former is probably somewhat more common than the latter.

780	sept cent quatre-vingts
1066	mille soixante-six
1789	dix-sept cent quatre-vingt-neuf
1970	mille neuf cent soixante-dix

B.C. is **av. J.-C.** (avant Jésus-Christ); A.D. is **apr. J.-C.** (après Jésus-Christ).

EXERCICES

A. *Mettez au futur et ensuite au conditionnel.*

EXEMPLES: je suis — je serai, je serais
vous apprenez — vous apprendrez, vous apprendriez

1. vous croyez
2. elle apparaît
3. je célèbre
4. ils détruisent
5. nous répondons
6. tu peux
7. il va
8. elles finissent
9. vous accomplissez
10. je gagne
11. nous laissons
12. tu reprends
13. il tombe
14. ils ont
15. elle est
16. je vois

B. *Lisez à haute voix.* (Read aloud.)

72	169	1003	1607	10.000	100.000	1.000.000
80	285	1215	1861	25.000	270.000	4.000.000
93	990	1492	1918	90.000	580.000	75.000.000

C. *Répétez chaque phrase, en remplaçant le sujet par chacun des sujets de la liste.*

1. S'il avait le temps, il répondrait à la lettre.
2. S'il gagnait l'argent, il irait en Angleterre.
3. S'il était à Paris, il les verrait.
4. S'il se couchait de bonne heure, il n'aurait pas sommeil.
5. S'il travaillait toute la journée, il le finirait.
6. S'il étudiait bien, il l'apprendrait.
7. S'il savait cela, il resterait ici.

SUJETS
vous elle je
tu nous ils

D. *Répétez, en mettant à l'imparfait et au conditionnel.*

EXEMPLES: Si je travaille, je gagnerai de l'argent. — Si je travaillais, je gagnerais de l'argent.

Si vos amis voyagent en auto, ils verront la campagne. — Si vos amis voyageaient en auto, ils verraient la campagne.

1. Si Jeanne les conduit, ils gagneront la bataille.
2. Si elle étudie, elle l'apprendra vite.
3. Si vous mettez le couvert, nous pourrons manger.
4. Si nous nous levons de bonne heure, nous aurons le temps.
5. S'il pleut, les paysans seront heureux.
6. S'il fait froid, nous resterons à la maison.
7. Si tu y vas, tu les verras.
8. Si je le vois, je le lui dirai.

E. *Répétez, en mettant au passé composé et au conditionnel.*

EXEMPLES: Il dit qu'il le fera. — Il a dit qu'il le ferait.

Il répond qu'il l'apprendra. — Il a répondu qu'il l'apprendrait.

1. Il dit qu'il les verra.
2. Il répond qu'ils nous attendra.
3. Il répète qu'il le détruira.
4. Il croit qu'ils arriveront aujourd'hui.
5. Il pense qu'ils iront à Paris.
6. Il annonce qu'il fera beau.
7. Il indique qu'il les achètera.
8. Il dit qu'ils se lèveront de bonne heure.

F. *Répondez, en ajoutant dix au nombre.* (Answer, adding ten to the number.)

EXEMPLES: Est-ce que nous en avons trente? — Non, nous en avons quarante.

Est-ce qu'ils en ont soixante-deux? — Non, ils en ont soixante-douze.

Est-ce que j'en ai cent? — Non, vous en avez cent dix.

1. Est-ce que nous en avons quarante-neuf?
2. Est-ce que j'en ai soixante?
3. Est-ce qu'il en a soixante-six?
4. Est-ce qu'elle en a soixante-huit?
5. Est-ce qu'ils en ont soixante-dix?
6. Est-ce que vous en avez soixante-quinze?
7. Est-ce que tu en as quatre-vingts?
8. Est-ce que nous en avons quatre-vingt-quatre?
9. Est-ce qu'elles en ont quatre-vingt-dix-sept?
10. Est-ce qu'il en a cent trois?

NOTE: This exercise can be varied using any numbers desired, any rate of increase or decrease in the answer, and many variations of verb and verb tense.

VINGT-DEUXIÈME LEÇON

Mots apparentés

l'architecture *f.* [larʃitɛktyr]
le caractère [ləkaraktɛr]
contribuer [kɔ̃tribɥe]
le développement [lədevlɔpmɑ̃]
encourager [ɑ̃kuraʒe]
l'essai *m.* [lesɛ]
l'expédition *f.* [lɛkspedisjɔ̃]
l'explorateur *m.* [lɛksplɔratœr]
grec [grɛk] (*f.* grecque [grɛk])

l'imitation *f.* [limitasjɔ̃]
l'invention *f.* [lɛ̃vɑ̃sjɔ̃]
italien [italjɛ̃] (*f.* italienne [italjɛn])
jovial [ʒɔvial]
le mouvement [ləmuvmɑ̃]
le poète [ləpɔɛt]
la prose [laproz]
représenter [rəprezɑ̃te]
scientifique [sjɑ̃tifik]

La Renaissance

Deuxième leçon d'histoire de l'oncle Jean

Le mouvement intellectuel, littéraire, scientifique et artistique qui s'appelle la Renaissance avait déjà commencé en Italie au quatorzième siècle avant de se faire sentir en France après l'expédition en Italie de Charles VIII (fin du quinzième siècle). Son plus grand développement s'est accompli sous le roi François Iᵉʳ, qui a encouragé les écrivains et les artistes français, et a fait venir d'Italie des artistes tels que Léonard de Vinci et Benvenuto Cellini.

Trois inventions importantes avaient contribué à ce mouvement. La boussole avait rendu possibles les voyages d'explorateurs comme Christophe Colomb, Magellan, Jacques Cartier et d'autres. La poudre à canon avait augmenté le pouvoir du roi en diminuant celui des nobles. L'imprimerie de Gutenberg avait rendu possible la vulgarisation des livres.

En France, la Renaissance a produit de grandes œuvres d'art et de beaux monuments d'architecture, comme les célèbres châteaux de la vallée de la Loire; mais c'est en littérature qu'on trouve les œuvres les plus importantes. Le poète Ronsard et ses amis de la Pléiade, en écrivant leurs poèmes à l'imitation des grands poètes grecs, latins et italiens, ont beaucoup fait pour le développement de la langue et de la littérature françaises. Montaigne, dans ses

194

Essais, et Rabelais, dans ses histoires joviales de *Gargantua* et de *Pantagruel*
—quoique d'esprit très différent—représentent bien leur époque, qui sem-   20
blait avoir soif de science et de discussion. Même le réformateur Calvin, si
différent de Montaigne et de Rabelais, fait partie de ce mouvement qui
cherchait le «pourquoi» des choses. Son livre *l'Institution chrétienne* a contribué beaucoup au développement de la célèbre clarté de la prose française. Si ces grands écrivains et leurs contemporains n'avaient pas travaillé   25
au perfectionnement du français, le dix-septième siècle n'aurait peut-être pas
produit ses chefs-d'œuvre classiques, célèbres dans tous les pays du monde.

VOCABULAIRE

augmenter [ɔgmɑ̄te] to augment, increase
la boussole [labusɔl] compass
le chef-d'œuvre [ləʃɛdœvr] masterpiece
la clarté [laklarte] clarity
contemporain [kɔ̄tɑ̄pɔrɛ̄] *adj. and n.m.*
contemporary
déjà [deʒa] already
diminuer [diminɥe] to diminish
discuter [diskyte] to discuss
l'esprit *m.* [lɛspri] spirit, mind
faire partie de [fɛrpartidə] to belong to,
be part of
l'imprimerie *f.* [lɛ̄primri] printing press;
printing
le perfectionnement [ləpɛrfɛksjɔnmɑ̄]
improvement, perfecting

la poudre à canon [lapudrakanɔ̄] gunpowder
produire [prɔdɥir] (*conj. like* **conduire**)
to produce
quoique [kwakə] although
le réformateur [lərefɔrmatœr] reformer
rendre [rɑ̄dr] to render, make; to give
back
sentir [sɑ̄tir] (*conj. like* **sortir**; *aux.*
avoir) to feel
le siècle [ləsjɛkl] century
tel que [tɛlkə] (*f.* **telle que**) such as
tout [tu] everything, all
la vulgarisation [lavylgarizasjɔ̄] popularizing

NOMS PROPRES

Jean Calvin [ʒɑ̄kalvɛ̄] French religious reformer, founder of Calvinism
Jacques Cartier [ʒɑkkartje] French explorer of the St. Lawrence River region.
Benvenuto Cellini [bɛnvenutotʃɛlini] famous Italian sculptor, goldsmith, and sil-
versmith
Charles VIII [ʃarlɔɥit] king of France (1483–1498); on his unsuccessful expedi-
tion into Italy to claim the throne of Naples, he and his army encountered the
artistic, literary, and material riches of the Italian Renaissance.
Christophe Colomb [kristɔfkɔlɔ̄] Christopher Columbus
Jean Gutenberg [ʒɑ̄gytɛ̄bɛr] German inventor of movable-type printing press
Fernand de Magellan [fɛrnɑ̄dəmaʒɛlɑ̄] Portuguese navigator whose expedition
was the first to circumnavigate the globe
Michel Eyquem de Montaigne [miʃɛlɛkɛmdəmɔ̄tɛɲ] French writer whose works
gave the name to the literary form known as the "essay"

la **Pléiade** [laplejad] sixteenth-century literary group composed of the poets
 Ronsard, Du Bellay, and others, who preached and practiced a deliberate puri-
 fication and enrichment of the French language
François Rabelais [frɑ̃swarablɛ] writer of the two long "novels" *Gargantua* and
 Pantagruel, in which are mixed ideas on almost everything: art, literature, edu-
 cation, health, politics, war, etc.—all expressed in a jovially satirical vein
la **Renaissance** [larənɛsɑ̃s] name given to the revival of art, literature, and science
 in Europe in the fifteenth and sixteenth centuries
Pierre de Ronsard [pjɛrdərɔ̃sar] leader of the Pléiade and great lyric poet
Léonard de Vinci [leɔnardəvɛ̃si] Leonardo da Vinci, great painter, sculptor, and
 scholar of Italy; his best-known work is probably the painting *la Joconde* (Mona
 Lisa), which is in the collection of the Louvre in Paris.

QUESTIONNAIRE

Répondez en français.

A. *Questions sur le texte.* 1. Qu'est-ce que c'est que la Renaissance?
2. Quand la Renaissance avait-elle commencé en Italie? 3. Quand s'est-elle
fait sentir en France? 4. Quel roi a fait venir en France des artistes italiens?
5. Qu'est-ce que la boussole avait rendu possible? 6. Lequel des trois grands
explorateurs mentionnés était Français? 7. Quelle invention avait augmenté
le pouvoir des rois? 8. Qu'est-ce que l'imprimerie de Gutenberg avait
rendu possible? 9. Où se trouvent plusieurs célèbres châteaux français?
10. Quelles littératures étrangères les poètes du seizième siècle avaient-ils
étudiées? 11. Comment appelle-t-on les compositions de Montaigne?
12. Comment s'appellent les deux grandes œuvres de Rabelais? 13. Comment Montaigne et Rabelais représentent-ils leur époque? 14. Qui était le
grand réformateur français de l'époque? 15. De quoi son grand livre,
l'Institution chrétienne, est-il un exemple?

B. *Questions générales.* 1. Est-ce que les Français avaient fondé des
colonies en Amérique avant le seizième siècle? 2. Comment s'appelle l'explorateur français qui a conduit une expédition sur le Saint-Laurent?
3. Comment s'appelle le célèbre Italien qui est arrivé en Amérique en 1492?
4. Est-ce qu'il avait passé plus de trois semaines en mer avant son arrivée?
5. Pourquoi ne trouve-t-on pas aux Etats-Unis des monuments de la Renaissance? 6. En quoi notre époque ressemble-t-elle à la Renaissance?
7. Aviez-vous déjà étudié une langue étrangère avant de commencer le
français? 8. A quelle école alliez-vous avant de venir à cette école-ci?
9. Combien d'années auriez-vous étudié une langue étrangère si vous aviez
commencé à l'âge de dix ans? 10. Vous demandez-vous quelquefois pourquoi vous faites ceci ou cela? 11. Si vous étiez Français, quelle langue

étrangère choisiriez-vous? 12. Quand vous aurez fini cette année-ci, saurez-vous bien parler français? 13. A quelle heure aurons-nous fini cette leçon? 14. Est-ce que c'est la soif de tout savoir qui fait venir tous les élèves à l'université? 15. Qu'est-ce qui nous fait passer tant de temps dans les écoles et les universités? 16. Quand vous étiez petit, est-ce que vos parents vous faisaient étudier tous les soirs? 17. Auriez-vous faim si vous n'aviez pas pris votre petit déjeuner ce matin? 18. Où seriez-vous allé si on ne vous avait pas accepté ici? 19. Qu'est-ce que nous aurions vu si nous avions été à Lexington le 18 avril 1775? 20. Comment aurions-nous voyagé si nous étions allés en Angleterre au dix-huitième siècle?

GRAMMAIRE

1. Other Compound Tenses

With the tenses of **avoir** and **être** already learned, you can now form three additional compound tenses:

a. The imperfect of the auxiliary with the past participle forms the pluperfect indicative (**plus-que-parfait de l'indicatif**).

j'avais	j'*avais* lu I *had* read
j'étais	j'*étais* allé I *had* gone
	je m'*étais* lavé I *had* washed

b. The future of the auxiliary with the past participle forms the future perfect (**futur antérieur**).

elle aura	elle *aura* lu she *will have* read
elle sera	elle *sera* allée she *will have* gone
	elle se *sera* lavée she *will have* washed

c. The conditional of the auxiliary with the past participle forms the past conditional (**conditionnel passé**).

nous aurions	nous *aurions* lu we *would have* read
nous serions	nous *serions* allés we *would have* gone
	nous nous *serions* lavés we *would have* washed

With these and other compound tenses, the rules for the agreement of the past participle are the same as those given for the past indefinite in Lessons 11 and 12.

2. Uses of the Compound Tenses

In general, the pluperfect indicative, the future perfect, and the past conditional are used in French where the corresponding tenses are used in English.

S'il avait su cela, il n'y serait pas allé.	If he had known that, he would not have gone there.
Vous aurez fini cette leçon avant son arrivée.	You will have finished this lesson before his arrival.

However, the future perfect is used in French in clauses following **quand, lorsque, aussitôt que,** and **dès que** to translate the English present perfect when the reference is to the future. This is similar to the use of the future mentioned in Lesson 20.

Quand vous aurez fini cela, venez chez moi.	When you have finished that, come to my house.
Aussitôt qu'ils seront partis, nous commencerons la leçon.	As soon as they have left, we'll begin the lesson.

3. *Faire* plus Infinitive

The causative relationship (*have something done*) is expressed by **faire** followed by an infinitive.

Il a fait détruire le château de son ennemi.	He had his enemy's castle destroyed. (He caused . . . to be destroyed.)
Je vais faire laver ma voiture.	I am going to have my car washed.
Le roi a fait venir d'Italie Léonard de Vinci.	The king had Leonardo da Vinci come from Italy.
Nous ferons apporter du café.	We'll send for some coffee. (We'll have some coffee brought.)

Notice that the infinitive follows directly after **faire.**

Personal pronoun objects with this construction precede the verb **faire.**

Il l'a fait détruire.	He had it destroyed.
Je vais la faire laver.	I'm going to have it washed.
Le roi les a fait venir.	The king had them come.
Vous nous avez fait attendre.	You made us wait.

The objects are treated as direct, unless there are two—in which case the one indicating the person who performs the action is indirect.

Elle lui a fait acheter l'auto.	She made him buy the car.
Elle la lui a fait acheter.	She made him buy it.

Note that there is no agreement of the past participle in this construction.

4. Reflexive Verb with Passive Meaning

Concepts rendered in English by the passive form of the verb are frequently rendered in French by the reflexive form. This is possible only where no particular agent (doer of the action) is expressed or implied.

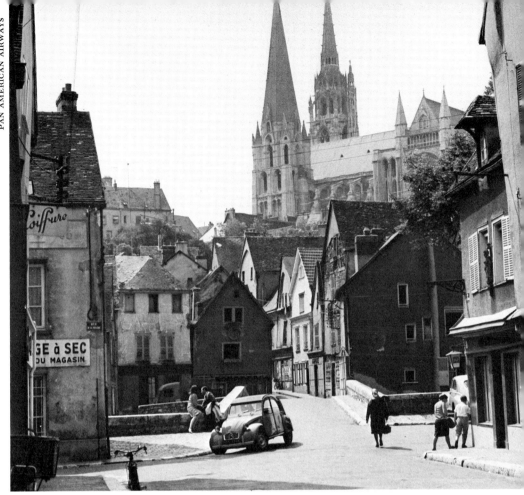

(*Above*) A street in the town of Chartres with the cathedral in the background. (*Left*) Detail of the portal of the Cathedral of Chartres.

PIERRE BELZEAUX, RAPHO GUILLUMETTE

(*Left*) The Cathedral of Rouen. (*Below*) Mont-Saint-Michel, an island one mile off the coast of Normandy crowned by the world-famed Benedictine Abbey.

The Palace of Versailles built by Louis XIV.

The magnificent Royal Opera of the Palace of Versailles is here the scene of a ceremony admitting a new member to the French Academy.

VINGT-TROISIÈME LEÇON

Mots apparentés

l'agriculture *f.* [lagrikyltyr]
le commerce [ləkɔmɛrs]
consolider [kɔ̃sɔlide]
la déclaration [ladeklarasjɔ̃]
dramatique [dramatik]
économiquement [ekɔnɔmikmɑ̃]
élégant [elegɑ̃]
l'enthousiasme *m.* [lɑ̃tuzjasm]
la grandeur [lagrɑ̃dœr]

l'industrie *f.* [lɛ̃dystri]
limiter [limite]
la magnificence [lamaɲifisɑ̃s]
le ministre [ləministr]
la nation [lanasjɔ̃]
royal [rwajal]
surpasser [syrpɑse]
le symbole [ləsɛ̃bɔl]
la tragédie [latraʒedi]

Le 17ᵉ siècle

Troisième leçon d'histoire de l'oncle Jean

Les rois Louis XI, François Iᵉʳ et Henri IV avaient réussi à augmenter le pouvoir royal en France aux 15ᵉ et 16ᵉ siècles. Mais personne n'a essayé de consolider ce pouvoir plus que Richelieu, le célèbre ministre de Louis XIII; et après lui, Louis XIV n'a jamais cessé de travailler dans le même but. Pendant le long règne de ce dernier, la France est devenue la nation la plus importante du monde. Cette époque s'appelle «le Grand Siècle».

Colbert, l'excellent ministre de Louis XIV, voulant rendre son pays plus fort économiquement, a beaucoup fait pour encourager l'agriculture, le commerce et l'industrie. Quelqu'un a dit que la France serait devenue même plus puissante si Colbert avait réussi à limiter les dépenses de la maison royale.

Mais rien au 17ᵉ siècle n'est plus important que les grandes œuvres littéraires, scientifiques et artistiques. Le roi cherchait à rendre sa cour à Versailles et sa capitale, Paris, les plus élégantes du monde. Il aimait beaucoup le théâtre. Sous son règne la France a produit ses trois grands auteurs dramatiques classiques: Corneille, Racine et Molière. Corneille et Racine ont écrit des tragédies d'une telle force et d'une telle beauté qu'on les voit et

202

revoit même aujourd'hui avec plaisir et enthousiasme. Les comédies de
Molière n'ont jamais été surpassées dans leur genre, et on les joue encore   20
aujourd'hui non seulement en France mais aussi à l'étranger. Le château
de Versailles, construit principalement sous Louis XIV, peut être considéré,
à cause de sa magnificence, comme le symbole du règne de ce «Roi Soleil»,
à qui on prête la déclaration bien connue: «L'état, c'est moi!»

Quant aux autres personnages célèbres de cette époque, nous n'avons pas   25
le temps d'en parler. Mais nous pouvons, au moins, citer quelques noms:
les poètes La Fontaine et Boileau, les savants Descartes et Pascal, les
explorateurs Marquette et La Salle, le ministre Louvois. Ces grands hommes
ont tous contribué à la grandeur de la France pendant le règne de Louis
XIV.   30

VOCABULAIRE

l'auteur *m.* [lotœr] author; l'auteur dramatique playwright, dramatist
le buṭ [ləby] object, goal, end
cesser (de) [sese(də)] to cease, stop
la comédie [lakɔmedi] play, comedy
construire [kɔ̃strɥir] (*conj. like* conduire) to construct, build
la cour [lakur] court
la dépense [ladepɑ̃s] expense, expenditure
écouter [ekute] to listen (to)
essayer (de) [esɛje(də)] to try, attempt
la force [lafɔrs] force, strength
fort [fɔr] strong
le genre [lə ʒɑ̃r] kind, style, type

jouer [ʒwe] to play
malheureusement [malœrøzmɑ̃] unfortunately
ne . . . aucun [nə . . . okœ̃] no, not . . . any
ne . . . personne [nə . . . pɛrsɔn] nobody,
no one, not . . . any one
ne . . . plus [nə . . . ply] no more, no
longer, not . . . any more
ne . . . rien [nə . . . rjɛ̃] nothing, not . . .
anything
prêter [prɛte] to lend; to attribute
puissant [pɥisɑ̃] powerful
quelqu'un [kɛlkœ̃] somebody, someone
le règne [lərɛɲ] reign

NOMS PROPRES

Nicolas Boileau [nikɔlɑbwalo] critic and poet; a leader in establishing the classi-
cism of the seventeenth century
Jean-Baptiste Colbert [ʒɑ̃batistkɔlbɛr] minister of Louis XIV whose economic mea-
sures were only partially successful, because the expenses of war and of the
court increased faster than revenues
Pierre Corneille [pjɛrkɔrnɛj] author of such famous and popular classic tragedies
as *le Cid, Horace, Cinna,* and *Polyeucte*
René Descartes [rənedekart] philosopher, mathematician, and scientist, author of
le Discours de la méthode; sometimes called "the father of modern science"
Jean de La Fontaine [ʒɑ̃dəlafɔ̃tɛn] classic poet whose fables in verse are probably
the most famous in the world

Henri IV [ãrikatr] king of France (1589–1610); he put an end to the Wars of Religion by his Edict of Nantes, which granted to Protestants the right to free worship. During the peace which followed he strengthened the country and the royal power.

Robert Cavelier de La Salle [rɔbɛrkavəljedəlasal] Frenchman who led the first expedition to explore the Mississippi from its source to the Gulf of Mexico

Louis XI [lwiɔ̃z] king of France (1461–1483) who did a great deal to break the power of the feudal lords

Louis XIII [lwitrɛz] king of France (1610–1643) whose minister, Richelieu, laid the foundation for the absolute monarchy

Louis XIV [lwikatɔrz] king of France (1643–1715), during whose reign the power and prestige of France rose to its greatest heights

Michel de Louvois [miʃɛldəluvwa] minister of war under Louis XIV

Jacques Marquette [ʒɑkmarkɛt] priest and explorer who discovered the Mississippi River

Molière (Jean-Baptiste Poquelin) [mɔljɛr(ʒɑ̃batistpɔklɛ̃)] one of the great comic playwrights of world literature; among his most famous plays are *le Tartuffe, le Malade imaginaire, l'Avare, les Femmes savantes,* and *le Misanthrope.*

Blaise Pascal [blɛzpaskal] philosopher, mathematician, and scientist

Jean Racine [ʒɑ̃rasin] classical dramatist whose tragedies contain some of the greatest French poetry of the seventeenth century; among his most famous tragedies are *Phèdre, Andromaque,* and *Athalie.*

Armand-Jean Du Plessis de Richelieu [armɑ̃ʒɑ̃dyplɛsidəriʃəljø] cardinal and minister of Louis XIII; very successful in reducing the power of the nobles and strengthening that of the king. He is also remembered as the founder of the Académie française.

QUESTIONNAIRE

Répondez en français. (Use negative expressions where possible in part B.)

A. *Questions sur le texte.* 1. Lesquels des rois de France avant le 17ᵉ siècle avaient fait le plus pour augmenter le pouvoir royal? 2. Comment s'appelle le célèbre ministre de Louis XIII? 3. Qu'est-ce que Richelieu a surtout essayé de faire? 4. Qu'est-ce que la France est devenue sous Louis XIV? 5. Comment s'appelle l'époque de Louis XIV? 6. Que voulait faire le ministre Colbert? 7. Qu'est-ce qu'il n'a pas réussi à faire? 8. Qu'est-ce que Louis XIV voulait faire de sa cour et de sa capitale? 9. Quel divertissement aimait-il beaucoup? 10. Quels étaient les trois grands auteurs dramatiques du 17ᵉ siècle? 11. Lesquels des trois ont écrit des tragédies classiques? 12. Comment s'appelle celui qui a écrit de célèbres comédies? 13. Qui a fait construire le château de Versailles? 14. Quelle est la déclaration de Louis XIV qui indique son pouvoir?

B. *Questions générales.* 1. Quelles nations ont fondé des colonies en Amérique au dix-septième siècle? 2. Combien de colonies la Russie a-t-elle fondé ici à cette époque? 3. Est-ce que la France a aujourd'hui des colonies en Amérique du Nord? 4. Est-ce qu'il y a jamais eu un «Roi des Etats-Unis»? 5. Combien de théâtres les premiers Anglais et Français ont-ils trouvé au nouveau monde? 6. Quels monuments de la même magnificence que Versailles ont-ils trouvés? 7. Qui en Amérique a écrit de célèbres comédies au dix-septième siècle? 8. Est-ce que les premiers habitants de l'Amérique savaient lire et écrire le français? 9. Combien d'universités y avait-il ici avant l'arrivée des Européens? 10. Le Collège de Harvard a-t-il été fondé par les Français ou par les Espagnols? 11. Qu'est-ce que les Russes ont donné aux premiers élèves de Harvard? 12. Si vous aviez étudié à une université de cette époque, auriez-vous étudié le russe ou le latin? 13. Quelle langue apprenons-nous maintenant à parler? 14. Pourquoi avez-vous décidé d'étudier le français? 15. Qui vous a demandé de parler espagnol dans cette classe? 16. Est-ce que beaucoup d'élèves dans cette classe savent lire et écrire le latin?

GRAMMAIRE

1. Dependent Infinitives

Verbs which take dependent infinitives, with or without a linking preposition, have been introduced in many preceding lessons. This usage is best mastered by developing automatic association through frequent guided drill. However, the following observations may help to shorten the time needed for developing automatic associations for the most frequently used verbs of this type.

a. Many of the verbs which take a dependent infinitive without a preposition may be classified as follows:

(1) Verbs of motion, such as **aller, venir, revenir.**

Nous allons discuter ses comédies.	We are going to discuss his plays.
Ils viennent nous voir tous les soirs.	They come to see us every evening.
Il est revenu demander son argent.	He came back to ask for his money.

(2) Verbs of volition, such as **vouloir, désirer, préférer, aimer mieux.**

Voulez-vous entendre les nouvelles?	Do you want to hear the news?
Il ne désire rien faire.	He doesn't want to do anything.
Je préfère rester ici.	I prefer to stay here.
Nous aimons mieux nous lever de bonne heure.	We prefer to get up early.

(3) Verbs of perception, such as **entendre, voir, regarder, écouter.**

Personne ne m'a entendu entrer.	No one heard me come in.
On les voit passer dans la rue.	One sees them go by in the street.
Les gens nous regardent jouer.	People watch us playing.
Elle écoutait chanter les enfants.	She was listening to the children singing.

(4) Modal auxiliaries, such as **pouvoir, savoir.**

Vous pouvez apprendre cela.	You can learn that.
Savent-ils lire et écrire?	Do they know how to read and write?

b. The preposition **pour,** *to, in order to,* is used before an infinitive when purpose is expressed.

Il travaille pour gagner de l'argent.	He is working to earn some money.
On voyage pour voir d'autres endroits.	One travels in order to see other places.

c. Several verbs take the preposition **de** when they involve the communication of volition to someone else ("tell somebody to do something"): **dire, demander, écrire, permettre, promettre.**

J'ai dit à mon frère de la laver.	I told my brother to wash it.
Personne ne vous demande de rester.	No one is asking you to stay.
Elle m'a écrit de revenir.	She wrote me to come back.
On ne nous permet plus de sortir.	They no longer allow us to go out.
Il lui a promis de l'acheter.	He promised him to buy it.

Reference lists of verbs requiring the prepositions **à** or **de** or no preposition are found on pages 348–349.

2. Negative Expressions

In addition to **ne . . . pas, ne . . . jamais, ne . . . que,** and **ne . . . ni . . . ni** (which have been learned already), the most common negative expressions used with verbs are:

> **ne . . . personne**   nobody, not . . . anyone
> **ne . . . plus**   no more, no longer, not . . . any more
> **ne . . . rien**   nothing, not . . . anything
> **ne . . . aucun (aucune)**   no, not . . . any

On ne voit personne dans la rue.	One sees no one in the street.
Il n'a trouvé aucun taxi à la gare.	He didn't find any taxi at the station.

In the compound tenses **pas, jamais, plus,** and **rien** precede the past participle; **personne** follows. **Que, aucun,** and **ni** are placed before the words or phrases they modify. The negative particle **ne,** which is used only before a verb, precedes **y, en,** or a personal pronoun object of the verb.

Tu n'as jamais vu ces endroits.	You have never seen those places.
Ils n'avaient rien fait.	They hadn't done anything.
Elle n'aurait invité personne.	She wouldn't have invited anyone.
Nous n'étions allés en Europe qu'une fois.	We had gone to Europe only once.
Je ne leur ai promis aucune récompense.	I haven't promised them any recompense.
Vous n'y étiez allé ni avec moi ni avec eux.	You hadn't gone there either with me or (with) them.

Personne and **rien** may be used also as subjects of verbs or as objects of prepositions, in which case they take the appropriate positions.

Rien n'est plus important que cela.	Nothing is more important than that.
Il ne parlait à personne.	He was not talking to anybody.

EXERCICES

A. *Répétez ces exemples.*

> Est-ce que c'est lui qui va conduire? — Non, c'est moi qui vais conduire.
> Est-ce que c'est Marie qui préfère partir demain? — Non, c'est moi qui préfère partir demain.
> Est-ce que ce sont elles qui l'ont entendu entrer? — Non, c'est moi qui l'ai entendu entrer.
> Est-ce que c'est Jean qui ne peut pas jouer? — Non, c'est moi qui ne peux pas jouer.

Continuez à répondre de la même manière, en employant **c'est moi qui . . . .**

1. Est-ce que c'est elle qui vient y travailler?
2. Est-ce que ce sont eux qui veulent nous surpasser?
3. Est-ce que c'est Albert qui allait leur écrire?
4. Est-ce que c'est lui qui sait si bien chanter?
5. Est-ce que ce sont elles qui viennent nous voir?
6. Est-ce que c'est Louise qui peut nous le dire?
7. Est-ce que ce sont Jean et Marie qui vont les aider?
8. Est-ce que c'est nous qui allons l'écrire?

B. *Lisez à haute voix, en mettant une préposition s'il y a lieu.* (Read aloud, putting in a preposition if one is needed.)

1. Ses parents lui avaient dit _____ rentrer à dix heures.
2. Nous étions sortis _____ faire une promenade.
3. N'oubliez pas _____ détruire cette lettre.

4. Les enfants s'amusaient _____ chanter de vieilles chansons.
5. Nous les avons invités _____ avoir l'occasion de leur parler.
6. Je préférerais _____ aller à la campagne.
7. Nous les avons entendus _____ entrer.
8. Elle avait réussi _____ persuader le roi.
9. Il nous a demandé _____ limiter nos dépenses.
10. Les voyez-vous _____ venir?
11. Il ne cessera jamais _____ répéter cette histoire.
12. Elle désirait _____ fonder une nouvelle école.
13. Je l'ai fait _____ plaire à mes parents.
14. Les élèves commencent _____ comprendre tout cela.
15. Si vous pouviez _____ aller à Paris, iriez-vous?
16. En ce temps-là, ce jeune homme venait _____ dîner chez vous tous les soirs.
17. Sait-il _____ conduire la voiture?
18. On se lève de bonne heure _____ avoir plus de temps.
19. Nous essaierons _____ vous réveiller à six heures.
20. Elle m'a écrit _____ rester à New York jusqu'à son arrivée.

C. *Répétez ces exemples.*

> Est-ce que quelqu'un vous a dit de lire cela? — Non, personne ne m'a dit de lire cela.
>
> Est-ce qu'on vous permet de rentrer à onze heures? — Non, on ne me permet pas de rentrer à onze heures.
>
> Leur avez-vous demandé de rapporter du café? — Non, je ne leur ai pas demandé de rapporter du café.

Continuez à répondre par la négative.

1. Est-ce que vous lui avez dit de revenir vite?
2. Est-ce qu'on vous a promis de répondre immédiatement?
3. Est-ce que tu m'as demandé d'envoyer ces cadeaux?
4. Nous a-t-on écrit de recommencer le travail?
5. Vous a-t-elle permis de célébrer la fête?
6. Est-ce qu'ils nous ont dit de les attendre?
7. Est-ce qu'il t'a demandé d'y aller demain?
8. Est-ce que vous leur permettrez de sortir ce soir?
9. Est-ce que quelqu'un nous a demandé d'en acheter?
10. Est-ce que quelqu'un lui a dit de les chercher?

D. *Répétez ces exemples.*

> Est-ce que quelqu'un habite ici? — Non, personne n'habite ici.
>
> As-tu trouvé quelque chose? — Non, je n'ai rien trouvé.
>
> Avez-vous acheté celui-ci ou celui-là? — Je n'ai acheté ni celui-ci ni celui-là.
>
> Y vont-ils toujours? — Non, ils n'y vont plus.
>
> Y est-elle jamais allée? — Non, elle n'y est jamais allée.
>
> Ont-ils passé plusieurs examens? — Non, ils n'ont passé aucun examen.

Continuez à répondre de la même manière, en employant les expressions négatives.

1. Ont-ils vu quelqu'un au théâtre?
2. Avez-vous fait la connaissance de quelqu'un à l'école?
3. Est-ce que quelqu'un te l'a dit?
4. A-t-il acheté quelque chose?
5. Est-ce que cela ressemble à quelque chose?
6. Est-ce que quelque chose indique cela?
7. Voulez-vous voir le grand ou le petit?
8. S'intéresse-t-il à celle-ci ou à celle-là?
9. Est-ce qu'elle y travaille toujours?
10. Habitez-vous toujours à New York?
11. Les ont-ils jamais reçus?
12. L'as-tu jamais étudié?
13. A-t-elle acheté plusieurs livres?
14. Avez-vous plusieurs voitures?

E. *Mettez successivement au plus-que-parfait, au futur antérieur et au conditionnel passé.*

EXEMPLES: j'ai prêté — j'avais prêté, j'aurai prêté, j'aurais prêté
ils n'ont pas construit — ils n'avaient pas construit, ils n'auront pas construit, ils n'auraient pas construit
nous sommes descendus — nous étions descendus, nous serons descendus, nous serions descendus
vous vous êtes couché — vous vous étiez couché, vous vous serez couché, vous vous seriez couché

1. il a surpassé
2. tu n'as jamais cessé
3. elle a choisi
4. nous avons répondu
5. je suis sorti
6. vous avez lu
7. ils ont dit
8. il s'est amusé
9. je me suis réveillé

VINGT-QUATRIÈME LEÇON

Mots apparentés

le contact [ləkɔ̃takt]
cultiver [kyltive]
exclusivement [ɛksklyzivmɑ̃]
exotique [ɛgzɔtik]
la gazette [lagazɛt]
multiplier [myltiplie]

l'origine f. [lɔriʒin]
la presse [laprɛs]
la propagande [laprɔpagɑ̃d]
la religion [larəliʒjɔ̃]
la société [lasɔsjete]

Le 18ᵉ siècle

Quatrième leçon d'histoire de l'oncle Jean

Des écrivains anglais ont appelé le 18ᵉ siècle «l'âge de la raison»; on aurait pu l'appeler aussi «l'âge de la propagande». Presque tout ce qui s'écrivait dans ce temps-là avait pour but de faire valoir les idées de l'auteur sur tel ou tel sujet. Ce qu'on trouve d'intéressant dans les contes de Voltaire, dans *les Lettres persanes* de Montesquieu, dans le *Gil Blas* de Lesage, et dans les comédies de Beaumarchais, de Lesage, et quelquefois de Marivaux, c'est la critique de la société de leur époque. C'était un siècle riche d'idées et fort enclin à les discuter toutes.

La presse moderne a son origine dans les journaux, les gazettes et les revues qui se sont multipliés au 18ᵉ siècle. En même temps on a vu augmenter le nombre des salons, des cafés et des académies où les gens se réunissaient pour discuter le théâtre, la littérature, la religion, la politique, les récits de voyages aux pays lointains, etc. Et ces échanges d'idées n'étaient pas exclusivement limités à la région de Paris: les villes de province avaient aussi leurs académies, leurs salons et leurs cafés. Jamais l'art de la conversation n'avait été plus cultivé.

Le commerce, les guerres et les réfugiés de l'un et de l'autre côté de la Manche avaient augmenté les contacts entre les Anglais et les Français, et un grand nombre de ceux-ci commençaient à admirer l'Angleterre où le

210

pouvoir du roi avait été de plus en plus limité par la bourgeoisie, et où les libertés politique et religieuse étaient plus grandes et les impôts moins lourds.

Donc, beaucoup d'influences menaient à des œuvres telles que *l'Esprit des lois,* de Montesquieu; *le Contrat social,* de Rousseau; et *l'Essai sur les mœurs,* de Voltaire (pour ne citer que quelques-unes des plus connues). Les livres de ces trois grands auteurs français et de plusieurs de leurs contemporains ont eu une influence importante dans tous les pays, mais surtout dans les colonies américaines que l'Angleterre a perdues à la fin du siècle.

₁₂₅

VOCABULAIRE

l'académie *f.* [lakademi] academy (*an association of scholars, writers, artists, etc.*)
appeler [aple] to call
la bourgeoisie [laburʒwazi] middle class
le conte [lɔkɔ̃t] short story, tale
le contemporain [lɔkɔ̃tɑ̃pɔrɛ̃] contemporary
le côté [lɔkote] side; de l'un et de l'autre côté from both sides
la critique [lakritik] criticism
de plus en plus [dɔplyzɑ̃ply] more and more
donc [dɔ̃k] then, therefore, so
l'échange *m.* [leʃɑ̃ʒ] exchange
enclin [ɑ̃klɛ̃] inclined, prone
faire valoir [fɛrvalwar] to assert, present advantageously

fort [fɔr] (*as adv.*) very
l'idée *f.* [lide] idea
l'impôt *m.* [lɛ̃po] tax
le journal [laʒurnal] newspaper
lointain [lwɛ̃tɛ̃] distant, far away
lourd [lur] heavy
mener [mɔne] to lead
le nombre [lɔnɔ̃br] number, quantity
perdre [pɛrdr] to lose
la politique [lapɔlitik] politics; policy
le réfugié [lɔrefyʒje] refugee
se réunir [sɔreynir] to meet, get together
la revue [lar(ɔ)vy] magazine, review
le salon [lɔsalɔ̃] living room (*as used here, a social gathering at regular intervals in the home of some wealthy hostess*)
tel ou tel ... [tɛlutɛl] some ... or other

NOMS PROPRES

Pierre-Augustin Caron de Beaumarchais [pjɛrogystɛ̃karɔ̃dɔbomarʃɛ] dramatist, author of *le Barbier de Séville* and *le Mariage de Figaro*
Alain-René Lesage [alɛrɔnelɔsaʒ] dramatist and novelist, author of *Gil Blas,* a picaresque novel
la Manche [lamɑ̃ʃ] English Channel
Pierre de Chamblain de Marivaux [pjɛrdɔʃɑ̃blɛ̃dɔmarivo] dramatist, novelist, and, occasionally, journalist
Charles de Secondat, baron de Montesquieu [ʃarldɔsɔkɔ̃dabarɔ̃dɔmɔ̃tɛskjø] writer of satires and of serious works on government, religion, and society in general. His *Lettres persanes* is an imaginary exchange of letters between two Persian travelers and various people back in Persia, in which Montesquieu includes in a satirical form a great deal of criticism of French institutions and manners. His

Esprit des lois is a treatise on government and one of the most influential books of the century. The "balance of power" principle, incorporated into the United States constitution, is one of its great tenets.

Jean-Jacques Rousseau [ʒɑ̃ʒɑkruso] philosopher, novelist, political essayist, and musician; author of numerous famous works. His *Contrat social* is another of the influential treatises on government that helped formulate political thinking in many countries. This book includes a strong exposition of the political doctrine of "popular sovereignty."

Voltaire (François-Marie Arouet) [vɔltɛr (frɑ̃swamariarwɛ)] probably the best known of the eighteenth century writers. He wrote profusely and in every *genre:* plays, poetry, history, political satire, social satire, philosophy, etc. His *contes* (of which *Candide* is the most famous) are merely amusing vehicles for his political, social, artistic, and religious ideas. His *Essai sur les mœurs* is an analytical and critical history of civilization up to Voltaire's time.

QUESTIONNAIRE

Répondez en français. (Use negative expressions where possible in part B.)

A. *Questions sur le texte.* 1. Comment a-t-on appelé le 18ᵉ siècle? 2. Quel était le but de la plus grande partie des œuvres littéraires de ce siècle? 3. Qui a écrit des contes dont le plus célèbre est *Candide?* 4. Comment s'appelle l'auteur des *Lettres persanes?* 5. Citez deux ou trois auteurs dramatiques de cette époque. 6. Qu'est-ce qu'on trouve dans toutes ces œuvres? 7. De quoi y avait-il une grande abondance au 18ᵉ siècle? 8. Quels endroits formaient le centre de la vie sociale? 9. Quels étaient les sujets qu'on discutait quand les gens se réunissaient? 10. Quel art était très cultivé à cette époque? 11. Qu'est-ce qui avait augmenté les contacts entre les Anglais et les Français? 12. Par qui le pouvoir du roi d'Angleterre avait-il été de plus en plus limité? 13. Dans lequel des deux pays avait-on plus de liberté religieuse au 18ᵉ siècle? 14. Dans lequel des deux avait-on les impôts les plus lourds? 15. Donnez le titre d'une œuvre de Montesquieu; de Rousseau; de Voltaire. 16. Où l'influence de ces trois auteurs s'est-elle fait sentir?

B. *Questions générales.* 1. Quelle grande colonie en Amérique la France a-t-elle perdue au 18ᵉ siècle? 2. Quelle autre grande colonie américaine gardait-elle encore en ce temps-là? 3. Quels sont les deux documents célèbres qui ont été produits à cette époque par Jefferson, Madison, Franklin et d'autres? 4. Comment s'appelle le célèbre journal qui a été fondé par Franklin au 18ᵉ siècle? 5. Où se réunissaient les gens en Angleterre et en Amérique pour leurs discussions? 6. Qui était «Roi des Etats-Unis» en

1789? 7. Que disait-on à cette époque au sujet des voyages en avion?
8. Combien d'états y avait-il aux Etats-Unis en 1750? 9. Est-ce que le
Canada était toujours français en 1800? 10. Avez-vous jamais fait le voyage
du Canada en Espagne? 11. Y avait-il beaucoup de grandes villes sur le
Mississippi au 18ᵉ siècle? 12. Si quelqu'un était arrivé à New York en
1770, aurait-il vu la Statue de la Liberté? 13. Si moi j'avais été dans l'armée
de Washington, est-ce que je me serais battu contre les Anglais? 14. Quelles
idées préférez-vous discuter dans nos conversations? 15. Est-ce que les
jeunes gens s'intéressent à la politique, à la religion et à la société?

GRAMMAIRE

1. The Passive Voice

The passive voice is formed in French as it is in English by using the
proper form of the verb **être,** *to be,* with the past participle. The past participle agrees in gender and number with the subject.

Cette composition sera finie avant midi.	This composition will be finished before noon.
Ces arts-là avaient été cultivés par les Grecs.	Those arts had been cultivated by the Greeks.

The choice of the imperfect or the past indefinite of **être** to translate *was* or
were follows the same general principles which normally apply to these two
tenses: for a single definite action use the past indefinite; for a customary
action or a basically descriptive statement use the imperfect.

La même idée a été répétée dans la lettre suivante.	The same idea was repeated in the fol-lowing letter.
Ces idées étaient répétées par tous les auteurs de l'époque.	These ideas were repeated by all the authors of the period.

When the agent is not expressed, the passive voice is very frequently avoided
in French by using either a reflexive verb (see Lesson 22) or the indefinite
pronoun **on** (see Lesson 7).

Presque tout ce qui s'écrivait en ce temps-là était bon.	Almost everything that was written at that time was good.
Les nouvelles idées ne se limitaient pas à Paris.	The new ideas were not restricted to Paris.
On a appelé le 18ᵉ siècle «l'âge de la raison».	The eighteenth century has been called "the Age of Reason."
On le fera avant la fin de la semaine.	It will be done before the end of the week.

NOTE: Since there are no simple rules to govern the choice of **on,** the reflexive verb, or the regular passive voice to translate the English passive voice, the student is advised to make frequent analyses of these constructions as he meets them in French in order to develop the ability to choose the most appropriate to his meaning in a given sentence. Of course, if the agent of the action is expressed, the regular passive voice must be used.

2. *Ce qui, ce que, ce dont*

The French relative pronouns corresponding to *what* or *that which* in English are formed by combining **ce** with **qui, que,** or **dont.**

SUBJECT OF VERB	**ce qui**	what, that which
OBJECT OF VERB	**ce que**	what, that which
OBJECT OF **de** (*understood*)	**ce dont**	of what, that of which

On dit que ce qui n'est pas clair n'est pas français.	It is said that what isn't clear isn't French.
J'ai déjà fait ce que vous m'avez demandé de faire.	I have already done what you asked me to do.
Voilà ce dont il avait peur!	There is what he was afraid of!

The same three forms are also used whenever the relative follows **tout.**

Tout ce qui se voit de cet endroit est très beau.	All that is seen from that spot is very beautiful.
J'écrirai tout ce que je sais sur ce sujet.	I shall write everything (that) I know on that subject.
Comprenez-vous tout ce dont nous avons parlé?	Do you understand everything (that) we talked about?

Note the use of the preposition **de** before an adjective modifying **ce que.**[1]

Voici ce qu'on trouve d'intéressant dans les contes de Voltaire.	Here is what one finds interesting in Voltaire's tales.
Ce qu'il y a de nouveau c'est son pouvoir.	What's new is his power.

3. Definite Article with General and Abstract Nouns

As has been noted before, nouns used in the general sense and abstract nouns require the definite article in French.

Les journaux ont un grand pouvoir de propagande.	Newspapers have a great propaganda power.

1. Compare to the use of **de** when an adjective modifies **quelque chose** or **rien: Voilà quelque chose de beau!** *There's something beautiful!* **On n'a rien fait d'intéressant.** *They didn't do anything interesting.*

Les gens discutaient la politique et la religion dans les cafés.	People discussed politics and religion in the cafés.
Elle n'aime pas le vin.	She doesn't like wine.
Ils se battaient pour la liberté.	They were fighting for liberty.

EXERCICES

A. *Mettez à la voix passive.*

EXEMPLES: Cet homme a fini le document. — Le document a été fini par cet homme.

M. Dupont a pris les photos. — Les photos ont été prises par M. Dupont.

La bourgeoisie limitera ses pouvoirs. — Ses pouvoirs seront limités par la bourgeoisie.

1. Molière a écrit ces comédies.
2. Mes parents ont écrit les lettres.
3. Les auteurs français ont répété cette idée.
4. Les Américains feront cette expédition.
5. Cette réponse m'a encouragé.
6. Votre ami nous invitera.
7. La presse multiplie son influence.
8. Gutenberg a inventé l'imprimerie moderne.

B. *Mettez à la forme négative.*

EXEMPLES: On l'appelle «le père de son pays». — On ne l'appelle pas «le père de son pays».

Ces arbres se cultivent partout. — Ces arbres ne se cultivent pas partout.

Ces articles sont produits par des femmes. — Ces articles ne sont pas produits par des femmes.

1. On parle français dans ces deux pays.
2. On faisait cela dans toutes les écoles.
3. On achète ces articles dans les grands magasins.
4. De tels villages se trouvent dans toutes les provinces.
5. Leur influence se fera sentir immédiatement.
6. Cela se fait souvent ici.
7. Ce conte a été écrit par un Français.
8. L'école avait été détruite par l'ennemi.
9. Ces monuments ont été construits par les Romains.

C. *Répondez, en employant* **ici, le matin** *ou* **ainsi.**

EXEMPLES: Où cela se fait-il? — Cela se fait ici.

Quand cela se fait-il? — Cela se fait le matin.

Comment cela se fait-il? — Cela se fait ainsi.

1. Où cela se voit-il?
2. Quand cela se voit-il?
3. Comment cela se voit-il?
4. Où ces choses se vendent-elles?
5. Quand ces choses se vendent-elles?
6. Comment ces choses se vendent-elles?
7. Où se célèbre cette fête?
8. Quand se célèbre cette fête?
9. Comment se célèbre cette fête?

10. Où fait-on cela?
11. Quand fait-on cela?
12. Comment fait-on cela?
13. Où discute-t-on ces choses?
14. Quand discute-t-on ces choses?
15. Comment discute-t-on ces choses?
16. Où prépare-t-on le repas?
17. Quand prépare-t-on le repas?
18. Comment prépare-t-on le repas?

D. *Répondez, en disant **Je ne sais pas** . . . .*

EXEMPLES: Qu'est-ce qu'elle veut? — Je ne sais pas ce qu'elle veut.
Qu'est-ce que vous faites? — Je ne sais pas ce que je fais.
Qu'est-ce qui n'est pas clair? — Je ne sais pas ce qui n'est pas clair.

1. Qu'est-ce qu'il désire?
2. Qu'est-ce que vous préférez?
3. Qu'est-ce que nous ferons?
4. Qu'est-ce qu'ils ont acheté?
5. Qu'est-ce qui est intéressant?
6. Qu'est-ce qui a causé cela?
7. Qu'est-ce qui a augmenté les impôts?

8. Qu'est-ce qui a multiplié les contacts?
9. Qu'est-ce qu'on avait écrit?
10. Qu'est-ce qu'on peut dire?
11. Qu'est-ce qui a été accompli?
12. Qu'est-ce qui a été consolidé?
13. Qu'est-ce que les gens discutaient?
14. Qu'est-ce qui l'a surpassé?

The answers may be varied by using: **On ne sait pas** . . . , **Nous ne savons pas** . . . , **On ne m'a pas indiqué** . . . , etc.

E. *Répondez par la négative, en employant **tout**.*

EXEMPLES: Croyez-vous ce qu'il dit? — Non, je ne crois pas tout ce qu'il dit.
Achetons-nous ce qu'ils produisent? — Non, nous n'achetons pas tout ce qu'ils produisent.

1. Comprenez-vous ce que je dis?
2. Admirait-elle ce qu'elle voyait?
3. Lisait-on ce qu'il écrivait?
4. Discutent-ils ce que nous étudions?
5. Ont-ils dit ce qu'ils savent?

6. Répétez-vous ce que vous entendez?
7. Rendront-ils ce qu'ils prennent?
8. Finissons-nous ce que nous commençons?

F. *Répétez, en remplaçant les noms compléments par des pronoms.*

EXEMPLES: Je discutais la religion avec Jean. — Je la discutais avec lui.
Il a fait venir tous les élèves. — Il les a fait venir.
On a demandé à Richard de sortir. — On lui a demandé de sortir.
Qui leur dira les nouvelles? — Qui les leur dira?

1. Nous écoutions parler les étrangers.
2. Ils ont fait construire le monument dans cette ville.
3. Elle demandait aux élèves de préparer toutes les leçons.
4. Quand nous donnera-t-il la réponse?
5. Ils ne connaissaient pas la vraie liberté.
6. Je ferai appeler le ministre.
7. Pourquoi ont-ils dit aux enfants de se coucher?
8. Vous avez expliqué votre idée au professeur.

VINGT-CINQUIÈME LEÇON

Mots apparentés

le clergé [ləklɛrʒe]
considérable [kɔ̃siderabl]
constitutionnel [kɔ̃stitysjɔnɛl]
dicter [dikte]
exempt [egzɑ̃]
la fraternité [lafratɛrnite]
gouverner [guvɛrne]
inévitable [inevitabl]
la libération [laliberasjɔ̃]

la limitation [lalimitasjɔ̃]
la monarchie [lamɔnarʃi]
l'opposition f. [lɔpozisjɔ̃]
l'oppression f. [lɔprɛsjɔ̃]
privilégié [privileʒje]
la république [larepyblik]
le résultat [lərezylta]
la révolution [larevɔlysjɔ̃]

La Révolution française

Cinquième leçon d'histoire de l'oncle Jean

A la fin du 18ᵉ siècle s'est passé un des plus grands événements de l'histoire moderne—la Révolution française. Les idées d'écrivains comme Montesquieu, Voltaire et Rousseau avaient eu une influence considérable sur les Français. L'exemple de la monarchie constitutionnelle en Angleterre et celui de la Révolution américaine avaient contribué aussi au mouvement vers un gouvernement dans lequel le pouvoir du roi serait diminué. Puis, les mauvais gouvernements de Louis XV et de Louis XVI, qui avaient augmenté la misère du peuple sous les lourds impôts dont les classes privilégiées étaient exemptes, ont mené à une crise inévitable.

Ayant grand besoin d'argent après plusieurs guerres et après les énormes dépenses de la cour depuis Louis XIV, le roi Louis XVI a convoqué les Etats-généraux le 5 mai, 1789, pour la première fois depuis 1614. Le «tiers état», qui représentait le peuple, a profité de cette occasion pour demander à se réunir avec la noblesse et le clergé sur un pied d'égalité. Après avoir tenu ferme contre toute opposition, le «tiers» a réussi le 17 juin à former une Assemblée nationale. A ce moment il croyait avoir gagné la victoire.

218

Mais quelques semaines plus tard, le 14 juillet, on a appris que le roi, à l'insu de l'Assemblée nationale, avait fait venir à Versailles beaucoup de soldats. Alors, le peuple de Paris, ayant peur de voir le roi et les nobles   20 reprendre tout le pouvoir, s'est soulevé et a réussi à prendre la Bastille. On peut dire que les développements qui ont suivi ce commencement étaient le résultat de la libération subite d'un peuple après des siècles d'oppression; on a fini par mettre à mort le roi et toute personne qui n'acceptait pas avec enthousiasme la nouvelle République. La Convention, la «Terreur», le   25 Directoire et le Consulat se sont succédé jusqu'en 1804, quand Napoléon Bonaparte a mis fin à la République en se faisant empereur. Mais, en mettant fin à la République, Napoléon n'a pas mis fin à la Révolution. Les principes de «liberté, égalité, fraternité», et d'un gouvernement soumis à des lois dictées par la volonté du peuple ont continué à se répandre dans le   30 monde jusqu'à nos jours.

VOCABULAIRE

le **besoin** [ləbəzwɛ̃] need; **avoir besoin de** to need, have need of
convoquer [kɔ̃vɔke] to convoke, call together
la **crise** [lakriz] crisis
depuis [dəpɥi] since
l'**égalité** f. [legalite] equality
l'**événement** m. [levɛnmã] event, happening
la **fois** [lafwa] time, instance
la **loi** [lalwa] law
la **misère** [lamizɛr] poverty, misery
la **noblesse** [lanɔblɛs] nobility
se **passer** [səpɑse] to happen, take place
le **pied** [ləpje] foot; **sur un pied d'égalité** on an equal basis

le **principe** [ləprɛ̃sip] principle
profiter de [prɔfite də] to profit by, take advantage of
puis [pɥi] then
se **répandre** [sərepãdr] to spread
se **soulever** [səsulve] to revolt, rise up
soumis [sumi] obedient
subit [sybi] sudden
se **succéder** [səsyksede] to follow one another
suivre [sɥivr] to follow
tenir [tənir] (conj. like **venir**; aux. **avoir**) to hold, have; **tenir ferme** to hold firm, resist
vers [vɛr] toward(s)
la **victoire** [laviktwar] victory

NOMS PROPRES

l'**Assemblée nationale** [lasãblenasjɔnal] legislative body of the French government; the first National Assembly, established in 1789, replaced the Estates General.
la **Bastille** [labastij] fortress and prison in Paris which was destroyed in the Revolution
le **Consulat** [ləkɔ̃syla] the last of a series of governments under the First Republic; Napoleon, one of the three consuls, gradually assumed supreme power.
la **Convention** [lakɔ̃vãsjɔ̃] the second of the revolutionary governments (following the Constituent Assembly); it declared France a republic and executed the king.

le Directoire [lədirɛktwar] the third of the revolutionary governments, which was overthrown by Napoleon to establish the Consulate

les Etats-généraux [lezetagenero] an advisory body under the monarchy in which the nobility and the clergy met in one group and the *tiers état* (third estate) met separately. This body met only when called by the king.

Louis XV [lwikɛ̃z] king of France (1715–1774) under whom France lost many territories, especially Canada and India

Louis XVI [lwisɛz] king of France (1774–1793) who is perhaps best remembered as the husband of Marie-Antoinette

la «Terreur» [latɛrœr] period in 1793–1794 under the Convention, when the Committee of Public Safety was in power and executed thousands of "suspects"

le «tiers état» [lətjɛrzeta] the third estate, that is, the ordinary people or unprivileged classes

QUESTIONNAIRE

Répondez en français.

A. *Questions sur le texte.* 1. Quand s'est passée la Révolution française? 2. Comment Montesquieu, Voltaire et Rousseau avaient-ils contribué à la Révolution? 3. Quelle forme de gouvernement y avait-il en Angleterre à cette époque? 4. Qu'est-ce qui s'est passé en Amérique vers la fin du siècle? 5. Comment étaient les gouvernements de Louis XV et de Louis XVI? 6. Quelles classes avaient les impôts les moins lourds? 7. Pourquoi Louis XVI a-t-il convoqué les Etats-généraux en 1789? 8. En quelle année les Etats-généraux s'étaient-ils réunis pour la dernière fois avant 1789? 9. Pourquoi le roi n'avait-il plus d'argent? 10. Qui le «tiers état» représentait-il? 11. Quels étaient les autres groupes qui formaient les Etats-généraux? 12. Qu'est-ce que le «tiers état» a demandé? 13. Qu'est-ce qui s'est formé le 17 juin 1789? 14. Qu'est-ce qui s'est passé le 14 juillet? 15. De quoi les gens de Paris avaient-ils peur? 16. Comment s'appelle l'année où on a mis à mort le plus grand nombre de personnes? 17. En quelle année Napoléon est-il devenu empereur? 18. Quels principes de la Révolution ont continué à se répandre dans le monde?

B. *Questions générales.* 1. Quel roi européen était le moins populaire en Amérique du Nord en 1776? 2. Après avoir gagné leur indépendance, quelle forme de gouvernement les Américains ont-ils choisie? 3. Qui est devenu Président des Etats-Unis en 1789? 4. Quels étaient les personnages les plus célèbres de la Révolution américaine? 5. Quelle colonie Napoléon a-t-il vendue aux Etats-Unis en 1803? 6. Connaissez-vous un livre de Charles Dickens dont les événements se passent pendant la Révolution française? 7. Combien de fois avez-vous lu ce livre? 8. Quelle période de l'histoire connaissez-vous le mieux? 9. Lequel des trois principes de la Révolution française est le moins cultivé en Russie aujourd'hui? 10. Est-ce que la liberté de la presse est aussi grande en Russie qu'aux Etats-Unis? 11. Combien y a-t-il de classes sociales aux Etats-Unis qui sont exemptes d'impôts? 12. Aux Etats-Unis, qui a tout le pouvoir dans le gouvernement? 13. Par qui les Etats-Unis sont-ils gouvernés? 14. Que fait-on aujourd'hui aux Etats-Unis pour fonder une monarchie? 15. Y a-t-il jamais eu cinquante et un états aux Etats-Unis?

GRAMMAIRE

1. Irregular Verb *suivre*, to follow (p.p. *suivi*)

PRESENT INDICATIVE

je suis	nous suivons
tu suis	vous suivez
il suit	ils suivent

2. Past Infinitive

The past infinitive is formed by the present infinitive of the auxiliary, plus the past participle of the main verb.

avoir donné   to have given, having given
être allé   to have gone, having gone

In use it corresponds to the English past (or perfect) infinitive, except that it is also used after prepositions where English uses the present or the perfect participle.

Je suis heureux d'avoir fait ce voyage.	I am glad to have made this trip.
Il a été mis à mort pour avoir critiqué le gouvernement.	He was put to death for having criticized the government.

It is the only form of the verb which may be used after the preposition **après,** *after,* where it often translates the English present participle.

Nous sommes partis après avoir mangé.	We left after eating (after having eaten).
Après être sorti de la maison, il y a pensé.	After leaving (after having left) the house, he thought of it.
Après avoir acheté la voiture, ils sont partis en voyage.	After buying (having bought) the car, they left on a trip.
Après nous être réveillés, nous avons entendu les enfants.	After awakening (having awakened), we heard the children.

3. Comparison of Adjectives and Adverbs

Comparisons of inequality are expressed by **plus . . . que** (*more . . . than*) or **moins . . . que** (*less . . . than*).

La France est plus grande que la Belgique.	France is larger than Belgium.
Elle écrit plus souvent que lui.	She writes more often than he (does).
Ces problèmes-ci sont moins difficiles que ceux-là.	These problems are less difficult than those.
Je comprends ces choses moins facilement que vous.	I understand those things less easily than you.

Comparisons of equality are expressed by **aussi . . . que** (*as . . . as*).

Son pouvoir est aussi grand que le mien.	His power is as great as mine.
Les Français se sont battus aussi héroïquement que les Anglais.	The French fought as heroically as the English.

Comparisons in which equality is denied may be expressed by **si . . . que** (*so . . . as, as . . . as*).

Les nouveaux impôts n'étaient pas si lourds que les anciens.	The new taxes were not so (as) heavy as the old.
Ce garçon-ci ne travaille pas si bien que l'autre.	This boy doesn't work so (as) well as the other.

The adjective **bon** and the adverb **bien** have irregular comparative forms.

bon	good	**meilleur**	better
bien	well	**mieux**	better

Les comédies de Molière sont-elles meilleures que celles de Marivaux?	Are Molière's comedies better than those of Marivaux?
Mon ancienne voiture marche mieux que la nouvelle.	My old car works better than the new one.

4. The Superlative

In French, the forms of adjectives and adverbs are the same in the superlative as in the comparative.

Jean est le plus grand des deux.	John is the taller of the two.
Jean est le plus grand des trois.	John is the tallest of the three.
Il parle le plus vite des deux.	He talks the faster of the two.
Il parle le plus vite des trois.	He talks the fastest of the three.
C'est peut-être la meilleure pièce de notre époque.	It is perhaps the best play of our time.
Celle-ci marche le mieux.	This one works best.
Ils ont fait leurs plus grands progrès pendant son règne.	They made their greatest progress during his reign.

The preposition **de** is used after superlatives in French where English often uses *in*.

Etes-vous le plus âgé de votre famille?	Are you the oldest in your family?
Ce n'est plus le plus grand état des Etats-Unis.	It is no longer the largest state in the United States.

5. Position of Adverbs

The normal position of an adverb, modifying a simple verb form, is directly after the verb.

Nous comprenons bien votre idée.	We understand your idea well.
On écrit souvent des compositions dans cette classe.	One often writes compositions in that class.

In compound tenses, the following short common adverbs are generally placed between the auxiliary and the past participle.

beaucoup	déjà	jamais	plus	toujours
bien	encore	mal	souvent	vite

Ont-ils beaucoup travaillé?	Did they work a lot?
Tu as déjà vendu ta maison, n'est-ce pas?	You have already sold your house, haven't you?
Elle avait toujours été la plus active.	She had always been the most active.
Je me suis souvent couché très tard.	I often went to bed late.

Certain adverbs of time and place (**aujourd'hui, hier, demain, ici, là, partout**) generally follow the past participle, or may be placed at the beginning or the end of the clause.

Nous sommes arrivés aujourd'hui.	We arrived today.
Je les ai vus hier.	I saw them yesterday.
Demain vous aurez fini tout ce travail.	Tomorrow you will have finished all this work.
Ils s'étaient battus ici pendant deux mois.	They had fought here for two months.
Si on l'avait su, on les aurait cherchés partout.	If they had known, they would have looked everywhere for them.

No absolute rules for the position of adverbs can be given. For reasons of style, emphasis, euphony, or clarity, the position may vary, as it does in English. However, it is reasonably accurate to say that in French an adverb is never placed between the subject and the verb, unless it is used parenthetically.

J'ai compris facilement tout ce qu'elle a dit.	I easily understood all she said.
Il a vite compris la situation.	He quickly understood the situation.

EXERCICES

A. *Répétez, en employant la préposition* **après** *et le passé de l'infinitif.*

EXEMPLES: Quand il avait fini la leçon, il faisait toujours une longue promenade.
— Après avoir fini la leçon, il faisait toujours une longue promenade.
Quand nous serons arrivés à Paris, nous trouverons un bon hôtel. —
Après être arrivés à Paris, nous trouverons un bon hôtel.

1. Quand ils avaient bien dormi, ils étaient heureux.
2. Quand j'avais bien mangé, j'étais prêt à travailler.
3. Quand elle aura écrit la lettre, elle décidera de ne pas l'envoyer.
4. Quand nous aurons trouvé l'argent, nous n'aurons plus le temps.
5. Quand vous serez rentré, vous n'aurez plus si froid.
6. Quand j'étais arrivé à l'hôtel, je n'avais plus sommeil.
7. Quand ils s'étaient lavés, ils s'habillaient.
8. Quand tu auras fini cette leçon, tu écriras les exercices.
9. Quand il aura attendu longtemps, il sera très heureux de me voir.
10. Quand elle sera descendue, elle dira qu'elle ne veut pas y aller.

B. *Répétez ces exemples.*

Est-ce que la Belgique est plus grande que la France? — Non, la Belgique est moins grande que la France.
Est-ce que cette leçon-ci est moins difficile que l'autre? — Non, cette leçon-ci est plus difficile que l'autre.
Est-ce que le deuxième principe est aussi important que le premier? —
Non, le deuxième principe n'est pas si important que le premier.

Continuez à répondre de la même manière, en indiquant le contraire de ce qu'on demande.

1. Est-ce que le président est plus âgé que le roi?
2. Est-ce que cette chambre-ci est plus belle que l'autre?
3. Est-ce que ce conte-ci est moins intéressant que le premier?
4. Est-ce que la nouvelle voiture est moins élégante que l'ancienne?
5. Est-ce que ces hommes sont aussi courageux que nous?
6. Est-ce que votre frère est aussi grand que vous?
7. Est-ce que ces pays-ci sont plus forts que les autres?
8. Est-ce que les nouveaux impôts sont moins lourds que les anciens?
9. Est-ce que M. Dupont est aussi intelligent que moi?
10. Est-ce que ces élèves-ci sont plus jeunes que les autres?

C. *Répétez la phrase, en la mettant au passé composé.*

EXEMPLES: On travaille bien après avoir dormi. — On a bien travaillé après avoir dormi.

Nous y allons aujourd'hui. — Nous y sommes allés aujourd'hui.
Les élèves commencent déjà leurs examens. — Les élèves ont
déjà commencé leurs examens.

1. Je dors bien après avoir travaillé.
2. Vous étudiez déjà le français.
3. Vont-ils jamais à New York?
4. Tu crois toujours ce qu'ils disent.
5. Ils arrivent ici en avion.
6. Elle a deux cours aujourd'hui.
7. Nous voyageons beaucoup en Europe.
8. Je les suis partout.

D. *Répétez, puis donnez le mois ou le jour précédent.*

1. mars
2. lundi
3. septembre
4. novembre
5. samedi
6. mai
7. mercredi
8. janvier
9. mardi
10. juillet
11. décembre
12. dimanche
13. août
14. jeudi
15. février
16. octobre
17. vendredi
18. avril

CINQUIÈME RÉVISION

A. *Mettez successivement au conditionnel, au plus-que-parfait et au futur antérieur.*

EXAMPLES: il cultive — il cultiverait, il avait cultivé, il aura cultivé

vous sentez — vous sentiriez, vous aviez senti, vous aurez senti

ils descendent — ils descendraient, ils étaient descendus, ils seront descendus

nous nous réunissons — nous nous réunirions, nous nous étions réunis, nous nous serons réunis

1. ils écoutent
2. nous lisons
3. vous rendez
4. je produis
5. il suit
6. je vais
7. vous croyez
8. tu représentes
9. il fait
10. nous finissons
11. il se répand
12. je me lève
13. vous dites
14. ils écrivent
15. vous tombez
16. nous nous amusons
17. tu reprends
18. elle se réveille
19. vous écoutez
20. je sors

B. *Prononcez les nombres suivants.*

25	52	67	76	80	84	91	99
938	881	793	685	543	470	374	121
1066	1215	1492	1663	1783	1865	1917	1970

C. *Répétez la phrase, en la mettant à l'imparfait et au conditionnel.*

EXAMPLES: S'ils ont l'argent, ils feront le voyage. — S'ils avaient l'argent, ils feraient le voyage.

Si nous restons ici, nous ne verrons pas la comédie. — Si nous restions ici, nous ne verrions pas la comédie.

1. Si vous partez maintenant, vous pourrez aller avec eux.
2. Si je reçois sa lettre, j'y répondrai immédiatement.
3. Si elle arrive à l'heure, elle aura le temps de lui parler.
4. Si nous prenons des photos, nous vous en enverrons.
5. S'ils achètent ces articles, ils nous en donneront.
6. Si tu attends quelques minutes, tu entendras la chanson.
7. S'il écoute bien, il apprendra cela plus vite.
8. Si je cesse de travailler, je ne finirai jamais.

D. *Répétez ces exemples.*

Est-ce que vous le faites vous-même? — Non, je le fais faire par mes élèves.

Est-ce qu'il les écrit lui-même? — Non, il les fait écrire par ses élèves.

Est-ce que je la lave moi-même? — Non, vous la faites laver par vos élèves.

Continuez à répondre de la même manière, en indiquant que la personne fait faire l'action par ses élèves.

1. Est-ce qu'elle le lit elle-même?
2. Est-ce que vous les cultivez vous-même?
3. Est-ce que tu le discutes toi-même?
4. Est-ce que nous les préparons nous-mêmes?
5. Est-ce que je le finis moi-même?
6. Est-ce qu'il la chante lui-même?
7. Est-ce qu'ils les choisissent eux-mêmes?
8. Est-ce qu'elles les écrivent elles-mêmes?

Répétez, en mettant au passé composé.

EXEMPLE: Est-ce que vous l'avez fait vous-même? — Non, je l'ai fait faire par mes élèves.

E. *Répétez ces exemples.*

Est-ce que quelqu'un le comprend? — Non, personne ne le comprend.

Voulez-vous quelque chose? — Non, merci, je ne veux rien.

A-t-il lu celui-ci ou celui-là? — Il n'a lu ni celui-ci ni celui-là.

Y habite-t-il toujours? — Non, il n'y habite plus.

En as-tu jamais mangé? — Non, je n'en ai jamais mangé.

Ont-ils fait la connaissance de plusieurs Français? — Non, ils n'ont fait la connaissance d'aucun Français.

Continuez à répondre de la même manière, en employant les expressions négatives.

1. Est-ce que quelqu'un a dit cela?
2. Avez-vous vu quelqu'un?
3. A-t-il répété cela à quelqu'un?
4. Ont-ils trouvé quelque chose dans la boîte?
5. Est-ce que j'ai oublié quelque chose?
6. A-t-elle parlé de quelque chose d'intéressant?
7. Est-ce que tu désires celui-ci ou celui-là?
8. Avons-nous perdu le premier ou le second?
9. L'étudiez-vous toujours?
10. Travaille-t-il toujours dans ce magasin?
11. Est-ce que je les ai jamais vus?
12. Ont-ils jamais étudié cela?
13. Est-ce que le Canada a perdu plusieurs colonies?
14. Est-ce que vous avez apporté plusieurs journaux?

F. *Complétez la phrase, en employant* **ce qui** *ou* **ce que.**

Nous ne savons pas $\left\{ \begin{array}{l} \text{ce qui} \\ \text{ce qu(e)} \end{array} \right\}$ $\left\{ \begin{array}{l} \text{a causé la révolution.} \\ \text{l'Assemblée a demandé.} \\ \text{ces gens vont faire.} \\ \text{a mené à cette crise.} \\ \text{peut limiter ses pouvoirs.} \\ \text{les ministres essayent de faire.} \\ \text{ces œuvres représentent.} \end{array} \right.$

Je vais vous dire $\left\{ \begin{array}{l} \text{ce qui} \\ \text{ce qu(e)} \end{array} \right\}$ $\left\{ \begin{array}{l} \text{je désire.} \\ \text{les élèves discutaient.} \\ \text{m'a impressionné.} \\ \text{on produit dans ce pays.} \\ \text{dominait cette période.} \\ \text{lui semblait important.} \\ \text{nous avons mangé.} \\ \text{ma sœur a acheté.} \end{array} \right.$

G. *Répétez, en employant* **après** *et le passé de l'infinitif.*

EXEMPLES: Quand ils avaient fini de travailler, ils sortaient ensemble. — Après avoir fini de travailler, ils sortaient ensemble.

Quand nous serons arrivés à Paris, nous serons très heureux. — Après être arrivés à Paris, nous serons très heureux.

1. Quand j'avais écrit l'exercice, je le lisais à haute voix.
2. Quand vous aviez reçu l'argent, vous sortiez tous les soirs.
3. Quand elles étaient descendues, elles prenaient toujours les mêmes places.
4. Quand tu seras sorti de la maison, tu n'auras plus chaud.
5. Quand il avait rempli son verre, il le regardait longtemps sans boire.
6. Quand nous nous serons levés, nous commanderons le petit déjeuner.
7. Quand vous aurez fait ce long voyage, vous serez heureux de rentrer chez vous.
8. Quand ils auront mangé tout cela, ils n'auront plus faim.

H. *Préparez un dialogue, en employant des expressions de la liste supplémentaire, pp. 326–338.*

Un flambeau,[1] Jeannette, Isabelle

Gaiement

1. Un flam-beau, Jean-nette, I - sa - bel - le! Un flam-beau,—Cou-rons au ber - ceau.[2]
2. C'est un tort, Quand l'En-fant som-meil-le, C'est un tort — De cri - er si fort.

C'est Jé - sus, bon-nes gens du ha-meau;— Le Christ est né, Ma - rie ap - pel - le.
Tai - sez-vous, l'un et l'au-tre d'a-bord!— Au moin-dre bruit, Jé - sus s'é-veil-le.

Ah! Ah! Ah! que la mère est bel - le! Ah! Ah! Ah! que l'En-fant est beau!
Chut![3] Chut! Chut! il dort à mer-veil - le! Chut! Chut! Chut! voy-ez comme il dort!

1. torch   2. cradle   3. hush!

VINGT-SIXIÈME LEÇON

Mots apparentés

proposer [prɔpoze]

recommander [rəkɔmɑ̃de]
la rôtisserie [larotisri]

On trouve un bon restaurant

Richard et Georges viennent de s'arrêter devant un restaurant près de la gare Saint-Lazare.

RICHARD. —Voilà le restaurant que M. Dupont nous a recommandé, n'est-ce pas?

GEORGES. —Oui, en effet; c'est la Rôtisserie du roi Pépin.   5

RICHARD. —Il faut l'essayer. Si nous entrions!

GEORGES. —Mais, mon vieux, nous ne pouvons pas dîner à cinq heures. Nous venons de déjeuner. D'ailleurs, n'oublie pas que nous devions rencontrer Charles à l'hôtel à quatre heures et demie, et nous sommes déjà en retard.   10

RICHARD. —Tu sais que Charles n'arrive jamais à l'heure. Mais quand même tu as raison. Rentrons à l'hôtel tout de suite. Il doit y être maintenant, et François a dû y retourner après sa visite chez les Sorel.[1] Nous pourrons leur proposer de revenir ici tous les quatre pour un bon dîner. Il faudra essayer le bœuf à la mode. M. Dupont a dit que c'est un plat merveilleux.   15

GEORGES. —Oui, je veux bien. Mais dépêchons-nous. Il faut trouver un taxi.

A l'hôtel.

RICHARD. —Où sont Charles et François? Ah! les voilà! François vient de nous apercevoir.   20

GEORGES. —Alors, mes amis, comment ça va? S'est-on bien amusé?

1. Note that proper names are not pluralized in French.

230

FRANÇOIS. —Oui, comme ci comme ça. Hélène et Albert m'ont dit de vous dire bonjour à tous les deux de leur part.

GEORGES. —Merci bien. Je compte aller les voir demain ou après-demain. A propos, Richard et moi, nous avons trouvé ce petit restaurant dont M. Dupont a parlé il y a longtemps[2]—la Rôtisserie du roi Pépin. Nous pensons que nous devrions y dîner ce soir avant d'aller au cinéma. Qu'en dites-vous? 25

CHARLES. —Moi, je veux bien.

FRANÇOIS. —Et moi aussi. Est-ce loin d'ici?

GEORGES. —Non. On peut y aller en taxi en dix minutes. Dans nos promenades nous avons dû passer devant[3] plusieurs fois sans le voir. 30

Quelques minutes après.

RICHARD. —J'ai fait appeler un taxi.

GEORGES. —Alors, si nous sortions l'attendre sur le trottoir!

CHARLES. —En effet, le voici qui arrive. 35

FRANÇOIS. —Allons!

VOCABULAIRE

à l'heure [alœr] on time

apercevoir [apɛrsəvwar] (*conj. like* re- cevoir) to catch sight of

à propos [aprɔpo] by the way

s'arrêter [sarɛte] to stop

le bœuf [ləbœf] (*pl.* [bø]) beef; ox, steer; le bœuf à la mode [ləbœfalamɔd] pot roast of beef (*French version*)

comme ci comme ça [kɔmsikɔmsa] so- so, fairly well

comment ça va? [kɔmãsava] how goes it? how are you? (*familiar greeting*)

compter [kɔ̃te] to expect; to count

d'ailleurs [dajœr] besides, moreover

déjeuner [deʒøne] to have (eat) lunch

demain [d(ə)mɛ̃] tomorrow; après-de- main [apred(ə)mɛ̃] day after tomor- row

se dépêcher [sədepeʃe] to hurry, hasten

devoir [dəvwar] to have to, must; to owe

dîner [dine] to dine, have dinner

en effet [ãnefɛ] as a matter of fact, in- deed

falloir [falwar] to be necessary

il y a [ilja] (+ *an expression of time*) ago

loin [lwɛ̃] far

longtemps [lɔ̃tã] a long time, long

merci bien [mɛrsibjɛ̃] thank you very much

merveilleux [mɛrvɛjø] (*f.* merveilleuse [mɛrvɛjøz]) marvelous

oublier (de) [ublje(də)] to forget (to)

le plat [ləpla] dish

quand même [kãmɛm] anyway, never- theless

tout de suite [tudsчit] immediately, right away

venir de (+ *inf.*) [vənirdə] to have just (+ *p.p.*)

vouloir bien [vulwarbjɛ̃] to consent, be willing (*not used negatively*)

2. Note this idiomatic use of il y a: il y a longtemps, *a long time ago;* il y a deux heures, *two hours ago;* il y a quelques jours, *a few days ago.*

3. nous avons dû passer devant: translate "we must have passed *it.*"

QUESTIONNAIRE

Répondez en français.

A. *Questions sur le texte.*   1. Où s'arrêtent Richard et Georges?   2. Qui leur avait recommandé le restaurant?   3. Comment s'appelle le petit restaurant?   4. Que veut faire Richard?   5. Pourquoi Georges ne veut-il pas y entrer à cette heure-là?   6. Qu'est-ce que les jeunes gens venaient de faire? 7. Où devaient-ils rencontrer Charles?   8. A quelle heure devaient-ils rencontrer Charles?   9. Qu'est-ce qu'ils décident de faire?   10. Où était allé François cet après-midi-là?   11. Que propose Richard?   12. Quel plat veut-il essayer?   13. Comment sont-ils rentrés à l'hôtel?   14. Où ont-ils rencontré Charles et François?   15. A qui François venait-il de rendre visite? 16. Quand Georges compte-t-il aller les voir?   17. Qu'est-ce que Georges annonce à Charles et à François?   18. Comment acceptent-ils la proposition?   19. Combien de temps faut-il pour aller en taxi de l'hôtel au restaurant?   20. Ont-ils dû attendre longtemps le taxi?

B. *Questions générales.*   1. Quel est votre restaurant préféré dans la ville? 2. A-t-il des tables sur le trottoir?   3. Y allez-vous souvent?   4. Est-il loin d'ici?   5. Comment y va-t-on?   6. Est-ce que quelqu'un vous l'a recommandé, ou l'avez-vous trouvé vous-même?   7. Quel repas venez-vous de prendre?   8. A quelle heure déjeunez-vous généralement?   9. A quelle heure dînez-vous?   10. Avez-vous un plat préféré?   11. Est-ce que je prends mes repas dans le même restaurant que vous?   12. Quel repas est-ce que je vais prendre en sortant d'ici?   13. Avez-vous des amis qui habitent dans la ville?   14. Dans quel quartier habitent-ils?   15. Prenez-vous un taxi pour aller chez eux?   16. Quand comptez-vous aller les voir?   17. Aimez-vous le cinéma?   18. Combien de fois par semaine allez-vous au cinéma?

GRAMMAIRE

1. *Falloir*

The verb **falloir,** *to be necessary,* is used only with the impersonal subject **il.** The forms are as follows:

PRESENT INDICATIVE	il faut	it is necessary
IMPERFECT INDICATIVE	il fallait	it was necessary
FUTURE	il faudra	it will be necessary
CONDITIONAL	il faudrait	it would be necessary

PAST INDEFINITE	il a fallu	it was necessary
PLUPERFECT INDICATIVE	il avait fallu	it had been necessary
FUTURE PERFECT	il aura fallu	it will have been necessary
PAST CONDITIONAL	il aurait fallu	it would have been necessary

The actual translations of **falloir** into English may vary considerably.

Il faut le voir pour l'apprécier.	It must be seen to be appreciated. (One must see it to appreciate it.)
Il faut y aller ce soir.	It is necessary to go there tonight. (We must go there tonight. You have to go there tonight.)

EXCEPTION: In the negative, **falloir** does not have the *be necessary* meaning.

Il ne faut pas faire cela.	One (you, we) must not do that.
Il n'est pas nécessaire de faire cela.	It is not necessary to do that.

2. *Devoir*, to owe

PRESENT INDICATIVE		FUTURE
je dois	nous devons	**je devrai**, *etc.*
tu dois	vous devez	
il doit	ils doivent	PAST PARTICIPLE **dû**

The verb **devoir**, when followed by a dependent infinitive, has various meanings according to the tense. The following are the most commonly used tenses:

Je dois le faire.	I have to do it. / I am to do it. / I am supposed to do it.
Vous devez avoir raison.	You must be right.
Il devait le faire.	He had to do it. / He was to do it. / He was supposed to do it.
J'ai dû le faire.	I had to do it. / I must have done it. (*conjecture*)
Elle devrait le faire.	She should (ought to) do it.
Nous aurions dû le faire.	We should (ought to) have done it.

3. Venir de

The expression **venir de** is used before an infinitive to indicate an action in the immediate past. In the present tense, it corresponds to the English *has (have) just* . . . . In the imperfect, it corresponds to *had just* . . . .

Nous venons d'arriver.	We've just arrived.
Il vient de sortir.	He has just gone out.
Vous veniez de les acheter.	You had just bought them.

Venir de, in this meaning, is used in these two tenses only.

4. Idiomatic Use of Imperfect after *si*

Si followed by the imperfect of the verb may be used to propose an action.

Si nous entrions.	Suppose we go in.
Si vous veniez avec nous.	Suppose you come with us.
S'ils me téléphonaient demain.	Suppose they telephone me tomorrow.

5. Pronoun Objects with *voici* and *voilà*

Notice that the pronouns used with **voici** and **voilà** are direct object forms and that they precede **voici** and **voilà.**

Me voici.	Here I am.
Les voilà qui arrivent.	There they are coming in.
Ah! Vous voilà!	Ah! There you are!

EXERCICES

A. *Répétez, en mettant le verbe à l'imparfait et au conditionnel.*

EXEMPLES: S'il arrive aujourd'hui, il faudra l'inviter. — S'il arrivait aujourd'hui, il faudrait l'inviter.

Si nous vendons la voiture, il faudra aller à pied. — Si nous vendions la voiture, il faudrait aller à pied.

1. Si j'oublie de faire cela, il faudra me le dire.
2. Si vous êtes en retard, il faudra nous téléphoner.
3. S'il fait très chaud, il faudra rester à la maison.
4. Si on veut arriver à l'heure, il faudra prendre un taxi.
5. Si nous partons maintenant, il faudra déjeuner en route.
6. Si tu ne le finis pas, il faudra partir quand même.
7. S'il n'y pense pas, il faudra le lui dire.
8. Si vous n'avez pas l'argent, il faudra attendre.

Répétez, en employant le présent des deux verbes.

EXEMPLES: S'il arrive aujourd'hui il faudra l'inviter. — S'il arrive aujourd'hui, il faut l'inviter.

Si nous vendons la voiture, il faudra aller à pied. — Si nous vendons la voiture, il faut aller à pied.

B. *Répondez par la négative, en ajoutant* **C'est moi qui . . . ,**

EXEMPLES: Est-ce Pierre qui doit conduire la voiture? — Non, c'est moi qui
dois conduire la voiture.
Est-ce votre sœur qui devait le préparer? — Non, c'est moi qui
devais le préparer.
Est-ce votre père qui a dû appeler la police? — Non, c'est moi qui
ai dû appeler la police.

1. Est-ce Marie qui doit envoyer le cadeau?
2. Est-ce Robert qui devait les acheter?
3. Est-ce le professeur qui a dû le finir?
4. Est-ce l'autre élève qui devrait faire cela?
5. Est-ce Richard qui aurait dû leur écrire?
6. Est-ce Albert qui doit les suivre?
7. Est-ce les Dupont qui devaient prendre les photos?
8. Est-ce Pierre qui a dû sortir sans déjeuner?
9. Est-ce Louise qui devrait profiter de cette occasion?
·10. Est-ce M. Martin qui aurait dû le lui dire?

Répétez, en employant **c'est nous qui . . . , c'est vous qui . . . ,** *etc.*

C. *Répétez ces exemples.*

A-t-il déjà fini le travail? — Oui, il vient de le finir.
Avez-vous déjà lu ce livre? — Oui, je viens de le lire.
Sont-elles déjà descendues? — Oui, elles viennent de descendre.

Continuez à répondre de la même manière, en employant **venir de.**

1. A-t-elle déjà fait ce voyage?
2. As-tu déjà commandé le déjeuner?
3. Ont-ils déjà trouvé le restaurant?
4. Avons-nous déjà reçu les lettres?
5. Avez-vous déjà appelé le taxi?
6. Est-ce que je vous ai déjà dit cela?
7. Sont-ils déjà montés?
8. Est-elle déjà sortie?
9. Sommes-nous déjà arrivés?
10. Se sont-ils déjà réunis?
11. S'est-il déjà lavé?
12. Vous êtes-vous déjà couché?

D. *Répétez ces exemples.*

Avait-il fini le travail? — Oui, il venait de le finir quand Jean est arrivé.
Aviez-vous écrit la lettre? — Oui, je venais de l'écrire quand Jean est
arrivé.
Etaient-elles descendues? — Oui, elles venaient de descendre quand
Jean est arrivé.

*Continuez à répondre de la même manière, en employant **venir de** à l'imparfait et en terminant chaque phrase par **quand Jean est arrivé**.*

1. Avait-elle choisi le cadeau?
2. Aviez-vous commandé le déjeuner?
3. Avaient-ils vendu leurs livres?
4. Avais-tu pris la photo?

5. Etait-il sorti?
6. Etions-nous rentrés?
7. S'était-elle levée?
8. Vous étiez-vous assis?

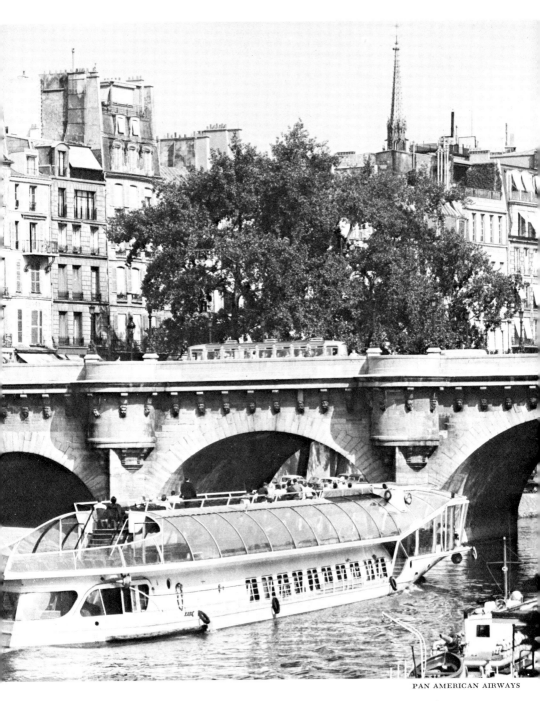

A *bateau-mouche* (sightseeing boat) passing under one of the bridges on the Seine.

(*Above*) The Paris subway (*métro*). (*Left*) Automatic vending machine for purchasing weekly *métro* tickets. There are special weekly tickets for students.

(*Above*) Entrance to the Palais Royal station of the *métro*. Outside each station there is a large subway map which people may consult. (*Below*)

PAN AMERICAN AIRWAYS

Arc de Triomphe and the Champs Élysées

Paris rush hour (*heures de pointe*) on one of the quays along the Seine.

FRENCH EMBASSY PRESS AND INFORMATION DIVISION

VINGT-SEPTIÈME LEÇON

Mots apparentés

l'acte *m.* [lakt]
l'appartement *m.* [lapartəmā]

directement [dirɛktəmā]
la station [lastasjɔ̃]

Au theâtre

Nous étions trois qui attendions notre ami Georges dans le foyer du théâtre.

—Quelle heure est-il, Richard? a demandé François.

—Il est huit heures dix. J'ai peur qu'il ne soit pas ici à l'heure. Pourquoi n'est-il pas venu avec toi, Charles? 5

—Il a fallu qu'il aille chez les Dupont avant de venir. Moi, je suis venu directement de l'hôtel par le métro. Georges est sorti avant sept heures. Il a pris l'autobus pour aller chez les Dupont. Après, il devait prendre le métro à la station qui est au coin de la rue, à deux pas de leur appartement. Je doute qu'il ait eu des difficultés de transport. 10

—Il est heureux[1] qu'il t'ait donné les billets avant de sortir. Sans cela, nous ne pourrions pas voir le premier acte s'il n'arrivait pas à l'heure.

—Voulez-vous que je donne un coup de téléphone chez les Dupont?

—Non, parce que le voilà qui arrive![2] Qu'est-ce qui t'a retenu, mon vieux?

—Tu ne crois pas que je l'aie fait exprès, j'espère! C'est que la pendule 15 chez les Dupont retardait de vingt minutes et je ne le savais pas. Quand je me suis rendu compte de l'heure, je n'avais plus le temps de venir par le métro. J'ai dû prendre un taxi. Par hasard, il y en avait un qui passait dans la rue. Enfin me voici. Nous avons juste le temps d'aller à nos places.

—Oui, entrons. Les numéros de nos fauteuils sont impairs; alors nous 20 devons aller de ce côté-ci.

1. **il est heureux,** *it is fortunate*
2. **le voilà qui arrive,** *there he comes* (*there he is who comes*)

237

—N'oublie pas, François, que c'est à toi cette fois de donner le pourboire à l'ouvreuse.

—Entendu. J'ai de la monnaie.

VOCABULAIRE

à **deux pas** [adøpɑ] a short distance away (*literally*, two steps)

l'autobus *m.* [lɔtɔbys] bus (*of a city transportation system*)

le billet [ləbijɛ] ticket

c'est à (vous) de . . . [sɛta(vu)də] it is (your) turn to . . .

c'est que [sɛkə] it is because, the reason is that

le coin [ləkwɛ̃] corner

le côté [ləkote] side; **de ce côté** [dəs(ə)kote] this way, on this side

le coup [ləku] blow, hit (*and many figurative meanings*); **un coup de téléphone** [œ̃kud(ə)telefɔn] a telephone call

douter [dute] to doubt

entendu [ɑ̃tɑ̃dy] O.K., all right, agreed

espérer [ɛspere] to hope

exprès [ɛksprɛ] on purpose

le fauteuil [ləfotœj] armchair; seat (*in preferred areas of theater*)

le foyer [ləfwaje] lobby (*of a theater*)

le hasard [ləazar] chance

impair [ɛ̃pɛr] odd, uneven (*of numbers*)

le métro [ləmetro] subway

la monnaie [lamɔnɛ] change, coin

le numéro [lənymero] number, numeral

l'ouvreuse *f.* [luvrøz] theater usher (*woman*)

la place [laplas] place, seat

le pourboire [ləpurbwar] tip

retarder [rətarde] to retard, slow up; to be slow (*clocks*)

retenir [rətnir] (*conj. like* **venir**; *aux.* **avoir**) to hold back, keep, delay

le transport [lətrɑ̃spɔr] transportation, conveyance

QUESTIONNAIRE

Répondez en français.

A. *Questions sur le texte.*   1. Combien de personnes attendaient Georges? 2. Où étaient-elles?   3. Quelle heure était-il?   4. Qui devait venir au théâtre avec Charles?   5. Pourquoi Charles est-il venu sans Georges?   6. Comment Charles est-il venu au théâtre?   7. Comment Georges est-il allé chez les Dupont?   8. A quelle heure est-il sorti?   9. Quel moyen [*means*] de transport devait-il prendre en quittant l'appartement des Dupont?   10. Où était la station de métro?   11. Qu'est-ce que Georges avait donné à Charles avant de sortir?   12. Pourquoi Charles n'a-t-il pas donné un coup de téléphone chez les Dupont?   13. Pourquoi Georges était-il en retard?   14. Comment est-il venu au théâtre?   15. Est-ce que les numéros de leurs fauteuils étaient pairs ou impairs?   16. Qui devait donner le pourboire à l'ouvreuse?

B. *Questions générales.* 1. Aimez-vous le théâtre? 2. Avons-nous un théâtre à notre école? 3. Est-ce que le théâtre est loin d'ici? 4. Y allez-vous souvent? 5. Comment y allez-vous? 6. Combien y a-t-il de places dans ce théâtre? 7. Chez nous, est-ce qu'on donne des pourboires au cinéma? 8. Connaissez-vous quelques villes qui ont un métro? 9. En avez-vous un dans votre ville? 10. Pourquoi les touristes préfèrent-ils l'autobus au métro? 11. Si on veut aller plus vite, doit-on prendre l'autobus ou le métro? 12. Combien d'heures par jour devrait-on étudier? 13. Est-ce qu'il faut étudier tous les jours? 14. Comment apprend-on à parler une langue étrangère? 15. Qu'est-ce que nous venons de faire?

GRAMMAIRE

1. The Subjunctive Mood

The subjunctive is a mood of the verb which is used in dependent clauses toward which certain attitudes are expressed by preceding elements of the sentence. The factors which govern the use of the subjunctive will be discussed in Lesson 28. In this lesson, we are concerned only with the forms and meanings of the subjunctive.

2. Present Subjunctive

a. The endings of the present subjunctive (**présent du subjonctif**) of *all verbs* except **avoir** and **être** are:

-e	-ions
-es	-iez
-e	-ent

Notice that these endings are the same as those of the present indicative of **-er** verbs, except for the insertion of **-i-** in the first and second plural.

b. The stem of the present subjunctive, for all regular and most irregular verbs, may be derived by dropping the **-ent** of the third person plural of the present indicative.

ils espèr(ent)	ils attend(ent)
ils se réuniss(ent)	ils écriv(ent)

c. The present subjunctive of **donner,** *to give,* will illustrate the forms and meanings of this tense. Since the subjunctive is used almost exclusively in subordinate clauses, the conjunction **que** is generally used in conjugations as a reminder of that fact.

PRESENT SUBJUNCTIVE

that I (you, etc.) give, will give, may give

que je donne	que nous donnions
que tu donnes	que vous donniez
qu'il donne	qu'ils donnent

3. Irregular Present Subjunctives

The following verbs have irregular stems in the present subjunctive:

faire	que je fasse	aller	que j'aille
pouvoir	que je puisse	valoir	que je vaille
savoir	que je sache	vouloir	que je veuille

Many verbs which have a change of stem in the **nous** and **vous** forms of the present indicative also change to the same stem in the **nous** and **vous** forms of the present subjunctive.

INFIN.	1ST. SING. SUBJ.	1ST. PLUR. SUBJ.	2ND PLUR. SUBJ.
aller	que j'*aille*	que nous *all*ions	que vous *all*iez
valoir	que je *vaille*	que nous *val*ions	que vous *val*iez
vouloir	que je *veuille*	que nous *voul*ions	que vous *voul*iez
boire	que je *boive*	que nous *buv*ions	que vous *buv*iez
devoir	que je *doive*	que nous *dev*ions	que vous *dev*iez
prendre	que pe *prenne*	que nous *pren*ions	que vous *pren*iez
venir	que je *vienne*	que nous *ven*ions	que vous *ven*iez

It is helpful to observe that almost all verbs have the same forms in the first and second persons plural in the present subjunctive as they do in the imperfect indicative.

4. Present Subjunctive of *avoir* and *être*

Avoir and **être** have both irregular stems and irregular endings in the present subjunctive.

PRESENT SUBJUNCTIVE OF **avoir**

that I have, may have

que j'aie	que nous ayons
que tu aies	que vous ayez
qu'il ait	qu'ils aient

PRESENT SUBJUNCTIVE OF **être**

that I be, am, may be

que je sois	que nous soyons
que tu sois	que vous soyez
qu'il soit	qu'ils soient

5. Past Subjunctive

The past subjunctive (**passé du subjonctif**) is formed by using the present subjunctive of the auxiliary with the past participle of the main verb.

PAST SUBJUNCTIVE OF **donner**

that I have given

que j'aie donné	que nous ayons donné
que tu aies donné	que vous ayez donné
qu'il ait donné	qu'ils aient donné

PAST SUBJUNCTIVE OF **aller**

that I have gone

que je sois allé	que nous soyons allés
que tu sois allé	que vous soyez allés
qu'il soit allé	qu'ils soient allés

6. Meaning of the Subjunctive

Modern English has few distinctively subjunctive verb forms, and the number of cases in which the English speaker consciously uses the subjunctive are so rare that American students, with some justification, think of the subjunctive as a troublesome linguistic complication existing only in foreign languages. Whereas this is not quite so, it is true that there is no set of corresponding English forms which can be cited as approximate equivalents of the French subjunctives. The following list of examples will partially illustrate the variety of English versions which may express concepts rendered in French by the subjunctive.

Je doute qu'il comprenne cela.	I doubt that he understands (will understand) that.
Je doute qu'il aille avec nous.	I doubt that he is going (will go) with us.
Il faut que les élèves soient prêts.	It is necessary that the pupils be ready. (The pupils must be ready.)
Il faudra qu'elle aille chez les Dupont.	It will be necessary for her to go to the Duponts'. (She will have to go to the Duponts'.)
Il fallait qu'il apprenne cela.	It was necessary that he learn that. (He had to learn that.)
Il a fallu que nous l'écrivions.	We had to write it. (It was necessary that we write it.)
Nous avons peur qu'elle ne soit pas ici à l'heure.	We are afraid that she will not (may not) be here on time.
Nous avons peur qu'elle n'ait pas reçu la lettre.	We are afraid that she hasn't received (didn't receive, may not have received) the letter.
J'avais peur que vous lui disiez cela.	I was afraid that you might (would) tell him that.

EXERCICES

A. *Mettez au présent et au passé du subjonctif.*

EXEMPLES: nous parlons — que nous parlions, que nous ayons parlé
je finis — que je finisse, que j'aie fini
il vend — qu'il vende, qu'il ait vendu
ils vont — qu'ils aillent, qu'ils soient allés
vous vous amusez — que vous vous amusiez, que vous vous soyez
amusé

1. nous donnons	7. vous remplissez	13. nous partons	19. elle boit
2. vous comptez	8. elle choisit	14. il voit	20. nous voulons
3. il propose	9. nous répondons	15. je fais	21. tu prends
4. elles envoient	10. je rends	16. tu peux	22. je viens
5. je monte	11. ils entendent	17. ils ont	23. vous allez
6. tu t'arrêtes	12. vous descendez	18. vous êtes	24. il s'assied

B. *Répétez ces exemples.*

Vous écoutez bien. — Je doute que vous écoutiez bien.
Elle finira son travail. — Je doute qu'elle finisse son travail.
Il le veut. — Je doute qu'il le veuille.

Continuez l'exercice de la même manière, en faisant suivre **Je doute que** *de la phrase indiquée, et en mettant le verbe subordonné au présent du subjonctif.*

1. Nous arriverons à l'heure.	6. Nous vendrons la maison.
2. Elle parle russe.	7. Vous répondrez tout de suite.
3. Ils acceptent le cadeau.	8. Elles nous attendront.
4. Tu choisis ces articles.	9. Il prend le métro.
5. Il remplira les verres.	10. Ils écrivent si souvent.

Répétez en employant le passé du subjonctif.

EXEMPLE: Vous écoutez bien. — Je doute que vous ayez bien écouté.

C. *Lisez à haute voix, en employant le présent du subjonctif du verbe indiqué.*

1. (avoir) Il est possible que vous _____ raison.
2. (pouvoir) Nous avons peur que notre ami ne _____ pas aller avec nous.
3. (dire) Voulez-vous que je lui _____ de rapporter vos livres?
4. (comprendre) Ils ne croient pas que nous _____ si facilement la leçon.
5. (faire) Mon père est heureux que je _____ tout ce qu'il me demande de faire.
6. (envoyer) Je voudrais qu'elle m' _____ une lettre avant samedi.

7. (venir) Il est important que les élèves _____ voir le directeur.
8. (rentrer) Nos parents désirent que nous _____ avant onze heures ce soir.
9. (être) Il faut que vous _____ au théâtre de bonne heure.
10. (pouvoir) Je doute qu'il _____ trouver un taxi à cette heure-ci du matin.
11. (rester) Votre tante aimerait mieux que vous _____ à la maison parce qu'il fait très froid aujourd'hui.
12. (prendre) Il faudra que quelqu'un _____ les billets cet après-midi.

D. *Lisez à haute voix, en employant le passé du subjonctif du verbe indiqué.*

1. (aller) Je ne crois pas qu'il y _____ sans elle.
2. (apprendre) Le professeur est heureux que vous _____ tout cela.
3. (mettre) Il est possible qu'on _____ les valises dans la voiture.
4. (arriver) Je doute que Charles _____ de si bonne heure.
5. (recevoir) Sa mère a peur qu'il _____ la lettre trop tard.
6. (partir) Il est peu probable que les enfants _____ sans rien dire.
7. (apercevoir) Il est heureux que nous _____ cela.
8. (rentrer) Mes parents doutent que je _____ de si bonne heure.

VINGT-HUITIÈME LEÇON

Mots apparentés

le chèque [ləʃɛk]
content [kɔ̃tɑ̃]

l'excursion f. [lɛkskyrsjɔ̃]
le franc [ləfrɑ̃]

On discute une excursion en autocar

Les quatre amis viennent de se réunir au restaurant pour le déjeuner.

—Voulez-vous que cet après-midi je prenne les billets pour notre excursion en autocar? a demandé Charles.

—Oui, Charles, si ça ne te dérange pas, a répondu François.

—Moi aussi, je voudrais bien que tu le fasses, a dit Richard, pourvu que tu aies l'argent; parce que moi j'ai tout dépensé hier soir. Il faut que je touche un chèque.

—Est-ce que nous sommes d'accord sur l'excursion que nous allons faire? a demandé Charles.

—Tout ce que je demande, c'est que ce soit une excursion qui ne coûte pas plus de 30 francs, a dit François. Il ne me reste plus beaucoup d'argent, et je dois acheter des cadeaux pour ma famille.

—L'excursion à Versailles et à la Malmaison ne coûte que 25 ou 26 francs, y compris les droits d'entrée.

—Alors, voici l'argent pour mon billet et celui de François, a dit Georges. Je viens de me rappeler que je lui dois 25 francs.

—A quelle heure part l'autocar?

—L'autocar part jeudi matin à neuf heures et demie de la Place de la Madeleine, du côté du Marché aux Fleurs.

—Il vaut mieux que nous arrivions à neuf heures et quart afin de trouver de bonnes places dans le car, n'est-ce pas?

—Toutes les places sont retenues d'avance. Mais malgré cela, moi je voudrais y arriver de bonne heure.

244

—D'accord; ça vaut mieux. J'ai grande envie de voir le château de l'impératrice Joséphine et celui de Louis XIV avec sa célèbre Galerie des Glaces   25
et ses magnifiques jardins.

—Oui, et de plus on dit que nous prendrons le déjeuner dans un excellent
restaurant.

—Alors, je m'étonne que François n'ait pas proposé d'y aller il y a quelques
jours, a dit Charles. Lui, pourvu qu'il mange bien, il est content.   30

—Il faut dire que François n'est pas le seul qui aime manger. Est-ce que
quelqu'un se rappelle un repas où il ait mangé plus que nous autres? Ce
n'est pas qu'il mange plus que nous; c'est qu'il en parle un peu plus.

VOCABULAIRE

afin de [afɛ̃də] in order to

l'autocar *m.* [lɔtɔkar] **le car** motor coach, interurban bus

compris [kɔ̃pri] included, including

coûter [kute] to cost

d'accord [dakɔr] in agreement; all right, O.K.

d'avance [davɑ̃s] in advance

dépenser [depɑ̃se] to spend

de plus [dəply] more; moreover

déranger [derɑ̃ʒe] to disturb, bother, trouble

le droit d'entrée [lədrwadɑ̃tre] admission fee

s'étonner [setɔne] to be surprised, astonished

il (me) reste [il(mə)rɛst] (I) have left, there remains (to me)

l'impératrice *f.* [lɛ̃peratris] empress

le jardin [ləʒardɛ̃] garden

magnifique [maɲifik] magnificent, wonderful

le marché [ləmarʃe] market; **le Marché aux Fleurs** the Flower Market

la place [laplas] public square; place, seat

pourvu que [purvykə] provided that

prendre des billets [prɑ̃drədebijɛ] to buy (get) tickets

retenir [rətnir] to reserve; to hold back, keep, delay

toucher [tuʃe] to touch; to cash (*a check*)

trop (de) [tro(də)] too; too much, too many

il (ça) vaut mieux [il(sa)vomjø] it (that) is better

NOMS PROPRES

la Madeleine [lamadlɛn] the Church of the Magdalene, one of the famous monuments of Paris; Greek classic style with Corinthian columns

la Malmaison [lamalmɛzɔ̃] an eighteenth-century château near Paris, where the Empress Josephine lived after her divorce from Napoleon

Versailles [vɛrsɑj] town a few miles southwest of Paris; best known for the famous palace and park constructed there by Louis XIV. Today its celebrated Galerie des Glaces (Hall of Mirrors) and other magnificent rooms contain numerous paintings and statues commemorating great people and events of French history.

QUESTIONNAIRE

Répondez en français.

A. *Questions sur le texte.* 1. Où les quatre amis venaient-ils de se réunir? 2. Quel repas prenaient-ils? 3. Qui a offert de prendre les billets pour l'excursion? 4. Pourquoi Richard n'a-t-il pas d'argent? 5. Que faut-il qu'il fasse pour en avoir? 6. Quel était le maximum que François voulait dépenser pour l'excursion? 7. Pourquoi fallait-il qu'il réserve de l'argent? 8. Où a-t-on proposé qu'ils aillent? 9. Combien cette excursion coûtait-elle? 10. Est-ce que les droits d'entrée y étaient compris? 11. Combien Georges doit-il à François? 12. A quelle heure devaient-ils être à la Place de la Madeleine? 13. Pourquoi n'était-il pas nécessaire qu'ils arrivent de bonne heure pour avoir de bonnes places dans le car? 14. Qui avait habité la Malmaison au commencement du 19e siècle? 15. Quel roi célèbre avait fait construire le magnifique château de Versailles? 16. Lequel des quatre voyageurs avait la réputation d'aimer beaucoup les bons repas?

B. *Questions générales.* 1. Avez-vous jamais fait une excursion en autocar? 2. Préférez-vous les voyages en autocar ou en automobile? 3. Préférez-vous que quelqu'un d'autre conduise quand vous voyagez? 4. Voudriez-vous visiter la France? 5. Si vous y allez, désirez-vous que vos parents y aillent avec vous? 6. Avez-vous peur que votre père ne vous permette pas de faire seul(e) ce voyage? 7. Voudriez-vous que toute la classe fasse le voyage? 8. Y a-t-il un autre voyage qui vous intéresse plus qu'un voyage en France? 9. Y a-t-il quelqu'un dans la classe qui puisse aller en Europe cette semaine? 10. Y en a-t-il beaucoup qui aient l'argent nécessaire pour ce voyage? 11. Est-il bon que les touristes sachent quelque chose sur la France avant d'y aller? 12. Est-ce que vos amis s'étonnent que vous compreniez si bien le français?

GRAMMAIRE

1. Uses of the Subjunctive

As mentioned in Lesson 27, the subjunctive is used almost exclusively in dependent clauses, that is (1) noun clauses, (2) adjective clauses, and (3) adverbial clauses. For each of these three types, the element of the sentence which governs the use of the subjunctive is different.

If the dependent clause is:	*the governing factor is:*
(1) a noun clause	(1) the attitude expressed in the main clause
(2) an adjective clause	(2) the nature of the antecedent which is modified
(3) an adverbial clause	(3) the meaning of the subordinating conjunction

2. Subjunctive in Noun Clauses

The verb of a noun clause will be in the subjunctive if the main clause expresses:

a. Volition (desiring, commanding, forbidding, permitting, etc.).

Elle veut que nous réussissions aux examens.	She wants us to pass the examinations.
Le roi a commandé qu'ils tiennent ferme.	The king ordered that they hold out.
Je ne désire pas qu'il le sache.	I don't want him to know it.

b. Emotion (joy, sorrow, fear, surprise, etc.).

Nous sommes heureux que vous soyez ici.	We are glad that you are here.
Je m'étonne qu'il soit rentré de si bonne heure.	I am surprised that he came home so early.
N'avez-vous pas peur qu'il perde son argent?	Aren't you afraid that he will lose his money?

c. Doubt (disbelief, uncertainty, etc.).

Je doute qu'il puisse le faire.	I doubt that he can do it.
Nous ne sommes pas certains qu'il vous ait vu.	We are not certain that he saw you.
Croyez-vous que cela soit vrai?	Do you believe that is true?

d. Opinions expressed in impersonal form (**il faut, il vaut mieux, il est . . .**).

Il est peu probable qu'il fasse chaud demain.	It is unlikely that it will be warm tomorrow.
Il est possible que vous ayez raison.	It is possible that you are right.
Il faut qu'elle revienne immédiatement.	It is necessary that she come back immediately.

But impersonal opinions expressing certainty or probability take the indicative.

Il est certain qu'ils sont déjà partis.	It is certain that they have already left.
Il est probable que tu réussiras.	It is probable that you will succeed.

Note that the effect of some expressions in categories *c* and *d* may change, depending upon whether they are affirmative, negative, or interrogative.

Je ne doute pas qu'il pourra le faire.	I do not doubt that he can do it.
Nous sommes certains qu'il vous a vu.	We are certain that he saw you.
Ne croyez-vous pas que cela est vrai?	Don't you believe that is true?
Il est probable qu'il fera chaud demain.	It is probable that it will be warm tomorrow.
Il n'est pas certain qu'ils soient déjà partis.	It is not certain that they have already left.

3. Subjunctive in Adjective Clauses

The use of the subjunctive in an adjective clause depends upon what the speaker says about or feels about the word modified. If this noun (or pronoun) is presented as something vague, desired, feared, sought, doubtful, nonexistent, or subject to opinion, the subjunctive is generally used.

Ils cherchent un guide qui connaisse bien Versailles.	They are looking for a guide who knows Versailles well.
Il n'y a pas de voiture qui aille si vite.	There is no car that goes so fast.
C'est la meilleure place que je puisse vous donner.	It's the best seat I can give you.

If the sentence is intended to be taken as purely factual, the indicative is used.

Ils cherchent le guide qui les a conduits à Versailles.	They are looking for the guide who took them to Versailles.

4. Subjunctive in Adverbial Clauses

The subjunctive is used in an adverbial clause if it is introduced by certain conjunctions, the most common of which are the following:

pour que	so that, in order that	**quoique**	although
afin que	so that, in order that	**bien que**	although
pourvu que	provided that	**sans que**	without
de peur que	for fear that	**à moins que**	unless
jusqu'à ce que	until	**avant que**	before

Il travaille jour et nuit pour que son fils puisse aller à l'université.	He works day and night so that his son can go to the university.
Quoiqu'il fasse mauvais temps, nous allons continuer.	Although the weather is bad, we are going to continue.

Elle y va cet été de peur qu'il n'y ait pas d'argent l'été prochain.	She is going there this summer for fear that there will be no money next summer.
Sortons tout de suite avant qu'il ait le temps d'y penser.	Let's leave right away before he has time to think about it.

5. Sequence of Tenses

In modern colloquial French only the present subjunctive and the past subjunctive are normally used. The past subjunctive is used when the time of the dependent verb precedes that of the main clause. In all other cases, use the present subjunctive.

J'ai peur qu'il soit arrivé en retard.	I am afraid that he arrived late.
J'avais peur qu'il soit arrivé en retard.	I was afraid that he had arrived late.
J'ai peur qu'il arrive en retard.	I am afraid that he will arrive late.
J'avais peur qu'il arrive en retard.	I was afraid that he would arrive late.

EXERCICES

A. *Répétez, en employant* **vous** *comme sujet de la proposition subordonnée.*

EXEMPLES: Je désire qu'elle réussisse aux examens. — Je désire que vous réussissiez aux examens.

Il s'étonne que nous l'ayons fini. — Il s'étonne que vous l'ayez fini.

1. Ils veulent que Charles prenne les billets.
2. Nous désirons que tu sois heureux.
3. Elle préfère que j'aille avec les autres.
4. On a commandé que nous restions à la maison.
5. Il aime mieux qu'ils arrivent de bonne heure.
6. Elle est heureuse que son amie vienne demain.
7. Ils sont contents qu'elle ait accepté le cadeau.
8. Nous nous étonnons qu'elle l'ait reçu.
9. J'ai peur que Marie ne comprenne pas.
10. Elle doute que je puisse faire cela.
11. Ils ne sont pas certains que nous soyons heureux.
12. Je ne crois pas que Robert soit encore très fort.
13. Il est possible que les enfants aient sommeil.
14. Il est peu probable que tu reçoives la lettre.
15. Il est inévitable que nous les rencontrions.

B. *Répétez ces exemples.*

Je connais un homme qui peut le faire. — Je ne connais personne qui puisse le faire.

Ils ont quelque chose qui vaut mille francs. — Ils n'ont rien qui vaille mille francs.

Il y a un autobus qui y va. — Il n'y a pas d'autobus qui y aille.

Continuez de la même manière, en employant une expression négative dans la proposition principale et le subjonctif dans la proposition subordonnée.

1. Elle a trouvé un homme qui sait cela.
2. Il y a un garçon qui est capable de le faire.
3. Nous connaissons une femme qui le comprend.
4. Il a quelque chose qui rendra cela possible.
5. Ils ont acheté quelque chose qui pourra vous aider beaucoup.
6. Tu trouveras quelque chose qui t'intéressera.
7. Il y a un pays où cela se fait.
8. Il y a une femme qui les vend.
9. Il y a une réponse que je peux faire.

C. *Répétez ces exemples.*

S'il finit le travail, je lui donnerai l'argent. — Je lui donnerai l'argent, pourvu qu'il finisse le travail.

Si elle écrit avant mardi, il répondra tout de suite. — Il répondra tout de suite, pourvu qu'elle écrive avant mardi.

Si nous étudions bien, nous apprendrons cela. — Nous apprendrons cela, pourvu que nous étudiions bien.

Continuez de la même manière, en employant **pourvu que** *pour introduire la proposition subordonnée.*

1. S'il me dit de le faire, je le ferai.
2. S'il fait beau, nous irons au lac.
3. Si vous arrivez à l'heure, vous les verrez.
4. S'ils viennent de bonne heure, ils auront de bonnes places.
5. Si tu choisis cette voiture, elles seront contentes.
6. Si nous restons à l'hôtel, nous pourrons dormir.
7. Si elle lui écrit, il l'invitera.
8. Si nous avons le temps, nous lirons son article.

D. *Lisez à haute voix, en employant le présent du subjonctif du verbe indiqué .*

1. (retenir) Il veut que vous _____ quatre places pour lui.
2. (coûter) J'ai peur que ça _____ plus de 200 francs.
3. (revenir) J'irai avec vous pourvu que nous _____ avant mardi.
4. (être) Connaissez-vous une ville qui _____ plus intéressante que Paris?
5. (se réunir) Il est possible que l'Assemblée _____ avant le 1er décembre.
6. (prendre) Il faut qu'elle _____ les billets d'avance.

7. (aller) Je préfère que Marie _____ avec vous ce soir.
8. (demander) Il est sorti tout de suite de peur que nous lui _____ de faire quelque chose.
9. (venir) Elles sont très heureuses que votre sœur _____ avec vous.
10. (pouvoir) Le professeur doute que toute la classe _____ finir l'examen.

E. *Lisez à haute voix, en employant le passé du subjonctif du verbe indiqué.*

1. (voir) Il ne croit pas que vous _____ ce village.
2. (arriver) Je m'étonne qu'elle _____ à l'heure.
3. (finir) Il est peu probable que nous _____ notre voyage avant vous.
4. (prendre) Nous doutons que Richard _____ le métro pour y aller.
5. (faire) Vous recevrez l'argent pourvu que vous _____ tout ce qu'on a demandé.
6. (racònter) Elle a peur que je leur _____ cette histoire.

F. *Faites des combinaisons convenables, en choisissant une des propositions à gauche comme principale pour subordonner chacune des propositions à droite.*

Elle préfère que
Nous avons peur que
Ils ne pensent pas que
Il est possible que

Vous venez immédiatement.
Je lui écrirai tout de suite.
Cela coûtera trop cher.
Il va trop vite.
Nous reprendrons le pouvoir.
Tu vendras la voiture.
Elle n'acceptera pas l'invitation.
J'attendrai jusqu'à demain.
Ils entendront ce que je dirai.
Vous ne comprenez pas cela.
Nous le savons déjà.
Tu bois trop de café.
Marie choisira celui-là.
Les élèves liront ces livres.
Il finira cela demain.

VINGT-NEUVIÈME LEÇON

Mots apparentés

la construction [lakɔ̃stryksjɔ̃]
homogène [ɔmɔ3ɛn]
impossible [ɛ̃pɔsibl]
industriel [ɛ̃dystriɛl]

l'intérêt *m.* [lɛ̃terɛ]
le plan [ləplɑ̃]
social [sɔsial]

L'aspect général de Paris

Quoique Paris ne soit pas la France, il y a peu de capitales qui dominent leur pays autant que Paris domine la France. C'est le centre politique, social, artistique, intellectuel, économique et industriel du pays. C'est le Washington, le New York et le Hollywood des Français; mais c'est encore plus, parce qu'il y a à Paris des monuments qui représentent 2000 ans d'histoire. 5

Il y a peu de villes où l'on[1] trouve tant de rues et de quartiers si agréables pour les promenades à pied. Le visiteur à Paris n'a jamais assez de temps pour faire toutes les promenades qu'il voudrait faire.

Une grande partie de la beauté de la ville est due au fait que plusieurs rois et empereurs ont voulu que leur capitale soit la plus belle du monde. 10 Bien que beaucoup de rois depuis Louis VII (qui a commencé la construction de la cathédrale de Notre-Dame) aient contribué à l'embellissement de la ville, ceux qui ont fait le plus sont Louis XIV, Louis XV, Napoléon Ier et Napoléon III. C'est le Baron Haussmann, nommé Préfet de Paris par Napoléon III, qui a démoli des quartiers entiers pour y ouvrir de magnifiques 15 boulevards et des avenues aux larges trottoirs bordés d'arbres. C'est lui aussi qui a établi le plan de construction qui devait donner à Paris l'aspect homogène qu'on admire aujourd'hui.

Il est impossible de penser au charme de la ville sans penser à la Seine, avec ses quais, ses ponts, ses bateaux, et aux flâneurs, aux artistes et aux 20 pêcheurs qui fréquentent ses bords. Ce n'est pas sans raison qu'on dit dans

1. Occasionally **l'** is used before **on** for euphony and greater ease of pronunciation. This **l'** has no meaning.

252

une chanson populaire: «La Seine est une amante, et son amant c'est Paris».

La partie de la ville qui se trouve au nord de la Seine s'appelle «la rive droite», et celle qui est au sud, «la rive gauche». Au milieu du fleuve on voit deux îles: l'île de la Cité, la partie la plus ancienne de la ville, dominée par la cathédrale de Notre-Dame; et à côté, l'île Saint-Louis. En regardant le plan de Paris, on peut voir qu'il est difficile de trouver un quartier qui n'ait pas un intérêt spécial pour le visiteur.

25

VOCABULAIRE

l'amant *m.* [lamã] (*f.* l'amante [lamãt]) lover

ancien [ãsjɛ̃] (*f.* ancienne [ãsjɛn]) ancient, old

assez (de) [ase(də)] enough

autant (de) [otã(də)] as much, as many

bien que [bjɛ̃kə] although

bordé (de) [bɔrde(də)] bordered, lined (with, by)

démolir [demɔlir] to demolish, raze

droit [dɹwa] right; straight

l'embellissement *m.* [lãbɛlismã] beautification, beautifying

entier [ãtje] (*f.* entière [ãtjɛr]) entire, whole

établir [etablir] to establish

le flâneur [ləflɑnœr] stroller, idler

fréquenter [frekãte] to frequent, visit regularly

gauche [goʃ] left

l'île *f.* [lil] island

large [larʒ] wide, broad

le milieu [ləmiljø] middle, midst

nommer [nɔme] to appoint, name

ouvrir [uvrir] (*conj. like* souffrir) to open

le pont [ləpɔ̃] bridge

le préfet [ləprefɛ] prefect (*chief administrative officer*)

le quai [ləke] embankment, street bordering a river; dock, wharf, pier

la rive [lariv] bank, shore (*of a body of water*)

NOMS PROPRES

le Baron Georges Haussmann [ləbarɔ̃ʒɔrʒosman] Prefect of Paris under Napoléon III; rebuilt large areas of the city, established a building code, and directed the establishment of the park in the Bois de Boulogne

l'île de la Cité [lildəlasite] island on which the original inhabitants of Paris settled. On this island are found the Cathedral of Notre-Dame, dating from the twelfth century; the Sainte-Chapelle, dating from the thirteenth century; and the Palais de Justice, which houses the law courts of the Department of the Seine.

l'île Saint-Louis [lilsɛ̃lwi] somewhat smaller island east of the île de la Cité, named after Louis IX

Louis VII [lwisɛt] king of France (1137–1180)

Napoléon III [napɔleɔ̃trwa] emperor of France (1852–1870), nephew of Napoléon I

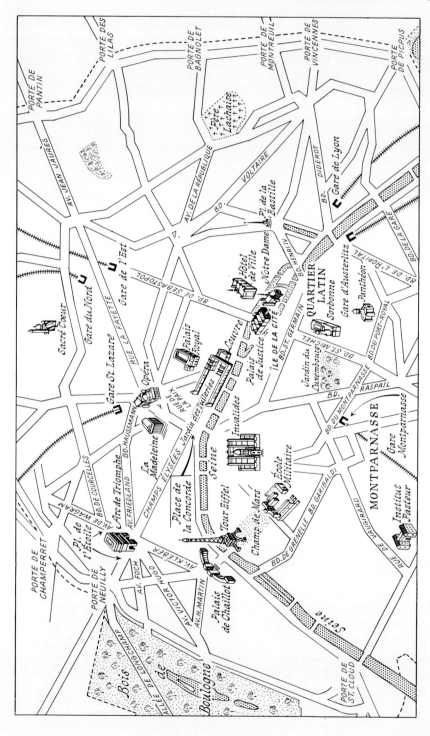

Paris

The Pont de la Concorde and the Place de la Concorde. Beyond the Obelisk of Luxor may be seen the Church of the Madeleine; at the far left, the Embassy of the United States; and at the far right, the Tuileries garden. In the distance is the hill of Montmartre crowned by the Sacré-Cœur.

Fountain in the Place de la Concorde, with the Church of the Madeleine in the background.

ROBERT DOISNEAU, RAPHO GUILLUMETTE

Lake in the Bois de Boulogne, Paris.

The Luxembourg Palace, in the left-bank district of Paris, near the Sorbonne. The beautiful Luxembourg Gardens are a favorite walk for students of the university.

FRENCH GOVERNMENT TOURIST OFFICE

The Eiffel Tower and the Palais de Chaillot.

The Île de la Cité, with the Palais de Justice and the Sainte-Chapelle in the foreground and the Cathedral of Notre Dame in the background.

Fishermen on one of the quays of the Seine.
The Île de la Cité is in the background.

QUESTIONNAIRE

Répondez en français.

A. *Questions sur le texte.* 1. Pourquoi Paris domine-t-il tellement la France? 2. Y a-t-il une seule ville américaine qui ressemble à Paris? 3. Quel âge la ville de Paris a-t-elle? 4. Pourquoi les promenades à pied sont-elles si agréables à Paris? 5. Quel roi de France a commencé la cathédrale de Notre-Dame? 6. Quels sont les rois qui ont fait le plus pour l'embellissement de la capitale? 7. Comment s'appelle l'homme que Napoléon III a nommé Préfet de Paris? 8. Qu'a-t-il fait pour l'embellissement de la ville? 9. Qu'est-ce qui forme un aspect très impressionnant du charme de Paris? 10. Quelle sorte de gens fréquentent les quais de la Seine? 11. Que dit-on de Paris et de la Seine dans une chanson populaire? 12. Comment appelle-t-on la partie de la ville au nord de la Seine? au sud? 13. Où se trouve la partie la plus ancienne de la ville? 14. Quel célèbre monument du 12e siècle se trouve sur l'île de la Cité? 15. Comment s'appelle l'autre île à l'est de l'île de la Cité?

B. *Questions générales.* 1. Indiquez sur le plan de Paris les endroits suivants: la gare Saint-Lazare, l'Arc de Triomphe, la Tour Eiffel, le Palais du Luxembourg, l'île Saint-Louis, l'Opéra. 2. Lesquels de ces endroits se trouvent sur la rive droite? lesquels sur la rive gauche? 3. Sur quelle rive se trouve le quartier qui s'appelle Montparnasse? le quartier Montmartre? le Quartier Latin? les Champs-Elysées? 4. Quels sont les fleuves que l'on associe aux villes suivantes: Londres? Vienne? Rome? New York? St. Louis? 5. Pourquoi y a-t-il tant de villes situées sur des fleuves et des lacs? 6. Etes-vous content (Préféreriez-vous) que notre école soit située sur un fleuve? 7. Voudriez-vous que les élèves aient plus de temps pour des promenades? 8. Quel endroit préférez-vous pour les promenades? 9. Croyez-vous que les professeurs aient moins de travail que les élèves? 10. Quel est le centre intellectuel (industriel, artistique) de notre état? 11. Connaissez-vous un centre industriel qui ne soit pas situé sur un fleuve ou sur un lac? 12. Qu'est-ce que nous faisons pour l'embellissement de notre université (ville, état, pays)? 13. Avez-vous trop d'argent? 14. Est-il possible d'avoir trop d'argent? 15. Avez-vous assez de temps pour préparer vos leçons? 16. En avez-vous autant que les autres élèves?

GRAMMAIRE

1. Verbs of Volition

In English, many verbs of volition take a dependent infinitive with a noun or pronoun subject.

Nous avons permis aux enfants de finir l'histoire.	We allowed the children to finish the story.
Il vous a demandé de sortir.	He asked you to leave.
Ils veulent que nous travaillions demain et vendredi.	They want us to work tomorrow and Friday.
Elle préfère que les enfants restent à la maison.	She prefers the children to stay at home.

Notice that, although all four English examples above use dependent infinitives, only two of the French may take this construction.

Now compare the following two lists of verbs which express volition.

a.		b.	
commander	to command	**aimer**	to like
défendre	to forbid	**aimer mieux**	to prefer
demander	to ask	**désirer**	to desire
dire	to tell	**préférer**	to prefer
écrire	to write	**souhaiter**	to wish
ordonner	to order	**vouloir**	to want
permettre	to permit		
persuader	to persuade		
promettre	to promise		

Notice that the verbs in column *a* are communication-volition verbs (see Lesson 23), whereas those in column *b* do not include the communication element. The *a* group verbs may take dependent infinitives in French, but the *b* group verbs require a dependent clause with the subjunctive (if the two clauses have different subjects).

a. **Il nous a défendu de parler.**	He forbade us to speak.
Qui vous a dit de faire ça?	Who told you to do that?
J'ai écrit à mon cousin de venir nous voir.	I wrote my cousin to come see us.
b. **Mon père aime mieux que nous sortions après le dîner.**	My father prefers us to go out after dinner.
Elle désire que votre frère prenne les billets ce matin.	She wants your brother to get the tickets this morning.
Je veux que tu fasses ce qu'il fait.	I want you to do what he is doing.

2. Avoiding the Subjunctive

A dependent clause (with subjunctive) is rarely used in French when there is no change of subject between the principal and the dependent verbs.

In such cases, a dependent infinitive is used in French, whereas the English version may often use either a clause or a phrase (infinitive or participial).

Il a peur d'être en retard.	He is afraid he will be late. (He is afraid of being late.)
Nous avons promis de le faire.	We promised (that) we would do it. (We promised to do it.)
J'y suis allé afin de le voir.	I went there so that I might see him. (I went there in order to see him.)

3. Expressions of Quantity

Notice that the following expressions of quantity require **de** when used before a noun.

beaucoup de	much, many	**trop de**	too much, many
assez de	enough	**moins de**	less, fewer
plus de	more	**tant de**	so much, many
autant de	as much, many	**combien de**	how much, many
peu de	few, little		

Avez-vous trop de travail?	Do you have too much work?
Peu de gens savent cela.	Few people know that.
Cela prend moins de temps.	That takes less time.
Combien de cadeaux a-t-elle reçus?	How many gifts did she receive?

4. Descriptive Phrases with *à*

A phrase introduced by the preposition **à** plus the definite article may express a descriptive idea similar to that expressed in English by *with the* . . . .

les avenues aux larges trottoirs	the avenues with the wide sidewalks
les touristes aux costumes bizarres	the tourists with the bizarre costumes
le roi à la barbe blanche	the king with the white beard
la jeune fille aux cheveux blonds	the girl with the blond hair

EXERCICES

A. *Donnez la forme indiquée du présent du subjonctif.*

1. que nous (établir)
2. que je (répondre)
3. qu'elle (devoir)
4. qu'ils (faire)

5. que tu (retenir)
6. que vous (voir)
7. qu'elles (aller)
8. que nous (s'étonner)

B. *Donnez la forme indiquée du passé du subjonctif.*

1. qu'elle (sortir)
2. que tu (finir)
3. que vous (mettre)

4. que nous (rendre)
5. que je (s'ennuyer)
6. qu'ils (ouvrir)

C. *Répétez, en mettant au passé composé.*

EXEMPLES: Je permets aux élèves de parler. — J'ai permis aux élèves de parler.

Il dit à Marie de manger. — Il a dit à Marie de manger.

1. Nous demandons aux enfants d'écouter.
2. Il ordonne à ces soldats d'attendre.
3. Vous permettez à Jean de sortir la nuit.
4. Elle défend à son fils de dépenser l'argent.
5. Je dis à la femme de prendre sa place.
6. Nous écrivons au professeur de revenir.
7. Tu promets à Louise de rentrer tout de suite.
8. Ils disent aux femmes de préparer le dîner.

Répétez, en remplaçant les noms compléments par des pronoms.

EXEMPLES: Je permets aux élèves de parler. — Je leur permets de parler.

Il dit à Marie de manger. — Il lui dit de manger.

Répétez, en mettant à la forme négative.

EXEMPLES: Je permets aux élèves de parler. — Je ne permets pas aux élèves de parler.

Il dit à Marie de manger. — Il ne dit pas à Marie de manger.

D. *Répétez ces exemples.*

Voulez-vous que nous fassions cela? — Non, je veux le faire moi-même.

Préfèrent-ils que tu lises cela? — Non, ils préfèrent le lire eux-mêmes.

Aimerait-elle que moi j'achète cela? — Non, elle aimerait l'acheter elle-même.

Continuez à répondre de la même manière, en indiquant que le sujet du verbe principal préfère faire l'action.

1. Voulez-vous qu'elle écrive cela?
2. Préfère-t-elle que nous vendions cela?
3. Aimerais-tu que je prépare cela, moi?
4. Désirez-vous que Marie finisse cela?

5. Veulent-ils que nous proposions cela?
6. Aime-t-il mieux qu'elle dise cela?
7. Préférez-vous que je prenne cela?
8. Veux-tu qu'ils annoncent cela?

E. *Répétez ces exemples.*

> A-t-il beaucoup de livres?   —   Non, il a peu de livres.
> Gagne-t-elle plus d'argent que lui?   —   Non, elle gagne moins d'argent que lui.
> Nous avons trop de café, n'est-ce pas?   —   Non, nous n'avons pas assez de café.

*Continuez à répondre de la même manière, en employant une expression de quantité contraire: **beaucoup — peu, plus — moins, trop — pas assez.***

1. A-t-on construit beaucoup de ponts?
2. Ecrivez-vous beaucoup de compositions?
3. Ils ne connaissent que peu de gens, n'est-ce pas?
4. Ça coûte peu d'argent, n'est-ce pas?
5. Est-ce que cela coûte plus d'argent que ceci?
6. Ecrit-elle plus de lettres que toi?
7. Ils y ont passé moins de temps que nous, n'est-ce pas?
8. Est-ce que je fais moins de travail que lui?
'9. Est-ce que nous recevons trop de lettres?
10. Est-ce que je leur ai posé trop de questions?

*Répétez, en employant **en** au lieu des noms dans les réponses.*

EXEMPLES: A-t-il beaucoup de livres?   —   Non, il en a peu.
> Gagne-t-elle plus d'argent que lui?   —   Non, elle en gagne moins que lui.
> Nous avons trop de café, n'est-ce pas?   —   Non, nous n'en avons pas assez.

F. *Dites en français.*

1. so much money
2. enough seats
3. too many visitors
4. as many bridges
5. too much influence
6. more markets
7. so many people
8. how much interest
9. few persons
10. less construction
11. fewer theaters
12. how many autos
13. little time
14. as much beauty

TRENTIÈME LEÇON

Mots apparentés

l'ambition *f.* [lãbisjɔ̃]
brillant [brijã]
le canal [ləkanal]
le code [ləkɔd]
le consul [ləkɔ̃syl]
copier [kɔpje]
le dictateur [lədiktatœr]
distingué [distɛ̃ge]
l'empire *m.* [lãpir]
final [final]

le général [ləʒeneral]
instituer [ɛ̃stitɥe]
l'invasion *f.* [lɛ̃vazjɔ̃]
le juriste (ləʒyrist]
légal [legal]
militaire [militɛr]
l'ordre *m.* [lɔrdr]
la réforme [larefɔrm]
regretter [rəgrɛte]
la révision [larevizjɔ̃]

Napoléon Ier

Dernière leçon d'histoire de l'oncle Jean

Napoléon Bonaparte était dans l'armée depuis cinq ans quand le peuple français s'est soulevé contre «l'ancien régime» en 1789. Général à l'âge de vingt-quatre ans, il s'est rendu célèbre ensuite par ses brillantes victoires en Italie en 1797.

En 1799, les Français, dégoûtés des désordres politiques, sociaux et économiques du Directoire, voulaient qu'un homme fort rétablisse l'ordre dans le pays et les défende contre les ennemis étrangers. Profitant de cette occasion, Napoléon s'est fait nommer Premier Consul avec les pouvoirs d'un dictateur. Ensuite il a réussi à vaincre les Autrichiens qui menaçaient le pays depuis quelque temps. Son administration comme Premier Consul a été excellente. Il a fait construire beaucoup de canaux et de routes. Il a introduit des réformes importantes dans l'instruction et dans le gouvernement. Mais la plus grande, peut-être, de ses œuvres est le célèbre «Code Civil».

La France se sert depuis plus d'un siècle et demi de ce code légal rédigé sous Napoléon. Il y avait déjà quelques années que les juristes les plus distingués de France demandaient une révision complète des lois du pays, lorsque le Premier Consul a ordonné qu'on fasse cette révision. Cette tâche a été si bien faite que plusieurs autres pays ont copié le «Code Napoléon» et que la Belgique aussi s'en sert encore aujourd'hui.   20

Les succès militaires et politiques de Napoléon sont connus de tout le monde: comment il s'est fait couronner empereur en 1804; comment il a battu les plus grandes armées de l'Europe; comment son empire en 1810 s'étendait du Danemark en Italie. On sait aussi comment il a essayé une invasion de la Russie avec plus de 500.000 hommes et en est revenu avec   25 moins de 100.000. Sa défaite finale à Waterloo par les forces alliées sous le duc de Wellington est une des batailles les plus célèbres de l'histoire.

Il est certain que l'influence de Napoléon sur l'histoire a été énorme. Bien qu'on puisse admirer cet homme pour son génie militaire et politique, on regrette que sa vie ait été tellement dominée par l'ambition et que tant   30 d'hommes aient dû perdre la vie dans ses guerres.

VOCABULAIRE

allié [alje] allied
la défaite [ladefɛt] defeat
défendre [defɑ̃ndr] to forbid; to defend
dégoûté [degute] disgusted
le désordre [lədezɔrdr] disorder
le génie [lɔʒeni] genius
introduire [ɛ̃trɔdɥir] (*conj.* like **conduire**) to introduce (bring in)
menacer [mənase] to threaten
ordonner [ɔrdɔne] to order
rédiger [rediʒe] to draw up, draft

le régime [lɔreʒim] regime, form of government; l'ancien régime the old regime (*term used for the monarchy which preceded the Revolution*)
rétablir [retablir] to reestablish
la route [larut] road, way
se servir (de) [səsɛrvir(də)] (*conj. like* partir) to use, make use (of)
tout le monde [tulmɔ̃d] everyone, everybody
vaincre[1] [vɛ̃kr] to conquer, vanquish

NOMS PROPRES

les Autrichiens [lezotriʃjɛ̃] Austrians
le Code Civil [lɔkɔdsivil] legal code adopted under the Consulate in order to incorporate the reforms made after the Revolution and to reduce the laws to a uniform system (**Code Napoléon**)
le Danemark [lədanmark] Denmark
Waterloo [vatɛrlo] village in Belgium near which the famous battle was fought in June 1815
le duc de Wellington [lədykdəwɛliɲtɔn] the Duke of Wellington, British general who commanded the allied forces of English, Prussian, and Dutch soldiers at Waterloo

1. **Vaincre** is regular except that the **-c** changes to **-qu** before any vowel except **-u:** nous vainquons, qu'il vainque, il a vaincu.

QUESTIONNAIRE

Répondez en français.

A. *Questions sur le texte.* 1. Depuis combien de temps Napoléon était-il dans l'armée française en 1789? 2. Qu'est-ce que le peuple français a fait en 1789? 3. A quel âge Napoléon est-il devenu général? 4. Dans quel pays a-t-il gagné de brillantes victoires en 1797? 5. De quoi les Français étaient-ils dégoûtés en 1799? 6. De quelle sorte de personne avait-on besoin pour rétablir l'ordre dans le pays? 7. Qui a profité de cette occasion? 8. Quel titre [*title*] avait-il d'abord? 9. Quels pouvoirs avait-il? 10. Pourquoi dit-on que son administration comme Premier Consul a été bonne? 11. Quelle est peut-être sa plus grande œuvre? 12. Depuis quand la France se sert-elle de ce Code Civil? 13. Quel autre pays se sert du Code depuis longtemps? 14. Quel aspect de l'histoire de Napoléon est connu de tout le monde? 15. Quand s'est-il fait couronner empereur? 16. Quelles étaient les limites de son empire en 1810? 17. Quelles ont été les deux grandes défaites militaires de la carrière de Napoléon?

B. *Questions générales.* 1. Depuis quand connaissez-vous le nom «Napoléon»? 2. A quel Président des Etats-Unis Napoléon a-t-il vendu la Louisiane? 3. Depuis quand nous servons-nous de notre Constitution? 4. Depuis combien de temps avions-nous notre Constitution en 1803? 5. Depuis quand y a-t-il cinquante états aux Etats-Unis? 6. Lequel de ces états est une île? 7. Quel autre état devrait être une île selon son nom? 8. Quelles sont les îles qu'on associe à l'histoire de Napoléon? 9. Depuis quand y a-t-il des habitants anglais en Amérique du Nord? 10. Depuis combien de temps les Anglais habitaient-ils en Virginie à l'époque de la Révolution américaine? 11. Depuis quand allez-vous à cette école? 12. Où habitent vos parents? 13. Depuis quand y habitent-ils? 14. Depuis quand étudiez-vous le français? 15. Depuis combien de temps parliez-vous anglais quand vous êtes entré à l'école primaire?

GRAMMAIRE

1. Special Uses of the Present and Imperfect

Compare the following examples illustrating the French and the English ways of expressing the same ideas.

La France se sert de ce code depuis plus d'un siècle.	France has been using this code for more than a century.

Vous les attendez depuis une heure et demie.	You have been waiting for them for an hour and a half.
Nous habitons ici depuis la guerre.	We have been living here since the war.
Ils font cela depuis une heure et demie.	They have been doing that since half past one.
Les juristes demandaient un nouveau code depuis plusieurs années.	The jurists had been asking for a new code for several years.
Je le suivais depuis longtemps quand il s'est arrêté.	I had been following him for a long time when he stopped.
A ce moment-là, ils se battaient déjà depuis six mois.	At that time, they had already been fighting for six months.

Notice that whereas English has special verb forms (present perfect progressive and past perfect progressive) to express this concept, in French the simple present indicative and imperfect indicative are used. Therefore the phrase expressing the time element is the key, in French, to the full rendition of this notion of an action (or state) which, having begun at some previous time, was still continuing at the moment of reference. The time phrase is most commonly introduced by the preposition **depuis,** but is also expressed by **il y a** or **il y avait** (with a difference of word order).

Nous travaillons ici depuis deux mois. Il y a deux mois que nous travaillons ici.[2]	We have been working here for two months.
Elle le cherchait depuis quelques jours. Il y avait quelques jours qu'elle le cherchait.	She had been looking for it for several days.

Whereas the English perfect progressive forms (*have been ——ing, had been ——ing*) express this concept exclusively, the same concept may also be expressed in English by the ordinary present perfect and past perfect tenses where the context makes it clear that reference is to an action (or condition) which started at a previous time and is continuing at the moment of speaking (or was continuing at the moment when something else occurred in the past).

Je suis ici depuis quatre jours.	I have been here for four days.
Elle est malade depuis mardi.	She has been sick since Tuesday.
Tu as cette voiture depuis longtemps, n'est-ce pas?	You've had that car for a long time, haven't you?
Il y a deux ans que nous avons cette carte.	We have had this map for two years.

2. It is generally possible to use **voilà** where **il y a** is used in sentences of this type: **Voilà deux mois que nous travaillons ici.** The difference is one of emphasis.

Marie étudie le français depuis cinq mois.	Mary has studied (has been studying) French for five months.
Elle étudiait l'anglais depuis dix ans quand elle est entrée à cette école.	She had studied (had been studying) English for ten years when she entered this school.
Ils y étaient depuis quelque temps quand nous sommes arrivés.	They had been there for some time when we arrived.

Interrogative forms of this construction are as follows:

Depuis quand faites-vous cela?	How long have you been doing that?
Depuis combien de jours voyagent-ils en Angleterre?	For how many days have they been traveling in England?
Depuis quand était-il dans l'armée?	How long had he been in the army?

2. Special Uses of *de*

De (rather than **par**) is used after a verb in passive form when a condition or feeling, rather than a specific action, is expressed.

Ses exploits sont connus de tout le monde.	His exploits are known by everybody.
Il n'était vraiment aimé de personne.	He was not really loved by anyone.

De (not **avec**) is used in expressions like the following:

Le professeur est content de mes efforts.	The professor is satisfied with my efforts.
On a rempli mon verre d'un vin excellent.	They filled my glass with an excellent wine.
On y voit une large avenue bordée d'arbres.	There one sees a wide avenue bordered with trees.

EXERCICES

A. *Répétez, en employant la formule avec **depuis** au lieu de la formule avec* **il y a**.

EXEMPLES: Il y a trois jours qu'ils lisent cette histoire. — Ils lisent cette histoire depuis trois jours.

Il y a longtemps que nous cherchons cela. — Nous cherchons cela depuis longtemps.

Il y avait quelques années qu'elle était malade. — Elle était malade depuis quelques années.

1. Il y a une heure que je l'attends.
2. Il y a un siècle qu'ils habitent cette région.
3. Il y a quelques minutes que tu me regardes comme ça.
4. Il y a cinq ans qu'elle étudie l'espagnol.
5. Il y a une demi-heure qu'elle parle au téléphone.
6. Il y a plusieurs mois que nous travaillons ici.
7. Il y avait deux ans qu'il était empereur.
8. Il y avait longtemps que nous l'admirions.
9. Il y avait plusieurs semaines qu'ils y étaient.
10. Il y avait quatre ans que j'y habitais.

B. *Répondez, en employant un laps de temps convenable.*

EXEMPLES: Depuis quand habites-tu ici? — J'habite ici depuis dix ans.
Depuis quand faisons-nous cet exercice? — Nous faisons cet exercice depuis deux minutes.

1. Depuis quand étudiez-vous le français?
2. Depuis quand parle-t-elle au téléphone?
3. Depuis quand dorment-ils?
4. Depuis quand souffrez-vous de cette situation?
5. Depuis quand attend-il l'autobus?
6. Depuis quand cherches-tu la route?
7. Depuis quand se réunissent-ils dans cet édifice?
8. Depuis quand vous intéressez-vous à la musique?
9. Depuis quand se lève-t-elle de si bonne heure?
10. Depuis quand nous envoyons-nous des cadeaux de Noël?

C. *Répétez ces exemples.*

Est-ce que cette avenue est bordée de fleurs? — Oui, elle est bordée de fleurs rouges.
Est-ce que ces garçons sont contents des cours? — Oui, ils sont contents des cours intéressants.

Continuez de la même manière, en répondant par l'affirmative et en ajoutant un adjectif convenable. (The list is suggestive only.)

	ADJECTIFS
1. Est-ce que cette rue est bordée d'arbres?	beau actif grand
2. Est-ce que cette assemblée est composée d'hommes?	fort jovial élégant
3. Est-ce que cette voiture est remplie d'enfants?	noir important
4. Est-ce que ces gens sont exempts d'impôts?	nouveau historique
5. Est-ce que vos parents sont étonnés des événements?	merveilleux difficile
6. Est-ce que les gens sont contents de ces lois?	excellent courageux

D. *Faites des combinaisons convenables, en employant une des proposi-tions à gauche comme principale et une des propositions à droite comme subordonnée.*

Il faut que On préfère que Il s'étonne que	Elle viendra demain. Je prends le train de sept heures. Ils font tous les exercices. Tu réussiras aux examens. Vous arriverez avant le dîner. Elles vont au Canada. Il attend ses amis. Nous recevrons les lettres.

SIXIÈME RÉVISION

A. *Donnez la forme indiquée du présent du subjonctif.*

1. que je (défendre)
2. qu'ils (se rappeler)
3. que vous (savoir)
4. que nous (faire)
5. qu'elle (devoir)
6. que tu (se servir)

7. que cela (se répandre)
8. que vous (avoir)
9. que je (retenir)
10. qu'elles (aller)
11. qu'il (rétablir)
12. que nous (ouvrir)

B. *Donnez la forme indiquée du passé du subjonctif.*

1. que nous (voir)
2. qu'il (perdre)
3. que je (s'étonner)
4. que l'on (sortir)

5. qu'ils (avoir)
6. que tu (ouvrir)
7. qu'elle (descendre)
8. que vous (prendre)

C. *Répétez ces exemples.*

> Devrions-nous apprendre tout cela? — Oui, il faut que nous apprenions tout cela.
> Est-ce qu'on devrait y répondre? — Oui, il faut qu'on y réponde.
> Devrais-tu écrire immédiatement? — Oui, il faut que j'écrive immédiatement.

Continuez de la même manière, en répondant par l'affirmative et en employant **il faut.**

1. Devrions-nous les attendre?
2. Devriez-vous partir tout de suite?
3. Est-ce que je devrais lui dire cela?
4. Devrais-tu prendre un taxi?

5. Devrait-on se lever de bonne heure?
6. Devrions-nous lui demander cela?
7. Devriez-vous dépenser tant d'argent?
8. Devrait-on dormir huit heures?

D. *Répétez ces exemples.*

> Je les ai vus il y a quelques minutes. — Je viens de les voir.
> Ils sont arrivés il y a quelques minutes. — Ils viennent d'arriver.
> Nous avons déjeuné il y a quelques minutes. — Nous venons de déjeuner.

*Continuez, en employant la formule avec **venir de**.*

1. Je l'ai fait il y a quelques minutes.
2. Vous lui avez parlé il y a quelques minutes.
3. Votre ami a dîné il y a quelques minutes.
4. Ils ont téléphoné il y a quelques minutes.
5. Elles sont parties il y a quelques minutes.
6. Tu as demandé cela il y a quelques minutes.
7. Nous les avons ouverts il y a quelques minutes.
8. Il a répondu il y a quelques minutes.

*Répétez, en employant l'imparfait de **venir**.*

EXEMPLES: Je les avais vus quelques minutes auparavant (*before*). — Je venais de les voir.

Ils étaient arrivés quelques minutes auparavant. — Ils venaient d'arriver.

Nous avions déjeuné quelques minutes auparavant. — Nous venions de déjeuner.

E. *Répondez par l'affirmative.*

EXEMPLES: Désirez-vous que je leur écrive? — Oui, je désire que vous leur écriviez.

Préfère-t-il que vous y alliez? — Oui, il préfère que j'y aille.

Ont-elles peur que nous soyons en retard? — Oui, elles ont peur que vous soyez en retard.

1. Voulez-vous qu'elle le finisse tout de suite?
2. Aime-t-elle mieux que nous restions ici?
3. Est-il nécessaire que j'y réponde?
4. Sont-ils contents que Marie prenne l'avion?
5. Désires-tu qu'il vienne aujourd'hui?
6. Vous étonnez-vous que Jean lise si bien?
7. Préfèrent-elles que vous le fassiez immédiatement?
8. Faut-il que tout le monde apprenne cela?

F. *Mettez à la forme négative.*

EXEMPLES: Nous croyons qu'il ira en France. — Nous ne croyons pas qu'il aille en France.

Il doute que je puisse le faire. — Il ne doute pas que je peux le faire.

Pensez-vous qu'elle soit trop jeune? — Ne pensez-vous pas qu'elle est trop jeune?

1. Nous doutons qu'ils aient assez de temps.
2. Il est probable qu'on la vendra.
3. Elle pense que tout va bien.
4. Crois-tu que nous puissions faire cela?
5. Je suis certain qu'elle le comprend maintenant.
6. Ils croient que nous les avons reçus.
7. Nous sommes sûrs qu'il est déjà parti.
   8. Pensez-vous qu'elle les ait acceptés?

G. *Complétez la phrase, en employant la forme convenable du verbe indiqué.*

1. (venir) Il certain qu'elle _____ demain.
2. (finir) Il est impossible que nous _____ avant lundi.
3. (revenir) Elle voudrait que je _____ en avion.
4. (prendre) Nous les verrons bientôt pourvu qu'ils _____ le train de huit heures.
5. (rester) Préférez-vous _____ ici à l'hôtel?
6. (pouvoir) Je doute que tous les élèves _____ répondre avant vendredi.
7. (arriver) Il s'étonne que Richard _____ hier avant les autres.
8. (choisir) Il a fallu _____ un nouveau roi.
9. (connaître) Elle est heureuse que son fils _____ cette famille.
10. (faire) Tu es content de _____ la même chose tous les jours.
11. (savoir) Désirez-vous que les autres _____ cette nouvelle?
12. (être) Nous ne croyons pas qu'il _____ malade.

H. *Répétez, en remplaçant le complément indirect par un pronom personnel.*

EXEMPLES: J'ai demandé à ma mère de l'envoyer. — Je lui ai demandé de l'envoyer.
On a dit au garçon de fermer la porte. — On lui a dit de fermer la porte.
Vous avez promis aux enfants de les inviter. — Vous leur avez promis de les inviter.

1. Il a ordonné aux hommes de s'arrêter.
2. Nous avons demandé à Marie de revenir.
3. On a permis aux élèves de sortir.
4. J'ai promis à mon père d'écrire.
5. Vous avez défendu à Richard de parler.
6. Qui a dit à ces femmes d'y entrer?
7. Elle a demandé à l'enfant de chanter.
8. Tu as promis au professeur de l'étudier.

Plantons la vigne

(The piano part may be used for four-part singing.)

Allegro

1. Plan tons la vi - gne, La voi-
2. De vigne en grap - pe, La voi-
3. De grappe en cu - ve, La voi-

là, la jo - li' vi - gne, Vi - gni, vi - gnons, vi -
là, la jo - li' grap - pe, Grap - pi, grap - pons, grap -
là, la jo - li' cu - ve, Cu - vi, cu - vons, cu -

gnons le vin, La voi - là la jo - li'
pons le vin, La voi - là la jo - li'
vons le vin, La voi - là la jo - li'

vigne au vin, La voi - là la jo - li' vi - gne.
grappe au vin, La voi - là la jo - li' grap - pe.
cuve au vin, La voi - là la jo - li' cu - ve.

4.

De cuve en tonne,
La voilà, la joli' tonne,
Tonni, tonnons, tonnons le vin,
La voilà, la joli' tonne au vin,
La voilà, la joli' tonne.

5.

De tonne en cruche,
La voilà, la joli' cruche,
Cruchi, cruchons, cruchons le vin,
La voilà, la joli' cruche au vin,
La voilà, la joli' cruche.

6.

De cruche en verre,
Le voilà, le joli verre,
Verri, verrons, verrons le vin,
Le voilà, le joli verre au vin,
Le voilà, le joli verre.

7.

De verre en bouche
La voilà, la joli' bouche,
Bouchi, bouchons, bouchons le vin,
La voilà, la joli' bouche au vin,
La voilà, la joli' bouche.

I. *Répétez ces exemples.*

> Cet homme porte un chapeau noir. — C'est l'homme au chapeau noir.
> Dans ce marché on vend des fleurs. — C'est le marché aux fleurs.
> Cette maison a une porte verte. — C'est la maison à la porte verte.

Continuez de la même manière, en employant la préposition à pour indiquer le trait spécial (the special characteristic).

1. Ce garçon porte une chemise rouge.
2. Cette jeune fille porte des gants blancs.
3. Ce général porte un uniforme bleu.
4. Cette avenue a de larges trottoirs.
5. Cette voiture a neuf places.
6. Ce café a des tables bleues.
7. Dans cette chambre il y a trois fenêtres.
8. Sur cette place il y a une statue rose.

J. *Répondez, en employant un laps de temps convenable.*

EXEMPLES: Depuis quand habitent-ils ici? — Ils habitent ici depuis sept ans.
Depuis combien d'heures les attendiez-vous? — Je les attendais depuis quatre heures.

1. Depuis quand écoute-t-elle la radio?
2. Depuis quand sommes-nous ici?
3. Depuis quand cherchez-vous cette lettre?
4. Depuis quand commande-t-il ces armées?
5. Depuis quand lis-tu ce journal?
6. Depuis combien de mois étiez-vous en Europe?
7. Depuis combien de temps allait-elle à cette école?
8. Depuis combien d'années se servaient-ils de ce code?

K. *Préparez un dialogue, en employant des expressions de la liste supplémentaire, pp. 326–338.*

TRENTE ET UNIÈME LEÇON

Mots apparentés

l'activité *f.* [laktivite]
le coup d'état [lǝkudeta]
désastreux [dezastrø]
dominant [dɔminã]
l'hôpital *m.* [lɔpital]
l'incident *m.* [lɛ̃sidã]

la période [laperjɔd]
proclamer [prɔklame]
le progrès [lǝprɔgrɛ]
socialiste [sɔsjalist]
victorieux [viktɔrjø]

De Waterloo à la Troisième République

LE PROFESSEUR. —Messieurs, aujourd'hui nous allons discuter vos compositions sur la période entre Waterloo et la Troisième République. M. Martin, tous les autres élèves m'ont donné les leurs il y a trois jours, mais je n'ai pas reçu la vôtre.

M. MARTIN. —Mais si, monsieur le professeur. Ne vous rappelez-vous 5
pas? Je vous ai donné la mienne mercredi, après la dernière classe.

LE PROFESSEUR. —Oui, c'est vrai; je m'en souviens maintenant. Je l'ai mise dans un cahier avec celles d'une autre classe. Malheureusement, je les ai laissées à la maison. Alors, écoutons; je vais demander à M. Dupont de lire la sienne.   10

M. DUPONT. (*lisant*): —Après la défaite de Napoléon Iᵉʳ, les alliés ont remis la famille des Bourbons sur le trône de France. Le règne de Louis XVIII a été sans incidents, et à sa mort en 1824 Charles X est devenu roi. Quand celui-ci, sous l'influence des «ultra-royalistes», a cherché à rétablir «l'ancien régime», le peuple de Paris, encore une fois, s'est soulevé. Charles 15
X a dû s'enfuir en Angleterre, et l'Assemblée a élu Louis-Philippe «roi des Français».

Louis-Philippe, appelé «le roi bourgeois», a évité les guerres et a encouragé le commerce et l'industrie. La France est devenue de plus en plus prospère, et la bourgeoisie est devenue la force dominante dans la politique 20
et dans la société. En même temps le pouvoir de la classe ouvrière aug-

273

mentait, et les idées socialistes se répandaient dans le pays. L'opposition des ministres de Louis-Philippe aux activités des socialistes a mené à la Révolution de 1848. Louis-Philippe, à son tour, a dû s'enfuir en Angleterre où il a vécu jusqu'à sa mort.

Ensuite le neveu de Napoléon Ier, Louis-Napoléon Bonaparte, a été élu Président de la Deuxième République, et, après quatre ans, par un coup d'état, s'est fait élire «Empereur des Français», sous le nom de Napoléon III. La France a été en guerre pendant la plus grande partie de son règne, mais cela n'a pas empêché les progrès industriels et sociaux, qui ont continué plus que jamais. On a construit un grand nombre d'écoles, d'hôpitaux et de routes. Mais, enfin, après plusieurs guerres victorieuses, la France a souffert une défaite désastreuse dans la Guerre de 1870 contre la Prusse. Le peuple, qui était mécontent depuis longtemps des restrictions de l'empire, a renversé le gouvernement. La Troisième République a été proclamée. Alors Napoléon III aussi, comme Charles X et Louis-Philippe, a dû s'enfuir en Angleterre.

VOCABULAIRE

bourgeois [burʒwa] middle-class

élire [elir] (*conj. like* **lire**) to elect

empêcher (**de**) [ɑ̃peʃe(də)] to prevent

s'enfuir [sɑ̃fɥir] to flee, escape

éviter (**de**) [evite(də)] to avoid

mécontent [mekɔ̃tɑ̃] dissatisfied, discontented

messieurs [mesjø] (*pl. of* **monsieur**) gentlemen (Messrs.)

ouvrier [uvrie] *adj.* working; *n.m.* workman

prospère [prɔspɛr] prosperous

remettre [rəmɛtr] (*conj. like* **mettre**) to put back

renverser [rɑ̃vɛrse] to overthrow, overturn

sans incident [sɑ̃zɛ̃sidɑ̃] uneventful, without incident

si [si] yes (*in reply to a negative statement or question*)

se souvenir (**de**) [səsuvnir(də)] (*conj. like* **venir**) to remember

le titre [lətitr] title

le tour [lətur] turn

le trône [lətron] throne

vivre [vivr] to live

NOMS PROPRES

les Bourbons [leburbɔ̃] the dynasty which started with Henri IV in 1589 and ended with Charles X in 1830

Charles X [ʃarlədis] king of France (1824–1830); fled to England after the uprising in 1830 and spent the rest of his life in exile, dying in Austria

la Guerre de 1870 [lagɛrdəswasɑ̃tdis] the Franco-Prussian War

Louis XVIII [lwidizɥit] king of France (1815–1824)

Louis-Philippe [lwifilip] "King of the French" (1830–1848), elected king by the Assembly

Napoléon III [napɔleɔ̃trwɑ] Louis-Napoleon Bonaparte, President of the Republic
  (1848–1852), Emperor of France (1852–1870)
la Prusse [laprys] Prussia
la Révolution de 1848 [larevɔlysjɔ̃dədizɥisɑ̃karɑ̃tɥit] an uprising of the people of
  Paris occasioned by the resistance of the government of Louis-Philippe to reforms demanded by the liberal factions
les ultra-royalistes [lezyltrarwajalist] the group which wanted to bring about a
  return to an absolute monarchy

QUESTIONNAIRE

Répondez en français.

A. *Questions sur le texte.*   1. Sur quoi les élèves avaient-ils écrit des compositions?   2. Laquelle des compositions le professeur n'avait-il pas lue?
3. Quand M. Martin la lui avait-il donnée?   4. Où le professeur l'avait-il
mise?   5. A qui a-t-il demandé de lire sa composition?   6. Pourquoi M.
Martin n'aurait-il pas pu lire la sienne si le professeur lui avait demandé
de le faire?   7. Quand les alliés ont-ils remis les Bourbons sur le trône?
8. Comment s'appelait le premier roi de France après Napoléon Ier?
9. Qu'est-ce qui a causé la Révolution de 1830?   10. Où Charles X s'est-il
enfui?   11. Comment Louis-Philippe a-t-il été choisi?   12. Comment ap-
pelait-on Louis-Philippe?   13. Quelle classe est devenue la force dominante
dans le pays à cette époque?   14. Quelles idées politiques commençaient à
se répandre pendant cette période?   15. En quelle année Louis-Philippe
a-t-il quitté le trône?   16. Où est-il allé vivre?   17. Quelle grande différence
y avait-il entre le règne de Louis-Philippe et celui de Napoléon III?
18. Quels progrès ont continué malgré les guerres?   19. Quel événement a
mis fin au Second Empire?

B. *Questions générales.*   1. Où est votre livre?   2. Les autres élèves ont-ils
le leur?[1]   3. Comment s'appelle le pays des Anglais?   4. Comment s'appelle
le nôtre?   5. Est-ce que le nôtre est plus grand que le leur?   6. Est-ce que
le leur est plus ancien que le nôtre?   7. Combien de chaises y a-t-il dans la
salle de classe?   8. Où est la mienne?   9. Où est la vôtre?   10. Où est celle
de _____?   11. Y a-t-il eu des guerres en France à l'époque de Napoléon
III?   12. Y en a-t-il eu aux Etats-Unis pendant celle de Lincoln?

---

1. Notice that in French, when referring to a group of people, the noun remains
singular if each person is concerned with only one item: **Ils ont pris leur place.** *They
took their seats.*

GRAMMAIRE

1. Irregular Verbs *vivre*, to live (p.p. *vécu*), and *s'enfuir*, to flee (p.p. *enfui*)

PRESENT INDICATIVE

je vis	nous vivons	je m'enfuis	nous nous enfuyons
tu vis	vous vivez	tu t'enfuis	vous vous enfuyez
il vit	ils vivent	il s'enfuit	ils s'enfuient

2. Possessive Pronouns

a. A possessive pronoun (*mine, hers,* etc.) stands for a noun that has already been mentioned. The definite article is always used with the possessive pronouns in French. The forms are:

SINGULAR		PLURAL		
MASCULINE	FEMININE	MASCULINE	FEMININE	MEANING
le mien	la mienne	les miens	les miennes	mine
le tien	la tienne	les tiens	les tiennes	yours
le sien	la sienne	les siens	les siennes	his, hers, its
le nôtre	la nôtre	les nôtres	les nôtres	ours
le vôtre	la vôtre	les vôtres	les vôtres	yours
le leur	la leur	les leurs	les leurs	theirs

Notice the circumflex accent which indicates the difference in pronunciation between the pronouns **nôtre** [notr] and **vôtre** [votr] and the adjectives **notre** [nɔtr] and **votre** [vɔtr].

b. The possessive pronouns (like the possessive adjectives) agree in gender and number with the *thing possessed.*

son livre et le mien	his (her) book and mine
votre maison et la nôtre	your house and ours
mes amis et les siens	my friends and his (hers)
mes amies et les siennes	my friends and his (hers)
ton cahier et les leurs	your notebook and theirs

c. With the prepositions **à** and **de** the definite article contracts as usual.

Charles a réussi à son examen, mais François n'a pas réussi au sien.	Charles passed his examination, but Francis didn't pass his.
Je ne pense pas à mes activités; je pense aux vôtres.	I am not thinking of my activities; I am thinking of yours.
La Révolution industrielle a beaucoup influencé le progrès de votre pays et du nôtre.	The Industrial Revolution had a great influence on the progress of your country and of ours.
Il parle de vos parents et des miens.	He is talking about your parents and about mine.

3. The Possessive of Nouns

Remember that, since the French noun has no possessive form, possession is expressed by using the preposition **de** as follows:

les parents de Richard	Richard's parents
la maison de mon père	my fathers' house
le bateau de Jean et celui de son cousin	John's boat and his cousin's
les photos de mes sœurs et celles des autres élèves	my sisters' pictures and those of the other pupils

4. Possession Expressed by *être à* . . .

Simple statements of the possessive relationship using the verb **être** are generally expressed by the preposition **à** and an emphatic (disjunctive) pronoun object or a noun object.

Ce cahier est-il à vous?	Is this notebook yours?
Oui, ce cahier est à moi.	Yes, that notebook is mine.
Je crois que ces billets sont à Jean.	I believe (that) these tickets are John's.

However, when the emphasis is not upon ownership but rather on selection or identification from among a number of possibilities, the possessive pronoun (or the construction **de** plus noun) is used.

Voici toutes les photos; celle-ci est la sienne.	Here are all the pictures; this one is hers (his).
Voilà les voitures. Laquelle est celle de Richard?	There are the cars. Which one is Richard's?

5. Plural of Family Names

Family names (**Martin, Dupont,** etc.) do not normally add -s when used in the plural.

Il passe ses vacances chez les Durand.	He is spending his vacation with the Durands.

However, well-known family names which are used as designations of dynasties or groups *do* take the plural form.

Les Bourbons étaient sur le trône de France depuis deux cents ans quand la révolution a éclaté.	The Bourbons had been on the throne of France for two hundred years when the revolution broke out.

EXERCICES

A. *Donnez la forme indiquée du présent du subjonctif.*

1. que nous (vivre)
2. que tu (remettre)
3. qu'il (se souvenir)
4. que vous (s'enfuir)
5. que j' (écrire)

6. qu'ils (faire)
7. que nous (renverser)
8. que je (choisir)
9. que vous (lire)
10. qu'elle (vivre)

B. *Complétez la phrase, en employant le pronom possessif qui correspond au sujet du verbe.*

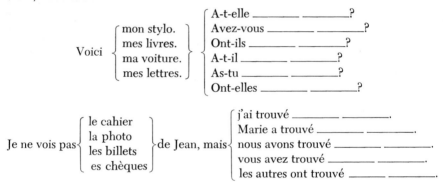

Voici
{ mon stylo.
  mes livres.
  ma voiture.
  mes lettres. }

A-t-elle _____ _____?
Avez-vous _____ _____?
Ont-ils _____ _____?
A-t-il _____ _____?
As-tu _____ _____?
Ont-elles _____ _____?

Je ne vois pas
{ le cahier
  la photo
  les billets
  es chèques } de Jean, mais
{ j'ai trouvé _____ _____.
  Marie a trouvé _____ _____.
  nous avons trouvé _____ _____.
  vous avez trouvé _____ _____.
  les autres ont trouvé _____ _____. }

C. *Répétez ces exemples.*

Lui, il parle toujours de ses parents, mais Marie ne parle jamais des siens.
Moi, je pense toujours à mes études, mais vous ne pensez jamais aux vôtres.
Eux, ils se servent toujours de leur bateau, mais nous ne nous servons jamais du nôtre.

Complétez les phrases suivantes de la même manière, en employant le pronom possessif convenable.

1. Vous profitez toujours de vos privilèges, mais Richard ne profite jamais ...
2. Elle répond toujours à ses parents, mais moi, je ne réponds jamais ...
3. Eux, ils causent toujours de leur pays, mais nous ne causons ...
4. Lui, il souffre toujours de ses problèmes, mais elle ne souffre ...
5. Toi, tu penses toujours à ton accident, mais lui, il ne ...
6. Moi, je parle toujours de ma sœur, mais vous ne ...
7. Nous nous souvenons toujours de notre famille, mais toi, tu ...
8. Vous vous servez toujours de votre voiture, mais eux, ils ...

D. *Répondez, en indiquant que la chose appartient* (belongs) *à la personne mentionnée.*

EXEMPLES: A qui est ce verre que Jean tient à la main?   —   Il est à lui.
             A qui sont ces photos que nous admirons?   —   Elles sont à nous.

1. A qui est ce stylo que Marie tient à la main?
2. A qui est cette voiture que tu conduis?
3. A qui est ce livre que Richard lit?
4. A qui sont ces cadeaux que j'ai reçus?
5. A qui sont ces journaux que nous lisons?
6. A qui est cette revue que vous tenez à la main?
7. A qui sont ces maisons qu'ils discutent?
8. A qui est cette grammaire dont je me sers?

E. *Répétez ces exemples.*

> Richard a une voiture.   —   C'est la voiture de Richard. C'est celle de Richard.
>
> Les enfants ont des cahiers.   —   Ce sont les cahiers des enfants. Ce sont ceux des enfants.
>
> Ma mère a un jardin.   —   C'est le jardin de ma mère. C'est celui de ma mère.

Continuez de la même manière, en indiquant la possession une fois avec le nom et la seconde fois avec le pronom démonstratif.

1. Mon père a un billet.
2. Les Martin ont une maison.
3. Louise a des amis.
4. Les élèves ont un plan.
5. Le professeur a des photos.
6. Les femmes ont des revues.
7. Votre sœur a une chambre.
8. Les Dupont ont des ennemis.

F. *Complétez la phrase, en employant la forme convenable du verbe indiqué.*

1. (parler) Il faut que nous lui _____ immédiatement.
2. (être) Tu lui as dit d' _____ ici de bonne heure.
3. (faire) Elle veut que je _____ tout le travail.
4. (venir) Désire-t-il _____ avec nous?
5. (savoir) Je m'étonne que Jean _____ cela.
6. (être) Ne penses-tu pas qu'il _____ trop vieux?
7. (répondre) Il le fera pourvu qu'on _____ immédiatement.
8. (rester) Nous préférons que vous _____ ici.
9. (revenir) J'aime mieux _____ plus tard.
10. (connaître) Il est possible qu'elle te _____ déjà.
11. (partir) Il a fallu que Marie _____ sans eux.
12. (écrire) Je leur ai promis de vous _____ tout de suite.
13. (avoir) Elle n'est pas certaine qu'ils _____ tant d'argent.
14. (comprendre) Quoique nous _____ bien cela, ce n'est pas facile.
15. (aller) Je doute qu'il _____ au Canada cet été.
16. (pouvoir) Il est heureux que vous _____ le faire aujourd'hui.

TRENTE-DEUXIÈME LEÇON

Mots apparentés

le domaine [lədɔmɛn]
extrêmement [ɛkstrɛmmɑ̃]
la forme [lafɔrm]
la popularité [lapɔpylarite]

le précédent [ləpresedɑ̃]
la relation [larəlasjɔ̃]
riche [riʃ]

La littérature du 19ᵉ siècle

Il serait difficile de trouver une période plus féconde en œuvres littéraires que le 19ᵉ siècle en France. C'est le siècle où la poésie est devenue vraiment «populaire». C'est le siècle où le roman est devenu la forme littéraire la plus cultivée. C'est le siècle où le domaine du théâtre s'est élargi pour admettre des pièces de toutes sortes. C'est le siècle où la littérature en tant que telle est devenue une étude savante. C'est, enfin, le siècle où les poètes, les romanciers et les auteurs dramatiques ont atteint une importance sans précédent.

Pendant cette période, il y a tant d'auteurs de premier ordre qu'il est difficile de faire un choix. Sans même réfléchir, on peut nommer une vingtaine[1] d'écrivains français de réputation internationale. Il y a peu d'Américains, par exemple, qui ne connaissent pas *les Trois Mousquetaires* et *Monte-Cristo* ("Le Comte de Monte-Cristo") d'Alexandre Dumas *père,* ou *les Misérables* et *Notre-Dame de Paris* de Victor Hugo. Quoique Dumas *père* ne soit pas considéré comme un auteur de premier ordre du point de vue littéraire, personne ne peut nier sa grande popularité ni son talent de narrateur.

En plus de ces écrivains populaires, aucune étude de la littérature comparée ne peut négliger les romans de Balzac, de Stendhal, de Flaubert et de

---

1. When the suffix **-aine** is added to the cardinal numbers **huit, dix, douze, vingt, trente, quarante, cinquante, soixante,** and **cent,** they become nouns expressing generally an approximate quantity: **une vingtaine d'écrivains,** *twenty or so writers;* **une centaine de personnes,** *about a hundred people.* (However, **douzaine** means *dozen.*)

Zola, ni les contes de Maupassant. Les livrets des célèbres opéras *Rigoletto*,   20
La Traviata et *Carmen* sont tirés des œuvres de Victor Hugo, de Dumas *fils*
et de Mérimée. L'influence de la littérature française de cette époque s'est
fait sentir dans presque tous les pays du monde.

Il serait très intéressant d'étudier les relations entre les développements
littéraires et les développements politiques, sociaux, scientifiques et indus-   25
triels du 19e siècle; mais dans notre court examen nous pouvons seulement
mentionner le fait que de telles influences réciproques existent. Il serait
également intéressant de suivre les développements qui ont rendu la poésie
plus populaire au temps de Lamartine et de Victor Hugo, chefs du Romantisme, et ceux qui, vers la fin du siècle sous l'influence de Mallarmé, chef   30
du Symbolisme, l'ont rendue moins populaire. Mais il faut nous contenter
de ce bref coup d'œil sur le tableau littéraire de ce siècle si riche en œuvres
de toutes sortes.

VOCABULAIRE

admettre [admɛtr] (*conj. like* **mettre**)
to admit

atteindre [atɛ̃dr] to attain, reach

bref [brɛf] (*f.* **brève** [brɛv]) brief

le choix [ləʃwa] choice

comparé [kɔ̃pare] comparative; compared

se contenter [səkɔ̃tãte] to content oneself, be satisfied

le coup d'œil [ləkudœj] glance, look

de premier ordre [dəprəmjerɔrdr] (of)
first rank

également [egalmã] likewise, equally

s'élargir [selarʒir] to broaden, widen

en tant que tel [ãtãk(ə)tɛl] as such, in
its own right

fécond [fekɔ̃] fertile, fruitful

le livret [ləlivrɛ] libretto

le narrateur [lənaratœr] storyteller

négliger [negliʒe] to neglect

nier [nje] to deny

la pièce [lapjɛs] play; piece

la poésie [lapɔezi] poetry; poem

le point de vue [ləpwɛ̃dvy] point of
view

réciproque [resiprɔk] reciprocal

réfléchir [refleʃir] to reflect, think

le roman [lərɔmã] novel

le romancier [lərɔmãsje] novelist

savant [savã] scholarly, learned

le tableau [lətablo] (*pl.* **tableaux**) picture; description

tirer [tire] to pull, draw; to take, derive

NOMS PROPRES

Honoré de Balzac [ɔnɔred(ə)balzak] probably the most famous of French novel-
ists; among the best novels of his series called *la Comédie humaine* are *Eugénie
Grandet*, *le Père Goriot*, and *la Recherche de l'absolu*.

Alexandre Dumas *père* [alɛksãdrdymɑ] prolific writer of novels and plays with a
semihistoric background

Alexandre Dumas *fils* [alɛksãdrdymɑ] playright; author of *la Dame aux camélias*,
from which the libretto for the opera *la Traviata* was taken

Gustave Flaubert [gystavflobɛr] novelist of the "realistic" school; his *Madame Bovary* is sometimes mentioned as the "perfect" novel.

Victor Hugo [viktɔrygo] poet, dramatist, novelist; a leader of the "romantic" school and the dominant literary figure of France in the nineteenth century. *Rigoletto* is based on his play, *Le Roi s'amuse.*

Alphonse de Lamartine [alfɔsdəlamartin] one of the most typically "romantic" poets of the romantic movement; took an active part in the Revolution of 1848

Stéphane Mallarmé [stefanmalarme] poet, one of the founders of the symbolist movement

Guy de Maupassant [gid(ə)mopɑsɑ̃] novelist and short-story writer; often called the father of the modern short story

Prosper Mérimée [prɔspɛrmerime] scholar and novelist; author of *Carmen* and *Colomba*

le romantisme [lərɔmɑ̃tism] literary movement of the early part and middle of the nineteenth century

Stendhal (Henri Beyle) [stɛ̃dal (ɑ̃ribɛl)] novelist; his best-known work is *le Rouge et le noir.*

le symbolisme [ləsɛ̃bɔlism] poetic movement of second half of the nineteenth century

Emile Zola [emilzɔla] novelist of the "naturalist" school, for whom the novel becomes a "scientific" study of the effects of heredity and environment

QUESTIONNAIRE

Répondez en français.

A. *Questions sur le texte.* 1. En quoi le 19ᵉ siècle en France a-t-il été fécond? 2. Quelle forme de littérature a-t-on commencé à cultiver beaucoup plus au 19ᵉ siècle? 3. Quel développement s'est produit au théâtre? 4. Quels hommes ont atteint une importance sans précédent? 5. Nommez deux romanciers dont les romans sont bien connus aux Etats-Unis. 6. Qui a écrit *les Misérables?* 7. Quels sont les opéras célèbres dont les livrets sont tirés des œuvres de Victor Hugo, de Dumas *fils* et de Mérimée? 8. Où l'influence de la littérature française s'est-elle fait sentir à cette époque? 9. Par quoi la littérature de cette période a-t-elle été influencée? 10. Est-il plus facile de comprendre la poésie de Victor Hugo que celle de Mallarmé? 11. Lesquels de ces trois étaient des poètes romantiques: Mallarmé, Victor Hugo, Lamartine? 12. Lequel des deux mouvements est venu le premier, le romantisme ou le symbolisme?

B. *Questions générales.* 1. Quelle œuvre littéraire française avez-vous lue? 2. L'avez-vous lue en français ou en anglais? 3. Cette œuvre était-elle facile à lire? 4. Trouvez-vous que les romans français sont intéressants à lire? 5. Pourquoi est-il plus facile pour vous de lire les romans américains?

6. Quel est votre roman préféré? 7. Combien de romanciers anglais et américains pouvez-vous nommer? 8. En quel siècle Mark Twain et Longfellow ont-ils vécu? 9. Avez-vous jamais écrit un poème? 10. Comment s'appelle une personne qui écrit des romans? 11. Comment s'appelle une personne qui écrit de la poésie? 12. Est-ce que les contes sont plus faciles à écrire que les romans? 13. Pourquoi est-il plus facile d'écrire un conte qu'un roman? 14. Est-ce que le français est difficile à lire? 15. Pour les Français, est-il plus difficile de lire l'anglais ou le français?

GRAMMAIRE

1. Irregular Verb *atteindre*, to attain (p.p. *atteint*)

PRESENT INDICATIVE

j'atteins	nous atteignons
tu atteins	vous atteignez
il atteint	ils atteignent

All verbs ending in **-aindre, -eindre,** or **-oindre** are conjugated like **atteindre.**

2. Dependent Infinitives after Adjectives and Nouns

When an infinitive follows an adjective or a noun, a preposition (generally **de** or **à**) is always used to join them. The preposition **à** is used in sentences like the following, where a relationship of purpose, intent, or obligation is implied.

Cette leçon est facile à comprendre.	This lesson is easy to understand. (*i.e.,* to be understood)
Ce livre n'est pas intéressant à lire.	That book isn't interesting to read. (*i.e.,* to be read)
Est-ce que ces choses sont bonnes à manger?	Are these things good to eat? (*i.e.,* to be eaten)
J'ai du travail à faire.	I have some work to do. (*i.e.,* to be done)
Qui a une voiture à vendre?	Who has a car to sell? (*i.e.,* to be sold)
Ils disent qu'ils n'ont rien à étudier.	They say (that) they have nothing to study. (*i.e.,* to be studied)

In most other cases, the preposition **de** is used between an adjective or noun and a dependent infinitive.

Il serait difficile de trouver une période plus féconde.	It would be difficult to find a more fruitful period.
Nous sommes contents de rester ici.	We are glad to stay here.
Elle a été heureuse de nous voir.	She was happy to see us.

J'ai l'intention de faire cela demain.	I intend to do (have the intention of doing) that tomorrow.
Vous aurez l'occasion de lui parler.	You will have the opportunity to speak to him.
La peur de perdre son argent le tourmentait.	The fear of losing his money tormented him.

3. Position of Descriptive Adjectives

Although the position of a descriptive adjective before or after a noun may be affected by such factors as the length of the adjective, how common the adjective is, whether the meaning is literal or figurative, whether the use is emphatic or nonemphatic, and whether or not the attribute expressed is one that is generally associated with the noun—in spite of these and other fine points which must be understood for a complete mastery of adjective usage, the elementary French student can be guided most of the time by the following basic observations.

a. Most descriptive adjectives normally follow the noun. This is especially true of the following categories:

(1) Adjectives of color and shape.

> **un livre rouge**   a red book
> **une chambre carrée**   a square room

(2) Adjectives of nationality and religion.

> **la littérature française**   French literature
> **l'Eglise catholique**   the Catholic Church

(3) Past participles used as adjectives.

> **une route élargie**   a widened road
> **un homme vaincu**   a beaten man

(4) Adjectives which are themselves modified (except by some short common adverbs).

> **un voyage extrêmement court**   an extremely short trip
> **une chambre longue de vingt pieds**   a twenty-foot-long room
> BUT: **une très petite femme**   a very little woman

b. The following common adjectives generally precede the noun:

bon	good	**mauvais**	bad
grand	big	**petit**	little
long	long	**gros**	big
beau	beautiful	**joli**	pretty
jeune	young	**vieux**	old
nouveau	new		

c. Some adjectives change meaning according to their position:

un code ancien	an ancient code	**une femme seule**	a woman alone
un ancien élève	a former pupil	**une seule femme**	just one woman
la semaine dernière	last week	**un homme brave**	a brave man
mon dernier mot	my final word	**un brave homme**	a good fellow

EXERCICES

A. *Répondez par la négative.*

EXEMPLES: Est-il difficile de faire cela? — Non, il n'est pas difficile de faire cela.
   Etes-vous content de rester ici? — Non, je ne suis pas content de rester ici.

1. Est-il nécessaire de payer tout de suite?
2. Es-tu content de continuer comme ça?
3. Etait-elle heureuse de les voir?
4. Sera-t-il facile de le comprendre?
5. A-t-elle été enchantée de les connaître?
6. Sont-ils mécontents de vivre comme ça?
7. Serait-il intéressant d'étudier cela?
8. Est-il possible de le faire aujourd'hui?

B. *Répondez par l'affirmative, en employant un pronom personnel comme complément de l'infinitif.*

EXEMPLES: Avez-vous l'intention d'inviter Georges et Marie? — Oui, j'ai l'intention de les inviter.
   Aurons-nous l'occasion de parler à l'auteur? — Oui, nous aurons l'occasion de lui parler.

1. Ont-ils trouvé le temps de faire le travail?
2. A-t-elle eu le courage de défendre sa patrie?
3. Lui a-t-on donné le pouvoir de gouverner le pays?
4. Aurons-nous le plaisir de voir vos amis?
5. Ont-ils reçu la permission de quitter la maison?
6. Reste-t-il la possibilité de retenir les places?
7. Est-ce que tu as l'intention d'écrire à Richard?
8. A-t-il eu l'occasion de téléphoner à Jean?

C. *Répondez par l'affirmative, en employant un pronom personnel comme sujet.*

EXEMPLES: Cette leçon est facile à comprendre, n'est-ce pas? — Oui, elle est facile à comprendre.
   Ce livre est intéressant à lire, n'est-ce pas? — Oui, il est intéressant à lire.

1. Ces poèmes sont difficiles à écrire, n'est-ce pas?
2. Cette histoire est impossible à croire, n'est-ce pas?
3. Ces jardins sont magnifiques à voir, n'est-ce pas?
4. Cette valise est lourde à porter, n'est-ce pas?
5. Cette boisson est rafraîchissante à boire, n'est-ce pas?
6. Ce bœuf est bon à manger, n'est-ce pas?
7. Ce roman est difficile à comprendre, n'est-ce pas?
8. Ces problèmes sont impossibles à éviter, n'est-ce pas?

D. *Répondez par l'affirmative.*

EXEMPLES: Avez-vous du travail à faire?   —   Oui, j'ai du travail à faire.
A-t-il un livre à vendre?   —   Oui, il a un livre à vendre.

1. Ont-ils des lettres à écrire?
2. Avons-nous des réformes à établir?
3. A-t-elle des cadeaux à envoyer?
4. Ont-elles du temps à perdre?
5. Est-ce que j'ai de l'argent à dépenser?
6. Avez-vous quelque chose à proposer?
7. Vous et lui, avez-vous un journal à lire?
8. As-tu des histoires à raconter?

Répétez, en répondant par la négative.

EXEMPLES: Avez-vous du travail à faire?   —   Non, je n'ai pas de travail à faire.
A-t-il un livre à vendre?   —   Non, il n'a pas de livre à vendre.

E. *Lisez à haute voix, en employant à ou de.*

1. Il est intéressant _____ voyager à l'étranger.
2. Cette leçon n'est pas facile _____ comprendre.
3. Ça, c'est impossible _____ faire.
4. Il sera possible _____ faire cela la semaine prochaine.
5. N'avez-vous pas d'exercices _____ écrire?
6. Il est important _____ apprendre une langue étrangère.
7. Nous avons l'intention _____ louer une voiture.
8. Plusieurs poèmes de Mallarmé sont difficiles _____ lire.
9. Il n'est pas toujours possible _____ se coucher quand on en a envie.
10. Vous n'avez jamais envie _____ travailler.
11. Il est agréable _____ être assis à une table à la terrasse.
12. Vos grands-parents seront heureux _____ vous revoir.

F. *Lisez à haute voix, en employant l'adjectif indiqué avant ou après le nom en italique.*

1. (courageux) Ces *voyageurs* ont fait le voyage en bateau.
2. (bon) Rien n'est plus important qu'un *ami*.
3. (dernière) L'*année* nous sommes restés chez nous.
4. (blanche) Cette *maison* est celle de Gustave Flaubert.

5. (beau) C'était un *parc* fréquenté par Zola et ses amis.
6. (françaises) Les *écoles* ont d'excellents professeurs.
7. (fatigués) Ces *élèves* n'avaient pas envie d'étudier ce soir-là.
8. (rouge) Est-ce que cette *voiture* est la vôtre?
9. (intéressants) Balzac a écrit des *romans.*
10. (seul) Vous êtes *l'homme* à qui je l'aie dit.
11. (jeune) Une *femme* venait d'entrer dans la boutique.
12. (extraordinaires) On lui a donné des *pouvoirs.*

G. *Complétez la phrase, en employant la forme convenable du verbe indiqué.*

1. (rentrer) Elle désire que vous _____ de bonne heure.
2. (finir) N'ont-ils pas peur que nous le _____ trop vite?
3. (réussir) Il est peu probable qu'elle _____ à ces examens.
4. (lire) Est-ce que tu préfères la _____ toi-même?
5. (écrire) Il n'y a pas d'élève qui _____ si bien que ça.
6. (avoir) Bien qu'il _____ l'argent nécessaire, il ne veut pas l'acheter.
7. (acheter) Il nous a défendu d'_____ cela.
8. (entendre) Sortons avant qu'elle nous _____.
9. (perdre) Il est inévitable que ce petit garçon _____ son argent.
10. (faire) Je voudrais que quelqu'un d'autre le _____.
11. (permettre) Nous partirons tout de suite pourvu qu'elle le _____.
12. (prendre) Demandez à Jean de _____ le métro.
13. (comprendre) Je ne pense pas que les élèves _____ tout cela.
14. (être) Elle a peur d'_____ en retard.

TRENTE-TROISIÈME LEÇON

Mots apparentés

You will observe, both from this list and from other cognates in the regular **Vocabulaire**, that cognates are more frequent in scientific language than in colloquial speech. Remember, in this lesson, that our emphasis is on the understanding of written French, rather than on practice in conversation, as it was in the preceding lessons.

l'animal *m.* [lanimal]
l'antisepsie *f.* [lɑ̃tisɛpsi]
l'asepsie *f.* [lasɛpsi]
biologique [biɔlɔ3ik]
causer [koze]
contagieux [kɔ̃ta3jø]
l'évolution *f.* [levɔlysjɔ̃]
expérimental [ɛksperimɑ̃tal]
la génération [la3enerasjɔ̃]
humain [ymɛ̃]
l'humanité *f.* [lymanite]
l'impossibilité *f.* [lɛ̃pɔsibilite]
inoculer [inɔkyle]
inventer [ɛ̃vɑ̃te]
le laboratoire [lǝlabɔratwar]
la médecine [lamedsin]
le membre [lǝmɑ̃br]

la méthode [lametɔd]
le microbe [lǝmikrɔb]
la paléontologie [lapaleɔ̃tɔlɔ3i]
la pasteurisation [lapastœrizasjɔ̃]
la physiologie [lafizjɔlɔ3i]
physique [fizik]
le prédécesseur [lǝpredesɛsœr]
public [pyblik]
purement [pyrmɑ̃]
le radium [lǝradjɔm]
la situation [lasityɑsjɔ̃]
spontané [spɔ̃tane]
successivement [syksɛsivmɑ̃]
le type [lǝtip]
le vaccin [lǝvaksɛ̃]
la vaccination [lavaksinɑsjɔ̃]
vacciner [vaksine]

Louis Pasteur

La France a contribué énormément au progrès des sciences modernes grâce aux travaux de savants comme Lavoisier, fondateur de la chimie moderne; Cuvier, fondateur de la paléontologie; Lamarck, prédécesseur de Darwin dans les études scientifiques de l'évolution; Claude Bernard, qui fonda la physiologie expérimentale; les Curie, qui découvrirent le radium, et beaucoup d'autres. Mais s'il fallait choisir un seul nom de parmi les grands personnages de la science en France, il est certain que ce nom serait celui de Louis Pasteur. Son œuvre a une grande valeur scientifique et lui donne une place parmi les plus grands bienfaiteurs de l'humanité. Grâce à ses travaux, des milliers de vies ont été sauvées.   10

Louis Pasteur naquit en 1822 à Dôle, petite ville dans l'est de la France, près de la Suisse. En 1842 il alla à Paris où il passa une année au lycée Saint-Louis. Après qu'il eut réussi aux examens du baccalauréat, il fut reçu à l'Ecole normale supérieure. Quand il alla, quelques années plus tard, enseigner dans diverses universités, il était agrégé en sciences physiques et   15 docteur ès sciences. Il fut élu successivement membre de l'Académie des sciences (1862), de l'Académie de médecine (1873) et de l'Académie française (1881). Une science nouvelle, la chimie biologique, prit son origine dans les découvertes de Pasteur sur les types de microbes et leurs divers effets. Il inventa la «pasteurisation». Il étendit le champ de la vaccination,   20 que le savant anglais Jenner avait déjà découverte. Pasteur trouva des vaccins contre la rage, le charbon et plusieurs autres maladies des animaux.

Quoiqu'il ne fût jamais médecin, la médecine moderne et les hôpitaux modernes sont un résultat direct de ses expériences. Par ses découvertes sur l'antisepsie, l'asepsie et la valeur de l'isolement des maladies contagieuses,   25 Pasteur devint le bienfaiteur des malades de tous les pays du monde. Ces découvertes causèrent une révolution dans les méthodes de la chirurgie et de la médecine en général.

La vie de Pasteur n'était pas celle d'un savant dans un laboratoire isolé du monde. Ses travaux le mirent plusieurs fois dans des situations dra-   30 matiques: l'épreuve publique à Melun, où il fit inoculer le charbon à vingt-cinq moutons vaccinés et à vingt-cinq autres non vaccinés; l'incident où il essaya pour la première fois sur un être humain son vaccin contre la rage; l'expérience où il démontra l'impossibilité de la «génération spontanée»; et ses expériences qui sauvèrent l'importante industrie de la soie. A cause de   35 ces contacts directs avec le peuple et de l'énorme influence de ses travaux sur la vie de tous les jours, il est probable que Louis Pasteur est le savant le plus célèbre du monde.

VOCABULAIRE

le **bienfaiteur** [ləbjɛ̃fɛtœr] benefactor
le **charbon** [ləʃarbɔ̃] anthrax
la **chimie** [laʃimi] chemistry
la **chirurgie** [laʃiryrʒi] surgery
la **découverte** [ladekuvɛrt] discovery

découvrir [dekuvrir] (*conj. like* **souffrir**) to discover
démontrer [demɔ̃tre] to demonstrate
divers [divɛr] various, different
l'**effet** *m.* [lefɛ] effect

énormément [enɔrmemɑ̃] enormously
enseigner [ɑ̃sɛɲe] to teach
l'épreuve *f.* [leprœv] test, trial
l'être *m.* [lɛtr] being
l'expérience *f.* [lɛksperjɑ̃s] experiment;
  experience
le fondateur [ləfɔ̃datœr] founder
isolé [izɔle] isolated
l'isolement *m.* [lizɔlmɑ̃] isolation

le malade [ləmalad] sick person, patient
la maladie [lamaladi] sickness, illness
le médecin [ləmedsɛ̃] doctor, physician
des milliers [demilje] thousands
le mouton [ləmutɔ̃] sheep
naître [nɛtr] to be born
la rage [laraʒ] rabies
la soie [laswa] silk
le travail [lətravaj] (*pl.* **travaux**) work
la valeur [lavalœr] value

NOMS PROPRES

agrégé [agreʒe] professional title earned through advanced studies and after competitive examinations; certifies qualification to teach in *lycées* and universities
docteur ès sciences [dɔktœrɛsjɑ̃s] university degree approximately equivalent to a
  Ph.D. in science
l'Ecole normale supérieure [lekɔlnɔrmalsyperjœr] an institution which operates
  in conjunction with the university for the preparation of teachers for the *lycées*
  and universities; entrance is by competitive examination.
Edward Jenner English scientist of the late eighteenth and early nineteenth centuries; discoverer of the process of vaccination for smallpox
la Suisse [lasɥis] Switzerland

QUESTIONNAIRE

Répondez en français.

A. *Questions sur le texte.* 1. A quoi la France a-t-elle contribué par les
travaux de ses savants comme Lavoisier et Cuvier? 2. En quelle science
Lamarck a-t-il été le prédécesseur de Darwin? 3. Qu'est-ce que les Curie
(Pierre et Marie) ont découvert? 4. Pourquoi est-ce qu'on appelle Louis
Pasteur un grand bienfaiteur de l'humanité? 5. Dans quelle partie de la
France est-il né? 6. A quelles Académies a-t-il été élu? 7. Comment a-t-il
continué les travaux de Jenner, qui a découvert le vaccin contre la variole
[*smallpox*]? 8. Lesquelles de ses découvertes ont causé une révolution dans
les méthodes de la chirurgie? 9. En quoi la vie de Pasteur a-t-elle été dif-
férente de celle de beaucoup d'autres savants? 10. Citez deux des incidents
dramatiques de sa vie.

B. *Questions générales.* 1. Quel mot contribue à répandre la célébrité de
Pasteur? 2. Qui était chef du gouvernement de France quand Pasteur a été
élu à l'Académie des sciences en 1862? 3. Qui était le Président des Etats-
Unis à cette époque? 4. Quels autres grands savants de la science moderne
connaissez-vous de nom? 5. De quels pays viennent-ils?

GRAMMAIRE

1. Irregular Verb *naître,* to be born (p.p. *né;* aux. *être*)

PRESENT INDICATIVE

je nais	nous naissons
tu nais	vous naissez
il naît	ils naissent

2. Literary Tenses

There are four tenses of the French verb which are not normally used in conversational French, but which the student will meet frequently in written French—especially in literature. Since these tenses are not generally used in conversation or personal correspondence, the English-speaking student will have little, if any, occasion to use them actively; but he must learn to recognize them and understand their meanings as he meets them in his reading. These four tenses are: the past definite (**passé simple**), the past anterior (**passé antérieur**), the imperfect subjunctive (**imparfait du subjonctif**), and the pluperfect subjunctive (**plus-que-parfait du subjonctif**).

3. The Past Definite

The past definite (**passé simple**) is formed as follows:

a. All **-er** verbs drop the infinitive ending and add:

-ai	-âmes
-as	-âtes
-a	-èrent

Notice the circumflex accent in the first and second persons plural.

PAST DEFINITIVE OF **donner,** to give

je donnai	I gave, did give	**nous donnâmes**	we gave, did give
tu donnas	you gave, did give	**vous donnâtes**	you gave, did give
il donna	he gave, did give	**ils donnèrent**	they gave, did give

b. All other verbs have the following endings:

-s	-^mes
-s	-^tes
-t	-rent

In regular **-ir** and **-re** verbs the vowel **i** precedes these endings.

PAST DEFINITE OF **finir,** to finish

je finis	I finished, did finish	**nous finîmes**	we finished, did finish
tu finis	you finished, did finish	**vous finîtes**	you finished, did finish
il finit	he finished, did finish	**ils finirent**	they finished, did finish

PAST DEFINITE OF **attendre,** to wait

j'attendis	I waited, did wait	**nous attendîmes**	we waited, did wait
tu attendis	you waited, did wait	**vous attendîtes**	you waited, did wait
il attendit	he waited, did wait	**ils attendirent**	they waited, did wait

For verbs that end in **-oir** (except **voir**), the endings above are added to the past participle.

je reçus	I received	**je voulus**	I wanted
je vécus	I lived	**il plut**	it rained
je dus	I had to	**il fallut**	it was necessary

Two irregular verbs, **tenir** and **venir** (with their compounds), have only the nasal vowel **in** before the endings given above.

je tins   I held   **je vins**   I came

Other irregular verbs may have the vowel **i** or the vowel **u** before the endings given above.

je naquis	I was born	**je lus**	I read
je conduisis	I conducted	**je bus**	I drank

Consult the Appendix for the past definite of other irregular verbs. Since only recognition is required, knowledge of the two sets of endings given above will suffice in most cases.

c. Meanings of the Past Definite. The past definite is a narrative tense whose meanings in general correspond to those learned for the past indefinite, except that it cannot be translated by the English present perfect.

	PAST DEFINITE	PAST INDEFINITE

il prit ⎧ he took
        ⎨
        ⎩ he did take

il a pris ⎧ he took
          ⎨ he did take
          ⎩ *he has taken*

FORMAL	**Ils l'élurent empereur.**	⎫ They elected him emperor.
COLLOQUIAL	**Ils l'ont élu empereur.**	⎭
FORMAL	**Il naquit en Corse.**	⎫ He was born in Corsica.
COLLOQUIAL	**Il est né en Corse.**	⎭

4. The Imperfect Subjunctive

a. The imperfect subjunctive (**imparfait du subjonctif**) is formed by dropping the last letter from the first person singular of the past definite and adding the following endings:

-sse	-ssions
-sses	-ssiez
-^t	-ssent

IMPERFECT SUBJUNCTIVE OF **donner** AND **finir**

que je donnasse	que je finisse
que tu donnasses	que tu finisses
qu'il donnât	qu'il finît
que nous donnassions	que nous finissions
que vous donnassiez	que vous finissiez
qu'ils donnassent	qu'ils finissent

b. There will be considerable variation according to context in English versions of ideas expressed in French in the imperfect subjunctive, but common among the corresponding English renditions are the simple past tense and forms using the auxiliary *might*.

Il n'y avait personne qui le comprît.	There was no one who understood it.
Quoiqu'ils gagnassent toutes les batailles, ils perdraient la guerre.	Although they might win all the battles, they would lose the war.

5. The Past Anterior

The past anterior (**passé antérieur**) is formed by using the past definite of the proper auxiliary with the past participle of the main verb. Its English meaning will generally be the same as for the pluperfect indicative.[2]

PAST ANTERIOR OF **donner** AND **aller**

I had given, etc.	I had gone, etc.
j'eus donné	je fus allé
tu eus donné	tu fus allé
il eut donné	il fut allé
nous eûmes donné	nous fûmes allés
vous eûtes donné	vous fûtes allés
ils eurent donné	ils furent allés

Après qu'ils l'eurent vu, ils changèrent d'opinion.	After they had seen him, they changed their opinion.
Aussitôt qu'elle fut partie, il s'en souvint.	As soon as she had left, he remembered it.

6. The Pluperfect Subjunctive

The pluperfect subjunctive (**plus-que-parfait du subjonctif**) is formed by using the imperfect subjunctive of the proper auxiliary with the past participle of the main verb. It is generally translated by the English pluperfect.

2. See p. 356 for comparison to **passé surcomposé**.

PLUPERFECT SUBJUNCTIVE OF **donner** AND **aller**

that I had given, etc.	that I had gone, etc.
que j'eusse donné	que je fusse allé
que tu eusses donné	que tu fusses allé
qu'il eût donné	qu'il fût allé
que nous eussions donné	que nous fussions allés
que vous eussiez donné	que vous fussiez allés
qu'ils eussent donné	qu'ils fussent allés

Le roi avait peur que quelqu'un l'eût vu sortir.	The king was afraid that someone had seen (might have seen) him going out.
Bien qu'ils fussent arrivés les premiers, ils ne demandèrent aucun privilège spécial.	Although they had arrived first, they asked for no special privilege.

EXERCICES

A. *Dites en anglais.*

1. L'empereur fit venir ses généraux.
2. Quand nous eûmes fini le repas, nous sortîmes.
3. Elle doutait que vous vinssiez la voir.
4. Il était peu probable qu'ils eussent reçu la lettre.
5. Le roi ne voulut pas qu'on attendît.
6. Aussitôt qu'ils furent descendus on servit le dîner.
7. Il fallut que ces enfants se couchassent sans manger.
8. Vous sortîtes avant qu'ils eussent pu vous les donner.
9. Le roi proclama une fête pour célébrer l'événement.
10. Ce fut sa plus grande victoire.
11. Il les rencontra et les battit à Austerlitz.
12. Elle ne partit qu'après que je lui eus dit où se trouvait son père.

B. *Traduisez en anglais.*

Use the vocabulary notes given after the passage. Several new words and phrases are not explained in these notes because you should be able to guess their meaning. In learning to read French, work with meaningful units (sentences, clauses), not with individual words. Obviously, unfamiliar key words must be looked up, but let the context, cognates, and your common sense help you reduce this burden.

This passage is from Tartarin de Tarascon, *a humorous novel by Alphonse Daudet. Tartarin is a likable character who has spent his whole life in his native town of Tarascon but has acquired quite a reputation as a fearless*

*adventurer because of his frequent and vividly related tall tales. Finally he
is forced, by the pressure of public opinion, into making a lion-hunting expedition to North Africa (for him the land of the «Teurs» [Turks]). Upon
arriving in Algiers, armed to the teeth and dressed in his version of a
"Turkish" costume, he is surprised to find a civilized city.*

Aux premiers pas qu'il fit dans Alger, Tartarin de Tarascon ouvrit de
grands yeux. D'avance il s'était figuré une ville orientale, féerique, mytho-
logique, quelque chose tenant le milieu entre Constantinople et Zanzibar . . .
Il tombait en plein Tarascon . . . Des cafés, des restaurants, de larges rues,
des maisons à quatre étages, une petite place macadamisée où des musiciens   5
de la ligne jouaient des polkas d'Offenbach, des messieurs sur des chaises
buvant de la bière avec des échaudés, des dames, et puis des militaires,
encore des militaires, toujours des militaires . . . et pas un «Teur»! . . . Il n'y
avait que lui . . . Aussi, pour traverser la place, se trouva-t-il un peu gêné.
Tout le monde le regardait. Les musiciens de la ligne s'arrêtèrent, et la polka   10
d'Offenbach resta un pied en l'air.

Les deux fusils sur l'épaule, le revolver sur la hanche, farouche et majes-
tueux comme Robinson Crusoé, Tartarin passa gravement au milieu de tous
les groupes; mais en arrivant à l'hôtel ses forces l'abandonnèrent. Le départ
de Tarascon, le port de Marseille, la traversée, le prince monténégrin, les   15
pirates, tout se brouillait et roulait dans sa tête. Il fallut le monter à sa
chambre, le désarmer, le déshabiller. Déjà même on parlait d'envoyer
chercher un médecin; mais, à peine sur l'oreiller, le héros se mit à ronfler si
haut et de si bon cœur que l'hôtelier jugea les secours de la science inutiles,
et tout le monde se retira discrètement.   20

les yeux [lezjø] eyes
se figurer [səfigyre] to imagine
féerique [ferik] fairylike
tomber en plein . . . [tɔ̃beɑ̃plɛ̃] to find
 oneself right in . . .
la ligne [laliɲ] line (*combat infantry*)
des échaudés [dezeʃode] triangular, un-
 sweetened cookies
aussi [osi] (*when introducing a clause*)
 so, therefore
traverser [travɛrse] to cross
gêné [ʒene] embarrassed
le fusil [ləfyzi] gun
l'épaule *f.* [lepol] shoulder
la hanche [laɑ̃ʃ] hip
farouche [faruʃ] fierce

la traversée [latravɛrse] crossing
monténégrin [mɔ̃tenegrɛ̃] from Monte-
 negro
se brouiller [səbruje] to get mixed up
rouler [rule] to roll
la tête [latɛt] head
monter [mɔ̃te] (*used transitively*) to
 carry up
à peine [apɛn] scarcely
l'oreiller *m.* [lɔrɛje] pillow
ronfler [rɔ̃fle] to snore
haut [o] loud; high
le cœur [ləkœr] heart
juger [ʒyʒe] to judge, decide
le secours [ləs(ə)kur] help

C. *Traduisez en anglais.*

Try to understand this familiar episode in the story of Joseph from the book of Genesis *(41:14–32) without help; then consult an English version to verify your understanding.*

Pharaon envoya appeler Joseph, et on le fit sortir en hâte de la prison. Il se rasa, changea de vêtements et se rendit vers Pharaon. Et Pharaon dit à Joseph:

—J'ai eu un songe que personne ne peut interpréter; et j'ai entendu dire de toi que tu t'entends à interpréter les songes.

Joseph répondit à Pharaon en disant:

—Ce n'est pas moi, c'est Dieu qui donnera une réponse favorable à Pharaon.

Pharaon dit à Joseph:

—Dans mon songe, voici, je me tenais sur le bord du fleuve; du fleuve montèrent sept vaches grasses et belles, et elles se mirent à paître l'herbe. Après elles montèrent sept autres vaches, maigres, fort laides et décharnées; je n'en ai jamais vu d'aussi laides dans tout le pays d'Egypte. Les sept vaches maigres et laides dévorèrent les sept premières vaches, les grasses; celles-ci entrèrent dans leur ventre, sans qu'il parût qu'elles y fussent entrées; leur aspect était aussi laid qu'auparavant; et je m'éveillai.

—Je vis encore un songe; le voici: sept épis montèrent sur une même tige, pleins et beaux; et sept épis chétifs, maigres et brûlés par le vent d'orient poussèrent après eux. Et les épis maigres engloutirent les sept beaux épis. J'ai raconté cela aux devins, et aucun ne me l'explique.

Joseph dit à Pharaon:

—Le songe de Pharaon est un; Dieu a fait connaître à Pharaon ce qu'il va faire. Les sept belles vaches sont sept années, et les sept beaux épis sont sept années; c'est un seul songe. Les sept vaches chétives et laides qui montaient après elles sont sept années, et les sept épis vides, brûlés par le vent d'orient, seront sept années de famine. Telle est la parole que j'ai dite à Pharaon: Dieu a fait voir à Pharaon ce qu'il va faire. Voici, sept années de grande abondance vont venir dans tout le pays d'Egypte. Sept années de famine viendront ensuite, et l'on oubliera toute cette abondance dans le pays d'Egypte, et la famine consumera le pays. On ne s'apercevra plus de l'abondance à cause de cette famine qui suivra dans le pays, tant elle sera grande. Et si le songe a été répété à Pharaon deux fois, c'est que la chose est décidée de la part de Dieu, et que Dieu se hâtera de l'exécuter.

WRITTEN EXERCISES

For Testing Mastery

Lesson 1

A. *Copy each italicized word and give with it one of the following:* **le, la, l',** **un,** *or* **une.** 1. Paris est _____ *capitale* de la France. 2. Paris est _____ *capitale* d'Europe. 3. Paris est _____ *ville* de France. 4. La Seine est _____ *fleuve.* 5. Le Rhône est _____ *autre fleuve.* 6. Brest est situé sur _____ *Atlantique.* 7. Brest est situé dans _____ *ouest* de la France. 8. Nice est situé sur _____ *Méditerranée.* 9. _____ *Italie* est un pays d'Europe. 10. Qu'est-ce que c'est qu' _____ *pays?* 11. Quelle est _____ *capitale* de la Californie? 12. Le Potomac est _____ *fleuve.* 13. Lyon est situé sur _____ *Rhône.* 14. _____ *ville* de Denver est dans l'ouest. 15. New York est sur _____ *Hudson.* 16. _____ *France* est dans l'ouest de l'Europe. 17. C'est _____ *pays.*

B. *Translate into French.* 1. France is a country in the west of Europe. 2. Paris is a city on the Seine. 3. Paris is the capital of France. 4. The Seine is a river of France. 5. The Rhone is another river of France. 6. Lyons is situated on the Rhone. 7. What is Boston? 8. Boston is a city situated on the Atlantic. 9. Where is Jacksonville situated? 10. Jacksonville is on the Atlantic. 11. What is the capital of Virginia? 12. Richmond is the capital of Virginia. 13. It's a city.

Lesson 2

A. *Copy each italicized word and give with it one of the following:* **le, la,** **l', les, un, une,** *or* **des.** 1. New York est _____ *ville.* 2. New York et Boston sont _____ *villes* des Etats-Unis. 3. Marseille est _____ *ville* de France. 4. _____ *France* est _____ *pays* d'Europe. 5. Qu'est-ce que c'est que _____ *Espagne?* 6. Où sont situées _____ *villes* de Rome et de Venise? 7. _____ *Pacifique* est _____ *océan.* 8. _____ *Atlantique* et _____ *Pacifique* sont _____ *océans.* 9. San Francisco est situé sur _____ *océan Pacifique.* 10. Quelle ville de la Louisiane est située

La Marseillaise

-gir[2] ces fé - ro - ces sol - dats?_____ Ils vien - nent jus - que dans nos
-coure à tes mâ - les[7] ac - cents!_____ Que tes en - ne - mis ex - pi-
de par - ta - ger leur cer - cueil,[10]_____ Nous au - rons le su - blime or-

bras,_____ É - gor - ger[3]_____ nos fils, nos com - pa - gnes.
-rants_____ Voient ton tri - omphe et no - tre gloi - re!
-gueil_____ De les ven - ger ou de les sui - vre. Aux

ar - mes, ci - toy - ens!_____ For - mez_____ vos ba - tail-

-lons!_____ Mar - chons,_____ mar - chons!_____

Qu'un_____ sang im - pur[4]_____ a - breu - ve[5] nos sil - lons[6]!_____

1. bloody   2. roar   3. to slaughter   4. *pronounce san-kim-pur*   5. drench
6. furrows   7. virile   8. (*here*) life's battleground   9. dust; (*here*) remains
10. coffin; (*here*) grave

sur _____ *Mississippi?* 11. Washington est situé sur _____ *autre fleuve.*
12. Boston est situé dans _____ *est* des Etats-Unis. 13. Quelle est _____
capitale _____ *Etats-Unis?* 14. Chicago est dans _____ *nord.* 15. Quels
sont _____ *pays* de _____ *ouest* de l'Europe? 16. Où est située _____
ville de Memphis? 17. La Seine et le Tibre sont _____ *fleuves* d'Europe.
18. Nice est _____ *ville* de France. 19. Les villes de Montréal et Québec
sont situées sur _____ *fleuve.* 20. Baltimore est _____ *autre ville*
_____ *Etats-Unis.* 21. Miami et Chicago sont _____ *villes.* 22. _____
Italie est _____ *pays* d'Europe.

B. *Translate into French.* 1. Italy and Spain are countries of Europe.
2. The two countries are situated in the west of Europe. 3. The capital of
Italy is situated on the Tiber. 4. What is the Tiber? 5. The Potomac and
the Mississippi are rivers of the United States. 6. Washington is situated on
the Potomac. 7. What cities are situated on the Seine? 8. Madrid and
Cadiz are cities of Spain. 9. They are large cities. 10. Cadiz and Brest are
situated on the Atlantic. 11. The Atlantic and the Pacific are oceans.
12. What countries are situated on the Mediterranean? 13. Which are the
countries of the east? 14. St. Paul is on the Mississippi. 15. Which is the
other city on the river? 16. It's a big city.

Lesson 3

A. *Give the French for the words in parentheses.* 1. Quelle est la capitale
(*of Canada*)? 2. Il y a beaucoup de grandes villes (*in the United States*).
3. Y a-t-il de grandes villes (*in Europe*)? 4. Est-ce que le Colorado est un
fleuve (*of the United States*)? 5. Les fleuves sont importants (*in Spain*).
6. Y a-t-il des fleuves importants (*in Belgium*)? 7. Il y a beaucoup de
grandes villes (*on the Danube*). 8. Est-ce que les grandes villes sont (*in
the north*)? 9. Les villes importantes sont situées (*on the Atlantic*). 10. Y
a-t-il des villes importantes (*in Canada*)? 11. Est-ce que la Loire est (*in
France*)? 12. Où est située la capitale (*of Portugal*)? 13. Est-ce que les
fleuves (*of the east*) sont plus longs que les fleuves (*of the west*)? 14. Les
grands fleuves sont (*in the south of the country*).

B. *Translate into French.* 1. There are many rivers in Europe. 2. Paris
is a large city, but New York is larger than Paris. 3. What is the capital of
the United States? 4. Are Portugal and Belgium small countries? 5. The
other cities are more important than Lyons. 6. Is the Mississippi longer
than the Hudson? 7. Mention some important rivers in the west of the
country. 8. Are there any rivers in the north? 9. There are cities on the
important rivers in Spain. 10. Is Russia larger than France? 11. In the

United States and in Canada, the rivers are important. 12. Germany is located to the east of France.

Lesson 4

A. *Give the French for the words in parentheses.* 1. Nous (*are*) Américains. 2. Georges (*is not*) Français. 3. Je (*travel*) souvent en automobile. 4. Est-ce que Georges et Marie (*are visiting*) le Canada? 5. (*Are you earning*) beaucoup d'argent? 6. Nous (*want*) travailler l'été prochain. 7. Je (*am not*) du sud des Etats-Unis. 8. Vous (*are*) un habitant du pays. 9. Les habitants des Etats-Unis (*are*) Américains. 10. Ils (*are working*) dans un grand magasin. 11. Elle (*is earning*) de l'argent pour un voyage en Italie. 12. Nous (*are not traveling*) ensemble. 13. Il (*desires*) visiter les grandes villes du nord-est. 14. Est-ce que les Français (*travel*) souvent en Espagne? 15. Je (*work*) dans un magasin de Paris. 16. Les Français (*do not travel*) beaucoup en auto. 17. Nous (*wish*) gagner de l'argent pour le voyage. 18. Un habitant de la France (*is*) Français. 19. (*Do you live*) au Mexique? 20. (*Is she working*) en Belgique? 21. (*Are you*) Américain? 22. (*Are they visiting*) Venise et Milan? 23. (*Do you live*) dans le sud-ouest du pays? 24. (*We wish*) visiter Vienne et Budapest l'été prochain. 25. Les habitants de Paris (*are*) Français.

B. *Translate into French.* 1. I am an American and Mary is American also. 2. We are from Chicago. 3. Are you an inhabitant of Belgium? 4. The inhabitants of France are the French. 5. I want to travel in Europe next summer. 6. We don't travel much by car. 7. Are you working in a store? 8. Is he working in order to get the money for the trip? 9. Do you travel together very often? 10. They don't visit many cities of the east or of the northeast. 11. Are the inhabitants of the United States American? 12. Do George and Mary work in Spain? 13. Does she earn much money? 14. She travels more often in Italy than in Canada. 15. We don't travel often in the southwest of the country. 16. Do you want to visit the large cities or the small cities? 17. Is he from Canada? 18. The inhabitants of Canada are American because Canada is in America.

Lesson 5

A. *Give the French for the following:*

1. are they going?
2. we are traveling
3. I am
4. he does not earn
5. she has
6. do they visit?
7. I am working
8. we haven't

9. you aren't

10. she is going

11. we are

12. has he?

13. do you like?

14. they travel

15. he isn't working

16. are you going?

17. are you?

18. she doesn't visit

19. we are going

20. I haven't

21. he is visiting

22. are you working?

B. *Translate into French.* 1. Europe and South America are beautiful continents. 2. My mother likes to travel in Europe but my father prefers South America. 3. Her parents visit all the museums, don't they? 4. Your sister is going to England next summer, isn't she? 5. Where are you going? 6. We often go to Mexico, but next summer we want to see the beautiful national parks of the west. 7. Are you working to buy a new car for the trip, or do you have a good car? 8. All the countries have their charms, but my family prefers England, France, Italy, and Spain. 9. I like adventures. 10. There are many long rivers in the United States, are there not? 11. The capital is a beautiful city. 12. The whole family is going to Canada by car. 13. What is your sister's name? 14. The capital is called Ottawa, isn't it?

Review Lessons 1–5

A. *Give the French for the following:*

1. are you going?

2. I am working

3. he doesn't have

4. do we travel?

5. they aren't

6. you work

7. we are going

8. they earn

9. he wants

10. I am

11. she lives

12. have they?

13. I am not going

14. you are

15. we are visiting

16. we haven't

17. they do not go

18. you like

19. we are

20. do you have?

B. *Translate into French.* 1. Are there many large cities in Spain? 2. What is the capital of the United States? 3. Is the Danube an important river of Europe? 4. Marseilles is located on the Mediterranean, isn't it? 5. I am going to Germany, France, and England with my parents. 6. The trip from your city to Mexico is longer than the trip to Canada. 7. They are Americans, but they travel more often in Europe than in America. 8. We do not travel much by car. 9. What is an adventure? 10. You have a new automobile, don't you? 11. His life in South America is very active. 12. A few inhabitants of your country are going to visit our city next summer. 13. Do Frenchmen like to travel in Italy? 14. The rivers of the north are more important than the rivers of the west, aren't they? 15. Are you working in order to earn the money to go to Spain and Portugal? 16. What large city is situated on the Seine?

Lesson 6

A. *Give the French for the words in parentheses.* 1. Quelle est la plus grande ville (*in Europe*)? 2. Il y a quelques monuments (*which*) tous les Américains connaissent de vue. 3. (*In Paris*) il y a beaucoup de beaux monuments. 4. Ne connaissez-vous pas d'étudiant (*who*) étudie à l'Université de Paris? 5. Il n'y a pas (*any*) villes importantes dans le nord-est du pays. 6. (*Aren't they earning*) leur argent pour le voyage? 7. Nous allons voir quelques artistes (*who*) habitent à Montmartre. 8. Je vais (*to Marseilles*) avec mon frère. 9. Robert n'a pas (*any*) amis à Marseille. 10. N'aimez-vous pas mieux l'auto (*which*) nous avons? 11. M. Dupont est l'écrivain (*whom*) vous désirez voir, n'est-ce pas? 12. Mon amie Anne visite (*most often*) les villes de Paris et Rome. 13. Le Louvre est peut-être le musée le plus connu (*in the world*). 14. Il n'y a presque pas d'Américains (*who*) connaissent votre pays. 15. Comment s'appelle le quartier (*that*) vous aimez le mieux?

B. *Translate into French.* 1. Washington is the capital but New York is the largest city in the United States. 2. There are some people who come to Paris because of its artistic atmosphere. 3. The Latin Quarter and Montmartre are the best-known sections, aren't they? 4. Don't you like the cafés, with their tables on the sidewalk? 5. The Avenue des Champs-Elysées is longer than the Rue de la Paix, isn't it? 6. The Eiffel Tower is the tallest [*haut*] monument in Paris. 7. Do you know any people who live in Cherbourg? 8. Many students are going to France next summer. 9. There aren't any students from South America in our university. 10. Don't you want to see the car that he is going to buy? 11. I know by name a few good writers who live in New Orleans. 12. Mr. Dupont, whom we like a great deal, is going to Spain with our family.

Lesson 7

A. *Fill the blanks with* **qui** *or* **que**. 1. Voici les villes _____ nous allons voir. 2. Nous connaissons les régions _____ sont célèbres pour leurs vins.

3. On peut faire la connaissance des gens _____ on voit en route. 4. La Nouvelle-Angleterre est une région _____ j'aime beaucoup. 5. Versailles est une petite ville _____ est très célèbre. 6. Voici un endroit _____ je n'aime pas. 7. J'aime mieux les visiteurs _____ prennent le temps de connaître les habitants. 8. Anne a des photos de quelques endroits _____ on voit dans le sud.

B. *Translate into French.* 1. Next summer we are going to travel in Europe. 2. We are going to see many picturesque places and visit many famous churches, monuments, and cafés. 3. Where we are going, there are not many tourists. 4. Do you take the time to make the acquaintance of the inhabitants? 5. There are some tourists who see only Paris. 6. When one travels by car, one can take pictures of the people that one sees along the way. 7. My father drives the car. 8. The most interesting places are visited often. [*Use on.*] 9. The trip begins and ends in the largest city in the country. 10. Their trips to the other little cities in the region of the capital fill the time. 11. They visit many countries without making the acquaintance of their inhabitants. 12. My sister always takes pictures of the peasants, fishermen, churches, and cafés that she sees.

Lesson 8

A. *Supply the proper form of the demonstrative adjective.* 1. Je connais _____ élève qui entre dans l'école. 2. Aimez-vous voyager dans _____ pays? 3. _____ école _____ est plus grande que _____ école _____. 4. Connaissez-vous _____ fleuve? 5. Nous n'étudions pas _____ langue. 6. Beaucoup d'élèves apprennent _____ deux langues. 7. _____ fleuve _____ est plus long que la Seine. 8. Il y a des gens qui ne connaissent pas _____ vins fameux. 9. A _____ âge nous commençons l'étude des sciences. 10. On passe _____ examens à l'âge de dix-sept ou dix-huit ans.

B. *Translate into French.* 1. French is the language of the inhabitants of France. 2. The pupils enter this school at the age of eleven. 3. Do American students begin their study of foreign languages at that age? 4. These pupils are learning English; those pupils are learning Russian. 5. During this time they study literature, science, mathematics, and a foreign language. 6. Our friends are speaking with those tourists in German. 7. If we pass all the examinations, we receive the *baccalauréat*. 8. If one receives the *baccalauréat*, one can enter the university. 9. To which cities are you going after your trip to Versailles? 10. There are a few pupils who do not study mathematics during the second year. 11. They are eighteen years old when they enter that school. 12. How old are they when they finish?

Lesson 9

A. *Give the French for the words in parentheses.* 1. (*They wait for*) leurs amis tous les matins. 2. Nous (*write*) des compositions très souvent. 3. Si (*one repeats*) souvent ces exercices, (*one learns*) le vocabulaire. 4. (*I answer*) à toutes les questions du professeur. 5. (*Do you hear*) bien dans la classe d'histoire? 6. (*She is reading*) sa composition à haute voix. 7. (*Is the class waiting for*) le professeur? 8. (*We repeat*) presque les mêmes mots quand (*we answer*). 9. Les élèves (*write*) leurs réponses en français. 10. Avant de commencer la nouvelle leçon, le professeur (*answers our questions*).

B. *Translate into French.* 1. My French class (*class of French*) begins at nine o'clock and my English class at a quarter after eleven. 2. Do you wait for your friend if you see that he is going to be late? 3. Ordinarily the professor asks many questions. 4. Sometimes we answer all the questions. 5. I write the words of the vocabulary and I read the words aloud. 6. If one hears the answers of the other pupils, one learns even better. 7. There are forty-six pupils in my Latin class. 8. There are only twenty-eight pupils who are taking this examination. 9. We read many books by the greatest writers of English literature. 10. What time is it? It is five minutes of four.

Lesson 10

A. *Give the French for the words in parentheses.* 1. (*Who*) va avec votre père à Venise? 2. (*What*) fleuve français voyez-vous sur la carte? 3. A (*whom*) désirez-vous parler? 4. (*What*) attire les touristes américains à Paris? 5. (*What is*) la plus grande ville de ce pays? 6. (*What is*) une cathédrale? 7. (*What*) étudiez-vous dans cette classe? 8. Avec (*what*) peut-on écrire? 9. (*Whom*) attendez-vous avant d'entrer dans l'église? 10. (*What*) langues peut-on étudier au lycée? 11. De (*whom*) parlez-vous? 12. De (*what*) parlez-vous le plus pendant les classes de français? 13. (*What*) élève finit le premier? 14. (*Who*) va faire le premier exercice? 15. (*What are*) les principaux pays d'Europe? 16. (*What is*) la Tour Eiffel? 17. Sur (*what*) allez-vous écrire? 18. (*Which*) grande ville est située sur ce fleuve? 19. (*What*) voyez-vous dans ce magasin? 20. (*Whom*) connaissez-vous dans cette région du pays?

B. *Translate into French.* 1. Who asks the pupils questions? 2. What amusements are there in Paris? 3. What is an amusement? 4. What is she talking about? 5. What is the oldest city in this region? 6. Whom do you see first when you arrive at school in the morning? 7. What indicates that this writer is Russian? 8. What are the principal rivers of Europe? 9. To whom are you writing?   10. What do you do before beginning to study the new lesson?   11. Which language is the easiest?   12. Whom does she know in Marseilles?

Review Lessons 6–10

A. *Give the French for the words in parentheses.*   1. Je connais un élève (*who*) arrive toujours en retard.   2. (*Whom*) voyez-vous devant la maison?   3. (*What*) allez-vous faire?   4. Voici la voiture (*that*) nous allons acheter.   5. On répète les mêmes mots (*which*) sont dans la question.   6. Avec (*whom*) allez-vous à l'école chaque matin?   7. Allez-vous écrire tous les mots (*that*) nous avons pour la prochaine leçon?   8. (*Who*) pose les questions aux élèves?   9. Voici un élève (*whom*) vous connaissez, n'est-ce pas?   10. (*What*) attire ces gens à cet endroit?   11. De (*what*) parle-t-on dans cette classe?   12. (*What*) heure est-il?

B. *Translate into French.*   1. Mr. and Mrs. Dupont live in Paris, where they have many friends.   2. The pupils finish the new vocabulary before writing the exercise.   3. Whom does one always see in all the pictures that Richard takes?   4. At what time does this class begin?   5. Isn't Russian the most difficult language that they study?   6. What does one understand when one is only five years old?   7. The students of that school don't study any foreign languages, do they?   8. What is the longest lesson in your new Latin book?   9. These people see many regions of France, but those people see only Paris.   10. At seven P.M. we begin to study our lessons.   11. Aren't you German?   12. Who answers the teacher's questions?

Lesson 11

A. *Give the French for the words in parentheses.*   1. M. Durand (*spoke*) de son voyage.   2. (*We didn't have*) le temps de voir toutes ces choses.   3. (*I went*) de Paris à Lyon en chemin de fer.   4. (*She succeeded*) à comprendre la nouvelle leçon.   5. (*Didn't they remain*) dans le bateau?   6. Le jeune Français (*took a trip*) dans la Nouvelle-Angleterre.   7. Comment (*did you do*) cela?   8. (*Did she take*) un taxi?   9. Votre mère (*spent*) six jours ici.   10. L'écrivain (*finished*) son nouveau livre ce matin.   11. (*We haven't answered*) à toutes les questions.   12. Qui (*said*) que cela est facile?

B. *Translate into French.*   1. Our French professor took a trip to France last summer.   2. His friends went to Europe by boat.   3. Mr. Durand stayed ten days in Paris, didn't he?   4. That summer we had the time to read a few books.   5. Did you say that she has something interesting for her brother?   6. I didn't go to that little village in Normandy yesterday.   7. She took a taxi at the station. 8. I have never understood that book. 9. Didn't they take a walk in the Bois de Boulogne? 10. Who answered your questions? 11. Have you finished the new lesson? 12. We invited the young Frenchman to stay a few days.

Lesson 12

A. *Give the French for the words in parentheses.* 1. Qui (*answered*) à cette question? 2. A quelle heure (*did you come back*)? 3. Ensuite elle (*went*) à Rome en avion. 4. Ils (*didn't arrive*) en retard. 5. Nous (*succeeded*) à trouver un bon hôtel près du parc. 6. Elle dit qu'elle (*left*) de New York après les autres. 7. Vous (*waited*) dans votre voiture, n'est-ce pas? 8. Je (*didn't understand*) la dernière leçon. 9. L'été dernier ils (*took a trip*) au Portugal. 10. (*Did they go out*) avant sept heures? 11. Je (*have never read*) tous les livres que (*I bought*). 12. M. Durand (*has written*) plusieurs livres. 13. Qu' (*did you receive*) ce matin? 14. Elles (*took a walk*) hier avant d' (*going*) au café.

B. *Translate into French.* 1. During the trip we saw several beautiful lakes. 2. The whole family came back to the United States by plane. 3. You wrote many letters, didn't you? 4. His sister arrived in Paris before the rest of the family. 5. Here is the automobile that they rented. 6. In every part of the country I saw something interesting and I took many pictures. 7. Who went out to find a taxi? 8. We went to the theater without waiting for the others. 9. Where are the books that I bought? 10. When did they leave Bordeaux for Paris? 11. The young man who drove the car is French. 12. I stayed a few weeks in each country.

Lesson 13

A. *Write an affirmative answer to each question, using pronoun objects to replace all noun objects.* 1. Avez-vous acheté la petite voiture? 2. Est-ce que j'ai mis mes gants sur la table? 3. Votre sœur a-t-elle visité le musée du Louvre? 4. Avons-nous écrit à Robert et à Charles? 5. Est-ce que mon père m'a envoyé cet argent? 6. Votre professeur vous a-t-il indiqué la nouvelle leçon? 7. A-t-elle dit à son amie de rester à l'hôtel? 8. Avez-vous répondu aux étudiants? 9. L'écrivain vous a-t-il envoyé son nouveau livre? 10. Est-ce que les gens du village nous ont donné ces souvenirs?

B. *Translate into French.* 1. If I have some time, I am going to pay them a visit. 2. Our parents have seen them often. 3. They sent them to you yesterday. 4. You bought it for your cousin, didn't you? 5. He gave us money to buy souvenirs and gifts. 6. We spent several afternoons looking

for the best shops.   7. I have always told her that, haven't I?   8. We told
him to show them to you after the class.   9. She sent us a beautiful clock.
10. Did you have any difficulty in finding those stores?   11. I told my sister
to leave. I told her to leave.   12. They told their friends to come. They told
them to come.   13. We told you to buy it.   14. You told us to find them,
didn't you?   15. He told me to send it.

Lesson 14

A. *Give the French for the words in parentheses.*   1. (*Which one*) de ces
pendules votre mère a-t-elle choisie?   2. Notre séjour à Paris (*pleased me
a great deal*).   3. (*All six of us went*) en Amérique du Sud l'été dernier.
4. Le récit de leurs aventures (*pleased him*).   5. (*There are three of them*)
dans cette petite voiture.   6. (*Which ones*) de ces villes avez-vous visitées?
7. La leçon la plus difficile de ce livre (*is*) peut-être la première.

B. *Translate into French.*   1. All four of them went to Mexico last summer.   2. Which one is the oldest?   3. Which ones are the most enthusiastic?
4. We brought back many souvenirs, but now we have only five.   5. I am
looking for the pictures I took; have you seen them?   6. My sister didn't
take any, but I gave her some.   7. She went to Spain during the vacation.
8. She came back from there last week.   9. Did she like her trip?   10. Did
your parents stay there with their friends?   11. I often think of our last trip
to South America; do you ever think of it?   12. We talked about it yesterday
during our bicycle ride, didn't we?   13. There are three of us in this little
room.

Lesson 15

A. *Give the French for the words in parentheses.*   1. Les paysans (*wake
up*) de très bonne heure le matin.   2. Nous (*get up*) quand nous entendons
les gens qui arrivent.   3. Je (*washed*) avant de prendre le petit déjeuner.
4. Les gens qui aiment travailler (*don't get bored*) facilement.   5. Vous
(*never go to bed*) avant minuit, n'est-ce pas?   6. Il y a des gens qui ne
(*sleep*) que six heures.   7. Nous (*don't realize*) la beauté de ces montagnes
que nous (*see*) tous les jours.   8. Moi, je ne (*eat*) que deux repas par jour.
9. Albert (*goes to bed*) avant elle parce qu'il est moins âgé.   10. Je (*get
bored*) plus souvent en été que pendant le reste de l'année.   11. Vous (*realize*) la différence entre ces deux œuvres, n'est-ce pas?   12. Mon petit frère
(*washes*) seulement quand on lui dit de le faire.   13. J'aime (*to have my
meals*) à des heures réglées.   14. Nous (*dressed*) avant le petit déjeuner.

B. *Translate into French.*   1. I never go to bed before eleven o'clock.
2. We washed and got dressed to go to Richard's house for dinner.   3. Don't

sleep all day, "old man"; wake up and let's go have breakfast.   4. He spent five days at the lake and came back very happy.   5. One gets bored if one never has any amusements.   6. Let's get up at six thirty in order to arrive in class early.   7. We take two meals at home and one in school.   8. Did she wake up when you came home?   9. She isn't sleeping.   10. Sometimes we feel like not getting up.   11. What do you expect! Life is like that!   12. Get up early tomorrow.

Review Lessons 11–15

A. *Give the French for the words in parentheses.*   1. Nous (*spoke*) de nos voyages.   2. Elle (*went*) au Mexique en avion.   3. Elle (*left*) hier.   4. Quand (*did you finish*) votre travail?   5. Voici la voiture que (*I bought*).   6. T'a-t-il donné (*some*) parfum?   7. Ils passent (*hours*) à les chercher.   8. (*Which one*) de ces photos préférez-vous?   9. Je (*get up*) toujours de bonne heure.   10. Ce matin ils (*woke up*) avant nous.   11. Est-ce que tu (*suffer*) toujours comme ça?   12. Qu'est-ce qu'ils (*want to do*)?

B. *Translate into French.*   1. They invited us to come to England.   2. I stayed there several months.   3. Why did she answer like that?   4. You have always chosen interesting books.   5. Have we read them?   6. He never writes to us.   7. There's the letter that I wrote yesterday.   8. You sent it to her.   9. Did he have any difficulty in finding them?   10. Who showed it to them?   11. Which one of the students did it?   12. She received a letter from Paris and went there immediately.   13. We talk about it often.   14. He looked for some gifts but didn't find any.   15. Are you bored here?   16. Speak to him about it.   17. Let's go there this afternoon.

Lesson 16

A. *Give the French for the words in parentheses.*   1. Ma sœur allait avec (*them, f.*) à l'école tous les matins.   2. On a envoyé Charles à Lyon au lieu de (*him*).   3. Richard et (*he*) ont pris la voiture.   4. (*She*) seule sait la réponse.   5. Qui a posé cette question? (*I*).   6. Mon père est plus âgé que (*you*).   7. Ils l'ont fait (*themselves*).   8. Les Français sont-ils plus artistes que (*we*)?   9. Ce sont (*they, m.*) qui nous ont envoyé ces cadeaux.   10. Robert et (*I*), nous sommes restés à Paris.   11. Nous sommes partis sans (*them, f.*).   12. Il habitait toujours chez (*us*) quand il était à Bordeaux.

B. *Translate into French.*   1. Charlemagne was the son of Pépin and the grandson of Charles Martel.   2. He and his knights were very religious.   3. As for them, they didn't know how to read or write.   4. There were not many schools in France at that time, but Charlemagne founded several.   5. The emperor himself chose a great scholar, Alcuin, as director of the

palace school. 6. The youngest pupils came to school every day with her.
7. While the others were studying, *I* used to write letters. 8. The Pope
crowned him "Emperor of the Romans" after his conquests in Germany and
Italy. 9. Charlemagne was the leader of a great Christian army. 10. In his
government, he used to seek the advice of the leaders of the people and of
the church.

Lesson 17

A. *Give the French for the words in parentheses. Make any necessary
changes in word order.* 1. Voici de petites villes dans (*which*) nous avons
trouvé des endroits pittoresques. 2. C'est Roland (*who*) commandait l'armée
dans cette bataille. 3. Quel est le jeune chevalier (*whose exploits*) on a
raconté dans ces chansons? 4. J'ai fait la connaissance de l'élève (*whose
father*) est le directeur de l'école. 5. Voici le fleuve le long de (*which*) elle
faisait souvent des promenades. 6. Cherchez-vous le professeur (*who*) vous
a donné ce livre? 7. C'est un artiste (*whose works*) j'admire beaucoup.
8. Où est la nouvelle voiture dans (*which*) nous allons faire le voyage? 9. Ce
sont les amis chez (*whom*) il habitait quand il était en France. 10. Voici le
célèbre palais (*of which*) votre oncle parlait. 11. Il m'a donné une carte
sur (*which*) on voit facilement tous ces endroits. 12. C'est une vieille chanson (*which*) on chantait à l'époque des croisades. 13. Nous n'avons pas
rencontré l'homme (*whom*) vous cherchiez. 14. Nous n'avons pas rencontré
l'homme (*to whose son*) je parlais.

B. *Translate into French.* 1. The emperor commanded a large army of
Christian knights. 2. It is the death of his nephew which the writer relates
in that poem. 3. Do you know the person of whom we were speaking?
4. Here is a book without which one cannot understand the period of the
crusades. 5. The scholars of the Middle Ages wrote principally in Latin.
6. The minstrels went from city to [*en*] city and sang their songs of the great
heroes. 7. It is they who began writing in French instead of Latin. 8. I met
the writer whose works pleased you so much. 9. Roland is the leader whose
castle is near the ocean. 10. I told him the name of the person whose money
we found.

Lesson 18

A. *Give the French for the words in parentheses.* 1. (*Is it sunny*) aujour-
d'hui? 2. Hier (*it was cold*), mais maintenant il commence à (*be mild*).
3. Quand (*it rains*) au printemps, j'aime faire des promenades dans la rue.
4. (*The weather is not good*) tous les jours. 5. Pendant notre séjour au bord

de la mer (*it was cool*). 6. Quand (*the weather is bad*), nous préférons rester chez nous. 7. Nous allons à la montagne quand (*the weather is warm*). 8. Si (*it is windy*), nous rentrerons de bonne heure. 9. (*It never snows*) ici en automne. 10. Dans toutes les saisons il y a des jours où (*the weather is very fine*). 11. C'était un beau matin d'octobre; (*the sun was shining, but it was cool*). 12. Je vais le faire si (*it is not very hot*) cet après-midi.

B. *Translate into French.* 1. The children were very happy because it snowed during the Christmas vacation. 2. The weather was hot and we didn't feel like working. 3. I don't have any favorite season; I like the variety. 4. There are many books in which one finds poems on autumn or spring. 5. It is never very cold in summer. 6. Yesterday the weather was bad, but today it is very beautiful. 7. It was sunny when we left to go to the seashore [*to go beside the sea*]. 8. If it rains this afternoon, I am going to read them a story. 9. While the weather was cool, we took a long trip by bicycle in Brittany. 10. Upon arriving in Marseilles, you went to see your uncle, didn't you? 11. Is the weather always mild in May? 12. The eighteenth of April is the day when the battle began.

Lesson 19

A. *Give the French for the words in parentheses.* 1. Quand elle (*is thirsty*) elle préfère un jus de fruit. 2. Quels enfants! Même après deux sandwichs celui-ci (*is hungry*). 3. Ils (*were sleepy*) quand ils sont rentrés. 4. Vous (*were right*); mon père y était. 5. (*Do you feel like*) aller au cinéma ce soir? 6. Si je (*am wrong*), dites-le-moi. 7. Elle (*wasn't afraid*) de faire ce voyage seule. 8. Il fait très froid sur la montagne, mais ici nous (*are very warm*). 9. Je (*was cold*), mais le café (*was very hot*). 10. Ce garçon (*is twelve years old*), n'est-ce pas? 11. (*Aren't you thirsty?*) 12. Non, mais (*I feel like*) m'asseoir ici à la terrasse.

B. *Translate into French.* 1. It used to be so pleasant to [*de*] spend the afternoon chatting with our friends. 2. Order some refreshing drink if you are thirsty. This one is good. 3. In the morning, while taking a walk, they used to talk a great deal about that. 4. Let's sit down here to watch the people going by. 5. You know that café, don't you? The one where we met those people from Chicago? 6. What a pleasure to see you. Sit down, please. 7. He doesn't like beer after dinner. 8. Here are two good wines. Drink some and tell me if you prefer this one or that one. 9. I am cold; do you have any hot coffee?   10. If you are sleepy and feel like going to bed, don't wait for me.

Lesson 20

A. *Give the French for the words in parentheses.* 1. Les voyageurs (*will arrive*) à neuf heures. 2. Si je le (*see*), je le lui (*shall tell*). 3. Quand vous (*are warm*), nous sortirons. 4. (*Will you go*) avec moi au magasin? 5. Mon grand-père vous (*will tell*) que je peux le faire. 6. Les enfants (*will have a good time*) à la campagne. 7. Aussitôt que (*you are hungry*), nous prendrons le déjeuner. 8. Je (*shall live*) avec mon oncle quand (*I am*) à Bordeaux. 9. Nous (*will stay*) à Paris s'il fait froid. 10. Elle (*will pass*) aux examens si elle (*will study*). 11. (*Will you have*) le temps de leur faire une visite? 12. Quand ils (*receive*) cette lettre, nous (*shall be*) à Rome. 13. (*Will you tell*) une histoire aux enfants ce soir? 14. Si vous (*will set the table*), nous (*will be able*) manger. 15. Si elle se rappelle cela, elle (*will come back*). 16. Ils vous (*will wait for*) jusqu'à huit heures. 17. S'il (*is*) beau cet après-midi, nous (*shall go*) à Versailles. 18. Nous (*shall return*) à la maison maintenant si vous (*are cold*). 19. Si vous (*will read*) sa lettre, vous (*will know*) pourquoi elle est partie. 20. Elle (*will come*) nous voir pendant les vacances de Noël.

B. *Translate into French.* 1. He will spend a few days with his grandparents in Chartres. 2. His grandparents remember that he likes the *pot-au-feu*. 3. When he is hungry, they will give him some. 4. If he stays until evening, he will see his aunt, his uncle, and his four cousins. 5. Their cousin Jeanne will be pretty when she is sixteen years old. 6. What a joy to see you again after so many years! 7. Will you have lunch with us? 8. They do not live right in the city, but one can see the cathedral from their house. 9. We shall be able to talk and eat at the same time. 10. What news did you receive from your family? 11. This afternoon they will take a walk and visit the old church if it doesn't rain. 12. How pleasant it is here beside the lake!

Review Lessons 16–20

A. *Supply the proper forms of the verbs in parentheses. These sentences form a continuous passage.* 1. Je n'ai pas le temps de (*s'ennuyer*). 2. Hier, par exemple, je (*se réveiller*) à sept heures du matin. 3. Il (*faire*) très beau. 4. Mon frère, qui (*dormir*) dans la même chambre, (*se réveiller*) pendant que je (*se laver*). 5. Il me (*demander*) de l'attendre. 6. Nous (*descendre*) ensemble pour (*prendre*) le petit déjeuner qui nous (*attendre*). 7. Nous (*avoir*) ce jour-là une classe à huit heures et demie à l'université. 8. Nous y (*aller*) à bicyclette. 9. Je (*passer*) toute la journée à l'université. 10. Je (*rencontrer*) mon frère à cinq heures, et nous (*rentrer*) ensemble. 11. Pendant le dîner on (*parler*) beaucoup du voyage en Espagne que nous

allions faire.   12. Mon père (*dire*) que nous (*aller*) partir dans trois semaines.
13. Après le dîner mon frère et moi (*passer*) deux heures à (*étudier*) dans
notre chambre.   14. A dix heures, après un petit repas «supplémentaire»,
nous (*se coucher*).   15. Nous (*dormir*) neuf heures sans (*se réveiller*).

   B. *Translate into French.*   1. Your uncle told us not to go out before eight
o'clock.   2. It's raining and I am cold; let's stay home.   3. Later the three of
you can go to the café without waiting for me.   4. In the fall, when it is not
hot, one can study more easily.   5. What a day! I shall be happy to go to
bed early this evening!   6. If he will go to their office, he will find the best
hotels without difficulty.   7. We visited all the places of which you used
to speak so often.   8. Upon learning the news, we understood why they
didn't want to leave the house.   9. When she arrives in Paris, she will go to
the shop where her aunt works.   10. For this trip we'll take our car and my
uncle's also.   11. In the afternoon we amuse ourselves watching the people
going by on the street.   12. Here is the pupil whose father you met yesterday.

Lesson 21

   A. *Give the French for the words in parentheses.*   1. Si elle ne (*knew*)
ni lire ni écrire, comment (*would she be able*) commander l'armée du roi?
2. Si vous (*succeeded*) à le voir, que lui (*would you say*)?   3. Nous savions
qu'il (*would come back*).   4. Toute la France (*would fall*) entre les mains
de l'ennemi si elle (*did not aid*) le roi.   5. S'il (*rained*) toute la journée, les
paysans (*would be*) très heureux.   6. Albert (*would go*) voir sa tante
chaque année pendant les vacances.   7. Si Jeanne (*could*) rester chez ses
parents, elle le (*would do*).   8. Si vous lui (*give*) une armée, elle (*will
save*) la ville.   9. S'ils (*won*) cette bataille, le roi (*would go*) à Reims pour
être couronné.   10. Les Anglais ont dit qu'elle (*would be*) brûlée à Rouen.
11. Les voix lui (*would speak*) quand elle était seule dans les champs.
12. Elle croyait que Dieu la (*would lead*).

   B. *Translate into French.*   1. I used to believe that Joan of Arc lived in
Normandy instead of Lorraine.   2. The young girl would hear voices when
she was alone in the fields.   3. If the French didn't win this battle, the English would destroy Orleans.   4. They would be happy if the Maid led them.
5. Her enemies believed that they would be able to condemn her as a witch.
6. Who would lead the army if she went home?   7. The English soldiers will
be afraid if Joan commands the French army.   8. The Dauphin would be
king after the coronation at Reims.   9. Would you go to Rouen if you had
the time?   10. If you would write the letter now, we would receive an answer
soon.

Lesson 22

A. *Give the French for the words in parentheses.* 1. Magellan (*would not have made*) son voyage sans la boussole. 2. Le roi (*summoned*) à son palais tous les nobles de la région. 3. Des arbres comme ceux-ci (*are seen*) tout le long du lac. 4. Cette région (*produces*) les meilleurs vins du pays. 5. Ces villes (*are found*) dans la vallée du Rhône. 6. Nous (*will have the letter destroyed*) si vous le voulez. 7. A la fin de l'année, elle (*will have read*) toutes les œuvres de ce poète du (*sixteenth*) siècle. 8. François (*the First*) était roi de France à la même époque qu'Henri (*the Eighth*) en Angleterre. 9. Ce professeur (*used to have essays written*) sur la Renaissance tous les ans. 10. Ces exploits (*were accomplished*) pendant la Guerre de Cent Ans. 11. Si vous (*had stayed*) à Paris, vous (*would have seen*) votre oncle. 12. Nos amis (*had returned*) à la maison avant nous. 13. M. Durand (*had some poems of Ronsard read*) à la classe. 14. Voici la (*third*) école fondée par les habitants de la colonie. 15. Des œuvres comme celles-ci (*are not found*) tous les jours. 16. L'influence de la Renaissance italienne (*was felt*) dans tous les pays au nord de l'Italie. 17. Le grand poète François Villon (*had written*) avant l'époque de la Renaissance en France. 18. Le chef de l'expédition (*had all the cars examined*) avant de partir. 19. Si ces élèves (*had studied*) bien, ils (*would have learned*) le latin. 20. Quand (*you have finished*) la prochaine leçon, vous comprendrez tout cela.

B. *Translate into French (write out all numerals).* 1. This movement of the fifteenth and sixteenth centuries is called the Renaissance. 2. If Charles VIII had stayed in France, he would not have seen the great cities of Italy. 3. The greatest works of art of this period were produced in Italy. 4. Each invention had contributed something to the development of the movement. 5. The king had his enemies condemned. 6. He will have the history written by the best scholars of the country. 7. They will soon have finished the fourth book if they continue to work every day. 8. If Rabelais had lived in England, would he have liked the king? 9. As soon as they have read everything, we shall discuss it. 10. Henry VIII and Francis I were enemies of Charles V. 11. The great explorers would not have been able to make their voyages without the compass. 12. The popularization of books had a great influence on the development of the language.

Lesson 23

A. *Give the French for the words in parentheses.* 1. Richelieu (*never stopped*) de travailler à consolider le pouvoir royal. 2. Sa tante ne veut habiter (*neither in Chartres nor in Rouen*). 3. Ma mère (*bought nothing*) dans cette boutique. 4. (*No one understands*) pourquoi il l'a fait. 5. Pendant quelques jours, les explorateurs (*saw only*) les montagnes et la neige. 6. Jean ne sortira avec (*anyone*) ce soir. 7. Nous (*no longer live*) dans cette maison. 8. Je (*met no one*) dans le parc ce matin. 9. (*Neither the king nor his ministers wanted*) limiter leurs dépenses. 10. (*Nothing is*) plus intéressant que ces histoires. 11. Elle (*didn't find any book*) sur la table. 12. Albert (*no longer goes*) au lac où nous passions nos vacances quand nous étions petits.

B. *Translate into French* (*write out the numerals*). 1. Louis XI, Francis I, and Henry IV were powerful kings. 2. If Richelieu had not done so much to consolidate the royal power, France would not have become the most important country in the world under Louis XIV. 3. The dramatists of the seventeenth century succeeded in founding a real theater in France. 4. Colbert wanted to encourage agriculture, commerce, and industry. 5. He tried also to limit the expenditures of the king. 6. They didn't invite anyone to the court at Versailles. 7. We have read only three works of Molière and two of Corneille. 8. They would have gone to see a good comedy, if they had had the time. 9. I have not read any of the fables of La Fontaine. 10. You will have finished this book before dinner. 11. Nobody told me to read those books by Descartes and Pascal; I felt like reading them. 12. We were amusing ourselves telling stories of our stay in England.

Lesson 24

A. *Give the French for the words in parentheses.* 1. Je ne sais pas (*what*) il veut. 2. Elle ne fait que (*what*) lui plaît. 3. (*That which*) vous me demandez est très difficile. 4. (*Everything that*) augmente les dépenses rend plus lourds les impôts. 5. Voici (*that of which*) mon père parlait. 6. (*What*) il y a (*impressive*) c'est le nombre de livres qu'on a écrits sur ce sujet. 7. Vous ne croyez pas (*what*) je dis. 8. Il a réussi à trouver (*everything that*) il cherchait. 9. Voltaire a mentionné (*what*) avait été accompli sous Louis XIV. 10. Il a répondu à (*everything that*) on lui a demandé.

B. *Translate into French.* 1. The movement that is called "the Renaissance" started in Italy. 2. What encouraged its development were certain inventions. 3. Patriotism was not very strong in France before the time of Joan of Arc. 4. During the reign of the last kings, soldiers and noblemen were happier than peasants and students. 5. Colbert did all that he could to encourage commerce and industry. 6. The power of the king was more and more limited because the middle class was becoming stronger. 7. What they were afraid of was heavier taxes. 8. Montesquieu, Voltaire, and Rousseau did a great deal to extend the influence of the French language. 9. People used to meet in the "salons" to discuss literature and politics.   10. Many influences of French architecture are seen in that country.   11. Which are your favorite newspapers and magazines?   12. If you tell us what you want, we shall try to find it for you.

Lesson 25

A. *Give the French for the words in parentheses.*   1. (*Upon arriving*) à Paris, nous avons cherché un hôtel.   2. Après (*finding*) un bon hôtel, nous sommes allés voir la Tour Eiffel.   3. Vous êtes parti sans (*visiting*) le château de Versailles.   4. J'ai réussi à (*learning*) les noms des mois de l'année. 5. J'étudierai les noms des jours après (*learning*) ceux des mois.   6. Après (*finishing*) toutes les leçons du premier livre, il est allé chercher le deuxième. 7. On l'admirait pour (*having finished*) premier de sa classe.   8. Après (*going out*) elle a pu voir plus facilement la cathédrale.

B. *Translate into French.*   1. The third estate held firm and succeeded in forming a National Assembly.   2. After having waited many years, they were happy to (*de*) win their liberty.   3. In the eighteenth century taxes were heavy.   4. Louis XVI convoked the Estates General on the fifth of May. 5. If he asked for money, they would ask for equality in the assembly.   6. The people of Paris had a great influence on the events of the Revolution.   7. After listening to what they said, the king began to be afraid.   8. After going to America to help the colonies, Lafayette returned to command a French army in the Revolution.   9. After learning that the king had summoned soldiers, the inhabitants of Paris revolted and took the Bastille.   10. The Assembly used to meet on Tuesdays, but now it meets on Fridays.   11. We meet as often as they.   12. The last news was better than the first.   13. Who learned it the fastest?   14. I easily sold all she gave me.

Review Lessons 21–25

A. *Give the French for the words in parentheses.*   1. Si nos amis (*arrive*) avant midi, nous (*shall go*) au parc.   2. Si les élèves (*got up*) avant neuf heures, ils (*would have*) le temps d'étudier avant la classe.   3. Si vous (*had seen*) une des comédies de Molière, vous (*would have understood*) pourquoi on les joue toujours au 20e siècle.   4. Après (*reading*) les journaux, nous avons compris la nouvelle.   5. Après (*having found*) leurs valises, ils étaient prêts à partir.   6. Avant de (*writing*) son livre, l'auteur a bien étudié cette époque de l'histoire.   7. Il a reçu la lettre après (*arriving*) à Paris. 8. Notre classe (*will have finished*) toutes les œuvres de Ronsard avant le cinq juin.

B. *Translate into French* (*write out all numerals*). 1. After studying the twenty-fourth lesson you will understand the importance of the press. 2. The most important national holiday in France is the Fourteenth of July. 3. Having gained their liberty, they tried to form a strong government. 4. Neither their newspapers nor their magazines could discuss such subjects. 5. What Richelieu was afraid of was the power of the nobles. 6. A few writers believed that political equality was possible. 7. If their taxes were not so heavy, they would be happier. 8. She would have gone with you if you had asked her to go there. 9. Great works of art are found in all those countries. 10. Francis I had many great painters come to his court at Fontainebleau. 11. What do you do on Mondays? 12. What I saw pleased me.

Lesson 26

A. *Give the French for the following:*

1. I am to go	8. it was necessary
2. suppose we follow	9. I had just had lunch
3. it is necessary	10. they were to arrive
4. he ought to study	11. you ought to have heard
5. they have just gone out	12. suppose we write
6. it would be necessary	13. it will be necessary
7. she is to play	14. I had to come back

B. *Translate into French.* 1. Well, how goes it? So-so! 2. We ought to try this little restaurant. 3. Our friends had just left the hotel. 4. Here they are! They have just caught sight of us. 5. Suppose we wait for them; then we can go there together. 6. It will be necessary to meet him before six o'clock. 7. My uncle told me to say hello to you both. 8. They must have gone to the Martins' house. 9. By the way, did you know that she has just come back from France? 10. The trip must have been marvelous. 11. There she is! We shall have to ask her to have dinner with us. 12. Suppose we talk to her about it.

Lesson 27

A. *Rewrite each sentence as a subordinate clause following* **Il faut que . . . ,** *changing the verb to the present subjunctive.* 1. Je finirai cela aujourd'hui. 2. Les élèves l'apprendront. 3. Vous arriverez de bonne heure. 4. Marie viendra demain. 5. Nous lui recommanderons cela. 6. Tu prendras ton déjeuner chez toi. 7. J'attendrai les autres. 8. Jean ira avec eux. 9. Nous les achèterons. 10. Vous trouverez vos places.

B. *Translate into French, using the present or past subjunctive where indicated.* 1. We were waiting for them in the lobby of the theater. 2. It was already eight o'clock when he realized that the clock was twenty-five minutes slow. 3. It was necessary that he take [*pres. sub.*] a taxi instead of the subway. 4. I doubt that he can [*pres. subj.*] arrive on time. 5. He is to take the bus which goes directly to the station. 6. She is afraid that you haven't studied [*past subj.*] all the lessons. 7. It is important that we meet [*pres. subj.*] more often. 8. The king is not certain that his army has held [*past subj.*] firm against the enemy. 9. It is possible that we shall go [*pres. subj.*] with them to Europe the next time. 10. You ought to look at the tickets to see if you are right.

Lesson 28

A. *Give the French for the words in parentheses.* 1. Il faut que les élèves (*be*) à l'école avant neuf heures. 2. Il est resté dans sa chambre de peur que nous lui (*ask*) de nous aider. 3. Les voyageurs (*had just*) prendre leurs billets quand le train (*arrived*). 4. Je doute qu'il (*has seen*) la lettre dont vous parlez. 5. La bourgeoisie et les paysans ont demandé un ministre qui (*would understand*) l'importance du commerce et de l'agriculture. 6. Ces gens ne croient pas que les voyageurs (*did*) tout ce qu'ils ont raconté dans leur récit. 7. Préférez-vous que nous (*go*) ensemble au théâtre? 8. Charlemagne a fondé des écoles afin que les enfants (*might be able*) apprendre à lire et à écrire. 9. Je crois que nous (*are*) d'accord maintenant sur cela. 10. Mon père est très content que vous (*came*) de si bonne heure. 11. Nous aimerions mieux une école qui (*is*) plus près de la maison. 12. Je dois finir cette lettre avant qu'elle (*returns*). 13. Personne ne s'étonne qu'il (*didn't succeed*) à l'examen. 14. Le roi a voulu que les trois états (*meet*) dans la même salle. 15. Jean (*has just*) proposer que nous (*reserve*) les places.

B. *Translate into French.* 1. All four of them wanted us to go with them. 2. He has just told me that he would be there on Wednesday. 3. Your mother asked that someone get the tickets in advance. 4. I doubt that we will have the time to see the other places today. 5. We will be able to do it provided that we leave right away. 6. If you are going to Versailles in the motor coach, you will arrive before us. 7. It is not probable that it will be cool this evening. 8. Charles wants to take a trip that won't cost too much. 9. I had just cashed a check when he asked me for some money. 10. They were surprised that we had arrived before them. 11. It will be necessary that someone go with you. 12. Our parents prefer that we return to the United States by plane.

Lesson 29

A. *Give the French for the verbs in parentheses, using either the present or past subjunctive, as required.* 1. Il n'était pas nécessaire qu'ils (*get up*) de si bonne heure. 2. Le Préfet de Paris a commandé qu'on (*demolish*) ce quartier-là. 3. Bien qu'elle (*has not answered*), je suis certain qu'elle ira avec nous. 4. A-t-il pu faire cela sans que nous le (*know*)? 5. Je cherche une école qui (*has*) d'excellents professeurs. 6. Je doute qu'ils (*have gone out*) sans votre permission. 7. On s'étonne que même un roi (*lived in*) un palais si magnifique. 8. Le professeur préfère que nous (*finish*) toutes les compositions avant les vacances de Noël. 9. Vous êtes heureux qu'elle (*said*) qu'elle viendrait nous voir, n'est-ce pas? 10. Les habitants veulent que leur ville (*be*) aussi belle que possible.

B. *Translate into French.* 1. Are you afraid that too many visitors will come? 2. We are glad that we are here today. 3. It is probable that one will see many strollers on the bridges and the *quais* at this hour of the evening. 4. I shall be able to go with you provided that I receive my check this morning. 5. Will you stay here until she returns? 6. She must have taken the subway. 7. It is important to understand each lesson. 8. It is necessary that each student write more compositions in French. 9. We have just taken a walk along the river where we met several people whom we know. 10. Do you remember that boulevard with the wide sidewalks bordered with trees? 11. I am surprised to find so many people in the restaurant. 12. How much time do you have before you leave?

Lesson 30

A. *Give the French for the words in parentheses.* (a) 1. Nous (*have been studying*) le français depuis quelques mois. 2. Elle (*had been living*) avec sa tante depuis deux ans quand son père est revenu. 3. Nos amis (*have been*) à Paris depuis trois jours. 4. Les soldats (*had been defending*) cette ville depuis quatre mois quand le nouveau général est arrivé. 5. Il y a quelques années que vous (*have been working*) ici, n'est-ce pas? 6. Voici déjà une heure que je (*have been waiting for*) mon frère! (b) 1. On l'admire (*since his first victory*). 2. Les Autrichiens menaçaient la France (*for more than a year*). 3. (*For a month*) nous nous servons du nouveau livre. 4. (*How long*) essayez-vous de trouver un taxi? 5. Le peuple français cherchait un homme fort (*for several months*). 6. (*For eight hours*) j'écris sans pouvoir finir cette composition.

B. *Translate into French.* 1. They had been disgusted for some time when Napoleon appeared. 2. People wanted order to be reestablished. 3. The inhabitants of the country chose a dictator because they were not satisfied with the government. 4. They have been using that code for more than a century and a half. 5. Everybody had been admiring the military genius of the young general for several years. 6. The principal street of the capital is a wide avenue lined with trees. 7. For several months they have been losing every battle. 8. One regrets that he was not satisfied with the powers that he had. 9. How long have you been working here with them? 10. He had no ambition, but he was loved by everyone in the village.

Review Lessons 26–30

A. *Give the French for the words in parentheses.* 1. Ils ne nous ont pas donné (*enough time*). 2. (*Few people*) ont eu le privilège de voir cet endroit. 3. (*How much interest*) prend-il à ces œuvres d'art? 4. Moi, j'ai gagné (*as much money as*) les autres. 5. On avait besoin de (*more schools*) parce que le nombre d'habitants augmentait. 6. Vous devriez faire (*more effort*) pour apprendre ceci. 7. (*Many churches*) ont été construites pendant cette époque. 8. Le nouveau roi a essayé de plaire à (*too many people*).

B. *Translate into French.* 1. We have been living in the same house for twenty-five years. 2. It is impossible to say all that in 300 words. 3. I am afraid that you haven't finished what you were supposed to do. 4. The professor ought to be satisfied with our efforts. 5. Although this monument may be admired by all the others, I do not find it beautiful. 6. Are you surprised that he is still using his old car? 7. I believe that he has just bought a new car. 8. The pupils had been studying that period of history for several months and were beginning to lose their interest. 9. There were too many laws that had not been changed since the Revolution. 10. Upon entering the park, one sees a beautiful garden filled with flowers of all colors.

Lesson 31

A. *Give the French for the words in parentheses.* 1. Ce livre-ci n'est pas (*mine*), mais voilà (*yours*). 2. Mon père était mécontent des activités de mon frère, mais il n'a rien dit (*of mine*). 3. Je viens de voir (*Richard's new car*), mais je n'ai pas vu (*his father's*). 4. (*Theirs*) est trop longue pour le garage. 5. Il n'y a pas d'hôpital plus moderne que (*ours*). 6. A qui est ce cahier? (*It's mine.*) 7. De toutes les compositions c'est (*yours*) que j'ai préférée. 8. Pensait-il à vos parents ou (*his*)? 9. Mes parents ne voyagent pas autant que (*theirs*). 10. Vous a-t-elle donné (*your sister's ticket*) ou (*your cousin's*)?

B. *Translate into French.* 1. Which kings had to flee to England? 2. We are going to discuss at the same time your brother's ideas and mine. 3. This book is yours, isn't it? 4. Which one of these pictures is his? 5. They have been living under the government of a dictator for a long time. 6. Louis-Philippe was the first king elected by the Assembly. 7. Although they did not avoid the wars, that did not prevent industrial and social progress. 8. Our hospitals are more modern than theirs. 9. The working class was becoming a great political force as (*à mesure que*) France was becoming more and more prosperous. 10. Do you remember the incident of which she was speaking? 11. I have often used Charles's car, but I have never used hers. 12. The Bourbons used to be on the thrones of France and Spain.

Lesson 32

A. *Give the French for:*

1. a white house
2. a new idea
3. the last day
4. last year
5. a handsome boy
6. a beautiful girl
7. American poetry
8. the established order
9. a short walk
10. a difficult trip
11. a conquered nation
12. a former teacher

B. *Translate into French.* 1. I made the acquaintance of the Duponts in Canada. 2. We are going to discuss today the works of Flaubert, a novelist of the nineteenth century. 3. Every period has had good writers, but no century had as many excellent writers as the nineteenth. 4. Most Americans know several of these authors by name, although they may not have read their works. 5. This epoch of history is interesting to study. 6. Here is my favorite novel; are you acquainted with it? 7. It is difficult to understand what they are saying, isn't it? 8. I have a few lessons to do before Monday. 9. That man has too many magazines. 10. Ask him to give us some. 11. I don't need any; I have a dozen. 12. We will never have the time to read them all.

General Review

A. *Verb Tenses. Give the French for the following:*

1. we have been
2. they are able
3. he was eating
4. she had left
5. you would want
6. that they know
7. I shall have
8. they were bored

9. do you hear?
10. she has taken
11. I had opened
12. that we come
13. they haven't gone
14. let's eat
15. I would have got up

16. we shall have received
17. are you having a good time?
18. he would have gone out
19. you will see
20. they used to choose
21. that we have done

B. *Personal Pronouns. Give the French for the following:* 1. I see her. 2. Do you see them? 3. She doesn't see us. 4. Who gives them to you? 5. We gave it (*f.*) to them. 6. They didn't give them to me. 7. Give it (*m.*) to us. 8. Don't give it to him. 9. I remember it. 10. They did it without me. 11. You were talking with them (*m.*). 12. It is she who drives it (*f.*). 13. We met him and his brother at the store. 14. I used to get up early every morning. 15. They (*f.*) have had a good time during the vacation.

C. *Relative Pronouns. Translate into French.* 1. She met the man who had founded the school. 2. Here are the children whom we found there. 3. Do you want to visit the cities of which he was speaking? 4. That happened during the period in which the king had all the power. 5. The man to whom you wrote is a minister of the government. 6. I found the book that she needed. 7. There is the hospital for which he did so much. 8. Do you know what he wants? 9. Here is what pleases me. 10. We can give them what they need. 11. Where is the car that you bought? 12. Mr. Martin is the teacher whose students passed all the examinations.

D. *Interrogative Adjectives and Pronouns. Translate into French.* 1. What time is it? 2. What do you want? 3. What causes revolutions? 4. What is patriotism? 5. Who told you that? 6. Whom did you meet? 7. What is the capital of England? 8. What is he talking about? 9. With whom do they live? 10. Whose car is this? 11. Which one of these plays is the best? 12. Who understands what he is saying? 13. What did you find? 14. Who used to explain the lessons to her? 15. Whose picture is this?

E. *Demonstrative and Possessive Adjectives and Pronouns. Translate into French.* 1. These letters are the ones he wants. 2. Do you have yours? 3. She asked for his book and mine. 4. Your uncle is the one who said that, I believe. 5. This school is much larger than theirs. 6. Here are our pictures; mine is not so pretty as yours. 7. This novel is not so interesting as those of Balzac. 8. Their works are known in every country. 9. My plan is not so complicated as his. 10. Our parents will like this.

F. *Miscellaneous. Translate into French.* 1. They saw some interesting souvenirs but didn't buy any. 2. We went there two years ago. 3. He had been living there for more than ten years when we arrived.   4. I had just learned to drive our new car.   5. I am sorry that you were not able to come. 6. If you had been with us, my brother would have been very happy.   7. We used to get up early in the morning, when it was still cold.   8. All the children were cold and hungry after their long walk.   9. Ask him to go there with you.   10. It will be difficult to find them at eleven P.M.   11. The teacher makes us write a composition every week.   12. One finds the best cafés in this section of the city.

Subjects for Composition and Conversation

Lessons 1–5

1. Quelques grandes villes des Etats-Unis
2. Un voyage en Europe
3. Les pays de l'ouest de l'Europe
4. Les grands fleuves d'Europe et d'Amérique.

Lessons 6–10

1. Les monuments de Paris les plus célèbres
2. Des voyages intéressants
3. Le lycée français
4. La classe de français

Lessons 11–15

1. Les vacances
2. On fait des emplettes
3. Une journée à Paris
4. Les grands fleuves d'Europe et d'Amérique

Lessons 16–20

1. Charlemagne et la *Chanson de Roland*
2. Les saisons de l'année
3. Au café après une longue promenade
4. Ma famille

Lessons 21–25

1. Jeanne d'Arc
2. Les grands explorateurs
3. Le 17e et le 18e siècles en Amérique
4. Les deux grandes révolutions du 18e siècle

Lessons 26–30

1. On va au théâtre
2. Une excursion en autocar
3. Paris et la Seine
4. Napoléon Ier

Lessons 31–33

1. Le 19e siècle
2. Les grands romanciers
3. Louis Pasteur

Based on Supplementary Word List (pp. 326–338)

1. Chez moi
2. Des vêtements dont j'ai besoin
3. Les sports que je préfère
4. Mes amis (amies)
5. Une personne que j'aime beaucoup (que je n'aime pas)
6. Les repas
7. Si j'avais beaucoup d'argent
8. Les meilleurs magasins et boutiques de notre ville
9. Ce que l'on porte de préférence sur notre campus
10. Quand j'étais malade

APPENDIXES

A. Supplementary List of Useful Words and Phrases

1. les couleurs colors

blanc white	**violet** violet
noir black	**gris** gray
jaune yellow	**rose** pink
rouge red	**argent** silver
bleu blue	**or** gold
vert green	**clair** light
orange orange	**foncé** dark
brun brown	**la nuance** shade

blond blond
brun dark
roux red
châtain (light) brown } **en parlant des cheveux** when talking of hair

2. les parties du corps parts of the body

la tête head	**la ceinture** waistline
les cheveux *m.pl.* hair	**le ventre** stomach (abdomen), belly
la figure face	**l'estomac** *m.* stomach
le visage face	**le poumon** lung
le front forehead	**le cœur** heart
le sourcil eyebrow	**le bras** arm
un œil an eye	**le coude** elbow
les yeux *m.pl.* eyes	**la main** hand
l'oreille *f.* ear	**le doigt** finger
le nez nose	**le pouce** thumb
la bouche mouth	**le poignet** wrist
la lèvre lip	**l'ongle** *m.* fingernail
la dent tooth	**la hanche** hip
la langue tongue	**la cuisse** thigh
la joue cheek	**la jambe** leg
le menton chin	**la cheville** ankle
le cou neck	**le genou** knee
la gorge throat	**le pied** foot
la poitrine chest, breast	**le talon** heel
l'épaule *f.* shoulder	**l'orteil** *m.* toe
le dos back	**la peau** skin
le tronc trunk	**l'os** *m.* bone
la taille waist	

Je me suis foulé le poignet. I have sprained my wrist.
Il s'est cassé la jambe. He broke his leg.

3. la santé health

la température temperature
le thermomètre thermometer
la maladie illness
malade *adj.* ill
le (la) malade patient
le symptôme symptom
le remède remedy, cure
le médicament medicine
la pharmacie pharmacy, drugstore
le pharmacien pharmacist
l'ordonnance *f.* prescription
le comprimé pill, tablet
la pilule pill (round)
la capsule capsule
la cuillerée spoonful
la goutte drop
l'aspirine *f.* aspirin
la toux cough
tousser to cough
éternuer to sneeze
transpirer to perspire
contagieux contagious
grave serious

léger light, slight
être souffrant not feel well
soigner to treat, nurse, take care of
guérir to cure
garder le lit to stay in bed
faible weak
s'évanouir to faint
le vertige dizziness
la douleur pain
fatigué tired
se reposer to rest
la nausée nausea
avoir mal au cœur to feel nauseated
un rhume a cold
la grippe grip, influenza
la laryngite laryngitis
la rougeole measles
les oreillons mumps
la bronchite bronchitis
la pneumonie pneumonia
l'appendicite *f.* appendicitis
le médecin doctor, physician
le chirurgien surgeon

Comment vous sentez-vous? How do you feel?
Je vais un peu mieux. I am somewhat better.
Qu'avez-vous? What's the matter with you?
J'ai mal à la tête. I have a headache.
Il a mal au bras (aux pieds, aux dents, etc.) His arm (feet, teeth, etc.) hurt(s).
Ça me fait mal. That hurts me.
A-t-elle la fièvre? Does she have a fever?

4. la maison house

la villa country house
l'appartement *m.* apartment
la chaumière cottage
le toit roof
le balcon balcony
la cheminée chimney; fireplace
la lucarne dormer window
le mur wall
la façade front, facade
la véranda porch
la fondation foundation
la brique brick

le bois wood
la pierre stone
le béton concrete
le ciment cement
le plâtre plaster
le contre-plaqué plywood
le garage garage
la cour yard
la pelouse lawn
le gazon grass
le jardin garden
la piscine pool

l'allée *f.* driveway
la pièce room (*in general*)
une maisonnette à quatre pièces a little four-room house
le salon living room, parlor
le living-room living room, family room
le cabinet de travail study
la salle à manger dining room
la cuisine kitchen
la chambre (à coucher) bedroom
la salle de bains bathroom
les cabinets (les W.-C.) *m.pl.* toilet
le vestibule vestibule
le grenier attic
le sous-sol basement
la cave cellar
le placard closet
le rez-de-chaussée first floor (ground floor)
le premier étage second floor
le deuxième étage third floor
l'escalier *m.* stairway
la porte door
la fenêtre window
le plafond ceiling
le plancher floor
le parquet flooring
le sol ground, floor (*what is underfoot*)
la peinture paint
le papier peint wallpaper
le chauffage central central heating
le brûleur à mazout (à gaz) oil (gas) burner
le radiateur radiator
la climatisation air conditioning
le mobilier furniture (*collective*)
le meuble piece of furniture
la table table
la chaise chair
le fauteuil armchair
le canapé sofa
le canapé-lit sofa bed
le lit bed
le sommier bedspring
le matelas mattress

la commode bureau
le tiroir drawer
le miroir mirror
le tabouret stool
le tapis rug, carpet
l'étagère *f.* shelf, set of shelves
la table à thé coffee (tea) table
le piano (à queue) (grand) piano
la lampe lamp
le lustre (hanging) chandelier
le tableau picture
les bibelots *m.* knickknacks
le téléviseur television set
le poste de radio radio set
l'électrophone *m.* record player
le magnétophone tape recorder
l'horloge clock
la pendule clock
le rideau curtain
le store window shade
la cuisinière kitchen stove
le four oven
l'évier *m.* sink
le robinet faucet
ouvrir (fermer) le robinet turn on (off) the faucet
le réfrigérateur refrigerator
la machine à laver washing machine
l'aspirateur *m.* vacuum cleaner
le balai broom
la planche à repasser ironing board
le fer à repasser iron
le lavabo washbasin
la baignoire bathtub
la douche shower
le drap (de lit) (bed) sheet
le traversin bolster
l'oreiller *m.* pillow
la couverture blanket, cover
le couvre-lit bedspread
faire le ménage to do the housekeeping
faire la cuisine to do the cooking
laver to wash
nettoyer to clean
cirer to wax
astiquer to polish

allumer une lampe to light (turn on) a lamp
le commutateur switch

l'éclairage (fluorescent) m. (fluorescent) lighting

Cette fenêtre donne sur la rue. This window faces on the street.

Ces matières plastiques n'exigent aucun entretien. These plastic materials require no upkeep.

Les rideaux sont assortis aux tapis. The draperies match the rugs.

On vient d'allumer. They have just turned on the lights.

N'oubliez pas d'éteindre avant de sortir. Don't forget to turn off the lights before leaving.

Voulez-vous ouvrir (éteindre) la radio (la télévision)? Will you turn on (off) the radio (television)?

5. le service de table table service

la nappe tablecloth
la serviette napkin
l'argenterie f. silverware
le couteau knife
la fourchette fork
la cuiller spoon
l'argent m. silver
l'acier inoxydable m. stainless steel
plaqué plated
la vaisselle plates and dishes
l'assiette f. plate
le plat dish
la tasse cup
la soucoupe saucer
le bol bowl
le verre glass
le couvert place setting

la corbeille à pain breadbasket (tray)
la carafe carafe, decanter
la bouteille bottle
le sucrier sugar bowl
la salière saltcellar, saltshaker
la poivrière pepper container, pepper mill
le moulin à poivre pepper grinder
le plateau tray
la cruche pitcher
l'huilier m. cruet stand
la burette cruet
se mettre à table to sit down at the table
mettre (ôter) le couvert to set (clear) the table
faire la vaisselle to wash the dishes

6. les aliments foods

la viande meat
le bœuf beef
le veau veal
le porc pork
le jambon ham
le lard salt pork
le bacon bacon, Canadian bacon
le mouton mutton
l'agneau m. lamb
le gigot leg of lamb (mutton)
le rôti roast

le rosbif roast beef
des côtes (f.) de bœuf ribs of beef
l'entrecôte f. rib steak
le bifteck beefsteak
le châteaubriand thick fillet of beef
le tournedos tenderloin steak
la côtelette cutlet, chop
le filet fillet
bien cuit well done
à point medium
saignant rare

le foie liver
la saucisse sausage
le saucisson (big) sausage, bologna
le lapin rabbit
la volaille poultry
le poulet chicken
le canard duck
l'oie f. goose
la dinde turkey hen
le dindon tom turkey
le faisan pheasant
la perdrix partridge
la grenouille frog
l'escargot m. snail

les fruits (m.pl.) de mer seafood
l'huître f. oyster
le crabe crab
la crevette shrimp
le homard lobster
la langouste spiny lobster
la coquille Saint-Jacques scallop
le poisson fish
la carpe carp
la perche perch
la truite trout
le saumon salmon
la sardine sardine
la morue codfish
le thon tuna fish
le hareng (fumé) (smoked) herring
la sole sole
le flétan halibut
l'alose f. shad
l'espadon m. swordfish
l'anguille f. eel

le légume vegetable
la pomme de terre potato
   la pomme (de terre) au four
      baked potato
   des pommes (de terre) frites
      French fried potatoes
   la purée de pommes (de terre)
      mashed potatoes
la patate sweet potato
la carotte carrot

le navet turnip
la betterave beet
l'oignon m. onion
le radis radish
l'asperge f. asparagus
le haricot (vert) (green) bean
le petit pois pea
la lentille lentil
l'artichaut m. artichoke
les épinards m.pl. spinach
le chou cabbage
le chou de Bruxelles Brussels sprouts
le chou-fleur cauliflower
la choucroute sauerkraut
la laitue lettuce
la salade salad
le brocoli broccoli
la tomate tomato
l'aubergine f. eggplant
la citrouille pumpkin
le champignon mushroom
le concombre cucumber
le cornichon pickle
le céleri celery
l'olive f. olive
la céréale cereal
le maïs corn
le riz rice
le blé wheat

la nouille noodle
la bouillie d'avoine oatmeal
l'œuf m. egg
   à la coque soft-boiled
   dur hard-boiled
   sur le plat fried
   poché poached
   brouillé scrambled
l'omelette f. omelette
le fromage cheese
l'omelette au fromage cheese omelet
la sauce gravy, sauce
le pâté pie (meat); spread, pâté
le ragoût stew
le potage soup
la soupe soup

le **bouillon** bouillon
le **beignet** fritter
la **crêpe** pancake
la **gaufre** waffle
le **pain** bread
le **pain grillé** toast
le **sandwich** (**au fromage, au jam-bon**) (cheese, ham) sandwich
le **petit pain** roll
le **croissant** (crescent-shaped) roll
la **brioche** pastry roll

la **noix** walnut
la **noix de Brésil** Brazil nut
la **noix de coco** coconut
la **noisette** hazelnut
la **cacahuète** peanut
l'**amande** *f.* almond
le **marron** chestnut

le **fruit** fruit
la **pomme** apple
la **poire** pear
la **pêche** peach
la **prune** plum
le **pruneau** prune
la **datte** date
la **figue** fig
la **banane** banana
l'**abricot** *m.* apricot
la **cerise** cherry
le **raisin** grape
   du **raisin** (some) grapes
l'**orange** *f.* orange
le **pamplemousse** grapefruit
le **citron** lemon
la **fraise** strawberry
la **framboise** raspberry
la **groseille** currant
le **melon** melon, cantaloupe
la **pastèque** watermelon

le **sel** salt
le **poivre** pepper
la **crème** cream
le **beurre** butter
la **margarine** margarine

la **gelée** jelly
la **confiture** jam, preserve
le **sirop** syrup
le **miel** honey
le **jus** juice
le **sucre** sugar
la **moutarde** mustard
l'**huile** *f.* oil
le **vinaigre** vinegar

la **boisson** drink, beverage
le **lait** milk
le **café** coffee
le **café décaféiné** decaffeinated coffee
le **thé** tea
le **chocolat**   chocolate
le **vin** wine
la **bière** beer
l'**eau** *f.* water
l'**alcool** *m.* alcohol, liquor
l'**eau-de-vie**   brandy
le **cognac** cognac
la **liqueur** liqueur
le **cocktail** cocktail
l'**eau minérale** mineral (bottled spring) water

le **dessert** dessert
la **glace** ice, ice cream
une **glace à la vanille** a serving of vanilla ice cream
la **bombe glacée** molded ice cream
le **gâteau** cake
du **gâteau au chocolat** some chocolate cake
un **morceau de gâteau** a piece of cake
la **pâtisserie** pastry
la **tarte,** tart, pie (open-faced)
une **tarte aux pommes** an apple pie
la **crème anglaise** custard
une **tarte à la crème** a custard tart (pie)
la **crème fouettée** whipped cream
la **gélatine** gelatin
le **bonbon** candy, bonbon

le parfum flavor (*of ice cream, etc.*)   **glacé** iced, cold
la saveur taste, flavor (*of meats, etc.*)   **sec** (*f.* **sèche**) dry, dried
la recette recipe   **un mets** a dish (*of food*)
frais (*f.* **fraîche**) fresh   **un plat** a dish (*type of food*)
congelé frozen   **faire cuire quelque chose** to cook
grillé grilled, toasted   something

J'ai été invité à déjeuner dans une famille française. I have been invited to lunch with a French family.

Ils apprécient la bonne chère. They appreciate good food and drink.

Je n'ai jamais goûté de ce plat. I have never tasted that dish.

Au dîner, on a servi un rôti de porc avec purée de pommes, des carottes et une salade. For dinner they served roast pork with mashed potatoes, carrots, and a salad.

Il n'aime pas les artichauts; nous servirons des asperges. He doesn't like artichokes; we'll serve asparagus.

A cause de mon régime, je me passerai de dessert. Because of my diet, I'll skip dessert.

Prenez-vous du vin aux repas? Do you drink wine with your meals?

Vous devriez essayer leur homard Thermidor; c'est une spécialté de la maison. You ought to try their lobster thermidor; it's a specialty of the house.

Rien que de voir la carte vous fait venir l'eau à la bouche. Just seeing the menu makes your mouth water.

Encore un peu de viande? A little more meat?

Volontiers, madame; mais un tout petit morceau, je vous prie. Yes, thank you; but a very small piece, please.

7. les vêtements (*m.pl.*) **d'hommes et de femmes** men's and women's clothing

le chapeau hat   **la culotte de sport** (sport) shorts
la casquette cap   **le short** short shorts
le béret beret   **le bas** stocking
la chemise shirt   **la chaussette** sock
la chemisette sports shirt   **la chaussure** shoe; footwear
la blouse blouse   **le soulier** shoe
le chandail sweater   **l'escarpin** *m.* pump
le pull(-over) pullover   **la sandale** sandal
le blouson windbreaker   **le mocassin** moccasin
le veston jacket, coat   **la pantoufle** slipper
le gilet vest   **le caoutchouc** rubber (shoe)
le smoking dinner jacket   **la botte** boot
l'habit *m.* evening jacket, tails   **l'imperméable** *m.* raincoat
le complet suit (*man's*)   **le pardessus** overcoat (*men's*)
le tailleur suit (*woman's*)   **le manteau** overcoat (*women's*)
le pantalon trousers, pants   **l'étole** *f.* stole
la jupe skirt   **le cache-nez** scarf (*heavy*), muffler
la robe dress   **l'écharpe** *f.* scarf
les collants *m.pl.* tight slacks   **la ceinture** belt

les **bretelles** *f.pl.* suspenders
le **tee-shirt** T-shirt
les **sous-vêtements** *m.pl.* underclothes
la **cravate** necktie
le **gant** glove
la **mitaine** mitten
le **pyjama** pajamas
la **chemise de nuit** nightshirt
la **robe de chambre** dressing gown
le **maillot de bain** bathing suit
le **caleçon de bain** bathing trunks
le **slip** swimming trunks (*brief*)
la **poche** pocket
le **revers** lapel
la **doublure** lining
le **tablier** apron
la **blouse** smock

l'**étoffe** *f.* fabric, material
le **coton** cotton
la **laine** wool
la **soie** silk

le **nylon** nylon
le **cuir** leather
le **caoutchouc** rubber
synthétique synthetic
le **velours** velvet
le **tweed** tweed
la **fourrure** fur
léger light (*weight*)
lourd heavy
clair light (*color*)
foncé dark
rayé striped
à carreaux checkered
le **bouton** button
la **fermeture éclair** zipper
la **taille** size
la **pointure** size (*hats, shoes, gloves*)
l'**encolure** *f.* neck size (*shirt*)
mettre to put on
porter to wear
ôter to take off
quitter to take off

J'aime beaucoup la coupe de cette robe, mais je n'aime pas les plis. I like the cut of that dress very much, but I don't like the pleats.
Que pensez-vous de la couleur de cet ensemble? What do you think of the color effect of this ensemble?
Cette jupe a besoin d'un coup de fer. That skirt needs a little ironing (pressing).
Est-ce qu'il faut nettoyer à sec ce pantalon? Must these trousers be dry-cleaned?
Il est sorti en smoking. He went out wearing a dinner jacket.

8. les magasins et les boutiques stores and shops

le **grand magasin** department store
l'**épicerie** *f.* grocery store
  chez l'épicier at (to) the grocer's
la **boulangerie** bakery shop
  chez le boulanger at (to) the baker's
la **pâtisserie** pastry shop
  chez le pâtissier at (to) the pastry shop
la **boucherie** butcher shop
  chez le boucher at (to) the butcher's
la **crèmerie** creamery (*store selling milk products and eggs*)
la **charcuterie** pork butcher's shop

le **marchand (de poisson, etc.)** the (fish, etc.) store
le **magasin de comestibles** food store
le **super-marché** supermarket
la **quincaillerie** hardware store
le **marchand de couleurs** hardware store
la **pharmacie** pharmacy
la **librairie** bookstore
la **papeterie** stationery store
la **confiserie** candy shop
la **bijouterie** jewelry store
  chez le bijoutier-orfèvre at (to) the jewelry-silverware store
le **bureau de tabac** tobacco shop

la **banque** bank
le **bureau de poste** post office
la **blanchisserie** laundry
la **teinturerie** dry-cleaning shop
chez le tailleur at (to) the tailor's
chez le couturier at (to) the dress-maker's

chez la modiste at (to) the milliner's
le **coiffeur** (**pour hommes**) barber-shop
le **coiffeur** (**pour dames**) beautician
chez le fripier at (to) the second-hand clothier's

9. les professions et les métiers professions and trades

le **professeur** professor, teacher
l'**instituteur** *m.* teacher (*elementary school*)
l'**institutrice** *f.* teacher (*elementary school*)
l'**enseignement** *m.* teaching
la **pédagogie** pedagogy
le **médecin** doctor, physician
la **médecine** medicine
le **chirurgien** surgeon
la **chirurgie** surgery
l'**infirmier** *m.* nurse (*male*)
l'**infirmière** *f.* nurse (*female*)
le **chimiste** chemist
la **chimie** chemistry
le **biologiste** biologist
la **biologie** biology
le **physicien** physicist
la **physique** physics
l'**architecte** *m. or f.* architect
l'**architecture** *f.* architecture
l'**artiste** *m. or f.* artist
l'**art** *m.* art
le **musicien** musician
la **musique** music
l'**avocat** *m.* lawyer
le **droit** law
le **cultivateur** farmer
le **fermier** farmer
l'**agriculture** *f.* agriculture
l'**éleveur** *m.* cattle breeder
l'**élevage** *m.* cattle breeding
le **dentiste** dentist
la **chirurgie dentaire** dental surgery
le **banquier** banker
la **banque** banking
le **financier** financier

la **finance** finance
le **comptable** accountant
la **comptabilité** accountancy
l'**ingénieur** *m.* engineer
la **construction** construction
le **génie civil** civil engineering
le **génie militaire** military engineering
la **génie maritime** naval engineering
le **commerçant** merchant
le **commerce** commerce, business
les **affaires** *f.pl.* business
l'**ecclésiastique** *m.* clergyman
le **prêtre** priest
le **curé** parish priest
le **pasteur** pastor, Protestant minister
le **rabbin** rabbi
la **religion** religion
la **théologie** theology
le **fabricant** manufacturer
la **fabrication** manufacturing
la **manufacture** manufacturing
l'**industriel** *m.* industrialist
l'**industrie** *f.* industry
le **militaire** soldier; member of armed forces
l'**officier** *m.* officer
le **soldat** soldier
l'**Armée** (*f.*) **de terre** Army
l'**aviateur** *m.* aviator
le **pilote** pilot
l'**aviation** *f.* aviation
l'**Armée de l'air** Air Force
le **marin** sailor, seafaring man
le **matelot** sailor
la **navigation** navigation; boating, sailing

l'officier de Marine naval officer

la Marine de guerre Navy

la Marine marchande Merchant Marine

l'homme (m.) d'état statesman, government official

la politique politics, government

le gouvernement government; cabinet

le fonctionnaire civil service employee

l'acteur m. actor

l'actrice f. actress

le théâtre theater; dramatics

l'homme de lettres writer

l'écrivain m. writer

la littérature literature

les lettres f.pl. study of language and literature; humanities

le journaliste journalist

le journalisme journalism

l'inventeur m. inventor

l'invention f. invention

le couturier dressmaker (male)

la couturière dressmaker (female)

la haute couture dressmaking

le chapelier hatter (men's)

la modiste dealer in women's hats and accessories

le tailleur tailor

le coiffeur barber, hairdresser

le directeur (la directrice) director, manager

le cuisinier cook (male)

la cuisinière cook (female)

le chef de cuisine head cook

le maître d'hôtel headwaiter; butler

le garçon waiter

la serveuse waitress

le sommelier wine steward

le chasseur bellboy, messenger

la femme de chambre chambermaid

le (la) concierge concierge, doorkeeper

la bonne maid (in one-servant house)

le (la) domestique servant (domestic)

le chauffeur chauffeur

l'employé(e) employee; office clerk

le commis clerk (office or store)

le (la) secrétaire secretary

le (la) dactylo typist

le (la) sténographe stenographer

le vendeur salesman

la vendeuse saleswoman

le bijoutier jeweler

l'horloger m. watchmaker

le détective detective

l'agent (m.) de police policeman (metropolitan)

le gendarme policeman (state)

le facteur postman

le pompier fireman

le contrôleur conductor (railroad)

le conducteur driver

le pâtissier pastrycook

le boulanger baker

le boucher butcher

l'épicier m. grocer

l'ouvreuse f. usher (female)

le maçon mason

le charpentier carpenter

le menuisier carpenter, joiner

le plombier plumber

l'électricien m. electrician

le peintre painter

le mécanicien mechanic

l'ouvrier m. workman (manual)

le vétérinaire veterinarian

Jean est à l'Ecole du génie maritime. John is in the School of Naval Construction.

Son père est dans l'administration. His father is in the government service.

Elle est étudiante en médecine. She is a medical student.

Je ferai mon droit à l'Université de Paris. I shall study law at the University of Paris.

Il n'étudie pas la physique. He isn't taking physics.

M. Dupont est avocat. Mr. Dupont is a lawyer.

C'est un professeur distingué. He's a distinguished professor.

Ce salaire est très bon pour un débutant. That salary is very good for a beginner.

Il n'a pas choisi cette carrière parce que la préparation est longue. He didn't choose that career because the preparation is long.

10. **les sports** sports

l'alpinisme *m.* mountain climbing
l'athlétisme *m.* track
la gymnastique gymnastics
l'aviron *m.* rowing (*crew*)
le basket-ball basketball
la boxe boxing
le canotage boating
la chasse hunting
la course à pied footrace
la course automobile automobile race
la course cycliste bicycle race
le cyclisme bicycle racing, bicycling
l'équitation *f.* riding (*horseback*)
l'escrime *f.* fencing

le football football (soccer)
le golf golf
le hockey hockey
la lutte wrestling
la natation swimming
le patinage skating
le polo polo
la pêche fishing
le saut en longueur broad jump
le saut en hauteur high jump
le saut à la perche pole vault
le ski skiing
le ski nautique water skiing
le tennis tennis
le yachting sailing

Ils jouaient au tennis ou au golf tous les jours. They played tennis or golf every day.

Avez-vous déjà fait de l'escrime? Have you fenced before?

Il a déjà marqué deux buts. He has already made two goals.

Savez-vous quel est le score de ce match? Do you know what the score of this game is?

Notre équipe a gagné la première partie. Our team won the first game.

Ils ont battu l'ancien record. They beat the former record.

11. **les véhicules** (*f.pl.*) **et les moyens** (*m.pl.*) **de transport** vehicles and means of transportation

le métro(politain) subway
la station de métro subway station
la ligne line
la correspondance transfer
le carnet de tickets book of tickets
l'autobus *m.* bus (*urban*)
l'arrêt (*m.*) **d'autobus** bus stop
le trolleybus trolleybus
le tramway streetcar
l'autocar (le car) motor coach, bus (*interurban, sight-seeing*)
l'automobile *f.* automobile

la voiture car, automobile
la bagnole jalopy; car (*familiar*)
décapotable convertible
la portière door (*of vehicle*)
le siège seat
le volant steering wheel
l'aile *f.* fender
la roue wheel
le pneu tire
le flasque de roue hubcap, wheel cover
le frein brake

le phare headlight
les feux arrière taillights
l'accumulateur *m.* battery
la batterie battery
le démarreur starter
le pare-brise windshield
l'essuie-glace windshield wiper
le capot hood
le moteur motor
le carburateur carburetor
le radiateur radiator
le réservoir tank
l'essence *f.* gasoline
l'huile *f.* oil
le chemin road; way
la route highway
l'autoroute *f.* divided (super)highway
le croisement en trèfle cloverleaf intersection
l'échangeur *m.* interchange
le pont bridge
le tunnel tunnel
la circulation traffic
les feux (*m.*) de circulation traffic lights
le feu rouge red (signal) light
le feu vert green (signal) light
la plaque de police registration tag
la station service service station
le poste d'essence gasoline station
stationner to park
le parking parking lot
le permis (de conduire) driving license
la caravane trailer
la moto(cyclette) motorcycle
le scooter [skutœr] motor scooter
la bicyclette bicycle
le vélo bike
le chemin de fer railroad
le train train
le wagon railroad car
la voiture railroad car (*for passengers*)
le train express express train
le rapide (super) express train
l'omnibus *m.* local train

la voiture-lit (le wagon-lit) sleeping car, sleeper
la voiture-restaurant (le wagon-restaurant) dining car
la voiture-bar (le wagon-bar) lounge car
la voiture-salon (le wagon-salon) parlor car
la locomotive locomotive
la gare railroad station
le quai platform
le buffet lunch counter
la voie (de chemin de fer) (railroad) track
l'horaire *m.* timetable
l'arrivée *f.* arrival
le départ departure
la vitesse speed
le passager passenger
le billet (aller et retour) (round-trip) ticket
l'avion *m.* (air)plane
l'avion à réaction jet plane
l'hélicoptère *m.* helicopter
l'aéroport *m.* airport
la piste landing strip
le fuselage fuselage
l'aile *f.* wing
le train d'atterrissage landing gear
la cabine cabin
l'hôtesse *f.* stewardess, hostess
le pilote pilot
la ceinture de sécurité safety belt
voler to fly
décoller to take off
atterrir to land
sans escale nonstop
le bateau boat
le paquebot liner, steamer
le transatlantique Atlantic liner
le cargo freighter
le navire ship
le remorqueur tugboat
le yacht yacht
le bateau à voile sailboat
le canot à voile sailboat (*small*)
le canot à moteur motorboat
le hors-bord outboard motorboat

l'embarcation *f.* (small) boat	la barre helm
le canoë canoe	le gouvernail rudder
l'aviron *m.* oar	mouiller to anchor
la pagaie paddle	amarrer to moor
l'hélice *f.* propeller	appareiller to get under way, depart

Il faut faire attention en montant dans un véhicule ou en descendant d'un véhicule. One must be careful in getting into a vehicle or getting out of a vehicle.

Notre navire a fait escale à Naples. Our ship stopped at Naples.

Nous sommes descendus au même hôtel qu'eux. We stopped at the same hotel as they did.

Je n'aime pas conduire quand les routes sont encombrées. I don't like to drive when the roads are overcrowded.

12. les fêtes (*f.pl.*) **et les anniversaires** (*m.pl.*) holidays and anniversaries

Noël Christmas
Pâques Easter
le Jour de l'An New Year's Day
la Toussaint All Saints' Day
la veille de la Toussaint Halloween (*not celebrated in France as in U.S.A.*)
la Sainte-Jeanne d'Arc (2e **dimanche de mai**) a national holiday in France
le 14 juillet national holiday, anniversary of the fall of the Bastille
le 11 novembre (**Armistice 1918**) national holiday
le 8 mai (**Armistice 1945**) national holiday
la Fête du Travail (1er **mai**) Labor Day
l'anniversaire *m.* (**de naissance**) birthday
l'anniversaire de mariage wedding anniversary

Joyeux Noël et Bonne Année Merry Christmas and a Happy New Year
Mes grands-parents ont fêté leurs noces d'or. My grandparents celebrated their golden wedding anniversary.

B. Notes on the Use of Articles

Definite Article

Generally speaking, the definite article is used in French as it is in English. The following is a summary of the few normal cases in which French usage differs from English:

1. In French the definite article is generally *repeated* before each word in a series.

La **maison,** *le* **jardin et** *le* **garage sont**   The house, garden, and garage are large.
grands.

2. The definite article is generally used in French *instead of a possessive adjective* before parts of the body and, in some instances, before articles of clothing, provided the ownership is evident.

Nous nous sommes lavé *les* mains.	We washed *our* hands.
Il est entré, *le* chapeau à *la* main.	He came in with *his* hat in *his* hand.

3. The definite article is used in French (though not in English) in the following cases:

a. Before an abstract noun or a noun used in the general sense.

Le **patriotisme augmentait après les victoires de Jeanne d'Arc.**	Patriotism increased after the victories of Joan of Arc.
Les **journaux exercent un grand pouvoir.**	Newspapers wield a great power.

b. Before names of continents, countries, provinces, and states (except that feminine names omit the article after **en,** after **de** meaning *from,* and sometimes after **de** in adjective phrases).

Ils connaissent bien *la* France et *l'*Italie.	They know France and Italy well.
Ces élèves *du* Massachusetts font un voyage *en* Normandie.	These students from Massachusetts are taking a trip in Normandy.
Elle est arrivée hier d'Espagne.	She arrived yesterday from Spain.

c. Before the words **rue, avenue, boulevard, mont, lac, parc,** etc., followed by the name.

Ce bureau se trouve dans *la* rue Auber.	That office is on Auber Street.
Le Mont Blanc est bien connu.	Mount Blanc is well known.

d. Before titles (except **monsieur, madame, mademoiselle**) followed by the name of the person except when used in direct address.

Ils admirent beaucoup *la* reine Elisabeth.	They admire Queen Elizabeth very much.
Celui qu'ils nommèrent fut *le* général Bonaparte.	The one they appointed was General Bonaparte.
BUT: **Capitaine Martin, on vous demande au téléphone.**	Captain Martin, you're wanted on the phone.

e. Before the names of languages (except after **en, de** and **parler**).

Il est facile d'apprendre *le* français.	It is easy to learn French.
BUT: **Voici votre livre d'allemand.**	Here is your German book.

f. Before the names of the days of the week when repeated occurrence is expressed.

Nous y allons *le* mercredi.	We go there on Wednesdays.

g. In some common phrases, such as:

> à *l'*école   in school, at school, to school
> à *l'*église   in church, at church, to church
> *l'*an dernier (l'année dernière)   last year
> *le* mois dernier   last month
> *la* semaine dernière   last week

Indefinite Article

The indefinite article is generally used in French as it is used in English. It is not normally used, however, before nouns indicating profession, religion, or nationality when these are unmodified.

Son père est avocat.	His father is *a* lawyer.
Je crois que cet homme est catholique.	I believe that man is *a* Catholic.
Vous habiterez avec Mme Duval, qui est Française.	You will live with Mrs. Duval, who is *a* Frenchwoman.
BUT: **Son père est un avocat excellent.**	His father is an excellent lawyer.

Partitive Article

The principal difference between the use of the partitive in French and in English is that *it may not be omitted in French.*

Ils ont demandé *du* temps pour y penser.	They asked for time to think about it.

Remember that the partitive is expressed by **de** without the article when used after a negative verb or when an adjective precedes the noun in the plural.

Ils n'ont pas *d'*argent pour ces choses-là.	They don't have money for those things.
On nous a montré *d'*excellentes porcelaines.	They showed us some fine porcelains.

C. Notes on Adjectives

1. All adjectives in French must agree in gender and number with the nouns or pronouns which they modify.

Tout le monde dit qu'ils sont *bons.*	Everyone says they're *good.*
Une femme *généreuse* les a aidés.	A *generous* woman helped them.

2. Perhaps even more often than in English, adjectives in French are used as nouns.

Je crois que *les autres* sont *les meilleurs.*	I believe *the others* are *the best.*
Celui-là préfère plutôt *l'utile* que *le beau.*	That fellow prefers rather *what is useful* than *what is beautiful.*

3. Limiting adjectives in French as in English generally precede the noun.

Vos amis ont reçu *leurs premières* lettres aujourd'hui.	*Your* friends received *their first* letters today.

4. For a discussion of the position of descriptive adjectives in French, see Lesson 32.

5. Remember the following observations regarding the formation of the feminine singular and the masculine plural of some adjectives:

a. Adjectives that end in unaccented **e** in the masculine singular do not change in the feminine singular.

    un homme *pauvre*   *a poor* man   une femme *pauvre*   a *poor* woman

b. Most adjectives ending in **-c** and **-f** in the masculine singular change to **-che** and **-ve**, respectively, to form the feminine singular.

MASCULINE	FEMININE	
sec	sèche	dry
blanc	blanche	white
franc	franche	frank
bref	brève	brief
actif	active	active
neuf	neuve	new

c. Most adjectives ending in **-et** and **-er** in the masculine singular change to **-ète** and **-ère**, respectively, to form the feminine singular.

MASCULINE	FEMININE	
secret	secrète	secret
inquiet	inquiète	worried
complet	complète	complete
cher	chère	dear
léger	légère	light
étranger	étrangère	foreign

d. But some of those in **-et** double the consonant, as do many ending in **-n, -s, -el, -il.**

MASCULINE	FEMININE	
muet	muette	mute
sot	sotte	stupid
gras	grasse	fat
gros	grosse	stout
bas	basse	low
épais	épaisse	thick
bon	bonne	good
ancien	ancienne	ancient
parisien	parisienne	Parisian

MASCULINE	FEMININE	
partiel	partielle	partial
actuel	actuelle	present
graduel	graduelle	gradual
pareil	pareille	such
gentil	gentille	nice

These also follow the principles above if the *alternate* masculine singular forms are considered: **beau, bel, belle** (*beautiful*); **vieux, vieil, vieille** (*old*); **nouveau, nouvel, nouvelle** (*new*).

e. The following adjectives are among the exceptional cases:

MASCULINE	FEMININE	
doux	douce	mild
faux	fausse	false
favori	favorite	favorite
frais	fraîche	fresh
causeur	causeuse	talkative
grec	grecque	Greek
public	publique	public
long	longue	long

f. Adjectives ending in **-s** and **-x** in the masculine singular remain unchanged in the masculine plural.

Cet endroit est *bas*, **mais ces autres sont même plus** *bas*.	This spot is *low*, but those others are even *lower*.
Le *vieux* **directeur et tous les** *vieux* **professeurs avaient un air distingué.**	The *old* director and all the *old* professors had a distinguished appearance.

g. Most adjectives ending in **-al** and **-eau** in the masculine singular change to **-aux** and **-eaux**, respectively, in the masculine plural.

MASCULINE SINGULAR	MASCULINE PLURAL	
général	généraux	general
légal	légaux	legal
minéral	minéraux	mineral
beau	beaux	beautiful
nouveau	nouveaux	new

D. Notes on the Formation of Adverbs

Just as many English adverbs are formed by adding *-ly* to the corresponding adjective (*quick, quickly; active, actively*), in French many are formed by adding **-ment** to the *feminine* form of the adjective (**chaud, chaudement,** *warmly;* **actif, activement,** *actively*). The following special cases should be remembered:

a. A few adjectives add an acute accent mark to the mute **e** of the adjective.

>**énorme, énormément**   enormously
>**précise, précisément**   precisely

b. If the masculine form of the adjective already ends in a vowel, the **-ment** is added to the masculine.

>**poli, poliment**   politely
>**vrai, vraiment**   truly
>**absolu, absolument**   absolutely
>**ingénu, ingénument**   ingenuously

c. Adjectives ending in **-ent** and **-ant** generally change to **-emment** and **-amment,** respectively.

>**évident, évidemment**   evidently
>**prudent, prudemment**   prudently
>**constant, constamment**   constantly
>**puissant, puissamment**   powerfully

E. Summaries of Pronouns

The following are simply summaries of the various types of pronouns which were introduced a few at a time throughout the book. The corresponding adjective forms are also listed for the interrogative, demonstrative, and possessive pronouns. For explanations of meanings and uses, consult the Index.

Personal Pronouns

SUBJ.	DIRECT OBJ.	IND. OBJ.	REFLEXIVE OBJ.		DISJUNCTIVE
je	me (moi)	me (moi)	me		moi
tu	te (toi)	te (toi)	te		toi
il	le	lui	se	soi°	lui
elle	la	lui	se	soi°	elle
nous	nous	nous	nous		nous
vous	vous	vous	vous		vous
ils	les	leur	se		eux
elles	les	leur	se		elles

°**Soi** is both disjunctive and reflexive; it means *oneself* and corresponds to the subject **on.**

Relative Pronouns

	who, whom	which, that	what, that which
SUBJECT	qui	qui	ce qui
OBJECT OF VERB	que	que	ce que
OBJECT OF PREP.	qui (lequel, etc.)	lequel, etc.	ce ... quoi
COMBINATION WITH de	dont	dont	ce dont

Expressions of time and place such as *on which, in which, when,* and *where* are generally translated by **où** rather than by the preposition with **lequel.**

Interrogative Pronouns

	who, whom	what	which (one)
SUBJECT	qui (qui est-ce qui)	qu'est-ce qui	lequel, etc.
OBJECT OF VERB	qui (qui est-ce que)	que (qu'est-ce que)	lequel, etc.
OBJECT OF PREP.	qui	quoi	lequel, etc.

For purposes of simplification, the alternate forms **qui est-ce qui** (*who*) and **qui est-ce que** (*whom*) were not introduced in the regular lessons. As with other interrogative forms which include **est-ce,** the normal subject-verb word order is used after **qui est-ce que.**

Qui est-ce qu'ils ont vu? (**Qui ont-ils vu?**)   Whom did they see?

(See pp. 19 and 27 for **quel** and **qu'est-ce que c'est que.**)

Interrogative Adjective

The interrogative adjective is **quel** (**quelle, quels, quelles**).

Quelle saison préférez-vous?   *What* (*which*) season do you prefer?

Demonstrative Pronouns   Demonstrative Adjectives

	SINGULAR	PLURAL	SINGULAR	PLURAL
MASCULINE	celui	ceux	ce, cet	ces
FEMININE	celle	celles	cette	ces
NEUTER	ceci, cela			

NOTE: For English meanings see Lessons 8 (adjectives) and 19 (pronouns).

The suffixes **-ci** (from **ici,** *here*) and **-là** (*there*) are added to all the forms above except the neuters to distinguish between *this* and *that,* and *these* and *those.* With the pronouns, the **-ci** and **-là** *must* be used if there is no modifying phrase or clause.

Ce (normally an adjective) is used as the subject of the verb **être** (or occasionally the verb **devoir** followed by **être**). It is used in this way, rather than **il est, elle est, ils sont,** etc., in the following cases:

a. When followed by a predicate noun or pronoun (except expressions of nationality, religion or profession, unmodified).

C'est votre père, n'est-ce pas?	It's your father, isn't it?
Ce sera nous qui le ferons.	It will be we who will do it.
C'est notre avocat, M. Duval.	It's our lawyer, Mr. Duval.
BUT: Il est avocat.	He is a lawyer.

b. When followed by an adjective used as a noun.

N'aimez-vous pas cette valise? C'est la meilleure que j'aie.	Don't you like that suitcase? It's the best one I have.

c. When the subject (*it* or *that*) refers to an idea or action which has been mentioned.

Voulez-vous le faire? Je vous préviens que ce sera difficile.	Do you want to do it? I warn you that it will be difficult.
Pourquoi doit-on croire ça? C'est ridicule!	Why must one believe that? It's ridiculous!

Possessive Pronouns

SINGULAR		PLURAL		
MASCULINE	FEMININE	MASCULINE	FEMININE	
le mien	la mienne	les miens	les miennes	mine
le tien	la tienne	les tiens	les tiennes	yours
le sien	la sienne	les siens	les siennes	his, hers, its
le nôtre	la nôtre	les nôtres	les nôtres	ours
le vôtre	la vôtre	les vôtres	les vôtres	yours
le leur	la leur	les leurs	les leurs	theirs

Possessive Adjectives

MASCULINE SINGULAR	FEMININE SINGULAR	PLURAL	
mon	ma (mon)	mes	my
ton	ta (ton)	tes	your
son	sa (son)	ses	his, her, its
notre	notre	nos	our
votre	votre	vos	your
leur	leur	leurs	their

F. Uses of the Subjunctive

The use of the subjunctive is restricted to subordinate clauses except in a few common expressions such as the following:

Vive le roi!   Long live the king!
Ainsi soit-il!   So be it! Amen!
Pas que je sache.   Not that I know (of).

The subjunctive is generally used in subordinate clauses of the following types:

1. In noun clauses after a principal clause expressing:

a. Volition (desire, command, request, permission, prohibition, etc.).

aimer mieux to prefer	**ordonner** to order
consentir to consent	**permettre** to permit
défendre to forbid	**préférer** to prefer
demander to ask, request	**prier** to beg
désirer to want, desire	**vouloir** to want, wish
empêcher to prevent	

b. Emotion (joy, sorrow, surprise, fear, etc.).

avoir honte to be ashamed	**être content** to be glad
avoir peur to be afraid	**être fâché** to be angry, vexed
craindre to fear	**être heureux** to be happy
s'étonner to be surprised	**être surpris** to be surprised
être enchanté to be delighted	**regretter** to regret, be sorry

c. Doubt (uncertainty, disbelief).

douter   to doubt (*but not in the negative*)
nier   to deny (*but not in the negative*)
croire   to believe (*negative and interrogative only*)
penser   to think (*negative and interrogative only*)

d. Impersonal expressions of judgment or opinion.

c'est dommage it's too bad	**il est juste** it is just
il convient it is fitting	**il est nécessaire** it is necessary
il est bon it is good	**il est peu probable** it is improbable
il est curieux it is curious	**il est possible** it is possible
il est essentiel it is essential	**il faut** it is necessary
il est facile it is easy	**il importe** it is important
il est heureux it is fortunate	**il semble** it seems
il est important it is important	**il vaut mieux** it is better

EXCEPTIONS: **il est certain,** *it is certain,* **il est probable,** *it is probable,* and others which express certainty or probability. These take the subjunctive only in the negative or interrogative when they imply doubt.

2. In adjective clauses when the noun modified by the clause is:

a. Unknown, unidentified, vague, unattained.

Je ne connais pas d'homme qui puisse faire cela.	I do not know any man who can do that.
Je cherche quelqu'un qui veuille bien le dire.	I am looking for someone who is willing to say it.

b. Nonexistent.

Il n'y a pas de pays où tout le monde soit content.	There is no country where everyone is satisfied.

c. Unique in its category (first, only, best, most . . .).

C'est la seule amie qui me comprenne.	She is the only friend who understands me.
Voilà la leçon la plus compliquée que nous ayons étudiée.	That is the most complicated lesson that we have studied.

NOTE: The student should realize that these classifications refer to the assertions made in the sentence being expressed, and not to any external criteria. If the speaker considers his assertion to be purely factual, he does not use the subjunctive.

3. In adverbial clauses which are introduced by the following conjunctions:

à moins que	unless	**non que**	not that
afin que	in order that	**pour que**	in order that
au cas que	in case that	**pourvu que**	provided that
avant que	before	**quoique**	although
bien que	although	**sans que**	without
de crainte que	for fear that	**supposé que**	supposing that
de peur que	for fear that	**soit que . . . ou que**	either . . . or
jusqu'à ce que	until		

NOTE: **de façon que, de manière que,** and **de sorte que,** *so that,* are followed by the subjunctive when they express purpose but not when they express result.

G. Verbs with Complementary Infinitives

1. Verbs Followed by an Infinitive without a Preposition

aimer (*esp. conditional*)   to like
aimer mieux   to prefer
aller   to go
apercevoir   to see, perceive
compter   to expect
courir   to run
croire   to believe
descendre   to go (come) down
désirer   to desire, want
devoir   to be obliged (*See Les. 26*)
écouter   to listen
entendre   to hear
envoyer   to send
espérer   to hope, expect
faire   to make (*causative*)
falloir   to be necessary
laisser   to let, allow
monter   to go (come) up

oser   to dare
paraître   to appear, seem
penser   to think, intend
pouvoir   to be able (can)
préférer   to prefer
regarder   to watch, look at
rentrer   to go (come) back, re-enter, return
retourner   to return, go back
revenir   to return, come back
savoir   to know (how)
sembler   to seem, appear
sentir   to feel
sortir   to go (come) out
valoir mieux   to be better
venir   to come
voir   to see
vouloir   to want, desire

2. Verbs Which Take *à* before a Following Infinitive

aider   to aid, help
aimer   to like
s'amuser   to amuse oneself, have a good time
apprendre   to learn
s'arrêter   to stop
avoir   to have
chercher   to try
commencer   to begin, commence
consentir   to consent
continuer   to continue
se décider   to make up one's mind, decide
encourager   to encourage
s'ennuyer   to be bored

enseigner   to teach
s'habituer   to accustom oneself, get accustomed
hésiter   to hesitate
s'intéresser   to interest oneself, be interested
inviter   to invite
se mettre   to begin, start
obliger   to oblige
s'occuper   to busy oneself, be busy
passer   to spend (time in . . .)
penser   to think (of, about)
réussir   to succeed
songer   to think (of, about)
tarder   to linger, be long (in)

3. Verbs Which Take *de* before a Following Infinitive

achever   to finish, complete
s'arrêter   to stop
attendre   to wait
cesser   to stop, desist

commander   to order, command
commencer   to begin
conseiller   to advise, recommend
consoler   to console

se contenter   to content oneself, be satisfied
continuer   to continue
craindre   to fear, be afraid
décider   to decide
décourager   to discourage
défendre   to forbid
demander   to ask, request
se dépêcher   to hurry, hasten
dire   to tell
écrire   to write
empêcher   to prevent
s'ennuyer   to tire (of), get bored (with)
essayer   to try
s'étonner   to be surprised, astonished
éviter   to avoid
finir   to finish
se hâter   to hurry, hasten
imaginer   to imagine
manquer   to fail

menacer   to threaten
mériter   to deserve, merit
obliger   to oblige
offrir   to offer
ordonner   to order, command
oublier   to forget
pardonner   to pardon
permettre   to permit, allow, let
persuader   to persuade
prier   to beg
promettre   to promise
proposer   to propose, suggest
refuser   to refuse
regretter   to regret, miss
remercier   to thank
risquer   to risk
se souvenir   to remember
suggérer   to suggest
venir   to have just

H. Regular Verbs

First Conjugation	Second Conjugation	Third Conjugation
	INFINITIVE	
donner *to give*	**finir** *to finish*	**vendre** *to sell*
	PRESENT PARTICIPLE	
donnant *giving*	**finissant** *finishing*	**vendant** *selling*
	PAST PARTICIPLE	
donné *given*	**fini** *finished*	**vendu** *sold*

Simple Tenses

PRESENT INDICATIVE

I give, etc.	*I finish, etc.*	*I sell, etc.*
je donne	je finis	je vends
tu donnes	tu finis	tu vends
il donne	il finit	il vend
nous donnons	nous finissons	nous vendons
vous donnez	vous finissez	vous vendez
ils donnent	ils finissent	ils vendent

IMPERFECT INDICATIVE

I gave, etc.	*I finished, etc.*	*I sold, etc.*
je donnais	je finissais	je vendais
tu donnais	tu finissais	tu vendais
il donnait	il finissait	il vendait
nous donnions	nous finissions	nous vendions
vous donniez	vous finissiez	vous vendiez
ils donnaient	ils finissaient	ils vendaient

PAST DEFINITE

I gave, etc.	*I finished, etc.*	*I sold, etc.*
je donnai	je finis	je vendis
tu donnas	tu finis	tu vendis
il donna	il finit	il vendit
nous donnâmes	nous finîmes	nous vendîmes
vous donnâtes	vous finîtes	vous vendîtes
ils donnèrent	ils finirent	ils vendirent

FUTURE

I shall give, etc.	*I shall finish, etc.*	*I shall sell, etc.*
je donnerai	je finirai	je vendrai
tu donneras	tu finiras	tu vendras
il donnera	il finira	il vendra
nous donnerons	nous finirons	nous vendrons
vous donnerez	vous finirez	vous vendrez
ils donneront	ils finiront	ils vendront

CONDITIONAL

I would give, etc.	*I would finish, etc.*	*I would sell, etc.*
je donnerais	je finirais	je vendrais
tu donnerais	tu finirais	tu vendrais
il donnerait	il finirait	il vendrait
nous donnerions	nous finirions	nous vendrions
vous donneriez	vous finiriez	vous vendriez
ils donneraient	ils finiraient	ils vendraient

PRESENT SUBJUNCTIVE

that I give, etc.	*that I finish, etc.*	*that I sell, etc.*
que je donne	que je finisse	que je vende
que tu donnes	que tu finisses	que tu vendes
qu'il donne	qu'il finisse	qu'il vende
que nous donnions	que nous finissions	que nous vendions
que vous donniez	que vous finissiez	que vous vendiez
qu'ils donnent	qu'ils finissent	qu'ils vendent

IMPERFECT SUBJUNCTIVE

that I gave, etc.	*that I finished, etc.*	*that I sold, etc.*
que je donnasse	que je finisse	que je vendisse
que tu donnasses	que tu finisses	que tu vendisses
qu'il donnât	qu'il finît	qu'il vendît

que nous donnassions	que nous finissions	que nous vendissions
que vous donnassiez	que vous finissiez	que vous vendissiez
qu'ils donnassent	qu'ils finissent	qu'ils vendissent

IMPERATIVE

donne *give* (*fam.*)	finis *finish* (*fam.*)	vends *sell* (*fam.*)
donnons *let's give*	finissons *let's finish*	vendons *let's sell*
donnez *give*	finissez *finish*	vendez *sell*

Compound Tenses

PAST INDEFINITE

I gave, etc.	*I finished, etc.*	*I sold, etc.*
j'ai donné	j'ai fini	j'ai vendu
tu as donné	tu as fini	tu as vendu
il a donné	il a fini	il a vendu
nous avons donné	nous avons fini	nous avons vendu
vous avez donné	vous avez fini	vous avez vendu
ils ont donné	ils ont fini	ils ont vendu

PLUPERFECT INDICATIVE

I had given, etc.	*I had finished, etc.*	*I had sold, etc.*
j'avais donné	j'avais fini	j'avais vendu
tu avais donné	tu avais fini	tu avais vendu
il avait donné	il avait fini	il avait vendu
nous avions donné	nous avions fini	nous avions vendu
vous aviez donné	vous aviez fini	vous aviez vendu
ils avaient donné	ils avaient fini	ils avaient vendu

PAST ANTERIOR

I had given, etc.	*I had finished, etc.*	*I had sold, etc.*
j'eus donné	j'eus fini	j'eus vendu
tu eus donné	tu eus fini	tu eus vendu
il eut donné	il eut fini	il eut vendu
nous eûmes donné	nous eûmes fini	nous eûmes vendu
vous eûtes donné	vous eûtes fini	vous eûtes vendu
ils eurent donné	ils eurent fini	ils eurent vendu

FUTURE PERFECT

I shall have given, etc.	*I shall have finished, etc.*	*I shall have sold, etc.*
j'aurai donné	j'aurai fini	j'aurai vendu
tu auras donné	tu auras fini	tu auras vendu
il aura donné	il aura fini	il aura vendu
nous aurons donné	nous aurons fini	nous aurons vendu
vous aurez donné	vous aurez fini	vous aurez vendu
ils auront donné	ils auront fini	ils auront vendu

PAST CONDITIONAL

I would have given, etc.	*I would have finished, etc.*	*I would have sold, etc.*
j'aurais donné	j'aurais fini	j'aurais vendu
tu aurais donné	tu aurais fini	tu aurais vendu
il aurait donné	il aurait fini	il aurait vendu
nous aurions donné	nous aurions fini	nous aurions vendu
vous auriez donné	vous auriez fini	vous auriez vendu
ils auraient donné	ils auraient fini	ils auraient vendu

PAST SUBJUNCTIVE

that I have given, etc.	*that I have finished, etc.*	*that I have sold, etc.*
que j'aie donné	que j'aie fini	que j'aie vendu
que tu aies donné	que tu aies fini	que tu aies vendu
qu'il ait donné	qu'il ait fini	qu'il ait vendu
que nous ayons donné	que nous ayons fini	que nous ayons vendu
que vous ayez donné	que vous ayez fini	que vous ayez vendu
qu'ils aient donné	qu'ils aient fini	qu'ils aient vendu

PLUPERFECT SUBJUNCTIVE

that I had given, etc.	*that I had finished, etc.*	*that I had sold, etc.*
que j'eusse donné	que j'eusse fini	que j'eusse vendu
que tu eusses donné	que tu eusses fini	que tu eusses vendu
qu'il eût donné	qu'il eût fini	qu'il eût vendu
que nous eussions donné	que nous eussions fini	que nous eussions vendu
que vous eussiez donné	que vous eussiez fini	que vous eussiez vendu
qu'ils eussent donné	qu'ils eussent fini	qu'ils eussent vendu

I. Spelling Changes of First Conjugation Verbs

1. Verbs ending in **-cer** change **c** to **ç** before **a** and **o**, to avoid changing the sound of the **c.** This change occurs in the following forms:

PRESENT PARTICIPLE, **commençant**

PRESENT INDICATIVE, **nous commençons**

IMPERFECT INDICATIVE		PAST DEFINITE	
je commençais	. . . . .	je commençai	nous commençâmes
tu commençais	. . . . .	tu commenças	vous commençâtes
il commençait	ils commençaient	il commença	. . . . .

IMPERFECT SUBJUNCTIVE

je commençasse	nous commençassions
tu commençasses	vous commençassiez
il commençât	ils commençassent

2. Verbs ending in **-ger** add **e** after the **g** before **a** and **o**, to avoid changing the sound of the **g**. This change occurs in the following forms:

PRESENT PARTICIPLE, **mangeant**

PRESENT INDICATIVE, **nous mangeons**

IMPERFECT INDICATIVE		PAST DEFINITE	
je mangeais	. . . .	je mangeai	nous mangeâmes
tu mangeais	. . . .	tu mangeas	vous mangeâtes
il mangeait	ils mangeaient	il mangea	. . . .

IMPERFECT SUBJUNCTIVE

je mangeasse	nous mangeassions
tu mangeasses	vous mangeassiez
il mangeât	ils mangeassent

3. Verbs which end in **-e** + consonant + **er** generally add a grave accent to the **e** preceding the consonant when a mute **e** follows the consonant. This occurs in the following forms:

PRESENT INDICATIVE		PRESENT SUBJUNCTIVE	
je mène	. . . .	je mène	. . . .
tu mènes	. . . .	tu mènes	. . . .
il mène	ils mènent	il mène	ils mènent

FUTURE		CONDITIONAL	
je mènerai	nous mènerons	je mènerais	nous mènerions
tu mèneras	vous mènerez	tu mènerais	vous mèneriez
il mènera	ils mèneront	il mènerait	ils mèneraient

Verbs in this category which have an acute accent on the **e** preceding the consonant change the accent to grave in the present indicative and present subjunctive as indicated above, but do not change in the future and conditional.

PRESENT INDICATIVE		PRESENT SUBJUNCTIVE	
je cède	nous cédons	je cède	nous cédions
tu cèdes	vous cédez	tu cèdes	vous cédiez
il cède	ils cèdent	il cède	ils cèdent

FUTURE	CONDITIONAL
je céderai, etc.	je céderais, etc.

Some verbs ending in -eler and -eter double the consonant before a mute e. This change occurs in the same forms as for the changes in the verb mener above.

> appeler: j'appelle, etc.; j'appellerai, etc.
> jeter: je jette, etc.; je jetterai, etc.

4. When the infinitive of a verb ends in -yer, the y is generally changed to i before a mute e.

PRESENT INDICATIVE		PRESENT SUBJUNCTIVE	
j'emploie	nous employons	j'emploie	nous employions
tu emploies	vous employez	tu emploies	vous employiez
il emploie	ils emploient	il emploie	ils emploient

FUTURE		CONDITIONAL	
j'emploierai	nous emploierons	j'emploierais	nous emploierions
tu emploieras	vous emploierez	tu emploierais	vous emploieriez
il emploiera	ils emploieront	il emploierait	ils emploieraient

NOTE: With verbs that end in -ayer, the change is optional.

J. Auxiliary Verbs

INFINITIVE		PRESENT PARTICIPLE	
avoir *to have*	être *to be*	ayant *having*	étant *being*

PAST PARTICIPLE	
eu *had*	été *been*

Simple Tenses

PRESENT INDICATIVE

I have, etc.		*I am, etc.*	
j'ai	nous avons	je suis	nous sommes
tu as	vous avez	tu es	vous êtes
il a	ils ont	il est	ils sont

IMPERFECT INDICATIVE

I had, etc.		*I was, etc.*	
j'avais	nous avions	j'étais	nous étions
tu avais	vous aviez	tu étais	vous étiez
il avait	ils avaient	il était	ils étaient

PAST DEFINITE

I had, etc.		*I was, etc.*	
j'eus	nous eûmes	je fus	nous fûmes
tu eus	vous eûtes	tu fus	vous fûtes
il eut	ils eurent	il fut	ils furent

FUTURE

I shall have, etc.

j'aurai	nous aurons
tu auras	vous aurez
il aura	ils auront

I shall be, etc.

je serai	nous serons
tu seras	vous serez
il sera	ils seront

CONDITIONAL

I would have, etc.

j'aurais	nous aurions
tu aurais	vous auriez
il aurait	ils auraient

I would be, etc.

je serais	nous serions
tu serais	vous seriez
il serait	ils seraient

PRESENT SUBJUNCTIVE

that I have, etc.

que j'aie	que nous ayons
que tu aies	que vous ayez
qu'il ait	qu'ils aient

that I be, etc.

que je sois	que nous soyons
que tu sois	que vous soyez
qu'il soit	qu'ils soient

IMPERFECT SUBJUNCTIVE

that I had, etc.

que j'eusse	que nous eussions
que tu eusses	que vous eussiez
qu'il eût	qu'ils eussent

that I was, etc.

que je fusse	que nous fussions
que tu fusses	que vous fussiez
qu'il fût	qu'ils fussent

IMPERATIVE

aie	*have (fam.)*
ayons	*let's have*
ayez	*have*

sois	*be (fam.)*
soyons	*let's be*
soyez	*be*

Compound Tenses

PAST INDEFINITE

I have had, etc.

j'ai eu	nous avons eu
tu as eu	vous avez eu
il a eu	ils ont eu

I have been, etc.

j'ai été	nous avons été
tu as été	vous avez été
il a été	ils ont été

PLUPERFECT INDICATIVE

I had had, etc.

j'avais eu	nous avions eu
tu avais eu	vous aviez eu
il avait eu	ils avaient eu

I had been, etc.

j'avais été	nous avions été
tu avais été	vous aviez été
il avait été	ils avaient été

PAST ANTERIOR

I had had, etc.

j'eus eu	nous eûmes eu
tu eus eu	vous eûtes eu
il eut eu	ils eurent eu

I had been, etc.

j'eus été	nous eûmes été
tu eus été	vous eûtes été
il eut été	ils eurent été

FUTURE PERFECT

I shall have had, etc.

j'aurai eu	nous aurons eu
tu auras eu	vous aurez eu
il aura eu	ils auront eu

I shall have been, etc.

j'aurai été	nous aurons été
tu auras été	vous aurez été
il aura été	ils auront été

PAST CONDITIONAL

I would have had, etc.

j'aurais eu	nous aurions eu
tu aurais eu	vous auriez eu
il aurait eu	ils auraient eu

I would have been, etc.

j'aurais été	nous aurions été
tu aurais été	vous auriez été
il aurait été	ils auraient été

PAST SUBJUNCTIVE

that I have had, etc.

que j'aie eu	que nous ayons eu
que tu aies eu	que vous ayez eu
qu'il ait eu	qu'ils aient eu

that I have been, etc.

que j'aie été	que nous ayons été
que tu aies été	que vous ayez été
qu'il ait été	qu'ils aient été

PLUPERFECT SUBJUNCTIVE

that I had had, etc.

que j'eusse eu	que nous eussions eu
que tu eusses eu	que vous eussiez eu
qu'il eût eu	qu'ils eussent eu

that I had been, etc.

que j'eusse été	que nous eussions été
que tu eusses été	que vous eussiez été
qu'il eût été	qu'ils eussent été

K. *Passé Surcomposé*

Just as the **passé simple** has been replaced in modern conversational French by the **passé composé** (see pp. 291–292), the **passé antérieur** is generally replaced in colloquial usage by a tense called the **passé surcomposé**, formed by the **passé composé** of the auxiliary with the past participle of the main verb.

Quand il a eu fini le travail, il s'est rendu chez le général.	When he had finished the work, he went to the general's quarters.
Ils sont entrés aussitôt que j'ai eu signé la lettre.	They entered as soon as I had signed the letter.

Because of the infrequency of its occurrence and relative unimportance to the beginning student, this tense is not included in the regular lessons of the text. Like its literary counterpart, the **passé antérieur,** its use is generally limited to dependent clauses following the conjunctions **quand, lorsque, dès que, aussitôt que,** and **après que.**

L. Reflexive Verbs

INFINITIVE	PRESENT PARTICIPLE	PAST PARTICIPLE
se lever *to get up*	**se levant** *getting up*	**levé** *raised*

Simple Tenses

PRESENT INDICATIVE	IMPERFECT INDICATIVE	PAST DEFINITE
I get up, etc.	*I got up, etc.*	*I got up, etc.*
je me lève	je me levais	je me levai
tu te lèves	tu te levais	tu te levas
il se lève	il se levait	il se leva
nous nous levons	nous nous levions	nous nous levâmes
vous vous levez	vous vous leviez	vous vous levâtes
ils se lèvent	ils se levaient	ils se levèrent

FUTURE	CONDITIONAL	PRESENT SUBJUNCTIVE
I shall get up, etc.	*I would get up, etc.*	*that I get up, etc.*
je me lèverai	je me lèverais	que je me lève
tu te lèveras	tu te lèverais	que tu te lèves
il se lèvera	il se lèverait	qu'il se lève
nous nous lèverons	nous nous lèverions	que nous nous levions
vous vous lèverez	vous vous lèveriez	que vous vous leviez
ils se lèveront	ils se lèveraient	qu'ils se lèvent

IMPERFECT SUBJUNCTIVE

IMPERATIVE

that I got up, etc.
que je me levasse
que tu te levasses
qu'il se levât
que nous nous levassions
que vous vous levassiez
qu'ils se levassent

lève-toi   *get up (fam.)*

levons-nous   *let's get up*
levez-vous   *get up*

Compound Tenses

PAST INDEFINITE	PLUPERFECT INDICATIVE	PAST ANTERIOR
I got up, etc.	*I had got up, etc.*	*I had got up, etc.*
je me suis levé	je m'étais levé	je me fus levé
tu t'es levé	tu t'étais levé	tu te fus levé
il s'est levé	il s'était levé	il se fut levé
nous nous sommes levés	nous nous étions levés	nous nous fûmes levés
vous vous êtes levés	vous vous étiez levés	vous vous fûtes levés
ils se sont levés	ils s'étaient levés	ils se furent levés

FUTURE PERFECT	PAST CONDITIONAL	PAST SUBJUNCTIVE
I shall have got up, etc.	*I would have got up, etc.*	*that I got up, etc.*
je me serai levé	je me serais levé	que je me sois levé
tu te seras levé	tu te serais levé	que tu te sois levé
il se sera levé	il se serait levé	qu'il se soit levé
nous nous serons levés	nous nous serions levés	que nous nous soyons levés
vous vous serez levés	vous vous seriez levés	que vous vous soyez levés
ils se seront levés	ils se seraient levés	qu'ils se soient levés

PLUPERFECT SUBJUNCTIVE

that I had got up, etc.

que je me fusse levé	que nous nous fussions levés
que tu te fusses levé	que vous vous fussiez levés
qu'il se fût levé	qu'ils se fussent levés

M. Irregular Verbs

In the following table of irregular verbs all forms are given which are needed for the complete conjugation of the verb. In most cases, the only forms needed are: the infinitive, the present participle, the past participle, the complete present indicative, the first person singular of the past definite and the future, and the first person singular and plural of the present subjunctive. The derivation of the remaining forms is regular in most cases. The few exceptions are noted. The following reminders may be helpful:

1. The imperfect stem for all verbs (except **être**) may be found by dropping the ending **-ons** from the first person plural of the present indicative. The endings for all verbs in the imperfect are:

-ais	-ions
-ais	-iez
-ait	-aient

2. For all **-er** verbs in the past definite, one needs only to drop the **-er** of the infinitive and add the following endings:

-ai	-âmes
-as	-âtes
-a	-èrent

3. For all other verbs in the past definite, given the first person singular form, one may derive the remaining forms by changing the final -s according to the following schema:

-s	-ˆmes
-s	-ˆtes
-t	-rent

4. Given the first person singular of the future, one needs only change that ending to the appropriate personal endings, which are the same for all verbs.

-ai	-ons
-as	-ez
-a	-ont

5. The conditional for all verbs is formed by using the imperfect endings on the future stem.

6. Two forms of the present subjunctive are given because, where there is a stem change, the first and second persons plural will be alike and the other forms will follow the first person singular. The endings of the present subjunctive are regular for all verbs except **avoir** and **être**.

-e	-ions
-es	-iez
-e	-ent

7. The imperfect subjunctive of all verbs may be derived by dropping the last letter of the first person singular of the past definite and adding the following endings:

-sse	-ssions
-sses	-ssiez
-ˆt	-ssent

8. The three imperative forms of all verbs (except **avoir, être,** and **savoir**) are the same as the corresponding present indicative forms, except that **-er** verbs drop the **-s** of the **tu** form.

9. The formation of the compound tenses involves only the proper simple tense of the auxiliary **avoir** or **être** and the past participle of the verb which is being conjugated.

INFINITIVE	PARTICIPLES	PRES. IND.	PAST DEF., FUTURE, PRES. SUBJ.
acquérir	acquérant	j'acquiers	j'acquis
to acquire	acquis (*aux.* avoir)	tu acquiers	j'acquerrai
		il acquiert	que j'acquière

INFINITIVE	PARTICIPLES	PRES. IND.	PAST DEF., FUTURE, PRES. SUBJ.
		nous acquérons	que nous acquérions
		vous acquérez	
		ils acquièrent	
aller	allant	je vais	j'allai
to go	allé (*aux.* être)	tu vas	j'irai
		il va	que j'aille
		nous allons	que nous allions
		vous allez	
		ils vont	
s'asseoir	s'asseyant	je m'assieds	je m'assis
to sit down	assis (*aux.* être)	tu t'assieds	je m'assiérai
		il s'assied	que je m'asseye
		nous nous asseyons	que nous nous asseyions
		vous vous asseyez	
		ils s'asseyent	

(*alternate forms: pres. ind.* assois, assois, assoit, assoyons, assoyez, assoient; *fut.* assoirai and asseyerai; *and derivatives of these forms*)

battre (*regular, except that the singular forms of the present indicative have only*
to beat   *one* **t**: je bats, tu bats, il bat)

boire	buvant	je bois	je bus
to drink	bu (*aux.* avoir)	tu bois	je boirai
		il boit	que je boive
		nous buvons	que nous buvions
		vous buvez	
		ils boivent	
conduire	conduisant	je conduis	je conduisis
to conduct	conduit (*aux.* avoir)	tu conduis	je conduirai
		il conduit	que je conduise
		nous conduisons	que nous conduisions
		vous conduisez	
		ils conduisent	
connaître	connaissant	je connais	je connus
to know	connu (*aux.* avoir)	tu connais	je connaîtrai
		il connaît	que je connaisse
		nous connaissons	que nous connaissions
		vous connaissez	
		ils connaissent	

conquérir (*like* **acquérir**)
to conquer

INFINITIVE	PARTICIPLES	PRES. IND.	PAST DEF., FUTURE, PRES. SUBJ.
construire (*like* **conduire**) *to construct*			
courir *to run*	courant couru (*aux.* avoir)	je cours tu cours il court nous courons vous courez ils courent	je courus je courrai que je coure que nous courions
couvrir *to cover*	couvrant couvert (*aux.* avoir)	je couvre tu couvres il couvre nous couvrons vous couvrez ils couvrent	je couvris je couvrirai que je couvre que nous couvrions
craindre *to fear*	craignant craint (*aux.* avoir)	je crains tu crains il craint nous craignons vous craignez ils craignent	je craignis je craindrai que je craigne que nous craignions
croire *to believe*	croyant cru (*aux.* avoir)	je crois tu crois il croit nous croyons vous croyez ils croient	je crus je croirai que je croie que nous croyions
cuire (*like* **conduire**) *to cook*			
devoir *to owe, ought, must*	devant dû (*aux.* avoir)	je dois tu dois il doit nous devons vous devez ils doivent	je dus je devrai que je doive que nous devions
dire *to say, tell*	disant dit (*aux.* avoir)	je dis tu dis il dit nous disons vous dites ils disent	je dis je dirai que je dise que nous disions

INFINITIVE	PARTICIPLES	PRES. IND.	PAST DEF., FUTURE, PRES. SUBJ.
dormir	dormant	je dors	je dormis
to sleep	dormi (*aux.* avoir)	tu dors	je dormirai
		il dort	que je dorme
		nous dormons	que nous dormions
		vous dormez	
		ils dorment	
écrire	écrivant	j'écris	j'écrivis
to write	écrit (*aux.* avoir)	tu écris	j'écrirai
		il écrit	que j'écrive
		nous écrivons	que nous écrivions
		vous écrivez	
		ils écrivent	
envoyer	envoyant	j'envoie	j'envoyai
to send	envoyé (*aux.* avoir)	tu envoies	j'enverrai
		il envoie	que j'envoie
		nous envoyons	que nous envoyions
		vous envoyez	
		ils envoient	
faire	faisant	je fais	je fis
to do, make	fait (*aux.* avoir)	tu fais	je ferai
		il fait	que je fasse
		nous faisons	que nous fassions
		vous faites	
		ils font	
falloir	*none*	il faut	il fallut
to be necessary	fallu (*aux.* avoir)	il fallait	il faudra
		(IMPERFECT IND.)	qu'il faille
fuir	fuyant	je fuis	je fuis
to flee	fui (*aux.* avoir)	tu fuis	je fuirai
		il fuit	que je fuie
		nous fuyons	que nous fuyions
		vous fuyez	
		ils fuient	
lire	lisant	je lis	je lus
to read	lu (*aux.* avoir)	tu lis	je lirai
		il lit	que je lise
		nous lisons	que nous lisions
		vous lisez	
		ils lisent	
mettre	mettant	je mets	je mis
to put	mis (*aux.* avoir)	tu mets	je mettrai
		il met	que je mette

INFINITIVE	PARTICIPLES	PRES. IND.	PAST DEF., FUTURE, PRES. SUBJ.
		nous mettons	que nous mettions
		vous mettez	
		ils mettent	
mourir	mourant	je meurs	je mourus
to die	mort (*aux.* être)	tu meurs	je mourrai
		il meurt	que je meure
		nous mourons	que nous mourions
		vous mourez	
		ils meurent	
naître	naissant	je nais	je naquis
to be born	né (*aux.* être)	tu nais	je naîtrai
		il naît	que je naisse
		nous naissons	que nous naissions
		vous naissez	
		ils naissent	

offrir (*like* **couvrir**)
to offer

ouvrir (*like* **couvrir**)
to open

paraître (*like* **connaître**)
to appear

partir (*like* **dormir,** *except that the auxiliary is* **être**)
to leave, go away

plaire	plaisant	je plais	je plus
to please	plu (*aux.* avoir)	tu plais	je plairai
		il plaît	que je plaise
		nous plaisons	que nous plaisions
		vous plaisez	
		ils plaisent	
pleuvoir	pleuvant	il pleut	il plut
to rain	plu (*aux.* avoir)	il pleuvait	il pleuvra
		(IMPERFECT IND.)	qu'il pleuve
pouvoir	pouvant	je peux (puis)	je pus
to be able	pu (*aux.* avoir)	tu peux	je pourrai
		il peut	que je puisse
		nous pouvons	que nous puissions
		vous pouvez	
		ils peuvent	

INFINITIVE	PARTICIPLES	PRES. IND.	PAST DEF., FUTURE, PRES. SUBJ.
prendre *to take*	prenant pris (*aux.* avoir)	je prends tu prends il prend nous prenons vous prenez ils prennent	je pris je prendrai que je prenne que nous prenions
produire (*like* **conduire**) *to produce*			
recevoir *to receive*	recevant reçu (*aux.* avoir)	je reçois tu reçois il reçoit nous recevons vous recevez ils reçoivent	je reçus je recevrai que je reçoive que nous recevions
rîre *to laugh*	riant ri (*aux.* avoir)	je ris tu ris il rit nous rions vous riez ils rient	je ris je rirai que je rie que nous riions
savoir *to know*	sachant su (*aux.* avoir)	je sais tu sais il sait nous savons vous savez ils savent	je sus je saurai que je sache que nous sachions

IMPERATIVE
sache
sachons
sachez

sentir (*like* **dormir**)
to feel

servir (*like* **dormir**)
to serve

sortir (*like* **dormir**, *except that the auxiliary is* être)
to go out

souffrir (*like* **couvrir**)
to suffer

INFINITIVE	PARTICIPLES	PRES. IND.	PAST DEF., FUTURE, PRES. SUBJ.
suivre *to follow*	suivant suivi (*aux.* avoir)	je suis tu suis il suit nous suivons vous suivez ils suivent	je suivis je suivrai que je suive que nous suivions
tenir *to hold*	tenant tenu (*aux.* avoir)	je tiens tu tiens il tient nous tenons vous tenez ils tiennent	je tins je tiendrai que je tienne que nous tenions
vaincre *to conquer* (c *changes to* qu *before any vowel except* u)	vainquant vaincu (*aux.* avoir)	je vaincs tu vaincs il vainc nous vainquons vous vainquez ils vainquent	je vainquis je vaincrai que je vainque que nous vainquions
valoir *to be worth*	valant valu (*aux.* avoir)	je vaux tu vaux il vaut nous valons vous valez ils valent	je valus je vaudrai que je vaille que nous valions

venir (*like* **tenir,** *except that the auxiliary is* **être**)
to come

INFINITIVE	PARTICIPLES	PRES. IND.	PAST DEF., FUTURE, PRES. SUBJ.
vivre *to live*	vivant vécu (*aux.* avoir)	je vis tu vis il vit nous vivons vous vivez ils vivent	je vécus je vivrai que je vive que nous vivions
voir *to see*	voyant vu (*aux.* avoir)	je vois tu vois il voit nous voyons vous voyez ils voient	je vis je verrai que je voie que nous voyions

			PAST DEF., FUTURE,
INFINITIVE	PARTICIPLES	PRES. IND.	PRES. SUBJ.
vouloir	voulant	je veux	je voulus
to want	voulu (*aux*. avoir)	tu veux	je voudrai
		il veut	que je veuille
		nous voulons	que nous voulions
		vous voulez	
		ils veulent	

IMPERATIVE

The regular forms are rarely used. Instead, an alternate form **veuillez** is frequently employed to mean *please* (*be so kind as to*).

FRENCH-ENGLISH
VOCABULARY

The following abbreviations are used in the vocabularies:

abbr. abbreviation	*inf.* infinitive	*pl.* plural
adj. adjective	*interj.* interjection	*p.p.* past participle
adv. adverb	*interr.* interrogative	*poss.* possessive
art. article	*les.* lesson	*prep.* preposition
aux. auxiliary	*m.* masculine	*pres.p.* present participle
excl. exclamation	*n.* noun	*pron.* pronoun
f. feminine	*neg.* negative	*rel.* relative
gram. grammar	*obj.* object	*subj.* subject

à [a] to, at, in; — **bientôt** see you soon, so long; — **cause de** because of; — **demain** until tomorrow; — **deux pas** a few steps (a short distance) away; — **l'étranger** abroad; — **l'heure** on time; — **l'insu de** without the knowledge of, unknown to; — **propos** by the way; — **suivre** continued, to be continued; — **tour de rôle** by turns, one at a time

abondance *f.* [abɔ̃dɑ̃s] abundance

académie *f.* [akademi] academy (association)

accepter [aksɛpte] to accept

accomplir [akɔ̃plir] to accomplish

accumulateur *m.* [akymylatœr] battery

acheter [aʃte] to buy

acte *m.* [akt] act

actif, active [aktif, aktiv] active

activité *f.* [aktivite] activity

actuel, actuelle [aktɥɛl] present, current

addition *f.* [adisjɔ̃] check (*in restaurant, etc.*)

adieu [adjø] farewell

admettre [admɛtr] (*conj. like* **mettre**) to admit

administration *f.* [administrɑsjɔ̃] administration

admirer [admire] to admire

adresse *f.* [adrɛs] address

afin de [afɛ̃də] in order to; **afin que** in order that

âge *m.* [ɑʒ] age; **quel** — + **avoir?** how old is (are)?

âgé [ɑʒe] old

agréable [agreabl] agreeable

agrégé *m.* [agreʒe] (*see Les. 33*)

agriculture *f.* [agrikyltyr] agriculture

ah [ɑ] (*interj.*) ah

aider [ɛde] to help, aid

aimer [ɛme] to like, love; — **mieux** to prefer, like better

ainsi [ɛ̃si] thus

ajouter [aʒute] to add

Alcuin [alkɥɛ̃] (*see Les. 16*)

Allemagne *f.* [almaɲ] Germany

allemand [almɑ̃] *adj.* German; *n.m.* German (*language*); **Allemand** *n.m.* German (*person*)

aller [ale] (*aux.* **être**) to go; **ça va** all right, O.K.; **ça vous va?** does that suit you?

comment ça va? how goes it? — bien
to be well; — et retour round trip
(*ticket*)

allié [alje] allied

allons [alɔ̃] *interj.* come now

alors [alɔr] then, well then, so

amant *m.*, amante *f.* [amɑ̃, amɑ̃t] lover

ambition *f.* [ɑ̃bisjɔ̃] ambition

américain [amerikɛ̃] *adj.* American; Américain *n.m.* American

Amérique *f.* [amerik] America

Amérique du Nord *f.* [amerikdynɔr] North America Amérique du Sud *f.* (amerikdysyd] South America

ami *m.*, amie *f.* [ami] friend

amour *m.* [amur] love

amuser [amyze] to amuse; s'— to have a good time, enjoy oneself, amuse oneself

an *m.* [ɑ̃] year (*after cardinal numbers*)

ancien, ancienne [ɑ̃sjɛ̃, ɑ̃sjɛn] ancient, old; former

anglais [ɑ̃glɛ] *adj.* English; *n.m.* English (*language*); Anglais *n.m.* Englishman

Angleterre *f.* [ɑ̃glətɛr] England

animal *m.* [animal] animal

année *f.* [ane] year

annoncer [anɔ̃se] to announce

antisepsie *f.* [ɑ̃tisɛpsi] antisepsis

août *m.* [u] August

apercevoir [apɛrsəvwar] (*conj. like* recevoir) to catch sight of

apparaître [aparɛtr] (*conj. like* connaître) to appear

appartement *m.* [apartəmɑ̃] apartment

appartenir [apartənir] to belong

appeler [aple] to call; s'— to be called, be named; comment vous appelez-vous? what is your name?

apporter [apɔrte] to bring

apprécier [apresje] to appreciate; esteem

apprendre [aprɑ̃dr] (*conj. like* prendre) to learn

approprié [aprɔprije] appropriate

appui *m.* [apɥi] support

après [aprɛ] after; afterward; — Jésus-Christ (apr. J.-C.) A.D.; après-midi *m. or f.* afternoon; l'après-midi in the afternoon; de l'après-midi P.M.

arbre *m.* [arbr] tree

Arc de Triomphe *m.* [arkdətriɔ̃f] Arch of Triumph

architecture *f.* [arʃitɛktyr] architecture

argent *m.* [arʒɑ̃] money; silver

armée *f.* [arme] army

arrêt *m.* [arɛ] stop

arrêter [arɛte] to stop; s'— to stop, halt

arrière-garde *f.* [arjɛrgard] rear guard

arrivée *f.* [arive] arrival

arriver [arive] (*aux.* être) to arrive; to happen

art *m.* [ar] art

article *m.* [artikl] article

artiste *m. or f.* [artist] artist

artistique [artistik] artistic

ascenseur *m.* [asɑ̃sœr] elevator

asepsie *f.* [asɛpsi] asepsis

aspect *m.* [aspɛ] aspect, appearance

Assemblée nationale *f.* [asɑ̃blenasjɔnal] National Assembly (*see Les.* 25)

asseoir [aswar] to seat; s'— to sit down

assez (de) [ase(də)] enough

associer [asɔsje] to associate

Atlantique *m.* [atlɑ̃tik] Atlantic

atmosphère *f.* [atmɔsfɛr] atmosphere

atteindre [atɛ̃dr] (*conj. like* craindre) to attain

attendre [atɑ̃dr] to wait (for), await

attirer [atire] to attract

attribuer [atribɥe] to attribute

au, aux [o] to the, at the, in the; au bord de beside, on the edge of; au lieu de instead of; au revoir good-bye

aucun, aucune [okœ̃, okyn] *requires* ne *with verb*) no, none, not any

augmenter [ɔgmɑ̃te] to increase

aujourd'hui [oʒurdɥi] today

auparavant [oparavɑ̃] before, beforehand

auprès de [oprɛdə] near, with, close to

aussi [osi] also, too; (*at beginning of clause*) so, therefore

aussitôt que [ositokə] as soon as

autant [otɑ̃] as much; — de as much, as many; — que as much as

auteur *m.* [otœr] author; — dramatique dramatist, playwright

autobus *m.* [ɔtɔbys] bus (*city*)

autocar *m.* [ɔtɔkar] bus (*interurban*), motor coach

automne *m.* [otɔn] autumn, fall

automobile, auto *f.* [ɔtɔmɔbil, ɔto] automobile, auto, car

autre [otr] other

Autriche *f.* [otriʃ] Austria

autrichien [otriʃjɛ̃] *adj. and n.m.* Austrian

avant [avɑ̃] before; — **de** + *inf.* before; — **que** *conjunction* before; — **Jésus-Christ** (**av. J.-C.**) B.C.

avec [avɛk] with

aventure *f.* [avɑ̃tyr] adventure

avenue *f.* [avny] avenue

avion *m.* [avjɔ̃] airplane; **en** — by plane

avis *m.* [avi] opinion

avoir [avwar] to have; — **chaud** to be warm (hot); — **envie de** to feel like; — **faim** to be hungry; — **froid** to be cold; — **honte** to be ashamed; — **peur** to be afraid; — **raison** to be right; — **soif** to be thirsty; — **tort** to be wrong; — . . . **ans** to be . . . years old

avril *m.* [avril] April

baccalauréat *m.* [bakalɔrea] baccalaureate (*see Les. 8*)

ballet *m.* [balɛ] ballet

Barcelone [barsəlɔn] Barcelona

bataille *f.* [batɑj] battle

bateau *m.* [bato] boat; **en** — by boat

batterie *f.* battery

battre [batr] to beat, defeat; **se** — to fight

beau, bel, belle [bo, bɛl, bɛl] beautiful, handsome

beaucoup (**de**) [boku] much, very much, a great deal, many

beauté *f.* [bote] beauty

Belgique *f.* [belʒik] Belgium

besoin *m.* [bəzwɛ̃] need; **avoir** — **de** to need, have need of

bicyclette *f.* [bisiklɛt] bicycle

bien [bjɛ̃] well; **c'est** — all right, that's good; **eh** —! *interj.* well!

bien que [bjɛ̃kə] although

bienfaiteur *m.* [bjɛ̃fɛtœr] benefactor

bientôt [bjɛ̃to] soon

bière *f.* [bjɛr] beer

billet *m.* [bijɛ] ticket

biologique [biɔlɔʒik] biological

blanc, blanche [blɑ̃, blɑ̃ʃ] white

bleu [blø] blue

blond [blɔ̃] blond, light

bock *m.* [bɔk] (small) glass of beer

bœuf *m.* [bœf] beef; ox; — **à la mode** pot roast (*often cooked with wine*)

boire [bwar] to drink

bois *m.* [bwɑ] wood, woods; — **de Boulogne** (*see Les. 6*)

boisson *f.* [bwasɔ̃] drink, beverage

boîte *f.* [bwat] box

bon, bonne [bɔ̃, bɔn] good

bonjour [bɔ̃ʒur] good morning, good afternoon

bonsoir [bɔ̃swar] good evening

bordé (**de**) [bɔrde] bordered, lined (with, by)

Bordeaux [bɔrdo] Bordeaux

boulevard *m.* [bulvar] boulevard; — **Saint-Germain** (*street in Latin Quarter*)

bourgeois [burʒwa] bourgeois, middle-class

bourgeoisie *f.* [burʒwazi] middle class

Bourgogne *f.* [burgɔɲ] Burgundy

Bourguignon *m.* [burgiɲɔ̃] Burgundian (*see Les. 21*)

bouquin *m.* [bukɛ̃] book (*familiar*)

bouquiniste *m.* [bukinist] secondhand bookseller

boussole *f.* [busɔl] compass

bouteille *f.* [butɛj] bottle

boutique *f.* [butik] shop

bref, brève [brɛf, brɛv] brief, short

Brest [brɛst] Brest

Bretagne *f.* [brətaɲ] Brittany

brillant [brijɑ̃] brilliant

brosser [brɔse] to brush

brûler [bryle] to burn

Budapest [bydapɛst] Budapest

bureau *m.* [byro] office; desk; — **de location** box office

but *m.* [by] object, goal

ça [sa] (*shortened form of* **cela**) that; — **va** all right, O.K.; — **vous va?** does that suit you? O.K.?

cabinet *m.* [kabinɛ] cabinet

cadeau *m.* [kado] gift, present
Cadix [kadiks] Cadiz
café *m.* [kafe] café; coffee
cahier *m.* [kaje] notebook
caisse *f.* [kɛs] cashier's desk
Californie *f.* [kaliforni] California
campagne *f.* [kɑ̃paɲ] country, rural area
Canada *m.* [kanada] Canada
canal *m.* [kanal] canal
capitale *f.* [kapital] capital
car *m.* [kar] bus (*interurban*), motor coach
caractère *m.* [karaktɛr] character
caractéristique *f.* [karaktɛristik] characteristic
carotte *f.* [karɔt] carrot
carte *f.* [kart] map
cathédrale *f.* [katedral] cathedral
cause *f.* [koz] cause; à — de because of
causer [koze] to cause
causer [koze] to chat, talk
ce, cet, cette [sə, sɛt, sɛt] *adj.* this, that
ce [sə] (*pron. used with* être) it, that; c'est-à-dire that is (to say); c'est bien very well, fine, O.K.
ce dont [sədɔ̃] of what, that of which
ce que [səkə] *obj.*; ce qui *subj.* what, that which
ceci [səsi] this
cela, ça [səla, sa] that
célèbre [selɛbr] famous, celebrated
célébrer [selebre] to celebrate, praise
celui, celle [səlɥi, sɛl] this (one), that (one), the one; — -ci the latter; — -là the former
cent [sɑ̃] (one) hundred
centaine *f.* [sɑ̃tɛn] about a hundred
centre *m.* [sɑ̃tr] center
certain [sɛrtɛ̃] certain
certainement [sɛrtɛnmɑ̃] certainly
ces [se] *adj.* these, those
cesser [sese] to cease, stop
ceux, celles [sø, sɛl] these, those, the ones; — -ci the latter; — -là the former
chacun, chacune [ʃakœ̃, ʃakyn] each (one)
chaise *f.* [ʃez] chair

chambre *f.* [ʃɑ̃br] room, bedroom; house (*of a legislative body*)
Champagne *f.* [ʃɑ̃paɲ] Champagne (*province of France*); champagne *m.* (*wine*)
champion *m.* [ʃɑ̃pjɔ̃] champion
championnat *m.* [ʃɑ̃pjɔna] championship
Champs-Elysées *m.pl.* [ʃɑ̃zelize] (*see Les. 6*)
changement *m.* [ʃɑ̃ʒmɑ̃] change
changer (en) [ʃɑ̃ʒe] to change (into)
chanson *f.* [ʃɑ̃sɔ̃] song; — de geste (*see Les. 17*)
chanter [ʃɑ̃te] to sing
chaque [ʃak] each
charbon *m.* [ʃarbɔ̃] anthrax
charger (de) [ʃarʒe] to instruct, charge (with)
Charlemagne [ʃarləmaɲ] Charlemagne (*see Les. 16*)
Charles Martel [ʃarlmartɛl] Charles Martel (*see Les. 16*)
Charles VII [ʃarl(ə)sɛt] Charles VII (*see Les. 21*)
charmant [ʃarmɑ̃] charming
charme *m.* [ʃarm] charm
charmer [ʃarme] to charm
château *m.* [ʃato] chateau, castle
châteaubriand *m.* [ʃatobriɑ̃] grilled tenderloin steak
chaud [ʃo] hot, warm; il fait — the weather is hot (warm); j'ai (tu as, etc.) — I am (you are, etc.) hot (warm)
chauffeur *m.* [ʃofœr] chauffeur, driver
chef *m.* [ʃɛf] chief, leader
chef-d'œuvre *m.* [ʃɛdœvr] masterpiece
chemin *m.* [ʃ(ə)mɛ̃] way, path, road
chemin de fer *m.* [ʃmɛ̃dfɛr] railroad, railway
chemise *f.* [ʃ(ə)miz] shirt
chèque *m.* [ʃɛk] check
cher, chère [ʃɛr] dear, expensive; coûter — to be expensive, cost a lot
Cherbourg [ʃɛrbur] Cherbourg
chercher [ʃɛrʃe] to seek, look for; — à try to
chevalier *m.* [ʃəvalje] knight

chez [ʃe] *prep.* at (in, to) the home (*abode, place of business, country*) of

chimie *f.* [ʃimi] chemistry

choisir [ʃwazir] to choose

choix *m.* [ʃwa] choice

chose *f.* [ʃoz] thing; quelque — something

chrétien, chrétienne [kretjɛ̃, kretjɛn] Christian

ci-dessous [sidəsu] below

cinéma *m.* [sinema] movies

cinq [sɛ̃k] five; cinquième fifth

cinquante [sɛ̃kɑ̃t] fifty; cinquantaine about fifty

citer [site] to mention, name; quote

clarté *f.* [klarte] clarity

classe *f.* [klɑs] class

clergé *m.* [klɛrʒe] clergy

coalition *f.* [koalisjɔ̃] coalition

code *m.* [kɔd] code

cœur *m.* [kœr] heart

coin *m.* [kwɛ̃] corner

colis *m.* [kɔli] package, bundle

Colomb (Christophe) [kɔlɔ̃(kristɔf)] Columbus (Christopher)

colonie *f.* [kɔlɔni] colony

combien (de) [kɔ̃bjɛ̃] how much, how many

comédie *f.* [kɔmedi] comedy

commander [kɔmɑ̃de] to command, be in command of; to order (*food,* etc.)

comme [kɔm] like, as; *excl.* how; — ci — ça so-so

commencement *m.* [kɔmɑ̃smɑ̃] beginning

commencer [kɔmɑ̃se] to begin, commence

comment [kɔmɑ̃] how; — allez-vous? how are you? — ça va? how goes it? — s'appellent . . . ? what are . . . called?

commerçant *m.* [kɔmɛrsɑ̃] merchant

commerce *m.* [kɔmɛrs] commerce

comparaison *f.* [kɔ̃parɛzɔ̃] comparison

comparé [kɔ̃pare] comparative, compared

compétition, *f.* [kɔ̃petisjɔ̃] competition, contest

complet *m.* [kɔ̃plɛ] suit (*man's*)

complet, complète [kɔ̃plɛ, kɔ̃plɛt] complete

compliqué [kɔ̃plike] complicated

composition *f.* [kɔ̃pozisjɔ̃] composition

comprendre [kɔ̃prɑ̃dr] (*conj. like* prendre) to understand

compris [kɔ̃pri] included; y — including

compter [kɔ̃te] to count; expect (to)

condamner [kɔ̃dane] to condemn

conduire [kɔ̃dɥir] to drive; conduct; conduisez-moi take me, drive me

confiance *f.* [kɔ̃fjɑ̃s] confidence

confortable [kɔ̃fɔrtabl] comfortable

connaissance *f.* [kɔnɛsɑ̃s] acquaintance

connaître [kɔnɛtr] to know, be acquainted with; — de nom know by name; — de vue know by sight

connu [kɔny] known, well-known

conquête *f.* [kɔ̃kɛt] conquest

conseil *m.* [kɔ̃sɛj] advice; council

considérer [kɔ̃sidere] to consider

consolider [kɔ̃sɔlide] to consolidate

constitution *f.* [kɔ̃stitysjɔ̃] constitution

constitutionnel, constitutionnelle [kɔ̃stitysjɔnɛl] constitutional

construction *f.* [kɔ̃stryksjɔ̃] construction

construire [kɔ̃strɥir] (*conj. like* conduire) to construct, build

consul *m.* [kɔ̃syl] consul

consulat *m.* [kɔ̃syla] consulate

contact *m.* [kɔ̃takt] contact

contagieux, contagieuse [kɔ̃taʒjø, kɔ̃taʒjøz] contagious

conte *m.* [kɔ̃t] short story, tale

contemporain *m.* [kɔ̃tɑ̃pɔrɛ̃] contemporary

content [kɔ̃tɑ̃] content, contented; satisfied

contenter [kɔ̃tɑ̃te] to content; se — to content oneself

continent *m.* [kɔ̃tinɑ̃] continent

continuer [kɔ̃tinɥe] to continue

contraire [kɔ̃trɛr] contrary; au — on the contrary

contre [kɔ̃tr] against

contribuer [kɔ̃tribɥe] to contribute

contrôleur *m.* [kɔ̃trolœr] ticket collector (*bus, train, etc.*)

convenable [kɔ̃vnabl] appropriate, suitable

conversation *f.* [kɔ̃vɛrsasjɔ̃] conversation

convoquer [kɔ̃vɔke] to convoke, call together

coopération *f.* [kɔɔperasjɔ̃] cooperation

copier [kɔpje] to copy

correspondre [kɔrɛspɔ̃dr] to correspond

costume *m.* [kɔstym] costume

côté *m.* [kote] side; **de ce —** this way, on this side; **de l'un et de l'autre —** on, from both sides

couleur *f.* [kulœr] color

coup *m.* [ku] blow, hit; **— d'état** coup d'etat; **— d'œil** glance, look; **— de télé-phone** telephone call

cour *f.* [kur] court; yard

courageux, courageuse [kuraʒø, kuraʒøz] courageous

couronnement *m.* [kurɔnmɑ̃] coronation

couronner [kurɔne] to crown

courrier *m.* [kurje] mail

court [kur] short

cousin *m.,* **cousine** *f.* [kuzɛ̃, kuzin] cousin

coucher [kuʃe] to put to bed; **se coucher** to go to bed, lie down

coûter [kute] to cost; **— cher** to be expensive, cost a great deal

couvert *m.* [kuvɛr] place setting (*at table*)

cravate *f.* [kravat] tie, cravat

crise *f.* [kriz] crisis

critique *f.* [kritik] criticism

croire [krwar] to believe

croisade *f.* [krwazad] crusade

cuillère *f.* [kɥijɛr] spoon

cultiver [kyltive] to cultivate

d'abord [dabɔr] first, at first

d'accord [dakɔr] in 'agreement; all right, O.K.

d'ailleurs [dajœr] besides, moreover

dame *f.* [dam] lady

Danemark *m.* [danmark] Denmark

dans [dɑ̃] in, into

Dauphin *m.* [dofɛ̃] *heir apparent under French monarchy*

d'avance [davɑ̃s] in advance

davantage [davɑ̃taʒ] more

de [də] of, from (*see also Les. 30*); **— plus** more, moreover

décembre [desɑ̃br] December

déclaration *f.* [deklarasjɔ̃] declaration

découverte *f.* [dekuvɛrt] discovery

découvrir [dekuvrir] (*conj. like couvrir*) to discover

défaite *f.* [defɛt] defeat

défendre [defɑ̃dr] to defend; forbid

défenseur *m.* [defɑ̃sœr] defender

dégoûté [degute] disgusted

déjà [deʒa] already

déjeuner *m.* [deʒœne] lunch; **petit —** breakfast

déjeuner [deʒœne] to eat (have) lunch, to lunch

demain [dəmɛ̃] tomorrow; **après- —** day after tomorrow

demander [dəmɑ̃de] to ask; ask for, request

demeurer [dəmœre] to live, dwell

demi [dəmi] half

démolir [demɔlir] to demolish, raze

démontrer [demɔ̃tre] to demonstrate

dent *f.* [dɑ̃] tooth

dépêcher [depeʃe, depɛʃe] to dispatch; **se — ** to hurry, hasten

dépense *f.* [depɑ̃s] expense, expenditure

dépenser [depɑ̃se] to spend

depuis [dəpɥi] since (*see also Les. 30*)

dérangement *m.* [derɑ̃ʒmɑ̃] bother, trouble; **aucun —** (it's) no trouble, no bother

déranger [derɑ̃ʒe] to disturb, bother, trouble

dernier, dernière [dɛrnje, dɛrnjɛr] last

des [de] of the, from the; *partitive art.* some, any

dès que [dɛkə] as soon as

désastreux, désastreuse [dezastrø, dezastrøz] disastrous

descendre (**de**) [desɑ̃dr] (*aux.* **être**) to go (come) down, descend; get off, out of (*a vehicle*)

désirer [dezire] to want, desire, wish

désordre *m.* [dezɔrdr] disorder

dessert *m.* [desɛr] dessert

destination *f.* [dɛstinasjɔ̃] destination

détruire [detrɥir] (*conj. like* **conduire**) to destroy

deux [dø] two; **deuxième** [døzjɛm] second

devant [dəvã] in front of, before

développement *m.* [devlɔpmã] development

devenir [dəvnir] (*conj. like* **venir**) to become

devoir [dəvwar] to owe; have to, must (*see Les. 26*)

dictateur *m.* [diktatœr] dictator

dicter [dikte] to dictate

Dieu *m.* [djø] God

différence *f.* [diferãs] difference

différent [diferã] different

difficile [difisil] difficult, hard

difficulté *f.* [difikylte] difficulty

dimanche *m.* [dimãʃ] Sunday

diminuer [diminɥe] to diminish

dìner *m.* [dine] dinner

dìner [dine] to dine, have dinner

dire [dir] to say, tell

Dijon [diʒɔ̃] Dijon

directement [dirɛktəmã] directly

directeur *m.* [dirɛktœr] director

discuter [diskyte] to discuss

disposer (**de**) [dispoze] to have at one's disposal

distance *f.* [distãs] distance

distingué [distɛ̃ge] distinguished

divers [divɛr] various, different

divertissement *m.* [divɛrtismã] amusement

dix [dis] ten; — **-sept** seventeen; — **-huit** eighteen; — **-neuf** nineteen

dizaine *f.* [dizɛn] about ten

domaine *m.* [dɔmɛn] domain

dominant [dɔminã] dominant

dominer [dɔmine] to dominate

Domrémy [dɔremi] Domremy

donc [dɔ̃k] then, therefore, so

donner [dɔne] to give

dont [dɔ̃] *rel.pron.* of which, of whom, whose

d'ordinaire [dɔrdinɛr] ordinarily, normally

dormir [dɔrmir] to sleep

douter [dute] to doubt

doux, douce [du, dus] sweet, gentle, mild

douzaine *f.* [duzɛn] dozen

douze [duz] twelve

dramatique [dramatik] dramatic

droit [drwa] straight; **tout** — straight ahead

droit *m.* [drwa] right; tax; — **d'entrée** admission fee

droite *f.* [drwat] right (*direction*); **à** — on (to) the right

du [dy] of the, from the; *partitive art.* some, any

duc *m.* [dyk] duke

échange *m.* [eʃãʒ] exchange

école *f.* [ekɔl] school

économiquement [ekɔnɔmikmã] economically

écouter [ekute] to listen (to)

écrire [ekrir] to write

écrit [ekri] written

écrivain *m.* [ekrivɛ̃] writer

effet *m.* [efɛ] effect; **en** — *interj.* indeed, to be sure

également [egalmã] equally, likewise

égalité *f.* [egalite] equality

église *f.* [egliz] church

eh bien [ebjɛ̃] *interj.* well

élargir [elarʒir] to make wider; **s'**— to broaden, widen, become wider

élégant [elegã] elegant

élève *m. or f.* [elɛv] pupil, student

éliminer [elimine] to eliminate

élire [elir] (*conj. like* **lire**) to elect

elle [ɛl] she, it, her

elles [ɛl] they, them

embellissement *m.* [ãbɛlismã] beautification

embrasser [ãbrase] to kiss, embrace

empêcher [ãpeʃe, ãpɛʃe] to prevent

empereur *m.* [ãprœr] emperor

empire *m.* [ãpir] empire

emplette *f.* [ãplɛt] purchase; **faire des emplettes** to go shopping, make some purchases

employé *m.,* **employée** *f.* [ãplwaje] employee, clerk

employer [ãplwaje] to use, employ

en [ã] *prep.* in, to; by, while; — **auto(mobile)** by car (auto); — **effet** as a matter of fact, indeed; — **face** opposite; — **re-**

tard late; — **route** en route, on the way;
— **tant que tel** as such

en [ã] *pron. and adv.* of it, of them; some,
any; from there

enchanté [ãʃãte] delighted

enclin [ãklɛ̃] inclined, prone

encore [ãkɔr] again; still, yet

encourager [ãkuraʒe] to encourage

endroit *m.* [ãdrwa] place, spot

enfant *m. or f.* [ãfã] child

enfin [ãfɛ̃] finally; in short

s'enfuir [sãfɥir] (*conj. like* **fuir**) to flee,
escape

ennemi *m.* [ɛnmi] enemy

ennuyer [ãnɥije] to bore; **s'—** to be (get)
bored

énorme [enɔrm] enormous

énormément [enɔrmemã] enormously

enseigner [ãsɛɲe] to teach

ensemble [ãsãbl] together

ensuite [ãsɥit] then, after that

entendre [ãtãdr] to hear, understand

entendu [ãtãdy] agreed, all right, O.K.;
c'est — that's settled, agreed, O.K.

enthousiasme *m.* [ãtuzjasm] enthusiasm

enthousiasmé [ãtuzjasme] enthusiastic

enthousiaste [ãtuzjast] enthusiastic

entier, entière [ãtje, ãtjɛr] entire, whole

entre [ãtr] between, among

entrer [ãtre] (*aux.* **être**) to enter, go
(come) in

environs *m.pl.* [ãvirɔ̃] vicinity, neighborhood

envoyer [ãvwaje] to send

épaule *f.* [epol] shoulder

épinards *m.pl.* [epinar] spinach

époque *f.* [epɔk] epoch, period, time

épreuve *f.* [eprœv] test, trial

équipe *f.* [ekip] team

esclavage *m.* [ɛsklavaʒ] slavery

Espagne *f.* [ɛspaɲ] Spain

espagnol [ɛspaɲɔl] *adj. and n.m.* Spanish;
Espagnol *n.m.* Spaniard

espérer [ɛspere] to hope

esprit *m.* [ɛspri] spirit, mind

essai *m.* [ɛsɛ] essay

essayer [ɛsɛje] to try, attempt (to)

essence *f.* [ɛsãs] gasoline

est *m.* [ɛst] east

est [ɛ] is; **— -ce que** is it that (*see Les. 3*)

estampe *f.* [ɛstãp] print, engraving

estimer [ɛstime] to esteem, value

estomac *m.* [ɛstɔma] stomach

et [e] and

établir [etablir] to establish

étage *m.* [etaʒ] floor, story (*of house,
etc.*); **premier —** second floor

état *m.* [eta] state; condition

Etats-généraux *m.pl.* [etaʒenero] States
General (*see Les. 25*)

Etats-Unis *m.pl.* [etazyni] United States

été *m.* [ete] summer

étendre [etãdr] to extend

étonner [etɔne] to surprise; **s' —** to be
surprised, astonished

étranger, étrangère [etrãʒe, etrãʒɛr] foreign; **à l'—** abroad

être *m.* [ɛtr] (human) being

être [ɛtr] to be; **c'est à** (**vous**) **de . . .** it's
(your) turn to . . . ; **c'est que** it's be-
cause, it's that, the truth is that

étude *f.* [etyd] study

étudiant *m.,* **étudiante** *f.* [etydjã, etydjãt]
student

étudier [etydje] to study

Europe *f.* [œrɔp] Europe

eux [ø] them, they

événement *m.* [evɛnmã] event, happening

évident [evidã] evident

éviter [evite] to avoid

évolution *f.* [evɔlysjɔ̃] evolution

exactement [ɛgzaktəmã] exactly

examen *m.* [ɛgzamɛ̃] examination, test

examiner [ɛgzamine] to examine

excellent [ɛksɛlã] excellent

exclusivement [ɛksklyzivmã] exclusively

excursion *f.* [ɛkskyrsjɔ̃] excursion

excusez-moi [ɛkskyzemwa] excuse me

exécutif, exécutive [ɛgzekytif, ɛgzekytiv]
executive

exemple *m.* [ɛgzãpl] example; **par —** for
example

exempt [ɛgzɑ̃] exempt
exercer [ɛgzɛrse] to exercise, perform, wield
exercice *m.* [ɛgzɛrsis] exercise, practice
exister [ɛgziste] to exist
exotique [ɛgzɔtik] exotic, foreign
expédition *f.* [ɛkspedisjɔ̃] expedition
expérience *f.* [ɛksperjɑ̃s] experience; experiment
expérimental [ɛksperimɑ̃tal] experimental
expliquer [ɛksplike] to explain
exploit *m.* [ɛksplwa] exploit
exprès [ɛksprɛ] on purpose
explorateur *m.* [ɛksplɔratœr] explorer
extrêmement [ɛkstrɛmmɑ̃] extremely

fable *f.* [fɑbl] fable
facile [fasil] easy
façon *f.* [fasɔ̃] way, manner
faim *f.* [fɛ̃] hunger; **avoir —** to be hungry
faire [fɛr] to make, do; **— attention** to pay attention; **— la connaissance** to become acquainted; **— le plein (de)** to fill up (with); **— partie de** to belong to, be a part of; **— un récit** to give an account; **— un voyage** to take a trip; **— une promenade** to take a walk (ride); **— une visite** to pay a visit, call; **— valoir** to present advantageously; **il fait beau** it (the weather) is fine, beautiful; **il fait chaud** it is warm (hot); **il fait doux** it is mild; **il fait du soleil** it is sunny; **il fait du vent** it is windy; **il fait frais** it is cool; **il fait froid** it is cold; **il fait mauvais** the weather is bad; **Quel temps fait-il?** What is the weather like?
fait *m.* [fɛ] fact
falloir [falwar] to be necessary (*see Les.* 26)
fameux, fameuse [famø, faməz] famous
famille *f.* [famij] family
fatigué [fatige] tired
fauteuil *m.* [fotœj] armchair; **— d'orchestre** orchestra seat
faux, fausse [fo, fos] false; **faux amis** (*words resembling those of another language, but with different meaning*)

favorable [favɔrabl] favorable
fécond [fekɔ̃] fertile, fruitful
femme *f.* [fam] woman; wife
fenêtre *f.* [fənɛtr] window
fête *f.* [fɛt] holiday, festival
février *m.* [fevrije] February
fille *f.* [fij] girl; daughter
film *m.* [film] movie, film
fils *m.* [fis] son
fin *f.* [fɛ̃] end
final [final] final
finir [finir] to finish; **— par** to end up by
flâneur *m.* [flɑnœr] stroller, idler
fleur *f.* [flœr] flower
fleuve *m.* [flœv) river
fois *f.* [fwa] time, instance
Folies-Bergère *f.pl.* [fɔlibɛrʒɛr] (*see Les.* 6)
fonction *f.* [fɔ̃ksjɔ̃] function
fonctionnement *m.* [fɔ̃ksjɔnmɑ̃] functioning
fonctionner [fɔ̃ksjɔne] to function, work
fondamental [fɔ̃damɑ̃tal] fundamental
fondateur *m.* [fɔ̃datœr] founder
fonder [fɔ̃de] to found
football *m.* [futbɔl] football (soccer)
force *f.* [fɔrs] force, strength
forme *f.* [fɔrm] form
former [fɔrme] to form
formule *f.* [fɔrmyl] form, formula
fort [fɔr] strong; *adv.* very
four *m.* [fur] oven
foyer *m.* [fwaje] lobby (*of a theater*)
frais, fraîche [frɛ, frɛʃ] cool, fresh
fraise *f.* [frɛz] strawberry
franc, franche [frɑ̃, frɑ̃ʃ] frank
franc *m.* [frɑ̃] franc (*French monetary unit*)
français [frɑ̃sɛ] *adj.* French; *n.m.* French (*language*); **Français** *n.m.* Frenchman
France *f.* [frɑ̃s] France
fraternité *f.* [fratɛrnite] fraternity, brotherhood
fréquent [frekɑ̃] frequent
fréquenter [frekɑ̃te] to frequent, visit regularly
frère *m.* [frɛr] brother
frit [fri] fried

froid [frwa] cold; **avoir —** to be cold; **il fait —** it (the weather) is cold
fromage *m.* [frɔmaʒ] cheese
fruit *m.* [frɥi] fruit
fuir [fɥir] to flee

gagner [gaɲe] to earn, get, gain; win
gant *m.* [gɑ̃] glove
garçon *m.* [garsɔ̃] boy; waiter
garder [garde] to keep, hold; guard
gare *f.* [gar] railroad station
gauche [goʃ] left; **à —** to the left, on the left, left
gazette *f.* [gazɛt] gazette
général [ʒeneral] *adj. and n.m.* general
génération *f.* [ʒenerasjɔ̃] generation
génie *m.* [ʒeni] genius
genre *m.* [ʒɑ̃r] kind, type, style
gens *m.pl.* [ʒɑ̃] people (*see Les. 6*)
géographie *f.* [ʒeɔgrafi] geography
gouvernement *m.* [guvɛrnəmɑ̃] government
gouverner [guvɛrne] to govern
grâce à [grɑsa] thanks to
grammaire *f.* [gramɛr] grammar
grand [grɑ̃] large, big, tall, great
grandeur *f.* [grɑ̃dœr] grandeur; size
grand-mère *f.* [grɑ̃mɛr] grandmother
grand-père *m.* [grɑ̃pɛr] grandfather
grands-parents *m.pl.* [grɑ̃parɑ̃] grandparents
grec, grecque [grɛk] *adj. and n.* Greek
gros, grosse [gro, gros] big (*in volume, size*), stout
groupe *m.* [grup] group
guerre *f.* [gɛr] war; **— de Cent Ans** Hundred Years' War; **— de 1870** Franco-Prussian War
guichet *m.* [giʃɛ] (ticket) window

NOTE: An asterisk indicates an aspirate **h.**

habiller [abije] to dress; **s'—** to get dressed, dress (oneself)
habitant *m.* [abitɑ̃] inhabitant
habiter [abite] *used with or without prep.* to live, dwell
habitude *f.* [abityd] habit

***hanche** *f.* [ɑ̃ʃ] hip
***haricot** *m.* [ariko] bean; **— vert** green bean
***hasard** *m.* [azar] chance
***hâte** *f.* [ɑt] haste, hurry
***haut** [o] high, tall; loud
***héros** *m.* [ero] hero
heure *f.* [œr] hour; **Quelle — est-il?** What time is it? **une —,** etc. one o'clock, etc.; **à l'—** on time; **de bonne —** early
heureux, heureuse [œrø, œrøz] happy, glad
hier [iɛr, jɛr] yesterday; **— soir** last night, yesterday evening
histoire *f.* [istwar] history; story
historique [istɔrik] historic, historical
hiver *m.* [ivɛr] winter
***Hollande** *f.* [ɔlɑ̃d] Holland
homme *m.* [ɔm] man
homogène [ɔmɔʒɛn] homogeneous
***Hongrie** *f.* [ɔ̃gri] Hungary
hôpital *m.* [ɔpital] hospital
hôtel *m.* [otɛl] hotel; **— de ville** city (town) hall
huile *f.* [ɥil] oil
***huit** [ɥit] eight
***huitaine** *f.* [ɥitɛn] about eight; a week or so
humain [ymɛ̃] human
humanité *f.* [ymanite] humanity

ici [isi] here; **par —** this way
idée *f.* [ide] idea
ignorance *f.* [iɲɔrɑ̃s] ignorance
ignorer [iɲɔre] to be ignorant of, not to know
il [il] he, it; **— y a** there is, there are; **— y a (deux ans)** (two years) ago; **— n'y a pas de quoi** don't mention it, you're welcome
île *f.* [il] island
ils [il] they
imaginer [imaʒine] to imagine
imitation *f.* [imitasjɔ̃] imitation
impair [ɛ̃pɛr] odd, uneven (*of numbers*)
impératrice *f.* [ɛ̃peratris] empress
importance *f.* [ɛ̃pɔrtɑ̃s] importance
important [ɛ̃pɔrtɑ̃] important
impossibilité *f.* [ɛ̃pɔsibilite] impossibility

impossible [ɛ̃pɔsibl] impossible

impôt m. [ɛ̃po] tax

impression f. [ɛ̃prɛsjɔ̃] impression

impressionnant [ɛ̃prɛsjɔnɑ̃] impressive

impressionner [ɛ̃prɛsjɔne] to impress

imprimerie f. [ɛ̃primri] printing, printing press

incident m. [ɛ̃sidɑ̃] incident; sans — uneventful

indiquer [ɛ̃dike] to indicate

industrie f. [ɛ̃dystri] industry

industriel, industrielle [ɛ̃dystriɛl] industrial

inévitable [inevitabl] inevitable

influence f. [ɛ̃flyɑ̃s] influence

inoculer [inɔkyle] to inoculate

instituer [ɛ̃stitɥe] to institute, establish

institution f. [ɛ̃stitysjɔ̃] institution

intellectuel, intellectuelle [ɛ̃tɛlɛktɥɛl] intellectual

intéressant [ɛ̃terɛsɑ̃] interesting

intéresser [ɛ̃terɛse] to interest; s'intéresser (à) be interested (in)

intérêt m. [ɛ̃terɛ] interest; prendre de l'— à quelque chose to take an interest in something

invasion f. [ɛ̃vɑzjɔ̃] invasion

inventer [ɛ̃vɑ̃te] to invent

invention f. [ɛ̃vɑ̃sjɔ̃] invention

inviter [ɛ̃vite] to invite

isolé [izɔle] isolated

isolement m. [izɔlmɑ̃] isolation

Italie f. [itali] Italy

italien [italjɛ̃] adj. and n.m. Italian; Italien n.m. Italian (person)

itinéraire m. [itinerɛr] itinerary

jamais [ʒamɛ] ever; never; ne . . . — never, not ever

janvier m. [ʒɑ̃vje] January

jardin m. [ʒardɛ̃] garden

jaune [ʒon] yellow

je [ʒə] I

Jeanne d'Arc [ʒandark] Joan of Arc (see Les. 21)

jeudi m. [ʒødi] Thursday

jeune [ʒœn] young; — fille girl

joie f. [ʒwa] joy

joli [ʒɔli] pretty

jongleur m. [ʒɔ̃glœr] minstrel; juggler

jouer [ʒwe] to play; to give (as of plays, etc.)

jour m. [ʒur] day; — de l'An New Year's Day

journal m. [ʒurnal] newspaper

journée f. [ʒurne] day

jovial [ʒɔvjal] jovial

juillet m. [ʒɥijɛ] July

juin m. [ʒɥɛ̃] June

juriste m. [ʒyrist] jurist

jus m. [ʒy] juice

jusqu'à [ʒyska] until, up to, as far as; — ce que conjunction until

jusque even; until, as far as

juste [ʒyst] just

kilomètre m. [kilɔmɛtr] kilometer (⅝ mile)

la [la] the

la [la] her, it

là [la] there

laboratoire m. [labɔratwar] laboratory

lac m. [lak] lake

laisser [lɛse] to let, allow; leave

langue f. [lɑ̃g] language; tongue; — vivante modern language

laps m. [laps] lapse (of time)

large [larʒ] wide, broad

latin [latɛ̃] adj. and n.m. Latin

laver [lave] to wash; se — to wash (oneself)

le [lə] the

le [lə] him, it

leçon f. [ləsɔ̃] lesson

légal [legal] legal

légendaire [leʒɑ̃dɛr] legendary

législatif, législative [leʒislatif, leʒislativ] legislative

légume m. [legym] vegetable

lendemain m. [lɑ̃dmɛ̃] next day

Léonard de Vinci [leɔnardəvɛ̃si] Leonardo da Vinci

lequel, laquelle [ləkɛl, lakɛl] which (one)

les [le] the

les [le] them

lesquels, lesquelles [lekɛl] which (ones)

lettre *f.* [lɛtr] letter

leur [lœr] them, to (for) them

leur [lœr] their; **le —, la —, les leurs** theirs

lever [ləve] to raise, lift; **se —** to rise, get up

libération *f.* [liberɑsjɔ̃] liberation

liberté *f.* [libɛrte] liberty

libre [libr] free; unoccupied, not busy

ligne *f.* [liɲ] line

limitation *f.* [limitɑsjɔ̃] limitation

limite *f.* [limit] limit, boundary

limiter [limite] to limit, restrict

liqueur *f.* [likœr] liqueur

lire [lir] to read

lit *m.* [li] bed

littéraire [literɛr] literary

littérature *f.* [literatyr] literature

livre *m.* [livr] book

livret *m.* [livrɛ] libretto

locution *f.* [lɔkysjɔ̃] expression (*verbal*)

loi *f.* [lwa] law

loin [lwɛ̃] far

lointain [lwɛ̃tɛ̃] distant

Loire *f.* [lwar] Loire

loisir *m.* [lwazir] leisure

Londres [lɔ̃dr] London

long, longue [lɔ̃, lɔ̃g] long; **le long de** along, beside

longtemps [lɔ̃tɑ̃] a long time

Lorraine *f.* [lɔrɛn] Lorraine (*province of France*)

louer [lwe] to rent, hire

Louisiane *f.* [lwizjan] Louisiana

lourd [lur] heavy

Louvre *m.* [luvr] Louvre (*see Les. 6*)

lui [lɥi] him, to (for) him; her, to (for) her; he

lundi *m.* [lœ̃di] Monday

lycée *m.* [lise] lycee (*French secondary school*) (*see Les. 8*)

Lyon [ljɔ̃] Lyons

ma [ma] my

madame [madam] madam; Mrs. . . . (*abbr.* **Mme**)

mademoiselle [madmwazɛl] miss (*abbr.* **Mlle**)

Madrid [madrid] Madrid

magasin *m.* [magazɛ̃] store; **grand —** department store

magazine *m.* magazine (*generally illustrated*)

magnificence *f.* [maɲifisɑ̃s] magnificence, splendor

magnifique [maɲifik] magnificent, wonderful

mai *m.* [mɛ] May

main *f.* [mɛ̃] hand

maintenant [mɛ̃tnɑ̃] now

maintenir [mɛ̃tnir] to maintain, support

mais [mɛ] but

maison *f.* [mɛzɔ̃] house; **à la —** at home

maître d'hôtel *m.* [mɛtr(ə)dotɛl] headwaiter

majorité *f.* [maʒɔrite] majority

mal [mal] *adv.* badly, poorly; *n.m.* illness, pain, ache; **— à l'estomac** stomachache; **— à la tête** headache

malade [malad] *adj.* sick, ill; *n.m. or f.* sick person, patient

maladie *f.* [maladi] sickness, illness

malgré [malgre] in spite of

malheur *m.* [malœr] misfortune

malheureusement [malœrøzmɑ̃] unfortunately

manger [mɑ̃ʒe] to eat

manufacture *f.* [manyfaktyr] factory

marché *m.* [marʃe] market; **— aux Fleurs** Flower Market

marcher [marʃe] walk; function, work

mardi *m.* [mardi] Tuesday

marqué [marke] marked

Marseille [marsɛj] Marseilles

mars *m.* [mars] March

match *m.* [matʃ] game, match

mathématiques *f.pl.* [matematik] mathematics

matière *f.* [matjɛr] matter; subject (*of study*)

matin *m.* [matɛ̃] morning; **du —** A.M.; **le — in** the morning

mauvais [mɔvɛ] bad

me [mə] me, to (for) me, myself

mécontent [mekɔ̃tɑ̃] dissatisfied, discontented

médecin *m.* [medsɛ̃] doctor, physician

médecine *f.* [medsin] medicine

Méditerranée *f.* [mediterane] Mediterranean

meilleur [mɛjœr] *adj.* better, best

mélancolie *f.* [melɑ̃kɔli] melancholy

membre *m.* [mɑ̃br] member

même [mɛm] *adj.* same; *adj. following n.* very; *adv.* even; moi- —, toi- —, etc. myself, yourself, etc.

menacer [mənase] to menace, threaten

mener [məne] to lead

mentionner [mɑ̃sjɔne] to mention

merci [mɛrsi] thank you, thanks; — bien thank you very much

mercredi *m.* [mɛrkrədi] Wednesday

mère *f.* [mɛr] mother

merveilleux, merveilleuse [mɛrvɛjø, mɛrvɛjøz] marvelous

mes [me] my

messieurs *m.pl.* [mesjø] gentlemen, Messrs.

mesure *f.* [məzyr]: à — que (*in proportion*) as

méthode *f.* [metɔd] method

métro *m.* [metro] (Paris) subway

mettre [mɛtr] to put, place; — le couvert to set the table

Mexique *m.* [mɛksik] Mexico

microbe *m.* [mikrɔb] microbe

midi *m.* [midi] twelve o'clock, noon, midday

mien, mienne [mjɛ̃, mjɛn] mine

mieux [mjø] *adv.* better, best

Milan [milɑ̃] Milan

milieu *m.* [miljø] middle, midst

militaire [militɛr] military

mille [mil] (one) thousand

milliers *m.pl.* [milje] thousands

million *m.* [miljɔ̃] million

ministère *m.* [ministɛr] ministry, cabinet, government

ministériel, ministérielle [ministerjɛl] ministerial, cabinet

ministre *m.* [ministr] minister, head of government department

minuit *m.* [minɥi] twelve o'clock, midnight

minute *f.* [minyt] minute

misère *f.* [mizɛr] extreme poverty, misery

moi [mwa] me, to (for) me, I; — -même myself

moins (de) [mwɛ̃] less, fewer

mois *m.* [mwɑ] month

moment *m.* [mɔmɑ̃] moment

mon [mɔ̃] my

monarchie *f.* [mɔnarʃi] monarchy

monde *m.* [mɔ̃d] world; people

monnaie *f.* [mɔnɛ] change, coin

monotonie *f.* [mɔnɔtɔni] monotony

monsieur *m.* [məsjø] sir, Mr.

montagne *f.* [mɔ̃taɲ] mountain

monter [mɔ̃te] (*aux.* être) to go (come) up; to get in, on (*vehicles*); (*with aux.* avoir) to carry up

Montmartre *m.* [mɔ̃martr] Montmartre (*section of Paris*)

Montparnasse *m.* [mɔ̃parnas] Montparnasse (*section of Paris*)

montrer [mɔ̃tre] to show

monument *m.* [mɔnymɑ̃] monument, public or historic building

mort *f.* [mɔr] death

mot *m.* [mo] word

Moulin Rouge *m.* [mulɛ̃ruʒ] Red Mill (*see Leç. 6*)

mourir [murir] (*aux.* être) to die

mouton *m.* [mutɔ̃] sheep; mutton

mouvement *m.* [muvmɑ̃] movement

moyen âge *m.* [mwajɛnaʒ] Middle Ages

multiple [myltipl] multiple

multiplier [myltiplie] multiply

mur *m.* [myr] wall; au — on the wall

musée *m.* [myze] museum

musulman [myzylmɑ̃] *adj. and n.m.* Moslem

naissance *f.* [nɛsɑ̃s] birth

naître [nɛtr] (*aux.* être) to be born

narrateur *m.* [naratœr] narrator, storyteller

nation *f.* [nɑsjɔ̃] nation

national [nɑsjɔnal] national

naturellement [natyrɛlmɑ̃] naturally

négliger [negliʒe] to neglect

neige *f.* [nɛʒ] snow

neiger [nɛʒe] to snow

n'est-ce pas? [nɛspɑ] is it not? (*see Leç. 5*)

nettoyer [nɛtwaje] to clean
neuf, neuve [nœf, nœv] new, brand-new
neuf [nœf] nine; neuvième [nœvjɛm] ninth
neveu m. [nəvø] nephew
ni [ni] neither; ni . . . ni neither . . . nor
(or)
Nice [nis] Nice
nier [nje] to deny
noble [nɔbl] adj. and n.m. noble, nobleman
noblesse f. [nɔblɛs] nobility
Noël m. [nɔɛl] Christmas
nombre m. [nɔ̃br] number
nominal [nɔminal] titular
nommer [nɔme] appoint, name
non [nɔ̃] nò
nord m. [nɔr] north; — -est [nɔr(d)ɛst]
northeast; — -ouest [nɔr(d)wɛst] north-
west
Normandie f. [nɔrmɑ̃di] Normandy (province of France)
nos. [no] our
notre [nɔtr] our
nòtre [notr] ours
Notre-Dame de Paris [nɔtrədamdəpari]
cathedral of Paris
nous [nu] we; us, to (for) us; ourselves;
each other
nouveau, nouvel, nouvelle [nuvo, nuvɛl,
nuvɛl] new
nouvelle f. [nuvɛl] news, news item, piece
of news
la Nouvelle-Orléans f. [lanuvɛlɔrleɑ̃] New
Orleans
novembre m. [nɔvɑ̃mbr] November
numéro m. [nymero] number, numeral

occasion f. [ɔkazjɔ̃] chance, occasion, opportunity
océan m. [ɔseɑ̃] ocean
octobre m. [ɔktɔbr] October
œuvre f. [œvr] work (especially literary or
artistic)
oignon m. [ɔɲɔ̃] onion
on [ɔ̃] one, we, you, they, people, etc. (see
Les. 7 and 24)
oncle m. [ɔ̃kl] uncle
onze [ɔ̃z] eleven

opéra m. [ɔpera] opera
opposition f. [ɔpozisjɔ̃] opposition
oppression f. [ɔprɛsjɔ̃] oppression
oral [ɔral] oral
ordonner [ɔrdɔne] to order
ordre m. [ɔrdr] order; de premier — of
first rank
origine f. [ɔriʒin] origin
Orléans [ɔrleɑ̃] Orleans (city of France)
os m. [sing. ɔs, pl. o] bone
ou [u] or
où [u] where; when, that, on which, in
which (see Les. 18)
oublier [ublije] to forget
ouest [wɛst] west
oui [wi] yes
ouvreuse f. [uvrøz] theater usher (woman)
ouvrier m. [uvrije] workman
ouvrier m., ouvrière f. [uvrije, uvrijɛr] adj.
working (class)
ouvrir [uvrir] to open

Pacifique m. [pasifik] Pacific
paire f. [pɛr] pair
palais m. [palɛ] palace; — de Chaillot
modern architectural complex which includes one of the state-subsidized the-
atres
paléontologie f. [paleɔ̃tɔlɔʒi] paleontology
pape m. [pap] Pope
par [par] by; — ici this way
parc m. [park] park (see Note, Les. 5)
parce que [parskə] because
pardessus m. [pardəsy] overcoat
parent m. [parɑ̃] parent; relative
parfum m. [parfœ̃] perfume
Paris [pari] Paris
parlement m. [parləmœ̃] parliament
parler [parle] to speak, talk
parmi [parmi] among
part f. [par] share, part; de la — de on
behalf of
parti m. [parti] party (poltical)
partie f. [parti] part, portion; game; faire
— de to belong to, be part of
partir [partir] (aux. être) to leave, go away
partout [partu] everywhere

pas [pa] no, not (*requires* **ne** *when used with verb*)

pas *m.* [pa] step; à **deux** — a short distance away

passeport *m.* [paspɔr] passport

passer [pase] to pass, spend (*time*); — **un examen** to take an examination; **se** — to happen

pasteurisation *f.* [pastœrizasjɔ̃] pasteurization

pâtisserie *f.* [patisri] pastry; pastry shop

patrie *f.* [patri] country, fatherland

patriotisme *m.* [patriɔtism] patriotism

payer [pɛje] to pay (for)

pays *m.* [pei, peji] country

paysage *m.* [peizaʒ] landscape

paysan *m.,* paysanne *f.* [peizã, peizan] peasant, country person, farmer

pêcheur *m.* [pɛʃœr] fisherman

peine *f.* [pɛn] trouble; **ce n'est pas la** — (**de**) it is not necessary (to), it's not worth the trouble (to)

pendant [pãdã] during; — **que** while

pendule *f.* [pãdyl] clock

penser (à) [pãse] to think (of, about)

Pépin le Bref [pepɛ̃ləbrɛf] Pepin the Short (*see Les. 16*)

perdre [pɛrdr] to lose

père *m.* [pɛr] father

perfectionnement *m.* [pɛrfɛksjɔnmã] perfecting, improvement

période *f.* [perjɔd] period

permettez-moi [pɛrmɛtemwa] allow me

permettre [pɛrmɛtr] (*conj. like* **mettre**) to permit, allow

personnage *m.* [pɛrsɔnaʒ] character (*in story, play,* etc.); personage

personne *f.* [pɛrsɔn] person; **ne** . . . — nobody, no one, not . . . anyone

persuader [pɛrsɥade] to persuade

petit [pəti] small, little; — **-fils** grandson

peu (de) [pø(də)] few, little

peuple *m.* [pœpl] people, nation; common people

peur *f.* [pœr] fear; **avoir** — to be afraid

peut [pø] (*3rd person sing.pres. indicative of* **pouvoir**) can, is able

peut-être [pøtɛtr] perhaps, maybe

philosophie *f.* [filɔzɔfi] philosophy

photo *f.* [fɔto] (*abbr. of* **photographie**) photo, photograph, picture

physiologie *f.* [fizjɔlɔʒi] physiologie

physique [fizik] physical

pièce *f.* [pjɛs] play; room

pied *m.* [pje] foot; **sur un** — **d'égalité** on an equal footing

pittoresque [pitɔrɛsk] picturesque

place *f.* [plas] place, seat; square

plaire [plɛr] to please, be pleasing; **cela me plaît** I like that

plaisir *m.* [plezir] pleasure

plan *m.* [plã] plan

plat *m.* [pla] dish

pleuvoir [plœvwar] to rain

plupart *f.* [plypar] majority, most

plus (de) [ply(də)] more, most; **de** — **en** — more and more; **ne** . . . — no more, no longer, not . . . any more; **de** — more; moreover

plusieurs [plyzjœr] several

pneu *m.* [pnø] tire

poème *m.* [pɔɛm] poem

poésie *f.* [pɔezi] poetry, poem

poète *m.* [pɔɛt] poet

point de vue *m.* [pwɛ̃dvy] point of view

politique [pɔlitik] *adj.* political; *n.f.* policy

pomme *f.* [pɔm] apple; — **de terre** potato; **pommes frites** (French) fried potatoes

pont *m.* [pɔ̃] bridge

populaire [pɔpylɛr] popular

popularité *f.* [pɔpylarite] popularity

porcelaine *f.* [pɔrsəlɛn] porcelain, china

porter [pɔrte] to carry; wear

Portugal *m.* [pɔrtygal] Portugal

poser [poze] to put; ask (*a question*)

possible [pɔsibl] possible

postal [pɔstal] postal

poste *f.* [pɔst] post office, postal service, mail; **bureau de** — post office; — **d'essence** filling station

pot-au-feu *m.* [pɔtofø] boiled beef with vegetables

potage *m.* [pɔtaʒ] soup

poudre *f.* [pudr] powder; — **à canon** gunpowder

poulet *m.* [pulɛ] chicken

poupée *f.* [pupe] doll
pour [pur] to, in order to, for
pourboire *m.* [purbwar] tip
pourquoi [purkwa] why
pourvu que [purvykə] provided that
pouvoir *m.* [puvwar] power
pouvoir [puvwar] to be able (can, etc.)
pratique [pratik] practical
précédent *m.* [presedɑ̃] precedent
prédécesseur *m.* [predesɛsœr] predecessor
préféré [prefere] favorite, preferred
préférence *f.* [preferɑ̃s] preference
préférer [prefere] to prefer
préfet *m.* [prefɛ] prefect (*administrator of a department*)
premier, première [prəmje, prəmjɛr] first; **de — ordre** first rank
prendre [prɑ̃dr] to take; **— un repas** to have (eat) a meal
préparer [prepare] to prepare
près (de) [prɛ(də)] near
présent [prezɑ̃] present; **à —** at present, now
présenter [prezɑ̃te] to introduce
presque [prɛsk] almost, nearly
presse *f.* [prɛs] press
prêt (à) [prɛ] ready (to)
prêter [prɛte] to lend
primaire [primɛr] primary, elementary
principal [prɛ̃sipal] principal
principe *m.* [prɛ̃sip] principle; **en —** in principle, theoretically
printemps *m.* [prɛ̃tɑ̃] spring
privilégié [privilezje] privileged
problème *m.* [prɔblɛm] problem
prochain [prɔʃɛ̃] next
proclamer [prɔklame] to proclaim
produire [prɔdɥir] (*conj. like* **conduire**) to produce
professeur *m.* [prɔfɛsœr] professor, instructor, teacher
profiter (de) [prɔfite] to profit (by), take advantage (of)
progrès *m.* [prɔgrɛ] progress
promenade *f.* [prɔmnad] walk, ride; **faire une —** to take a walk, ride
propagande *f.* [prɔpagɑ̃d] propaganda

proposer [prɔpoze] to propose
proposition *f.* [prɔpozisjɑ̃] clause (*gram.*)
prose *f.* [proz] prose
prospère [prɔspɛr] prosperous
province *f.* [prɔvɛ̃s] province
Prusse *f.* [prys] Prussia
public, publique [pyblik] public
puis [pɥi] then
puissant [pɥisɑ̃] powerful
purement [pyrmɑ̃] purely, entirely

quai *m.* [ke] dock, embankment, pier, quay, wharf
qualité *f.* [kalite] quality
quand [kɑ̃] when; **— même** however, nevertheless
quant à [kɑ̃ta] as for
quantité *f.* [kɑ̃tite] quantity
quarantaine *f.* [karɑ̃tɛn] about forty
quarante [karɑ̃t] forty
quart *m.* [kar] quarter
quartier *m.* [kartje] quarter, district, neighborhood, section (*of city*); **— Latin** Latin Quarter (*see Les. 6*)
quatorze [katɔrz] fourteen
quatre [katr] four
quatre-vingts [katrəvɛ̃] eighty; **quatre-vingt-dix** ninety
que [kə] *conjunction* that, than; *interr.- pron.* what; *rel.pron.* whom, which, that; **ne . . . —** only
quel, quelle [kɛl] what, which; **quel dommage** *excl.* what a pity
quelquefois [kɛlkəfwa] sometimes
quelques [kɛlkə] some, a few
quelqu'un, quelqu'une [kɛlkœ̃, kɛlkyn] someone, somebody
quelques-uns, quelques-unes [kɛlkəzœ̃, kɛlkəzyn] some, a few
qu'est-ce que (qui) [kɛskə (ki)] what (*see Les. 10*)
question *f.* [kɛstjɔ̃] question
qui [ki] *rel.pron.* who, which, that; *interr.pron.* who, whom
quinzaine *f.* [kɛ̃zɛn] about fifteen; two weeks, a fortnight
quinze [kɛ̃z] fifteen

quitter [kite] (*transitive*) to leave
quoi [kwa] what
quoique [kwakə] although

raconter [rakɔ̃te] to tell, relate
radiateur *m*. [radjatœr] radiator
radium *m*. [radjɔm] radium
rafraîchir [rafrɛʃir] to refresh, cool; **se —** to refresh oneself, cool off
rafraîchissant [rafrɛʃisɑ̃] refreshing, cool
rage *f*. [raʒ] rabies
raison *f*. [rɛzɔ̃] reason; **avoir —** to be right
rappeler [raple] to recall; **se —** to remember, recall
rapporter [rapɔrte] to bring back
rayon *m*. [rɛjɔ̃] department, counter (*in a store*)
recevoir [resəvwar] to receive
récent [resɑ̃] recent
réciproque [resiprɔk] reciprocal
récit *m*. [resi] account, story, tale, narration
recommander [rəkɔmɑ̃de] to recommend
recommencer [rəkɔmɑ̃se] to begin again, recommence
reçu *m*. [rəsy] receipt
rédiger [rediʒe] to draw up, draft
réfléchir [refleʃir] to reflect, think
réformateur *m*. [refɔrmatœr] reformer
réfugié *m*. [refyʒje] refugee
regarder [rəgarde] to look, look at, watch
régime *m*. [reʒim] regime; **l'ancien —** the old regime (*monarchy preceding the Revolution*)
région *f*. [reʒjɔ̃] region, part
réglé [regle] fixed, set
règne *m*. [rɛɲ] reign
regretter [rəgrete] to regret
Reims [rɛ̃s] Rheims
reine *f*. [rɛn] queen
relation *f*. [rəlasjɔ̃] relation(ship)
religieux, religieuse [rəliʒjø, rəliʒjøz] religious
religion *f*. [rəliʒjɔ̃] religion
remettre [rəmɛtr] (*conj. like* **mettre**) to put back
remontrance *f*. [rəmɔ̃trɑ̃s] remonstrance

remplacer [rɑ̃plase] to replace
remplir (**de**) [rɑ̃plir] to fill (with)
rencontrer [rɑ̃kɔ̃tre] to meet, encounter
rendez-vous *m*. [rɑ̃devu] appointment, date
rendre [rɑ̃dr] to render, make; give back, return; **se — compte** (**de**) to realize
renommée *f*. [rənɔme] fame, renown
rentrer [rɑ̃tre] (*aux.* **être**) to go (come) back in, return home
renverser [rɑ̃vɛrse] to overthrow
repas *m*. [rəpa] meal
répandre [repɑ̃dr] to spread; **se —** to spread
répéter [repete] to repeat
répétition *f*. [repetisjɔ̃] repetition
répondre (**à**) [repɔ̃dr] to answer, respond
réponse *f*. [repɔ̃s] answer, response
repos *m*. [rəpo] rest, repose
reprendre (**à**) [rəprɑ̃dr] (*conj. like* **prendre**) to take back (from)
représentatif [rəprezɑ̃tatif] representative
représentation *f*. [rəprezɑ̃tasjɔ̃] performance (*of play, etc.*)
représenter [rəprezɑ̃te) to represent
république *f*. [repyblik] republic
réputation *f*. [repytasjɔ̃] reputation
responsabilité *f*. [rɛspɔ̃sabilite] responsibility
ressemblance *f*. [rəsɑ̃blɑ̃s] resemblance
ressembler (**à**) [rəsɑ̃ble] to resemble
restaurant *m*. [rɛstɔrɑ̃] restaurant
reste *m*. [rɛst] rest, remainder
rester [rɛste] (*aux.* **être**) to stay, remain; **il me reste . . .** I have . . . left
restriction *f*. [rɛstriksjɔ̃] restriction
résultat *m*. [rezylta] result
rétablir [retablir] to reestablish
retard *m*. [rətar] delay; **en —** late
retarder [rətarde] to retard, slow up; be slow (*of clock, watch, etc.*)
retenir [rətnir] (*conj. like* **tenir**) to hold back, keep, delay; reserve
retourner [rəturne] (*aux.* **être**) to go back, return
se réunir [səreynir] to meet, assemble, get together

réussir (à) [reysir] to succeed (in); pass (*an examination*)

réveiller [reveje] to awaken; se — to wake up, awaken

revenir [rəvnir] (*conj. like* venir) to come back, return

révision *f.* [revisjɔ̃] revision, review

revoir [rəvwar] (*conj. like* voir) to see again; au — good-bye

révolution *f.* [revɔlysjɔ̃] revolution

revue *f.* [rəvy] magazine, review

Rhône *m.* [ron] Rhone

riche [riʃ] rich

rien [rjɛ̃] nothing; ne . . . — nothing, not . . . anything; de — not at all, don't mention it

rive *f.* [riv] bank, shore

roi *m.* [rwa] king

Roland [rɔlɑ̃] Roland (*see Les. 17*)

rôle *m.* [rol] role, part

romain [rɔmɛ̃] *adj. and n.m.* Roman

roman *m.* [rɔmɑ̃] novel

romancier *m.* [rɔmɑ̃sje] novelist

romantisme *m.* [rɔmɑ̃tism] romanticism

Rome [rɔm] Rome

rosbif *m.* [rɔsbif] roast beef

rôtisserie *f.* [rotisri] rotisserie, grillroom, restaurant

rôti [roti] *adj. and n.m.* roast

Rouen [rwɑ̃] Rouen

rouge [ruʒ] red

route *f.* [rut] road, way; en — on the way, en route

royal [rwajal] royal

royaume *m.* [rwajom] kingdom, realm

rue *f.* [ry] street; — de la Paix (*see Les. 6*)

russe [rys] *adj. and n.m.* Russian; Russe *n.m. or f.* Russian (*person*)

Russie *f.* [rysi] Russia

sa [sa] his, her, its

sac *m.* [sak] bag; — à main handbag

Sacré-Cœur *m.* [sakrekœr] Sacred Heart; basilique du — basilica of the Sacred Heart (*see Les. 6*)

saison *f.* [sɛzɔ̃] season

salade *f.* [salad] salad

salon *m.* [salɔ̃] living room; salon (*see Les. 24*)

samedi *m.* [samdi] Saturday

sandwich *m.* (sɑ̃dwitʃ] sandwich

sans [sɑ̃] without

sarrasin [sarazɛ̃] *adj. and n.m.* Saracen

satisfait [satisfɛ] satisfied, pleased

sauver [sove] to save

savant [savɑ̃] *adj. and n.m.* scholarly; scholar, scientist

savoir [savwar] to know; know how to

scène *f.* [sɛn] scene; stage

science *f.* [sjɑ̃s] science

scientifique [sjɑ̃tifik] scientific

se [sə] himself, herself, itself, oneself, themselves; each other

sec, sèche [sɛk, sɛʃ] dry

second [səgɔ̃] second

secondaire [səgɔ̃dɛr] secondary

secours *m.* [səkur] help, aid

section *f.* [sɛksjɔ̃] section (*division of a bus route*)

Seine *f.* [sɛn] Seine

seize [sɛz] sixteen

séjour *m.* [seʒur] stay

selon [səlɔ̃] according to

semaine *f.* [səmɛn] week

semblable [sɑ̃blabl] similar

sembler [sɑ̃ble] to seem

sentiment *m.* [sɑ̃timɑ̃] feeling, sentiment

sentir [sɑ̃tir] (*conj. like* dormir) to feel

sept [sɛt] seven

septembre *m.* [sɛptɑ̃br] September

servir [sɛrvir] (*conj. like* dormir) to serve; se — de to use, make use of

ses [se] his, her, its

seul [sœl] *adj.* only; *adv.* alone

si [si] if; so

si [si] yes (*in answer to a neg. question or statement*)

siècle *m.* [sjɛkl] century

sien [sjɛ̃] his, hers

signer [siɲe] to sign

s'il vous plaît [silvuplɛ] please, if you please

simple [sɛ̃pl] simple; billet — one-way ticket

situation *f.* [sitɥasjɔ̃] situation

situé [sitɥe] located, situated

six [sis] six

social [sɔsjal] social

socialiste [sɔsjalist] *adj. and n.* socialist

société *f.* [sɔsjete] society

sœur *f.* [sœr] sister

soi [swa] oneself

soie [swa] silk

soif *f.* [swaf] thirst; **avoir —** to be thirsty

soir *m.* [swar] evening; **le —** in the evening; **du —** P.M.

soixantaine *f.* [swasɑ̃tɛn] about sixty

soixante [swasɑ̃t] sixty; **— -dix** seventy

soldat *m.* [sɔlda] soldier

soleil *m.* [sɔlɛj] sun, sunshine; **il fait du —** it is sunny

sommeil *m.* [sɔmɛj] sleep; **avoir —** to be sleepy

son [sɔ̃] his, her, its

sont [sɔ̃] are

sorcière *f.* [sɔrsjɛr] witch, sorceress

sorte *f.* [sɔrt] sort, kind

sortir [sɔrtir] (*conj. like* **dormir**; *aux.* **être**) to go out

souffrir [sufrir] (*conj. like* **couvrir**) to suffer

souhaiter [swɛte] to wish

soulever [sulve] to raise; **se —** to rise up, revolt

soumis [sumi] obedient

soupe *f.* [sup] soup

sous [su] under

souvenir *m.* [suvnir] souvenir, remembrance

se souvenir (de) [sə suvnir] to remember

souvent [suvɑ̃] often, frequently

spécial [spesjal] special

spontané [spɔ̃tane] spontaneous

stabilité *f.* [stabilite] stability

stable [stabl] stable

station *f.* [stasjɔ̃] station (subway); **— -service** service station

subit [sybi] sudden

se succéder [səsyksede] to follow one another

succès *m.* [syksɛ] success

successivement [syksɛsivmɑ̃] successively

sud *m.* [syd] south; **— -est** southeast; **— -ouest** southwest

Suisse *f.* [sɥis] Switzerland; Swiss (woman); *m.* Swiss (*man*); **suisse** *adj.* Swiss

suite *f.* [sɥit] continuation

suivant [sɥivɑ̃] following

suivre [sɥivr] to follow

sujet *m.* [syʒɛ] subject

sur [syr] on, upon

surpasser [syrpase] surpass

surtout [syrtu] especially, above all

symbole *m.* [sɛ̃bɔl] symbol

symbolisme *m.* [sɛ̃bɔlism] symbolism

système *m.* [sistɛm] system

ta [ta] your

table *f.* [tabl] table

tableau *m.* [tablo] picture, painting, tableau; **— noir** blackboard

tâche *f.* [taʃ] task, job, work

talent *m.* [talɑ̃] talent

tandis que [tɑ̃dikə] while

tant (de) [tɑ̃] so, so much, so many; **en — que** **tel** as such, in its own right; **— que** so long as

tard [tar] late; **plus —** later

tarte *f.* [tart] tart, pie

tasse *f.* [tas] cup

taxi m. [taksi] taxi

te [tə] you, to (for) you, yourself

teinturier *m.* [tɛ̃tyrje] (dry) cleaner

tel, telle [tɛl] such; **— que** such as; **— ou — ... some ... or other**

téléphone *m.* [telefɔn] telephone; **un coup de —** a telephone call

tellement [tɛlmɑ̃] so, to such an extent

temps *m.* [tɑ̃] time; weather; **quel — fait-il?** what is the weather like?

tenir [tənir] to hold, have; **— ferme** to hold firm, resist

terrasse *f.* [tɛras] terrace (*open area for table service outside café or restaurant*)

Terreur *f.* [tɛrœr] Reign of Terror (*see Les. 25*)

tes [te] your

tête *f.* [tɛt] head

thé *m.* [te] tea
théâtre *m.* [teɑtr] theater
Tibre *m.* [tibr] Tiber
ticket *m.* [tikɛ] ticket (*bus*)
tien, tienne [tjɛ̃, tjɛn] yours
tiers état *m.* [tjɛrzeta] third estate (*the "commons" of the old States General*)
tirer [tire] to pull; take, derive
titre *m.* [titr] title
toi [twa] you
tomber [tɔ̃be] (*aux.* être) to fall
ton [tɔ̃] your
toucher [tuʃe] to touch; cash (*a check, etc.*)
toujours [tuʒur] always; still
tour *m.* [tur] tour, circuit; turn; à — de rôle in turn, one at a time
tour *f.* [tur] tower; la — Eiffel the Eiffel Tower
Touraine *f.* [turɛn] Touraine [*province of France*)
touriste *m.* or *f.* [turist] tourist
Tours [tur] Tours
tout [tu] *adj.* all, every; *pron.* everything, all; — de suite right away; — le monde everybody, everyone; — à l'heure a little while ago, in a little while
tradition *f.* [tradisjɔ̃] tradition
traditionnel (*f.* -elle) [tradisjɔnɛl] traditional
tragédie *f.* [traʒedi] tragedy
train *m.* [trɛ̃] train
trait *m.* [trɛ] characteristic
tranquillité *f.* [trɑ̃kilite] tranquility
transport *m.* [trɑ̃spɔr] transportation
travail *m.* [travaj] work
travailler [travaje] to work
traversée *f.* [travɛrse] crossing
traverser [travɛrse] to cross, go through
treize [trɛz] thirteen
trentaine *f.* [trɑ̃tɛn] about thirty
trente [trɑ̃t] thirty; — et un thirty-one; — -deux thirty-two
très [trɛ] very
trois [trwɑ] three; troisième third
trône *m.* [tron] throne
trop (de) [tro] too much, too many; too

trottoir *m.* [trɔtwar] sidewalk
trouver [truve] to find; se — to be (located); find oneself
tu [ty] you
type *m.* [tip] type

un, une [œ̃, yn] a, an; one
université *f.* [ynivɛrsite] university
usage *m.* [yzaʒ] use

vacances *f.pl.* [vakɑ̃s] vacation, holiday(s)
vaccin *m.* [vaksɛ̃] vaccine
vaccination *f.* [vaksinɑsjɔ̃] vaccination
vacciner [vaksine] to vaccinate
vaincre [vɛ̃kr] to conquer, vanquish
valeur *f.* [valœr] value
valise *f.* [valiz] bag, suitcase
vallée *f.* [vale] valley
valoir [valwar] to be worth; il (ça) vaut mieux it (that) is better; faire — to present advantageously
variété *f.* [varjete] variety
veau *m.* [vo] veal
vendeur *m.*, vendeuse *f.* [vɑ̃dœr, vɑ̃døz] salesman, saleswoman, clerk
vendredi *m.* [vɑ̃drədi] Friday
venir [vənir] (*aux.* être) to come; — de (+ *inf.*) to have just (+ *p.p.*)
Venise [vəniz] Venice
vérifier [verifje] verify, check
véritable [veritabl] true, real
verre *m.* [vɛr] glass
vers [vɛr] toward(s)
Versailles [vɛrsɑj] Versailles
vert [vɛr] green
vêtement *m.* [vɛtmɑ̃] dress, garment; *pl.* clothes, clothing
victoire *f.* [viktwar] victory
victorieux, victorieuse [viktɔrjø, viktɔrjøz] victorious
vie *f.* [vi] life
Vienne [vjɛn] Vienna
vieux, vieil, vieille [vjø, vjɛj, vjɛj] old; mon vieux "old man," "my friend" (*familiar term of address*)
vigneron *m.* [viɲərɔ̃] winegrower
village *m.* [vilaʒ] village

ville *f.* [vil] city, town

vin *m.* [vɛ̃] wine

vingt [vɛ̃] twenty; — **et un** [vɛ̃teœ̃] twenty-one; — **-deux** [vɛ̃tdø] twenty-two

vingtaine *f.* [vɛ̃tɛn] about twenty, a score

Virginie *f.* [virʒini] Virginia

visite *f.* [vizit] visit; **faire une** — to pay a call

visiter [vizite] to visit

visiteur *m.* [vizitœr] visitor

vite [vit] quickly, fast

vivre [vivr] to live

vocabulaire *m.* [vɔkabylɛr] vocabulary

voici [vwasi] here is, here are; **nous** — here we are

voilà [vwala] there is, there are; **vous** — there you are

voir [vwar] to see

voiture *f.* [vwatyr] car, automobile

voix *f.* [vwa] voice; **à haute** — aloud

volonté *f.* [vɔlɔ̃te] will, desire

vote *m.* [vɔt] vote

votre [vɔtr] your

vôtre [votr] yours

vouloir [vulwar] to want, wish; — **bien** to be willing, to consent; — **dire** to mean (to say); **que veux-tu! (que voulez-vous!)** *excl.* what do you expect!

vous [vu] you, to (for) you; yourself, yourselves; each other

voyage *m.* [vwajaʒ] trip, voyage

voyager [vwajaʒe] to travel

voyageur *m.* [vwajaʒœr] traveler

vrai [vrɛ] true

vulgarisation *f.* [vylgarizɑsjɔ̃] popularizing

y [i] to it, on it, in it, there, etc. (*see Les. 14*)

y a-t-il? [iatil, jatil] is there? are there?

yeux *m.pl.* [jø] eyes (*sing.* œil)

ENGLISH-FRENCH
VOCABULARY

a un, une

able: be — pouvoir

about de, sur; environ, vers

abroad à l'étranger

abundance abondance f.

academy académie f.

accept accepter

accomplish accomplir

according to selon

account récit m.

acquaintance connaissance f.

act acte m.

active actif (f. -ve)

activity activité f.

A.D. après Jésus-Christ (apr. J.-C.)

add ajouter

address adresse f.

administration administration f.

admire admirer

admission fee droit (m.) d'entrée

admit admettre

adventure aventure f.

advice conseil m.

after, afterward après

after that ensuite, puis

afternoon après-midi m. or f.

again encore (une fois)

against contre

age âge m.

ago il y a

agreeable agréable

agreement accord m.; in — d'accord

agreed entendu, d'accord

agriculture agriculture f.

ah interj. ah

airplane avion m.; by — en avion, par avion

all tout, toute, tous, toutes; not at — (in answer to thanks) de rien; — right d'accord, entendu

allied allié

allow laisser, permettre; — me (to . . .) permettez-moi (de . . .)

almost presque

alone seul

along le long de

aloud à haute voix

already déjà

also aussi

although quoique, bien que

always toujours

A.M. du matin

ambition ambition f.

America Amérique f.; North — l'Amérique du Nord; South — l'Amérique du Sud

American adj. américain; n.m. Américain

among entre, parmi

amuse amuser; — oneself s'amuser

amusement divertissement m.

an un, une

ancient ancien (f. -enne)

and et

animal animal m.

announce annoncer

answer réponse f.; to — répondre (à)

anthrax charbon m.

antisepsis antisepsie f.

any du, de la, de l', des, de, quelque, aucun; pron. en

anybody, anyone quelqu'un, quelqu'une; not . . . anybody (anyone) ne . . . personne

apartment appartement m.

appear apparaître

appoint nommer
appointment rendez-vous *m.*
appropriate approprié
April avril *m.*
Arch of Triumph Arc (*m.*) de Triomphe
architecture architecture *f.*
army armée *f.*
arrival arrivée *f.*
arrive arriver
art art *m.*
article article *m.*
artist artiste *m. or f.*
artistic artistique
as comme; — . . . — aussi . . . que; — a
  matter of fact en effet; — **far** — jusqu'à,
  aussi loin que; — **for** quant à; — **many**
  (**much**) autant que (de *before n.*); —
  soon — aussitôt que; — **such** en tant
  que tel; **in proportion** — à mesure que
asepsis asepsie *f.*
ask, ask for demander; — **a question** poser
  une question
aspect aspect *m.*
associate associer
astonished étonné; **to be** — s'étonner
at à; chez
Atlantic Atlantique *m.*
atmosphere atmosphère *m.*; ambiance *f.*
attain atteindre
attempt essayer (de)
attract attirer
attribute attribuer
August août *m.*
Austria Autriche *f.*
Austrian *adj.* autrichien; *n.m.* Autrichien
author auteur *m.*
automobile automobile *f.*, auto *f.*, voiture *f.*
autumn automne *m.*
avenue avenue *f.*
avoid éviter (de)
awaken, wake up se réveiller

bad mauvais
badly mal
bag valise *f.*; **handbag** sac(*m.*) à main
ballet ballet *m.*
bank banque *f.*; (*of river*) rive *f.*, bord *m.*
Barcelona Barcelone

battery accumulateur *m.*, batterie *f.*
battle bataille *f.*
b.c. avant Jésus-Christ (av. J.-C.)
be être; — (**located**) se trouver; — **afraid**
  avoir peur; — **ashamed** avoir honte; —
  bored s'ennuyer; — **cold** avoir froid
  (*persons*), faire froid (*weather*); — **expensive** coûter cher; — **hot** avoir chaud
  (*persons*), faire chaud (*weather*); —
  hungry avoir faim; — **ignorant of** ignorer; — **necessary** falloir; — **part of**
  faire partie de; — **right** avoir raison; —
  sleepy avoir sommeil; — **slow** (*clocks,
  etc.*) retarder; — **thirsty** avoir soif; —
  warm avoir chaud (*persons*), faire chaud
  (*weather*); — **well** aller bien; — **willing**
  vouloir bien; — **wrong** avoir tort
bean °haricot *m.*; **green bean** haricot vert
beat battre
beautification embellissement *m.*
beautiful beau, bel (*f.* belle)
beauty beauté *f.*
because parce que
because of à cause de
become devenir, se faire
bed lit *m.*
beef bœuf *m.*; — **pot roast** bœuf à la mode
beer bière *f.*
before avant (*time*); devant (*place*); avant
  de (+ *inf.*); *conjunction* avant que; —
  long avant peu
beforehand auparavant
begin commencer
beginning commencement *m.*
behalf: on — **of** de la part de
being être *m.*
Belgium Belgique *f.*
believe croire
belong (to) appartenir (à), être (à); (*be
  a member of*) faire partie (de)
benefactor bienfaiteur *m.*
beside le long de, au bord de
besides d'ailleurs
best *adj.* meilleur; *adv.* mieux
better *adj.* meilleur; *adv.* mieux
between entre
beverage boisson *f.*
bicycle bicyclette *f.*, vélo *m.*

big grand (*tall*); gros (*in volume*)

biological biologique

blond blond

blow coup *m.*

blue bleu

boat bateau *m.;* **by —** en bateau

bookseller (**secondhand**) bouquiniste *m.* or *f.*

bordered (**with, by**) bordé (de)

born né; **to be —** naître

bother déranger

bottle bouteille *f.*

boulevard boulevard *m.*

boundary limite *f.*

bourgeois bourgeois

box boîte *f.;* — **office** bureau de location

boy garçon *m.*

breakfast (petit) déjeuner *m.*

bridge pont *m.*

brief bref (*f.* brève)

brilliant brillant

bring apporter

bring back rapporter

Brittany Bretagne *f.*

broad large

broaden élargir, s'élargir

brother frère *m.*

brush brosser

build construire

Burgundian Bourguignon *m.*

Burgundy Bourgogne *f.*

burn brûler

bus autobus (*city*); autocar, car (*interurban*)

but mais

buy acheter;—**tickets** prendre des billets

by par; — (+ *pres.p.*) en (+ *pres.p.*);—**the way** à propos; — **turns** à tour de rôle

cabinet cabinet *m.*, conseil (*m.*) des ministres, ministère *m.; adj.* ministériel

Cadiz Cadix

café café *m.*

California Californie *f.*

call: telephone — coup (*m.*) de téléphone

call appeler; **to be called** s'appeler;

what are . . . called? comment s'appellent . . . ? — **on** (**pay a visit**) faire une visite à

can pouvoir; savoir

canal canal *m.*

capital capitale *f.*

car voiture, automobile, auto *all f.;* **by —** en voiture, etc.

carrot carotte *f.*

carry porter, transporter; — **up** monter (*aux.* avoir)

cash (*check, etc.*) toucher

cashier's desk caisse *f.*

catch sight of apercevoir

cathedral cathédrale *f.*

cause causer

cease cesser

celebrate célébrer

celebrated célèbre

center centre *m.*

century siècle *m.*

certain certain

certainly certainement

chair chaise *f.*

champion champion *m.*

championship championnat *m.*

chance occasion *f.* (*opportunity*); hasard *m.* (*risk*)

change changement *m.;* monnaie *f.* (*money*)

change (**into**) changer (en)

character caractère *m.;* personnage *m.* (*in play, story, etc.*)

charm charme *m.*

charm charmer

charming charmant

chat causer

check chèque *m.* (*bank*); addition *f.* (*restaurant, etc.*)

check vérifier

cheese fromage *m.*

chemistry chimie *f.*

chicken poulet *m.*

chief chef *m.; adj.* principal

child enfant *m.* or *f.*

choice choix *m.*

choose choisir

Christian chrétien (*f.* -enne)

Christmas Noël *m.*
church église *f.*
city ville *f.;* — **hall** hôtel (*m.*) de ville
clarity clarté *f.*
class classe *f.*
clean nettoyer
cleaner (dry) teinturier *m.*
clergy clergé *m.*
clerk employé *m.,* employée *f.* (*office*);
  vendeur *m.,* vendeuse *f.* (*store*)
clock pendule *f.*
close près, auprès, à deux pas; — **to** près
  de, auprès de
coalition coalition *f.*
code code *m.*
coffee café *m.*
cold *adj. and n.m.* froid; **to be** — avoir
  froid (*persons*), faire froid (*weather*)
colony colonie *f.*
color couleur *f.*
Columbus (Christopher) Colomb (Christophe)
come venir; — **back** revenir, rentrer; —
  now *excl.* allons! allons donc!
comedy comédie *f.*
command commander
commence commencer
commerce commerce *m.*
comparative comparé
compared comparé
comparison comparaison *f.*
compass boussole *f.*
competition compétition *f.*
completely complètement
complicated compliqué
composition composition *f.*
condemn condamner
conduct conduire
confidence confiance *f.*
conquer vaincre
conquest conquête *f.*
consider considérer
consolidate consolider
constitution constitution *f.*
constitutional constitutionnel (*f.* -elle)
construction construction *f.*
consul consul *m.*

consulate consulat *m.*
contact contact *m.*
contagious contagieux (*f.* -euse)
contemporary *adj. and n.m.* contemporain
content content; **to** — **oneself** se contenter
continent continent *m.*
continuation suite *f.*
continue continuer; **to be continued**
  à suivre
contrary contraire; **on the** — au contraire
contribute contribuer
conversation conversation *f.*
convoke convoquer
cool frais (*f.* fraîche)
cooperation coopération *f.*
copy copier
corner coin *m.*
coronation couronnement *m.*
correspond correspondre
cost coûter; — **a lot** coûter cher
costume costume *m.*
council conseil *m.*
count compter
country pays *m.;* patrie *f.* (*fatherland*);
  campagne *f.* (*rural area*); — **person**
  paysan *m.,* paysanne *f.*
courageous courageux (*f.* -euse)
court cour *f.*
cousin cousin *m.,* cousine *f.*
crisis crise *f.*
criticism critique *f.*
cross traverser
crossing traversée *f.*
crown couronner
crusade croisade *f.*
cultivate cultiver
cup tasse *f.*
current actuel (*f.* -elle)

daughter fille *f.*
day jour *m.;* journée *f.;* **the next** — le
  lendemain
deal: **a great** — beaucoup (de)
death mort *f.*
December décembre *m.*
defeat défaite *f.*
defeat battre; vaincre

defend défendre
defender défenseur *m.*
delay retarder; retenir
delighted enchanté
demolish démolir
demonstrate démontrer
Denmark Danemark *m.*
deny nier
department ministère *m.* (*of government*);
    rayon *m.* (*of store*); — store grand ma-
    gasin *m.*
derive tirer
desire désirer, vouloir
dessert dessert *m.*
destination destination *f.*
destroy détruire
development développement *m.*
dictate dicter
dictator dictateur *m.*
die mourir
difference différence *f.*
different différent; divers (*various*)
difficult difficile
difficulty difficulté *f.*
diminish diminuer
dine dîner
dinner dîner *m.*
directly directement
director directeur *m.*
disastrous désastreux (*f.* -euse)
discontented mécontent
discover découvrir
discovery découverte *f.*
discuss discuter
disgusted dégoûté
dish plat *m.*
disorder désordre *m.*
dissatisfied mécontent
distance distance *f.;* a short — away à
    deux pas
distant lointain
distinguished distingué
disturb déranger
do faire
dock quai *m.*
doctor médecin *m.* (*physician*); docteur *m.*
doll poupée *f.*

domain domaine *m.*
dominant dominant
dominate dominer
doubt douter
dozen douzaine *f.*
draft rédiger
dramatic dramatique
dramatist auteur (*m.*) dramatique
draw up rédiger
dress, get dressed s'habiller
drink boisson *f.*
drink boire
drive conduire
dry sec (*f.* sèche)
duke duc *m.*
during pendant
dwell habiter

each chaque; — one chacun, chacune
early de bonne heure
earn gagner
east est *m.*
easy facile
eat manger; — a meal prendre un repas
economically économiquement
effect effet *m.*
effort effort *m.*
eight huit; eighteen dix-huit; eighty
    quatre-vingts
elect élire
elegant élégant
elevator ascenseur *m.*
eleven onze
embankment quai *m.*
embrace embrasser
emperor empereur *m.*
empire empire *m.*
employee employé *m.*, employée *f.*
empress impératrice *f.*
encourage encourager
end fin *f.;* — up doing something finir par
    faire quelque chose
enemy ennemi *m.*
England Angleterre *f.*
English *adj. and n.m.* anglais
Englishman Anglais
enjoy jouir (de); — oneself s'amuser

enormous énorme; **enormously** énormément
enough assez (de)
enter entrer
enthusiasm enthousiasme *m.*
enthusiastic enthousiaste, enthousiasmé
entire entier (*f.* -ère)
equality égalité *f.*
equally également
escape s'enfuir
especially surtout
essay essai *m.*
establish établir
esteem estimer
even *adv.* même
evening soir *m.*
event événement *m.*
ever jamais
every tout, toute, tous, toutes, chaque;
everybody, everyone tout le monde;
everything tout; **everywhere** partout
evident évident
evolution évolution *f.*
exactly exactement
examination examen *m.*
examine examiner
example exemple *m.;* **for —** par exemple
excellent excellent
exchange échange *m.*
excursion excursion *f.*
excuse me excusez-moi
executive exécutif (*f.* -ive)
exempt exempt
exercise exercice *m.*
exercise exercer
exist exister
exotic exotique
expect (to) compter
expedition expédition *f.*
expense dépense *f.*
experience expérience *f.*
experiment expérience *f.*
experimental expérimental
explain expliquer
exploit exploit *m.*
explorer explorateur *m.*
extend étendre, s'étendre

extremely extrêmement
eye œil *m.* (*pl.* yeux)

fable fable *f.*
fact fait *m.*
factory manufacture *f.*
fall tomber
fame renommée *f.*
family famille *f.*
famous célèbre, fameux (*f.* -euse)
far loin
farewell adieu
farmer paysan *m.*
father père *m.;* **fatherland** patrie *f.*
favorable favorable
favorite préféré
fear peur *f.*
February février *m.*
feel sentir; **— like** (*doing something*) avoir
envie de (+ *inf.*)
feeling sentiment *m.*
fertile fertile, fécond
festival fête *f.*
few peu de; **a —** *adj.* quelques; *pron.*
quelques-uns; **fewer** moins de
field champ *m.*
fifteen quinze; **fifty** cinquante
fifth cinquième
fill remplir; **— up (with)** faire le plein
(de); **filling station** poste (*m.*) d'essence
final final; **finally** finalement, enfin
find trouver; **— oneself** se trouver
finish finir
first premier (*f.* -ère); **at —** d'abord; **—
rank** de premier ordre
fisherman pêcheur *m.*
five cinq
fixed réglé; **at — times** à des heures réglées
flee s'enfuir
floor étage *m.;* **first —** rez-de-chaussée *m.;*
second — premier étage
flower fleur *f.*
follow suivre; **to — one another** se succéder
foot pied *m.*
football football *m.* (*soccer*); football américain (*football*)

for pour; pendant (*time*); depuis (*see Les.
30*)
forbid défendre
force force *f.*
foreign étranger (*f.* -ère)
forget oublier (de)
form forme *f.*
form former
former celui (celle, ceux, celles)-là
fortnight quinzaine *f.*
forty quarante
found fonder; founder fondateur *m.*
four quatre; fourteen quatorze
France France *f.*
fraternity fraternité *f.*
free libre
French *adj. and n.m.* français; **Frenchman**
Français; **Frenchwoman** Française
frequent *verb* fréquenter; *adj.* fréquent;
frequently souvent, fréquemment
fresh frais (*f.* fraîche)
Friday vendredi *m.*
fried frit
friend ami *m.,* amie *f.*
from de; take — prendre à; buy — acheter
à; — there en
fruit fruit *m.*
fruitful fécond
function fonction *f.;* to — fonctionner
functioning fonctionnement *m.*
fundamental fondamental

gain gagner
game partie *f.;* match *m.*
garden jardin *m.*
gasoline essence *f.*
gazette gazette *f.*
general *adj. and n.m.* général
generation génération *f.*
genius génie *m.*
gentle doux (*f.* douce)
gentlemen messieurs *m.pl.*
geography géographie *f.*
German *adj. and n.m.* allemand
Germany Allemagne *f.*
get gagner; — in (on) monter; — out of
(off) descendre; — tickets prendre des

billets; — together se réunir; — up se
lever
gift cadeau *m.*
girl fille *f.,* jeune fille
give donner; — an account of faire le récit
de; — back rendre
glad content, heureux (*f.* -euse), enchanté
glance coup (*m.*) d'œil
glass verre *m.;* a — of beer un bock
glove gant *m.*
go aller; — away partir; — back retourner;
— back in rentrer; — down descendre;
— in entrer; — out sortir; — shopping
aller faire des emplettes; — to bed se
coucher; — up monter
goal but *m.*
God Dieu *m.*
good bon (*f.* bonne); — afternoon, —
morning bonjour; — -bye au revoir; —
evening bonsoir; — night bonne nuit
govern gouverner
government gouvernement *m.*
grammar grammaire *f.*
grandfather grand-père *m.*
grandmother grand-mère *f.*
grandson petit-fils *m.*
great grand
Greek *adj. and n.* grec (*f.* grecque)
green vert
group groupe *m.*
grow, grow up grandir
gunpowder poudre (*f.*) à canon

habit habitude *f.*
half demi
hand main *f.;* handbag sac (*m.*) à main
handsome beau
happen arriver, se passer
happy heureux (*f.* -euse)
hard difficile
haste hâte *f.*
have avoir, tenir; — a good time s'amuser;
— a meal prendre un repas; — at one's
disposal disposer de; — just done something venir de faire quelque chose; — to
do devoir faire
he il, lui
head tête *f.*

headache mal (*m.*) de tête; **to have a —** avoir mal à la tête

headwaiter maître (*m.*) d'hôtel

hear entendre

heart cœur *m.*

heavy lourd

help secours *m.*

help aider

her la, lui, elle; *poss.adj.* son, sa, ses

here ici; **— is (are)** voici

hero °héros *m.*

hers le sien, la sienne, les siens, les siennes

herself elle-même, se

high haut

him le, lui; **himself** lui-même, se

hip °hanche *f.*

hire louer

his son, sa, ses; *pron.* le sien, la sienne, les siens, les siennes

historical historique

history histoire *f.*

hit coup *m.*

hold tenir; **— back** retenir; **— firm** tenir ferme

holiday fête *f.* (*festival*); vacances *f.pl.* (*vacation*)

Holland °Hollande *f.*

home maison *f.;* **in my —** chez moi; **in John's —** chez Jean

homogeneous homogène

hope espérer

hospital hôpital *m.*

hot chaud; **be —** avoir chaud (*persons*); **be —** faire chaud (*weather*)

hotel hôtel *m.*

hour heure *f.*

house maison *f.;* **at my —** chez moi; **at John's —** chez Jean; (*of legislative body*) chambre *f.*

how comment; *excl.* comme; **— many (much)** combien de; **— often** combien de fois; **— are you?** Comment allez-vous? **— goes it?** Comment ça va?

however quand même

human humain

humanity humanité *f.*

hundred cent

Hungary °Hongrie *f.*

hunger faim *f.;* **be hungry** avoir faim

hurry °hâte *f.;* **to —** se dépêcher

I je, moi

idea idée *f.*

idler flâneur *m.*

if si

ignorant ignorant; **be — of** ignorer

illness maladie *f.;* mal *m.*

imagine imaginer

imitation imitation *f.*

immediately tout de suite, immédiatement

importance importance *f.*

important important

impossibility impossibilité *f.*

impossible impossible

impress impressionner

impression impression *f.*

impressive impressionnant

in dans, en, à; **— advance** d'avance; **— it (them)** y; **— order to** afin de, pour; **— order that** afin que, pour que; **— short** enfin; **— spite of** malgré; **— front of** devant

incident incident *m.*

included compris

including y compris

increase augmenter

Indian Indien *m.*

indicate indiquer

industrial industriel (*f.* -elle)

industry industrie *f.*

inevitable inévitable

influence influence *f.*

inhabitant habitant *m.*

inoculate inoculer

instead of au lieu de

institute instituer

institution institution *f.*

intellectual intellectuel (*f.* -elle)

interest intérêt *m.;* **take an — in something** prendre de l'intérêt à quelque chose, s'intéresser à quelque chose

interesting intéressant

into dans, en

introduce présenter

invasion invasion *f.*

invent inventer

invention invention *f.*
invite inviter
is it not? n'est-ce pas?
island île *f.*
isolated isolé
isolation isolement *m.*
it il, elle, ce, le; in (on, etc.) — y; of —
   en; — is better to . . . il vaut mieux . . .
Italian *adj. and n.* italien (*f.*-enne)
Italy Italie *f.*
itinerary itinéraire *m.*

January janvier *m.*
Joan of Arc Jeanne d'Arc
jovial jovial
joy joie *f.*
juggler jongleur *m.*
juice jus *m.*
July juillet *m.*
June juin *m.*
jurist juriste *m.*
just juste

keep retenir, garder
kilometer kilomètre *m.*
kind genre *m.*, type *m.*, sorte *f.*
king roi *m.*
kingdom royaume *m.*
kiss embrasser
knight chevalier *m.*
know, be acquainted with connaître; —
   by name connaître de nom; — by sight
   connaître de vue; I — him je le connais
know, know how to savoir; I — it je le sais
known, well-known connu, bien connu

laboratory laboratoire *m.*
lake lac *m.*
landscape paysage *m.*
language langue *f.*
large grand; gros (*in volume*)
last dernier (*f.* -ère); — night hier soir,
   cette nuit
late en retard (*by schedule*); it is — il
   est tard; later plus tard

Latin *adj. and n.m.* latin
latter celui (celle, ceux, celles)-ci
law loi *f.*
lead mener, conduire
leader chef *m.*
learn apprendre
learned savant
leave quitter (*transitive*); partir (*intransitive*)
left gauche *f.;* on (to) the — à gauche
legal légal
legendary légendaire
legislative législatif (*f.* -ve)
leisure loisir *m.*
less moins (de)
lesson leçon *f.*
let laisser, permettre
letter lettre *f.*
liberation libération *f.*
liberty liberté *f.*
libretto livret *m.*
lie down se coucher
life vie *f.*
light blond (*color*)
like aimer; I — that cela me plaît; I would
   like to . . . je voudrais . . .
like *prep.* comme
likewise également
limit limite *f.*
limit limiter
limitation limitation *f.*
line ligne *f.*
lined (with) bordé (de)
liqueur liqueur *f.*
listen (to) écouter
literary littéraire
literature littérature *f.*
little *adj.* petit; *adv.* peu (de)
live habiter (*dwell*), vivre
living room salon *m.*
lobby (*of theater*) foyer *m.*
located situé
London Londres
long long (*f.* longue); a — time longtemps
look regard *m.;* coup (*m.*) d'œil
look (at) regarder
look for chercher

lose perdre
loud haut; **aloud** à haute voix
Louisiana Louisiane *f.*
love amour *m.*
love aimer
lover amant *m.*, amante *f.*
lunch déjeuner *m.*

madam madame *f.*
magazine revue *f.;* magazine *m.* (*generally illustrated*)
magnificent magnifique
mail poste *f.;* courrier *m.*
maintain maintenir
majority majorité *f.*
make faire; — **the acquaintance** (**of**) faire la connaissance (de); — (**render**) rendre
man homme *m.*
manner façon *f.*, manière *f.*
many beaucoup (de)
map carte *f.*
March mars *m.*
marked marqué
market marché *m.*
marvelous merveilleux (*f.* -euse)
mathematics mathématiques *f.pl.*
May mai *m.*
me me, moi
meal repas *m.*
to mean (**to say**) vouloir dire
medicine médecine *f.*
meet rencontrer; — (**get together**) se réunir
melancholy mélancolie *f.*
member membre *m.*
mention mentionner, citer, nommer
method méthode *f.*
Mexico Mexique *m.*
microbe microbe *m.*
middle milieu *m.*
Middle Ages moyen âge *m.*
middle class bourgeoisie *f.; adj.* bourgeois
midst milieu *m.;* **in the — of** au milieu de
mild doux (*f.* douce)
military militaire
million million *m.*
mind esprit *m.*

mine le mien, la mienne, les miens, les miennes
minister ministre *m.*
ministerial ministériel
ministry ministère *m.*
minstrel jongleur *m.*
minute minute *f.*
misery misère *f.*
misfortune malheur *m.*
Miss mademoiselle *f.* (*abbr.* Mlle)
modern moderne
moment moment *m.*
monarchy monarchie *f.*
Monday lundi *m.*
money argent *m.*
monotony monotonie *f.*
month mois *m.*
monument monument *m.*
more plus (de), de plus; davantage
moreover de plus
morning matin *m.*
Moslem *adj. and n.m.* musulman
most la plupart
mother mère *f.*
motor coach autocar *m.*
mountain montagne *f.*
movement mouvement *m.*
movie film *m.*
movies cinéma *m.*
Mr. monsieur *m.* (*abbr.* M.)
Mrs. madame *f.* (*abbr.* Mme)
much, very much beaucoup (de)
multiple multiple
multiply multiplier
museum musée *m.*
must devoir, falloir
my mon, ma, mes
myself me, moi-même

name nom *m.;* **what is your** —? comment vous appelez-vous? **my — is** je m'appelle
name nommer; citer, mentionner
nation nation *f.*
national national
naturally naturellement
near près (de), à deux pas
nearly presque

need besoin *m.*
need avoir besoin (*m.*) de
neglect négliger
neighborhood quartier *m.*
neither . . . nor . . . ni . . . ni . . .
nephew neveu *m.*
Netherlands Pays-Bas *m.pl.*
never jamais
new nouveau (*f.* nouvelle), neuf (*f.* neuve)
New Orleans la Nouvelle-Orléans
New Year's Day Jour de l'An *m.*
news nouvelle *f.* (*one item*); nouvelles *f.pl.*; **an interesting piece of —** une nouvelle intéressante; **the — is good** les nouvelles sont bonnes
newspaper journal *m.*
next prochain
nine neuf; **nineteen** dix-neuf; **ninety** quatre-vingt-dix
no non; aucun; **— longer** ne . . . plus; **— more** ne . . . plus
nobility nobilité *f.*
nobleman noble *m.*
nobody personne, ne . . . personne
none aucun
noon midi *m.*
Normandy Normandie *f.*
north nord; **— east** nord-est; **— west** nord-ouest
not ne . . . pas, pas; **— any** ne . . . aucun; **— any more** ne . . . plus; **— anything** ne . . . rien; **— anyone** ne . . . personne
notebook cahier *m.*
nothing rien
novel roman *m.*
novelist romancier *m.*
November novembre *m.*
now maintenant
number numéro *m.*, nombre *m.*
numeral numéro *m.*

obedient soumis
occasion occasion *f.*
ocean océan *m.*
o'clock heure *f.;* **it is two —** il est deux heures
October octobre *m.*
odd (*of numbers*) impair

of de; **— it, — them** en; **— which, — whom** dont
office bureau *m.*
often souvent
oil huile *f.*
O.K. ça va, entendu, c'est entendu, d'accord
old vieux, âgé; ancien; **how — is (are) . . . ?** quel âge a (ont) . . . ?
"old man" mon vieux
on sur; **— it** y; **— purpose** exprès; **— the edge of** au bord de; **— time** à l'heure
one un, une; *pron.* on; **—self** se; soi, soi-même; **— -way ticket** billet simple; **— at a time** à tour de rôle
onion oignon *m.*
only *adj.* seul; *adv.* ne . . . que, seulement
open ouvrir
Opera Opéra *m.*
opportunity occasion *f.*
opposite en face (de)
opposition opposition *f.*
oppression oppression *f.*
or ou
orchestra orchestre *m.,* **— seat** fauteuil d'orchestre
order ordre *m.*
order ordonner; **to —** (*food, objects, etc.*) commander
ordinarily d'ordinaire
origin origine *f.*
other autre
our notre, nos
ours le nôtre, la nôtre, les nôtres
ourselves nous, nous-mêmes
oven four *m.*
overcoat pardessus *m.*
overthrow renverser
owe devoir
ox bœuf *m.*

package colis *m.,* paquet *m.*
pain mal *m.*
painting tableau *m.,* peinture *f.*
pair paire *f.*
palace palais *m.*
paleontology paléontologie *f.*
parents parents *m.pl.*
park parc *m.*

parliament parlement *m.*

part partie *f.*, part *m.;* to be — of faire partie de

party (*political*) parti *m.*

pass passer; — an examination réussir à un examen

passport passeport *m.*

pasteurization pasteurisation *f.*

pastry pâtisserie *f.*

path chemin *m.*

patient (*medical*) malade *m. or f.*

patriotism patriotisme *m.*

pay payer; — a visit faire une visite

peasant paysan *m.*

people gens *m.pl.* (*see Les. 6*); monde *m.;* peuple *m.*

performance représentation *f.*

perfume parfum *m.*

period période *f.*, époque *f.*

permit permettre

person personne *f.*

persuade persuader

philosophy philosophie *f.*

photograph photographie *f.*, photo *f.*

physical physique

physician médecin *m.*

physiology physiologie *f.*

picture tableau *m.*, peinture *f.* (painting); photo *f.*

picturesque pittoresque

place endroit *m.*, place *f.*

place mettre

plan plan *m.*

plane avion *m.;* by — en avion

play pièce *f.*

play jouer

playwright auteur (*m.*) dramatique

please, if you — s'il vous plaît

please, be pleasing plaire; I like that cela me plaît

pleasure plaisir *m.*

P.M. de l'après-midi, du soir

poem poème *m.*, poésie *f.*

poet poète *m.*

poetry poésie *f.*

point of view point de vue *m.*

policy politique *f.*

political politique

Pope pape *m.*

popular populaire

popularity popularité *f.*

popularizing vulgarisation *f.*

porcelain porcelaine *f.*

Portugal Portugal *m.*

possible possible

post office poste *f.*, bureau (*m.*) de poste

postal postal; — service poste *f.*

potato pomme de terre *f.*

poverty (*extreme*) misère *f.*

power pouvoir *m.*

powerful puissant

practical pratique

praise célébrer

precedent précédent *m.*

predecessor prédécesseur *m.*

prefect préfet *m.*

prefer aimer mieux, préférer

preference préférence *f.*

prepare préparer

present cadeau *m.*

present actuel (*f.* -elle); at — à présent

present advantageously faire valoir

press presse *f.*

pretty joli

prevent empêcher

principal principal

principle principe *m.*

printing, — press imprimerie *f.*

privileged privilégié

problem problème *m.*

proclaim proclamer

produce produire

professor professeur *m.*

profit (by) profiter (de)

progress progrès *m.*

propaganda propagande *f.*

propose proposer

prose prose *f.*

prosperous prospère

provided that pourvu que

province province *f.*

Prussia Prusse *f.*

public public (*f.* -que)

pull tirer

pupil élève *m. or f.*

purchase emplette *f.*

purely purement
put poser, mettre; — **back** remettre
Pacific Pacifique *m.*

quantity quantité *f.*
quarter quart *m.;* (*district of a city*) quartier *m.*
queen reine *f.*
question question *f.*
quickly vite

rabies rage *f.*
radiator radiateur *m.*
radium radium *m.*
railroad chemin de fer *m.;* — **station** gare *f.;* **by** — en chemin de fer
rain pleuvoir
read lire
ready prêt
realize se rendre compte (de)
realm royaume *m.*
rear guard arrière-garde *f.*
reason raison *f.*
recall se rappeler
receipt reçu *m.*
receive recevoir
recent récent
reciprocal réciproque
recommend recommander
red rouge
reestablish rétablir
reflect réfléchir
reform réformer
reformer réformateur *m.*
refreshing rafraîchissant
refugee réfugié *m.*
regime régime *m.;* **the old** — l'ancien régime
region région *f.*
regret regretter
reign règne *m.;* **Reign of Terror** la Terreur
relation relation *f.*
relative parent *m.*
religion religion *f.*
religious religieux (*f.* -euse)
remain rester
remember se rappeler, se souvenir (de)
rent louer

repeat répéter
repetition répétition *f.*
represent représenter
representative représentatif (*f.* -ve)
republic république *f.*
reputation réputation *f.*
request demander
reserve retenir
resist résister, tenir ferme
respond répondre
response réponse *f.*
responsibility responsabilité *f.*
resemblance ressemblance *f.*
resemble ressembler (à)
rest (*remainder*) reste *m.*
rest repos *m.*
restaurant restaurant *m.*
restriction restriction *f.*
result résultat *m.*
return rendre (*give back*); rentrer (*return home*); retourner (*go back*); revenir (*come back*)
review revue *f.;* révision (*review lesson*)
revision révision *f.*
revolution révolution *f.*
rich riche
ride promenade *f.;* **boat** — promenade en bateau; **automobile** — promenade en auto; **bicycle** — promenade à bicyclette
right droit *m.;* **to be** — avoir raison; — **away** tout de suite
right (*side*) droite *f.*
rise se lever; — **up** se soulever
river fleuve *m.,* rivière *f.*
road route *f.,* chemin *m.*
roast *adj. and n.m.* rôti; **roast beef** rosbif *m.*
role rôle *m.*
Roman *adj. and n.m.* romain
romanticism romantisme *m.*
room chambre, pièce, salle (*all f.*); **living** — salon *m.*
rotisserie rôtisserie *f.,* restaurant *m.*
round-trip ticket billet (*m.*) d'aller et retour
royal royal
Russia Russie *f.*

Russian *adj and n.* russe

salad salade *f.*

salesman vendeur *m.;* **saleswoman** vendeuse *f.*

same même

sandwich sandwich *m.*

Saracen *adj. and n.m.* sarrasin

satisfied content, satisfait

Saturday samedi *m.*

save sauver

say dire

scholar savant *m.*

scholarly savant

school école *f.*

science science *f.*

scientific scientifique

score vingtaine *f.*

season saison *f.*

seat place *f.;* **orchestra** — fauteuil d'orchestre *m.*

seated assis

second deuxième, second

secondary secondaire

section quartier *m.;* (*on bus line*) section *f.*

see voir; — **again** revoir; — **you soon** à bientôt

seek chercher

seem sembler

self -même

send envoyer

September septembre *m.*

service station station-service *f.*

set réglé

set the table mettre le couvert

seven sept; **seventeen** dix-sept; **seventy** soixante-dix

several plusieurs

she elle

sheep mouton *m.*

shirt chemise *f.*

shop boutique *f.*

shore rive *f.*, bord *m.*

short story conte *m.*, nouvelle *f.*

shoulder épaule *f.*

sick malade; — **person** malade *m. or f.*

sickness maladie *f.*

side côté *m.;* **from both sides** de l'un et de l'autre côté; **on this** — de ce côté

sidewalk trottoir *m.*

sign signer

silk soie *f.*

similar semblable

simple simple

since depuis

sing chanter

sir monsieur

sister sœur *f.*

sit down s'asseoir; **do** — asseyez-vous donc

situated situé

situation situation *f.*

six six; **sixteen** seize; **sixty** soixante

slavery esclavage *m.*

sleep sommeil *m.*

sleep dormir

sleepy: be — avoir sommeil

slow lent; **to be** — (*of clocks, etc.*) retarder

small petit

snow neige *f.*

snow neiger

so si, tant, tellement; donc, alors; — **long** à bientôt; **so-so** comme ci comme ça

social social

socialist *adj and n.m.* socialiste

society société *f.*

soldier soldat *m.*

some du, de l', de la, des; quelques; *pron.* en; quelques-uns, quelques-unes; **some . . . or other** tel ou tel . . .

someone quelqu'un, quelqu'une

something quelque chose

sometimes quelquefois

son fils *m.*

song chanson *f.*

soon bientôt

sorceress sorcière *f.*

sort sorte *f.*

soup soupe *f.*, potage *m.*

south sud; **southeast** sud-est; **southwest** sud-ouest

South America Amérique (*f.*) du Sud

souvenir souvenir *m.*

Spain Espagne *f.*

speak parler
special spécial
spend dépenser; — (**time**) passer (du temps)
spinach épinards *m.pl.*
spirit esprit *m.*
spontaneous spontané
spread se répandre
spring printemps *m.*
stability stabilité *f.*
stable *adj.* stable
state état *m.*
station station *f.*, **railroad** — gare *f.*
stay séjour *m.*
stay rester
still encore
stomach estomac *m.;* — **ache** mal (m.) à l'estomac
stop arrêt *m.*
stop cesser; arrêter; s'arrêter
store magasin *m.*
story récit *m.*, histoire *f.*
storyteller raconteur *m.*
stout gros; fort
straight droit; — **ahead** tout droit
strawberry fraise *f.*
street rue *f.*
strength force *f.*
stroller flâneur *m.*
strong fort
student étudiant *m.* (*f.* -e), élève *m. or f.*
study étude *f.*
study étudier
subject sujet *m.*
subway (*Paris*) métro *m.*
succeed (**in**) réussir (à)
success succès *m.*
successively successivement
such tel, telle; — **as** tel (telle) que
sudden subit
suffer souffrir
suit complet *m.*
suitcase valise *f.*
summer été *m.*
sun, sunshine soleil *m.; it is sunny* il fait du soleil
Sunday dimanche *m.*

support appui *m.*
surpass surpasser
surprised étonné; **to be** — s'étonner
sweet doux (*f.* douce)
Switzerland Suisse *f.*
symbolism symbolisme *m.*
system système *m.*

table table *f.*
take prendre; — **back** reprendre; — **advantage of** profiter de; — **an examination** passer un examen; — **a trip** faire un voyage; — **a walk** (**ride**) faire une promenade
tale conte *m.*, récit *m.*
talent talent *m.*
tart tarte *f.*
task tâche *f.*
tax impôt *m.*
taxi taxi *m.*
tea thé *m.*
teach enseigner
team équipe *f.*
telephone téléphone *m.*
tell dire; raconter
ten dix
terrace terrasse *f.*
test épreuve *f.*
than que; (*before numbers*) de
thank you merci; **thanks to** grâce à
that *adj.* ce, cet, cette; *demonstrative pron.* cela, ça, celui, celle; *rel.pron.* qui, que; *conjunction* que
that is to say c'est-à-dire
that which ce qui, ce que; **that of which** ce dont
the le, la, l', les; — **one** celui, celle
theater théâtre *m.*
their leur, leurs
theirs le leur, la leur, les leurs
them les, leur, eux, elles
then ensuite, puis, alors, donc
there là, y; **from** — en; — **is** (**are**) il y a; (*pointing out*) voilà
therefore donc, aussi
these *adj.* ces; *pron.* ceux, celles
they ils, elles, eux

thing chose *f.*
think (of, about) penser (à)
third troisième; — estate tiers état *m.*
thirst soif *f.; be thirsty* avoir soif
thirteen treize; thirty trente
this *adj.* ce, cet, cette; *pron.* ceci, celui, celle
those *adj.* ces; *pron.* ceux, celles
thousand mille; thousands milliers *m.pl.*
threaten menacer
three trois
throne trône *m.*
Thursday jeudi *m.*
Tiber Tibre *m.*
ticket billet *m.;* (*on bus*) ticket *m.;* — collector contrôleur *m.;* — window guichet *m.;* buy a — prendre un billet
tie cravate *f.*
time temps *m.;* (*instance*) fois *f.;* what — is it? quelle heure est-il? a long — longtemps
tip pourboire *m.*
tire pneu *m.*
tired fatigué
title titre *m.*
titular nominal
to à, en; jusqu'à; in order — pour; — it (them) y
today aujourd'hui
together ensemble
tomorrow demain; day after — après-demain
tongue langue *f.*
too aussi; — many (much) trop (de)
tooth dent *f.*
touch toucher
tourist touriste *m. or f.*
toward(s) vers
tradition tradition *f.*
traditional traditionnel (*f.* -elle)
tragedy tragédie *f.*
train train *m.*
tranquility tranquillité *f.*
transportation transport *m.*
travel voyager
traveler voyageur *m.*
tree arbre *m.*

trial épreuve *f.*
trip voyage *m.; take a* — faire un voyage
trouble: it's no — aucun dérangement
trouble déranger
true vrai, véritable
try essayer, chercher
Tuesday mardi *m.*
turn tour *m.; it's your* — to . . . c'est à vous de . . . ; by turns à tour de rôle
twelve douze; — o'clock midi (*noon*), minuit (*midnight*)
twenty vingt; twenty-one vingt et un
two deux
type type *m.*, genre *m.*

unknown to à l'insu de
uncle oncle *m.*
under sous
understand comprendre
uneventful sans incidents
unfortunately malheureusement
United States Etats-Unis *m.pl.*
university université *f.*
until jusqu'à; — tomorrow à demain; *conjunction* jusqu'à ce que
up to jusqu'à
us nous
use employer, se servir de
use usage *m.*
usher (*theater*) ouvreuse *f.*

vacation vacances *f.pl.*
vaccinate vacciner
vaccination vaccination *f.*
vaccine vaccin *m.*
vanquish vaincre
valley vallée *f.*
value valeur *f.*
value estimer
variety variété *f.*
various divers
veal veau *m.*
vegetable légume *m.*
Venice Venise
very très, bien, fort; — well bien; very well, that's enough c'est bien, cela suffit
vicinity environs *m.pl.*

victorious victorieux (*f.* -se)

victory victoire *f.*

Vienna Vienne

village village *m.*

Virginia Virginie *f.*

visit visite *f.;* **pay a —** faire (rendre) une visite

visit visiter

visitor visiteur *m.*

vocabulary vocabulaire *m.*

voice voix *f.*

vote vote *m.*

voyage voyage *m.*

wait (for) attendre

waiter garçon *m.*

wake up se réveiller

walk promenade *f.*

wall mur *m.*

want désirer, vouloir, avoir envie (de)

war guerre *f.;* **Hundred Years' —** Guerre de Cent Ans; **Franco-Prussian —** Guerre de 1870

warm chaud

wash (oneself) (se) laver

watch regarder

way chemin *m.*, route *f.;* **this —** par ici, de ce côté

way façon *f.*

we nous

weather temps *m.*

Wednesday mercredi *m.*

week semaine *f.;* **two —s** quinzaine *f.*

well bien; *interj.* eh bien

west ouest

what *adj.* quel, quelle, quels, quelles; **— a pity** quel dommage; *interr.pron.* qu'est-ce qui, que, qu'est-ce que, quoi; **— is radium?** qu'est-ce que (c'est que) le radium?; **— can you expect!** que voulez-vous! *rel.pron.* ce qui, ce que, quoi

when quand; où

where où

which *adj.* quel, quelle, quels, quelles; *pron.* **—** , **— one, — ones** lequel, laquelle, lesquels, lesquelles

while pendant que, tandis que; **a little — ago, in a little —** tout à l'heure

white blanc (*f.* blanche)

who qui, qui est-ce qui

whole entier (*f.* -ère)

whom qui, qui est-ce que

whose *rel.pron.* dont

why pourquoi

wide large

widen (s')élargir

will volonté *f.*

win gagner

window fenêtre *f.*

wine vin *m.*

winegrower vigneron *m.*

winter hiver *m.*

wish désirer, vouloir; souhaiter

witch sorcière *f.*

with avec

without sans; **— the knowledge of** à l'insu de

woman femme *f.*

wonderful magnifique

wood bois *m.*

word mot *m.*

work travail *m.*, œuvre *f.*

work travailler

working (*class*) ouvrier (*f.* -ère)

workman ouvrier *m.*

world monde *m.*

write écrire

writer écrivain *m.*

written écrit

year an *m.*, année *f.*

yellow jaune

yes oui; si (*in answer to neg.*)

yesterday hier

yet encore

you vous, tu, te, toi

young jeune

your votre, vos; ton, ta, tes

yours le vôtre, la vôtre, les vôtres; le tien, la tienne, les tiens, les tiennes

yourself vous-même, toi-même; vous, te

yourselves vous-mêmes, vous

INDEX

à in descriptive phrases, 257; with geographical names, 33–34, 50
abstract nouns, definite article with, 214, 339
accent marks, 2–3
adjectives: agreement, 26, 49, 61, 214, 340; comparative, 34, 222; irregular, 49, 340; nationality, profession, 39, 42; position, 34, 39, 63, 284–285, 341; superlative, 63; (*see also* demonstrative adjective, interrogative adjective, possessive adjective)
adverbs: comparative, 43, 222; formation, 157, 342; position, 106, 174, 223; superlative, 63
age, 79
ago, 231
agreement of past participle, 105, 111, 128, 197, 198, 213
alphabet, 7
approximate numbers, 280
après + past infinitive, 221
articles (*see* definite, indefinite, partitive)
auxiliary verbs (**avoir** and **être**), 104, 110, 134, 197, 221, 354
auxiliary verbs (modal), 206
avoir, idioms with, 171; table of forms, 354

capitalization, 39, 114, 219
causative construction (**faire** + infinitive), 198
ce qui (**ce que**), 214
c'est and **ce sont,** 19, 27, 125, 149, 345
cities, gender of names, 17
commands, direct (imperative), 109, 128, 134, 135
comparative of adjective and adverb, 34, 43, 63, 149, 222
comparison of quantity, 124
compound subjects and objects, 150
compound tenses, 197, 206, 223, 240, 291
conditional, 187, 190, 197
conditional sentences, 190

conjugation of verbs, 349–366
conjunctions followed by subjunctive, 248, 347
consonants, pronunciation, 2, 6, 25, 42
continents, gender, 27
contractions, 25, 33, 156, 276
countries, gender of names, 27; prepositions used with, 33, 50, 339

dates, 163, 192
days of week, 92, 339
de (special uses), 32, 114, 264, 277
definite article, 18, 25; contractions, 25, 33, 156, 276; for possessive, 178; general sense, 50, 214, 339; other uses, 18, 27, 33, 79, 92, 131, 145, 178, 276, 338–339
demonstrative adjective, 78, 344
demonstrative pronoun, 170, 344
depuis, with present and imperfect, 262
"determiners" (*see* articles, demonstrative adjective, possessive adjective)
devoir, with dependent infinitive, 233
direct object pronouns, 117, 134, 234, 343
disjunctive pronoun (*see* emphatic pronoun)
dont, 156, 214

elision, 10, 42, 75
emphatic pronouns (disjunctive pronoun), 149, 277
en (preposition) with geographical names, 33, 50, 339; with present participle, 72, 163
en (pronoun-adverb and partitive pronoun), 127, 135
est-ce que, 35, 42
être, 40, 148, 354; as auxiliary, 105, 110, 134; with passive, 213
être à (to express possession), 277
exclamations (**comme**), 178; (**quel**), 171

faire (causative construction), 198; (weather) 163; other 103

405